SOCIAL WELFARE FOR PEOPLE WITH DISABILITY

동양적 패러다임으로 쓴

장애인복지론

| 김동국 저 |

학지사

서문: 발간에 즈음하여

나는 1970년대 초에 학부를 다녔다. 1년간의 교양과정부를 마치고 본과 체제로 진입했을 때의 일이다. 어김없이 다가온 중간 · 기말 고사. 순응적인 성격이기에 그럭저럭 도서관 한 자리를 차지했나 보다. '노트 필기'를 이리저리 넘겨도 별게 없다. 교재가 없으니, 교수님께서 50분 동안 열심히 불러 주신들 그 분량이 오죽할까? 실제로 당시 한국사회복지학계에 발간된 책으로는 '개론' 등 입문서 수준의 교재 겨우 서너 권뿐이었던 것으로 기억된다. 지금의 수백 권과 비교해 보시라! 게다가 줄 간격과 글자 크기는 왜 그렇게 촌스러울 정도로 큼직한지……. 그뿐인가? 상당한 지면을 할애한 사례 중심의 스토리 전개도 있다. 그런데 주위의 법학 · 행정학을 전공하는 동기들은 한 사오백 쪽의 두꺼운, 게다가 양장본으로 된 서책에 빨주노초파남보 형형색색의 때깔 좋은 밑줄을 쫘~악 쫙 그어 가면서 열공하더라. 참으로 부러웠다. 그래서 속으로 다짐했다. 내 삶 전부를 사회복지의 과학적 토대 구축에 어쩌고저쩌고. 그러던 것이 이제 정년까지 여섯 학기 남았다. 시작은 지극히 창대했으나 나중은 미약한 꼴이지만…….

사회복지학은 진공 상태에서 뚝 떨어진 것이 아니라 각자의 세상을 바라보는 안목에 의해 구성된다. 가슴 한 켠에 맺힌 이런 유의 믿음 때문에, 언제부터인가 미 대륙으로부터 태평양을 건너온 선진 이론과 방법론에 대해 차츰 의문과 반감이 켜켜이 쌓여 가기 시작했다. 더욱이 사회복지가 사회과학임에야……. 아마도 그 출발은 소박한 수준이지만 현대물리학의 입장에 관한 이해에서 시작되었을 것이다. '인간행동과 사회환경' 강의를 통해 사회체계 이론을 접하게 되었고, 그 등장 배경을 뒤적이다 보니 이 이론이 현대물리학에 맥이 닿아 있음을 알게 되었다. 더 나아가 현대물리학이 고전물리학을 뛰어넘었다고 해서 그러한 변화는 단순히 자연과학의 흐름으로서만 의의가 있는 것이 아니며, '신과학 운동'이라는 이름하에 인문사회 및 자연과학 등 전체 과학계는 물론 인류 생활의 모든 영역에서 현대 문명이 직면한 '위기'를 해소할 수 있는 새로운 안목이라는 것을 이해하게 되었다. 미국 버클리 대학 교수였던 카프라(Capra)는 인류 문명이 이처럼 중병에 허덕이는 것은 현상과 사실을 쪼개고 쪼개는 소위 분석이라는 안목 때문이라고 처방하고 있다. 그런데 본 저자에게 더욱 극적으로 다가온 사실은 소위 분석에서 종합이라는 안목으로의 그러한 변화는 동아시아 문화권에서는 하등 새로울 것 없는, 동아시아의 전통적 사유 방식의 부활을 의미한다는 환희에 찬 믿음이었다. 지나치게 단순화한 판단일 수도 있겠지만, 어쩌면 한국사회복지학이 지구촌에서 일등 학문이 될 수 있는 그 단초를 여기에서 찾을 수 있지 않을까라고 생각하기에 이른 것이다.

그렇다면 동아시아의 전통적 사유 방식을 뭐라고 표현할 수 있을까? 음양오행설, 상생상극론, 이동성공존론 등 여러 가지 설명이 가능하겠지만, 이 모두는 궁극적으로 불이론(不二論)으로 귀일한다고 사료된다. 있음(有)과 없음(無)은 둘이 아니며, 또 부분(一)과 전체(一切)는 둘이 아니라는 것이다. 이러한 논리를 구체화해 본다면, 음과 양은 둘이 아니며 또 모든 현상은 상극하기도 하지만 때로는 상생하기도 하기에 상생과 상극 또한 둘이 아니라는 것이다. 그런데 둘이 아니라고 했지만, 이 불이 앞에는 불일이 전제되어 있다. 불이가 같음(同)이요, 불일이 다름(異)이지 않은가? 이러한 불이론이 모든 존재와 현상을 이해함에 있어 어떤 의의를 갖는 것일까?

각종 조사연구에 반영되고 있는 세계관에는 집중화하면서 동질성을 강조하는 패러다임과 차이 및 다양성을 강조하는 패러다임의 두 가지가 있다. 대상을 총체적·거시적 입장에서 조망하면서 그 대상을 둘러싼 환경과의 관련성에 초점을 두는 종합적 패러다임이 전자에 관련된다면, 대상을 몇 가지 구성 요소로 나눈 다음 그 개별 요소에 나타난 속성을 전체의 그것으로 확대 해석하는 분석적 패러다임은 후자에 관련된다. 달리 표현한다면, 모든 현상 간의 관계에는 같음과 다름이 태생적으로 함께 있다. 그런데 이 '동'을 탐색하는 데에는 종합적 패러다임이, 반면에 '이'의 경우는 분석적 패러다임이 유효하다.

이 두 가지 시각은 시간의 흐름에 따라 개별 문화권에 각기 차별적으로 등장하고 퇴장하게 된다. 먼저 종합적 패러다임은 원래 동양의 전통적 안목이었으나 상대적으로 저발전, 저효율의 한계점으로 인해 한동안 그 맥이 절멸되다시피 해 왔다. 반면 분석적 패러다임은 '적재적소(適材適所)'라는 용어에서 분석적 패러다임의 장점이 잘 드러나듯이 중세 말 이후 서구 사회에 등장하여 사상적인 면에서는 합리주의 · 경험주의 및 계몽주의의 기초가 되었고, 또 사회경제 체제 면에서는 산업자본주의의 토대가 되었다. 그러면서 그 수월성이 인정되어 지구촌 전역으로 보급되어 지금에 이르고 있다. 이러한 분석적인 안목은 데카르트(Descartes)의 학문관에서 발아된 것으로 이해된다.

원래 데카르트의 기계론적 세계관은 모든 물리적 현상을 수학적 상관관계로 환원시키는 것을 의도했기에 정신과 물질, 주체와 객체를 분리하는 이원론적 세계관을 낳기에 이르렀다. 이러한 세계관이 인류 문명 세계에서 약 3세기 이상 주류적 패러다임으로 작동해 왔으며, 그러한 이원론의 가설하에 모든 과학적 탐구가 진행되어 왔을 뿐 아니라 정치 · 경제 및 사회의 각 방면에서의 정책들이 수립되었다. 이러한 심신이원론의 입장 아래 정신과 물질은 서로 교통하지 않는 이원적인 실체로 분절되고 말았고, 그 결과 물질은 죽은 것이 되어 버렸으며 정신은 공허한 것이 되고 말았다. 이것은 데카르트 철학의 그리고 서양 근대사의 최대 오류라고 지적하지 않을 수 없는 사실이다.

이러한 오류에 대한 반동으로 새로운 흐름이 과학, 문학 및 예술 등 각 영역에서 소용돌이처럼 일어났다. 과학계의 대표적인 사례로는 덴마크 물리학자 보어(Bohr)의 '상보성 원리'와 미국 버클리 대학의 카프라 교수가 주도한 '신과학 운동'을 들 수 있다.

먼저 전자의 원리란 우리가 일상생활에서 경험하는 두 종류의 상반되는 명제가 원자 세계에서는 동시에 성립한다는 주장이다. 서로 모순되는 두 관점을 보완적으로 합쳐 사용할 때 원자 현상을 이해할 수 있지만 그중 하나만으로는 설명할 수 없다는 것이다. 상호 모순이라면 둘 중의 하나만 참이고 다른 것은 거짓으로 버려야 하는 것이 일상생활의 논리인데, 이것이 미시 세계에서는 맞지 않다는 것이다. '대립적인 것은 상보적인 것이다(Contraria sunt Complementia).' 대립적으로 보이는 모든 관계는 상보적인 속성도 함께 갖추고 있다는 것이다. 그런데 전체로서의 바로 이 양면성은 분석이라는 안목으로는 관찰되지 않는다.

다음으로 신과학 운동은 오늘날 전 지구촌의 인류가 당면하고 있는 위기의 본질을 소위 '인식의 위기'로 규정하고 있다. 모든 현상의 본질은 물질과 정신, 이성과 감정, 가치와 태도 그리고 주체와 객체라는 이중성으로 구성되어 있다. 그럼에도 과학은 감정이 아닌 이성을, 가치가 아닌 태도를, 그리고 주관이 아닌 객관만을 편향적으로 선택해 온 분석적 입장이었기 때문에 인간에 대한 온전한 이해가 불가한 과학, 즉 과학을 위한 과학으로 전락하고 말았다는 것이다.

이상의 이야기는 모든 현상은 이중성을 띤다는 것을 말한다. 사회현상은 홀로 존재하는 것이 아니라 반드시 한 쌍으로 존재한다. 근본적인 예로는 인간을 구성하는 요소로서 신체/정신을 들 수 있으며, 인간의 본성과 관련해서는 선/악, 자율/타율, 주관/객관 등을 그 예로 들 수 있다. 사회복지 현상도 예외일 수 없다.

첫째, 속성/맥락의 이중성이다. 사회복지 현상은 일종의 속성이기도 하지만 맥락의 차원에서도 볼 수 있다.

둘째, 서비스 성격의 이중성이다. 사회복지 서비스는 그 성격에 따라 욕구 중심의 서비스와 인권 중심의 서비스로 나눌 수 있다.

셋째, 서비스의 이념적 토대가 갖는 이중성인데, 그 토대는 유물론과 관념론으로 정리할 수 있다.

넷째, 사회복지 문제의 이중적 성격이다. 빈곤, 장애 및 노령 등 모든 사회복지 문제는 환경 문제와 내부사 문제라는 이중적 성격을 지닌다.

다섯째, 모든 사회과학이 그러하듯이 관념상으로는 사회복지학도 술학(術學)과 도학(道學)이라는 두 가지 차원을 가질 수 있다. 그러나 실제에 있어서 사회복지학은 주관성을 배제한 채 객관성만을 강조해 왔기에 배우는 이의 인격 함양과는 아무런 관계가 없는 무미건조한 과학으로 전락하고 있다.

끝으로, 실천 모형의 이중성을 들 수 있다. 흔히들 사회복지의 기본 단위를 개인/지역사회의 두 가지로 구분하는데, 이것이 실천에서 개인적·사회적 모형으로 나누는 잣대가 되고 있다.

기타의 이중성으로는 사회복지의 접근법, 연구방법 등을 들 수 있다. 그런데 이러한 사회복지 현상의 이중성에 대해 분석 패러다임으로 접근하게 되면 그 현상의 전체에 대한 이해가 아니라 소위 '절반의 이해'에 머무르고 마는 한계가 있게 된다. 결국 이러한 심신이원론의 가설하에 진행되어 온 사회복지 현상에 대한 과학적인 탐구뿐 아니라 각 방면에서 집행되어 온 사회복지 정책과 실천은 이러한 패러다임적 오류를 범하고 있는 것이다. 그러므로 사회복지 현상의 이중성을 함께 아우르는 종합적 패러다임은 한국사회복지학이 지구촌에서 일등 학문이 되는 길이라고 한 치의 망설임 없이 주장하고 싶다.

역시 소품일지언정 연구자의 역량에 비한다면 다소 버거운 작업이었다. 그럼에도 작은 열매나마 맺을 수 있게 된 배경에는 많은 선행 연구자의 지적 자극이 자리하고 있다. 그러니 저자의 이름으로 출판되지만, 실은 '한국장애인복지학계'의 공동 저작물의 하나가 아니겠는가? 특히 김용득, 유동철, 이선우, 박수경 교수님들! 오랫동안 이분들의 단행본을 교재로 활용하면서 이 책을 구상하게 되었다. 그리고 필요한 자료를 해외 소장처로까지 수소문하여 전해 준 부산대학교 도서관 사서 최말희 선생께 진정 어린 마음으로 감사드린다. 또한 출판을 흔쾌히 허락해 주신 학지사 관계 제위, 특히 편집부 백소현 씨께 많은 고마움을 전한다. 국문법에 서툰 저자를 잘 이끌어 주셨다. 또 현장의 살아 있는 생생한 경험을 전달해 준 '장애우권익문제연구소' 그리고 이 땅의 모든 장애우들에게 감사하다.

장애우들! 과연 그들은 나의 친구들이다. 1980년대 후반에 『社會福祉史』 출판 과정에서 과로로 청력을 전부 잃어버렸다. 그 후 20여 년 동안 내 삶 하나 건사하기에도 마음적으로는 무척 벅찼다. 시각장애인들은 세상 풍경으로부터 멀어지는 데 비해 청각장애인들은 사람으로부터 멀어진다고 했는가? 이런 와중에서도 그 오랜 세월 동안 나의 중심을 잡아 주신 분들! 신섭중 교수님을 비롯한 은사님들 그리고 류기형, 신복기, 박병현, 이기영, 최송식 등 동료 교수들! 황보람, 이성은 교수! 이 두 분은 10년 후쯤에는 넉넉해진 인생 경륜으로 더욱 내밀해진 사회과학 연구 역량으로 빛날 분들이다.

흔히들 장애인의 생애란 고난과 역경으로 점철된 걸로 상상하기 십상이다. 그러나 따지고 보면 고난과 역경이 어디 장애인에게만 해당되는 사항인가? 게다가 인간은 고난을 통해 비로소 구원을 얻는다 하지 않는가? 무얼 얻었는가라고 물으신다면, 책상물림치고는 강인한 체력을 들 수 있겠다. 세상이 나를 밀어내고 있다는 자괴감 속에서도 한편으로는 이대로 무너질 수 없다는 마음으로 매일 두 시간 정도 신체 단련에 힘썼다. 결국 마음을 공부하기 위해 신체를 단련한 셈이다. '설악 공룡' '지리 종주'는 수도 없이 했지만 전공은 마라톤이다. 울트라 마라톤을 십여 회 완주한 것 같다. 혼자서는 해운대에서 울진까지 '동해안 이어달리기'를 해보았다. 모두가 평생에 걸쳐 갖게 되는 행복의 총량은 같을 것이라는 믿음 아래, 또 행복은 주관적인 경험이라는 신념하에 뛰고 또 뛰었다. 그러다 보니 '청남대 울트라 마라톤'(http://cndu.org) 홈페이지에서는 잘 뛰지도 못하는 나를 모델로 간택해 주고 있다(흰수염을 한 달림이. ㅋㅋㅋ). 성명쌍수(性命雙修)! 감각적으로 온전치 못한 내 생을 이끌어 주는 나침판이 되고 있다.

이제 그 고마움의 방점은 가족의 몫이다. 궁색한 형에게 물심양면 도움을 아끼지 않는 아우(金東佑)에게 이제는 노모 봉양의 몫까지도 넘기고 있다. 쉽지 않은 여건 속에서도 반듯하게 성장하여 이제는 사회에서 당당히 한몫을 하고 있는 큰아이(畯宇)와 막내(畯奎)에게 고마움과 애틋한 마음을 함께 전한다. 끝으로, 무엇하나 제대로 된 것 없는 이 사람에게 인생의 후반기를 선뜻 의탁해 온 아내 한채희에게 내가 져야 할 몫까지 대신함에 한없는 고마움을 표한다.

2013. 1.

저자 배상

차 례

제3부 장애인복지와 실천: 적응과 연대

제1부

총론:
장애인복지에 대한 기본 이해

제69회 베니스 영화제에서 김기덕 감독이 〈피에타〉로 최고상인 황금사자상을 수상하였다. '범세계적인 주제인 자본주의와 이로 인해 발생한 어긋난 도덕성의 문제……'가 주제였다고 분석되고 있다. 우리가 몸담고 있는 사회는 자본주의 체제다. 중졸 학력의 영화인이 자신의 직업 활동을 자본주의 체제라는 맥락과 관련시키는 등 근본적인 성찰을 게을리하지 않고 있다. 우리는 사회복지, 특히 사회복지실천(social work)을 자본주의 체제와 연계시키는 근원적인 자세를 굳건히 유지하고 있는가? 이는 사회복지실천의 올바른 전개 방향과 관련된 아주 중요한 물음이 된다.

제1부는 총론에 해당한다. 장애인복지의 개별적인 접근법을 논하는 각론과는 달리 그 기초적인 담론을 엮어 나가는 장(場)이다. 그러기에 대개의 경우 관련 이념, 개념 및 역사 등을 소개하는 것이 일반적이다. 본 저술에서는 이 중 역사의 경우 수집된 관련 정보와 자료에 대해 학술적 의의를 부여하기 어려웠기에 추후의 숙제로 미루어 두었다. 그에 비해 장애 현상을 둘러싼 맥락인 자본주의 체제의 경우 어떤 논리로 무장했는지, 그리고 그 체제가 장애인들의 피폐해진 삶에 어떤 영향을 미쳤는지를 중심으로 기술해 보았다.

사회복지학의 관련 이론들을 분류한다면 속성 이론과 맥락 이론으로 나눌 수 있을 것 같다. 이 두 이론은 기계론적 우주관과 유기체적 우주관이라는 두 유형의 가치관과 맥을 같이한다. 이 두 가치관은 여러 가지 측면에서 그 차이가 드러나지만, '자유 의지'를 잣대로 그 차별적인 특성을 기술하고자 한다. 전자의 가치관은 거시적이든 미시적이든 사회복지 단위와 현상이 기계와 같은 특성을 갖는다고 전제하는 반면, 후자는 그것을 '살아서 꿈틀대는' 생물로 간주한다. 즉, 사회복지의 단위인 개인과 조직이 상황의 변화에 부응하는 자기갱신 능력과 자기초월 능력을 갖는다고 전제함으로써, 개인이 환경과 유연하면서도 역동적인 관계를 맺는다는 상대주의 입장을 취한다. 이것은 바로 물리학의 흐름을 통해 정리된 현대 과학철학의 입장에 해당한다.

그동안 한국사회복지학계는 미국 사회복지학계의 심리학주의라는 연구 경향에 무비판적으로 편승해 온 문제점이 있었다. 그 결과 사회복지를 둘러싼 환경보다 내부적인 요소인 속성을 강조해 온 편향성을 엿볼 수 있다. 뿐만 아니라 사회복지는 일종의 사회적 구성물이다. 결국은 사람이 만든 것이기 때문에 어떠한 환경에서 만들어졌는지, 또 그 환경은 어떤 특성을 가졌는지를 검토하는 것이 필수적이다. 예컨대, 자본주의 체제가 어떠한 논리로 무장하고 있는지, 특정한 논리로 무장했다는 사실이 장애인들의 삶의 질에 어떤 영향을 주었는지에 대한 검토는 어떠한 주제를 논함에 있어서도 필수불가결한 과정으로 여겨진다.

제1장 현대 자본주의 사회의 특성과 장애인의 삶

인류사회의 발전을 가능케 한 원동력은 무엇일까? 그에 대한 갖가지 대답은 크게 심성론과 제도론의 두 가지로 나누어진다. 후자는 인간의 관념이 갖는 중요성보다 개인이 처해 있는 외부적 조건을 중시하는 논지로 물질주의를 이념적 토대로 삼은 견해다. 개인의 사고 · 말 및 행동 등이 아니라 사회의 구조적 특징이 인류 문명을 변화시키는 동력이라는 견해다. 그러므로 개인의 삶은 사회구조의 변혁을 통해서만 바뀔 수 있다는 것이다.[1)]

이러한 이념에서 등장한 대표적인 예가 자본주의 체제다. 그래서 서양은 동양보다 먼저 산업혁명을 통한 산업사회를 구축할 수 있었던 것이다. 이러한 과정을 보다 근원적으로 탐구해 본다면, 서구의 과학과 문명은 유물론을 그 이념적 토대로 삼고 있다고 사료된다. 그리하여 먼저 문명의 일부인 사회복지에 영향을 준 자

---

1) 그러나 인간은 사회적 구조와 관계만으로는 환원될 수 없는 존재이기도 한 것이다. 인간의 주체성과 삶은 전적으로 사회에 의해 규정되는 것도 아니고, 사회구조를 바꾼다고 자동적으로 바뀌는 것도 아니다. 사회와 인간도 어디까지나 다르지 않으면서 같지도 않은 불이적 존재인 것이다(이찬훈, 2002).

본주의 사회의 특징과 문제점을 이야기하되, 일반적인 관점에서가 아니라 소위 '마이너리티'들의 배제된 삶의 질곡과 관련된 측면을 중심으로 논지를 전개한다.

제1절 자본주의 사회의 특성

사람들은 두려움을 잊기 위하여 사회라는 것을 만들었는지도 모른다. 생존만이 유일한 가치였던 자연 상태에서 자신이 언제 다른 사람들에게 희생될지도 모른다는 두려움 때문에 서로 평화공존의 계약을 맺고서 일정한 규칙과 질서가 내장된 소위 계약사회를 출범시키게 되었다. 이러한 계약사회가 근대에 접어들면서 계몽과 자각이라는 인식 전환을 토대로 자본주의라는 꽃을 피우기에 이르렀다.

자본주의 경제 체계는 16세기 무렵부터 봉건제도 속에서 점차 싹트기 시작하였다. 그 등장 배경은 구조적 측면과 기능적 측면에서 살펴볼 수 있다. 먼저 구조적 측면에서 살펴본다면, 19세기 중반기 유럽에서 전개되었던 두 가지 역사적 사실, 즉 구(舊) 체제에 대항한 시민계층에게 승리를 안겨 주었던 프랑스 대혁명, 그리고 자급자족적인 농업경제를 산업경제로 변모시켰던 산업혁명이 가져다준 사회경제적 결과다. 다음으로 기능적 측면에서 본 배경이다. 초기 자본주의 시대의 경제는 '공급은 수요를 창출한다.'는 법칙에 의해 작동되었다. 수요보다 공급을 우선하는 상황에서 보다 효율적인 공급은 그 체계를 보다 전문 분화하는 것이다. 게다가 인류의 생활 반경이 급속히 확대됨에 따라 그 전문 분화는 더욱 촉진된다. 이러한 배경에서 성립된 자본주의 사회의 특징으로는 다음 몇 가지를 들 수 있다.

첫째, 시장 지향적 상품 생산을 들 수 있다. 원론적으로 모든 재화와 서비스는 사용 가치와 교환 가치를 갖는다. 그런데 자본주의 사회에서 상품은 시장을 통해서만 교환되기 때문에 원칙적으로 교환 가치만을 갖는다. 상품은 그것을 만든 자의 내면세계 혹은 정신과는 아무런 관련을 맺지 않는다는 것이다. 서구인들의 현대적 안목인 객관주의와 물질주의를 잘 반영하는 대목이다.

둘째, 생산 수단의 사적 소유다. 이는 사회가 개인에게 생산에 필요한 원료나 도구 등의 사용방법을 통제할 수 있는 권리를 준다는 의미를 갖는다. 이러한 권리는 제삼자들에게는 필연적으로 배타적일 수밖에 없다. 따라서 자본주의의 발족으로 인해 자본가들이 사회적 지배계급으로 자리 매김하게 됨은 필연적인 결과다.

셋째, 이러한 지배는 물론 생산 수단을 전혀 통제할 수 없는 다수의 노동자계급이 피지배계급으로 존재함을 의미한다. 오늘날의 자본주의 사회는 자본가와 노동자라는 이분법으로 그 구성원들을 재단할 수는 없다. 그러나 원론적으로 대부분의 노동자는 생산 수단을 소유하지 못했기 때문에 각종 생활 위기의 관리에 취약할 수밖에 없다고 이해되고 있다.

끝으로, 대부분의 사람은 개인주의적이며 또 이윤 극대화를 추구하는 행동 양식을 따른다.

이상과 같은 구조기능적 특성들은 자본주의 체제가 갖는 관념적 특성들, 예컨대 경쟁의 논리와 개인주의·물질주의 및 경제적 합리주의라는 이데올로기 등과 깊은 관련을 맺는다. 그리하여 그 체제의 어두운 그림자가 다음과 같은 것들로 전면에 드러나게 된다.

첫째는 상업주의다. 모든 존재를 일단 상품으로 환원한 다음 개인이 지닌 가치를 상품의 가치로 재단하는 것이다. 특정한 존재 그리고 개별 활동 등 모든 것의 가치를 상업성으로 가름하는 입장이다. 이런 사회에서 사람들이 관심을 기울이는 것은 자신을 얼마나 비싼 상품으로 팔 수 있는가 하는 것이다. 얼마나 훌륭한 인품을 도야하는가, 얼마나 풍부한 감성을 개발하는가는 중시되지 않는다. 오직 상품으로서의 효용성만이 강조될 뿐이다. 그러니 인간관계는 더 이상 인격적인 교류관계가 아니고 단지 상품과 상품의 교환관계요 냉정한 이해관계일 뿐이다. 또한 자본주의는 전면적인 상품 생산의 사회이자 교환경제 체제다. 재화의 사용 가치가 중시되던 자본주의 이전에는 물건이 실제로 얼마나 유용한 것이냐가 중요할 뿐 그 외형적인 이미지는 그다지 문제가 되지 않았다. 그러나 교환경제 체제하에서는 자신이 직접 만든 물건이 아니기에 소비자로서는 그것을 잘 알지 못한다. 그리하여 상품이 잘 판매되기 위해서는 그럴듯한 이미지로 포장하는 것이 중요한 과제가 된다. 이 외에 영상 매체의 발달과 같은 사회문화적 풍토는 모든 사람으로 하여금 사물의 실제 내용보다 표면적인 이미지를 중시하는 외모 지상주의를 만들었다(이찬훈, 2006). 현대인은 소비자본주의 구조 속에서 소비 문화가 제공하는 표면적인 이미지와 스타일 중심의 자아상과 자기도취적 자아에 사로잡히고, 끊임없이 순간적인 쾌락을 좇아 달려가는 파편화된 분열증적 삶을 살아가고 있다.

둘째는 경쟁의 논리로 무장한 개인주의다. 자본주의는 경쟁을 그 핵심적인 논리로 삼고 있다. 이러한 경쟁의 논리를 현실사회에서 사상적으로 뒷받침해 준 것이 사회진화론이다. 사회 발전의 원리를 사회 도태에서 구하였기에, 경쟁을 그 본질적인 속성으로 삼는 자본주의 체제의 존속을 정당화하며 또 사회혁명을 사회의 존속에 대한 파괴 운동으로 보았다. 동시에 생존경쟁과 자유경쟁을 통한 사회의 발전을 주장하고, 현 사회에서 자본가의 지배적 지위를 적자생존의 당연한 결과로 보았다. 이러한 경쟁의 논리는 개인주의 · 합리주의와 결합되면서 더욱 기승을 부리게 된다. 자본주의 체제의 기본 원리는 개인의 행복을 추구할 수 있는 최선의 능력을 바로 당사자 개인이 가지고 있다는 신념에 근거를 두고 있다. 그것은 개인의 행복이 외부로부터 주어지는 것이 아니라 스스로의 주관적인 판단과 노력에 의하여 결정된다는 믿음과 또 개인에게는 바람직한 생활을 영위해 나가는 데에 필요한 정신적 · 물질적 수단을 획득할 수 있는 능력이 있다는 믿음에 근거를 두고 있다. 그리하여 오늘날에는 조금이라도 손해를 보지 않고 이득을 챙기려는 냉정한 이해관계, 어떻게 해서든지 이기고 말겠다는 살벌한 경쟁관계가 인간들 사이를 지배한다. 현대인들이 너나 할 것 없이 품고 있는 이상은 무엇인가? 그것은 남보다 출세하고 더 잘 사는 것이다. 우리 사회는 끝없는 경쟁에서 승리할 것을 촉구하는 무한경쟁의 사회다. 무한경쟁에서 살아남고 일등의 영예를 쟁취하는 영웅이야말로 현대인의 이상이다. 경쟁과 승리, 정복과 지배의 이데올로기가 지배하는 사회에서는 어떤 분야에서건 일등을 차지할 수 있는 '뛰어남'이 칭송을 받는다. 이때 그 뛰어남이 어떤 것에서의 뛰어남인가는 그다지 중요하지 않다. 중요한 것은 어떤 분야에서건 일등이 되는 것이기 때문이다. 그렇기에 현대인들은 그것이 과연 인간다운 삶에 기여할 것인가는 별로 문제 삼지 않는다(이찬훈, 2006).

마지막은 분배의 공정성 문제다. 자본주의 체제와 관련된 공정의 문제에는 분배의 공정과 교환의 공정이라는 두 가지 유형이 있지만 전자에 국한한다. 이 문제를 부의 부당한 귀속, 부의 부당한 계승, 손해의 부당한 전가라는 세 가지 측면으로 나누어 살펴보기로 한다. 먼저 부의 부당한 귀속이다. 자본주의 경제에 만성화되어 있는 인플레이션은 사유 재산의 부당한 증감을 초래하는 제도적 폭력을 행사한다. 인플레이션은 물가 수준의 상승으로서, 사회 전체의 실물자산의 크기는 계속 일정하지만 개별 자산의 화폐 가치에 하락을 초래한다. 문제는 토지 · 건물 등 실물자산이 일부 유산계층에 집중되어 있기에 물가 수준의 상승이 사회 전반에 골고루 반영되지 않음으로써 정의롭지 못한 결과가 나타난다는 점이다. 또한 '승자독점시장(winner-take-all society)'의 등장이다. 시장이 점점 보편적이고 광범위하게 되면서, 그리고 상품의 공급 또한 항상 충분하게 할 수 있게 되면서 작은 차이라도 최고의 것이 모든 시장을 석권하는 현상이 나타나며, 이렇게 되면 1등만이 살아남게 된다. 즉, 1등은 다른 이들의 몫까지 차지하게 되고, 다른 이들은 자신의 정당한 기여와 노력에 대한 보상을 받지 못하게 된다. 이러한 현상은 문화와 스포츠 시장에서 두드러진다. 이른바 스타(star) 시스템이다. 다음으로, 부의 부당한 계승이다. 사소유권은 부익부 빈익빈을 낳는다. 이는 특히 상속과 교육의 불평등에 의하게 된다. 비록 고율의 상속세와 증여세가 부과되고 있지만, 합법적 및 탈법적 상속을 통한 부의 승계는 자본주의 발전의 동학 중 하나로 인식되고 있을 정도다. 한편 부유층의 부의 확대재생산은 교육 수준에 의해서도 보장받게 되는데, 개인의 교육 수준은 그 어떤 요인보다 가족 배경에 가장 큰 영향을 받고 있다. 오늘날에는 교육의 재화가 공적으로 충당되기보다 사적 시장에 의존하는 바가 크기 때문에 재산상의 능력이 곧 교육 서비스의 질과 양을 결정하고 있다. 한편 교육 수준의 차이는 곧 임금 격차로 반영되며, 나아가 교육 수준의 차이가 임금 격차의 정당화 근거로 기능한다. 끝으로, 손해의 부당한 전가다. 자본주의의 무절제한 이기적 경쟁은 공황을 낳고, 공황이 낳는 부의 파괴, 즉 손해는 공평하게 귀속되지 않는다는 점이다. 즉, 공황을 야기한 책임자에게 그 손해가 귀속되는 것이 아니라 사회적 약자들에게 그 손해가 전가된다는 점이 또한 큰 문제다.

이상의 상업주의, 경쟁의 논리, 분배의 불공정 등은 우리 사회의 대표적 소수자인 장애인들에게 어떤 영향을 미쳤을까?

제2절 소수자로서 장애인의 삶

자본주의 사회는 사람들을 끊임없이 속도와 경쟁의 장으로 몰아넣고 있다. 짧은 시간 내에 더 많은 부가가치, 자본을 생산하는 자가 소위 능력 있는 자가 되는 것이다. 이러한 자본주의 사회는 어떤 구조적인 특성을 바탕으로 장애인을 사회적 약자로 내몰고 있는 것일까? 먼저 상업주의를 들 수 있다. 모든 것의 가치는 그 상품성의 높낮이로 재단된다. 게다가 자본주의 사회에서는 농경 체제에 비해 상품의 사용 가치보다 교환 가치를 더 중시하는 경향이 있는데, 이것이 일상생활에서는 외모 지상주의라는 왜곡된 가치관을 낳고 있다. 비유적으로 표현한다면, 사용 가치란 개인의 사회 발전에 대한 기여도, 이타적인 인생관, 지혜로운 삶의 태도쯤에 해당되는 반면 교환 가치는 번지레한 외모, 귀티 나는 몸치장, 그저 순발력뿐인 말솜씨 등이라고 해도 과히 틀린 말은 아니지 않을까?

그 외에 영상 매체의 발달과 같은 지금의 사회문화적 풍토는 개인의 실제 가치보다 표면적인 이미지를 보다 중시하는 외모 지상주의를 더욱 조장시키고 있다. 개인의 기능과 역할을 일종의 상품성으로 재단한다면, 과연 장애인들의 그것은 어떻게 인식될까? 낮은 사회경제적 지위로 인한 다수 장애인들의 남루한 옷차림, 한층 경직된 듯한 근골격, 특히 신체장애인들이 갖는 특징인 생경스러운 신체적 부조화 등의 예에서 알 수 있듯이, 그들의 기능과 역할이 다른 재화 및 서비스와 교환될 수 있는 가능성은 일반인에 비해 매우 낮음을 쉽게 추측할 수 있다.

그리하여 교육 · 직업 및 보건 영역에서 개인의 역량을 가름하는 잣대인 인적 자본이 불량함으로써 또다시 빈곤해지는 악순환이 반복되고 있다. 교육의 경우 중졸 이하의 학력이 전체 평균에 비해 약 두 배 정도인 것으로 나타나고 있고, 소득 수준 역시 도시 근로자의 절반 정도에 불과하며, 갖가지 생활상의 욕구 중 의료 보장의 욕구가 두 번째로 지적될 만큼 질병으로부터 자유롭지 못한 일상을 보내고 있는 것이다(2010년 기준).

다음으로는 경쟁의 논리를 들 수 있다. 모든 인간관계에는 협력(상생)관계와 경쟁(상극)관계라는 두 가지 속성이 있다. 인간관계에 이처럼 대립하는 양극성(이중성)이 있다는 주장의 배경에는 모든 개인은 서로 같은 점과 다른 점을 공유하고 있다는 사실이 깔려 있다. 개인들은 서로 다르다는 사실을 전제로 경쟁하게 되는 것이고, 그 경쟁이라는 상황이 서로 간의 갈등을 양산해 내고 있다.

인간관계의 이러한 경쟁적 특성의 배경은 인류사회의 궁극적 가치인 자유가 등장한 배경과 맥락을 같이한다. 이러한 인간의 개별성을 강조한 자유가 개인 간의 차이를 특화함으로써 인류사회 발전의 동력이 되어 왔음은 부인할 수 없는 사실이다. 즉, 적재적소(適材適所)의 논리를 한껏 강조한 셈이다.

그러나 현대 문명이 효율성을 강조하는 고도 산업사회로 지향하게 되자 경쟁은 무한경쟁이라는 극단적인 양상을 띠게 되었으며, 승자 독점사회로 그 모습을 탈바꿈하고 말았다. 그리하여 극단적인 경쟁이 가져온 문제점을 해결하기 위해 모든 이에게 기회를 균등하게 제공해 주어야 한다는 주장이 제시되었지만, 단순히 기회를 균등하게 제공해 준다고 해서 곧바로 경쟁의 공정성이 확보되는 것은 아님이 드러났다. 즉, 극단적인 경쟁은 사람들 간의 공정한 기회균등을 박탈하고 있다는 것이다.

이러한 기회의 균등성을 보장받지 못한 인구계층을 소수자 집단이라고 하는데, 대표적인 소수자 집단 중 하나로 장애인 집단을 들 수 있다. 현실사회에서 장애인들은 산업화의 열매를 배분하는 과정에서 말 순위이기 때문에 빈곤이 그들의 일상적인 모습이기 일쑤다. 게다가 현대사회는 고도로 구조화된 조직사회이기에 각종 법제에 비해 개인의 역량이 탈빈곤에 대해 갖는 영향력은 매우 왜소하다는 한계를 지니고 있다. 실제로 장애인들은 빈곤 관련 위험 요소들, 예컨대 저학력과 질병 등에 노출되어 있는 구조적 문제점을 안고 있다. 자본주의 체제의 구조적 한계가 장애인 당사자들의 기능적 노력을 압도한다는 것이다.

참고문헌

이찬훈(2002). 둘이 아닌 세상. 서울: 이후.

이찬훈(2006). 不二사상으로 읽는 노자. 서울: 예문서원.

제2장 장애인복지의 이념과 그 실천 전략

이념이란 관념적 차원에서 지향하는 바를 말하며 또 무언가 구체적인 방안의 토대가 되는 방향을 일컫는 용어다. 따라서 장애인복지의 이념은 현실 세계에서 관련 법제의 초석이 된다는 데에 그 의의가 있다. 또한 일종의 사회 구성적 개념이라고 할 수 있는 사회복지 개념을 어떻게 구성할 것인가라는 문제는 전적으로 관계자의 세상을 바라보는 안목으로부터 영향을 받는다. 이 안목에 의해 가장 기층적 개념인 이념이 그 모습을 드러내고 있는 것이다.

제1절 장애인복지의 이념

1. 자유와 평등

원래 자유란 중세의 봉건적 정치 권력의 횡포와 종교적 압제로부터 시민들을 보호하기 위한 의도에서 만들어진 용어다. 그리하여 이 이념은 시민사회로의 길을 열었던 초석이라고 평가되고 있다. 그러나 그 당시에는 모든 정치적, 종교적 피지배계급이 시민이라는 범주에 포함되었던 건 아니었다. 즉, 여성이나 빈민, 장애인 등 최하층계급들은 각종 횡포와 압제로부터 자신을 보호받을 수 있는 제도적 망에서 제외되어 있었다. 그리하여 이러한 문제점에 대한 반동으로 평등이라는 이념이 부각되기 시작했다. 이러한 진화적 관계에 있는 두 가지 이념은 현상학적 차원에서 본다면 상극하는 측면이 부각되겠지만, 궁극적이고 근원적인 측면에서 본다면 상생하는 관계에 있다고 보아야 한다. 그래서 먼저 두 가지 이념이 갖는 차별적인 특성을 논의한 다음 결국 양자는 이중성(duality)의 관계에 있음을 천명하는 순서로 논하고자 한다.

오늘날 자유는 '자유권'으로 이해되는 소극적 자유와 '사회권'으로 표현되는 적극적 자유의 두 가지로 나누어진다. 전자는 국가와 종교로부터 침해받지 않거나 간섭받지 않을 권리를 말하기에 고전적 자유주의자들이 이해하고 있었던 개념이다. 반면 후자는 국가 권력에 의해 무언가를 보장받을 수 있는 자유, 쉽게 표현해서 국가에 대해 그 실현을 요청할 수 있는 권리를 말한다. 결론적으로 전자는 장애인에 대한 주류계급의 편견·배제 및 차별 등과 같은 왜곡된 문화로부터의 자유 등을 말하며, 후자는 생존·이동·교육·직업 및 문화 등의 영역에서 장애인들이 갖는 욕구 충족을 보장하는 것과 관련된 자유로 이해할 수 있다. 어떠한 유형이든 양자는 모두 장애인의 삶의 질 향상을 지향하는 공통점이 있다.

자유라는 가치가 갖는 실천적 쟁점 중 하나는 자유를 어떻게 배분하는가라는 문제다. 그러므로 자유에 대한 논의가 곧 평등론으로 이어짐은 필연적이다. 약 200여 년 전 프랑스혁명을 계기로 등장한 이념인 평등은 결과의 평등과 기회균등으로서 평등의 두 가지로 나누어진다. 먼저 개인마다 재능과 능력에서 상당한 편차가 있기 때문에 전자의 실현은 현실적으로는 불가능할 뿐더러, 획일적인 평등이 반드시 정의롭다고 할 수도 없다. 평등이란 인권의 평등이지 인간의 모든 모습이 같아야 함을 뜻하지는 않기 때문에 획일성 혹은 기계적 평등의 의미로 쓰는 것도 옳지 않다. 반면 기회균등으로서 평등이란 동일한 능력과 재능을 가졌다면 성·인종·종교 및 출신 배경 등과 같은 임의적인 속성과는 상관없이 동일한 보상과 결실을 맺게 되는 것을 말한다.

많은 장애인, 특히 신체장애인의 경우는 재능을 발휘할 수 있는 적절한 조건이 구비되어 있지 않거나 장애라는 특정한 조건이 당사자의 재능과 연관된 채 잘못 이해됨으로써 교육과 고용 등에서의 균등한 기회가 확보되지 못하고 있고, 그 결과 생존 자체가 위협받고 있다. 과연 기회의 보장만으로 장애인들의 삶의 질이 확보될 수 있을까?

이러한 기회균등에 관한 논의를 롤즈(J. Rawls)는 한 걸음 더 진전시킨다. 그는 형식적 기회균등과 공정한 기회균등으로 나눈 다음, 전자의 균등은 동일한 능력과 재능을 가졌을 경우에만 동일한 인생 전망을 가질 수 있게 해 줄 뿐이라고 보았다(황경식, 1990). 그의 평등론의 요지는 개인이 가진 우연적 자산은 모두 공동체에 귀속시켜야 한다는 것이다. 각 개인이 어떤 자연적 자산(능력 · 성격 및 힘 등)을 스스로의 자유의지가 아니라 자의적이고 우연적인 사건을 기반으로 축적했다면, 그러한 기초적 불평등은 도덕적으로 결코 정당화될 수 없다. 따라서 이런 우연적 자산은 개인 소유가 아닌 공동체의 자산으로 간주되어야 한다는 것이다. 그는 우연성이 개인의 인생 전망을 결정하는 것을 용납하지 않았다. 그래서 기회균등의 원칙은 자연적, 사회적 우연성이 인생의 전망을 결정하게 해서는 안 된다는 실질적 기회균등의 원칙으로 정착해야 한다고 주장하였다. 오늘날과 같은 경쟁 지향적 사회에서 애당초 무수한 경쟁에서 이겨낼 수 있는 인적 자본이 절대적으로 부족한 장애인들의 삶의 질을 드높일 수 있는 기초 토대는 스스로의 노력이 아닌 우연적인 자연적 · 사회적 자산은 모두 공동체의 자산으로 간주해야 한다는 롤즈의 가르침에서 구축할 수 있을 것이다.

오늘날 평등의 개념을 논할 때 평등이란 자유의 평등을 의미한다. 인류 근대사의 흐름을 통해 자유는 일인의 자유에서 소수의 자유로, 또 만인의 자유로 점차 확장되어 왔다. 즉, 만인의 평등으로 진보해 왔다. 그러므로 자유의 신장사가 곧 평등의 확장사인 것이다. 자유와 평등은 분리될 수 있는 개념이나 가치가 아니기에, 두 가치 중 어느 것이 더 중요하느냐라는 질문은 범주적 오류일 뿐 아니라 경제적 불평등이 야기하는 문제를 회피하고자 하는 물음에 불과하다(이은규, 1999).

2. 인권: 인간의 존엄성

사회복지란 그 실천의 대상과 주체가 인간이기에 일종의 유기체라고 할 수 있다. 그럼에도 자연과학적인 연구방법에 대한 지나친 믿음으로 인해, 또 실용성을 강조하는 미국식 행동주의 경향으로 인해 갖가지 주제에 대한 개별 논의과정에서 관련 이념을 추가하는 데 인색해 왔음을 먼저 언급하고 싶다.

인간의 존엄성이라는 화두를 통해 장애인의 인권을 확인하기로 한다. 인간은 왜 존엄할까? 유동철은 천부인권설 · 이성적 인간론 등과 같은 선험적인 답변은 이미 설득력을 잃어버렸다면서 '인간관계론'을 그 논거로 제시하고 있다. 그런 다음 기존 견해인 평등 · 정상화 · 사회통합 및 자기결정권 등이 장애인복지의 이념으로서 갖는 한계를 지적한 후 인권을 그 대표 이념으로 정리하고 있다(2009). 그러나 먼저 경험론의 입장이더라도 인간관계라는 용어보다 사회관계가 더 적합하지 않을까? 다음으로, 그는 존엄성 자체보다는 존엄의 정도(수준)에 초점을 맞추고 있는 듯하다.

먼저 이념이라는 용어의 특성을 확인해야 한다. 이념이란 궁극적으로는 현실에 연계되는 것을 의도하지만 현실 그 자체가 아닌 일종의 지향성이다. 그러므로 얼마든지 선험적일 수 있고 또 보편성을 확보하기 위한 의도에서는 선험적인 것이 타당하다고 여겨진다. 왜 존엄한가? 바로 인간이기 때문이다. 본래 어떤 무엇을 어떻게 이해하느냐라는 인식 기능의 특성은 그 종(種)의 범주적 한계를 벗어나지 못하는 법이다.[1] 그러니 이 논거를 경험적으로 검증하려는 것은 이 이념이 갖는 보편적 입지를 스스로 제한하는 셈이 된다. 왜? 경험은 구체적이어서 개별적인 특성을 지니기 때문이다.

다음으로, '인간의 존엄성'에는 어떤 특별한 함의가 들어 있을까? 두 가지를 들 수 있다. 먼저 특정한 개인의 존엄성이 아니라는 것이다. 모두가 존엄하다. 성 ·

1) 예컨대, 고슴도치도 자기 새끼는 예뻐한다. 왜 그럴까? 바로 고슴도치이기 때문이다. 늑대가 고슴도치를 예뻐할 리는 만무하지 않은가? 그 고슴도치도 춘향이를 미인이라고 감탄하지는 않을 것이다. 인간이 존엄하다고 누가 이야기하고 있는 건가? 바로 사람이다. 이러한 주장은 별도의 근거가 필요 없는 너무나도 당연한 논리다.

인종 · 민족 · 문화 · 장애 및 사회경제적 지위 등에 상관없이 존엄하다. 이는 평등과 맥을 같이하는 이념임을 알 수 있다. 인권이란 어떤 자격과 조건을 필요로 하지 않기 때문이다. 장애라는 속성과 차이점에 구애받지 말고 장애를 가진 이들을 존중해 주어야 한다는 것이다. 다음으로, 인간이기에 존엄하다면 곧 태어날 때부터 그렇다는 것이다. 선천적으로 이미 존엄한 존재가 (만약 후천적 장애일 경우) 장애라는 경험에 의해서도 그 존엄성이 훼손되지 않는다는 것이다. 그러므로 장애인들이 겪는 모든 문제는 소위 인권의 문제로 이해하고 또 그에 걸맞는 처방이 제시되어야 한다. 그리고 유동철(2009)은 장애인문제를 인권 문제 차원에서 보는 입장이 다음과 같은 네 가지 장점을 지닌다고 주장하고 있다.

첫째, 인권은 보편적, 포괄적 개념이기 때문에 장애인 삶의 총체적 부실 현장을 고발할 수 있게 해 준다.

둘째, 법적 정당성을 확보하는 동시에 법적 구속력을 초월할 수 있다. 인권은 하위 개념이며 동시에 법률적 권리인 시민권을 통해 법적 정당성을 확보하지만, 그것을 초월한 도덕적 · 윤리적 차원에서의 인간 해방을 위한 도구로 활용될 수도 있다.

셋째, 다양한 실천 전략과 전술을 가능케 해 준다. 인권은 개인 간의 속성에 관하여 같음과 다름[2]이라는 이중적인 함의를 띠고 있는 용어다. 먼저 인권은 평등을 지향하는 동화(assimilation) 전략을 가능하게 한다. 즉, 주변적 주체들이 중심

---

2) 삼라만상의 법칙 중 하나는 바로 '이동성(異同性) 공존'이 아닐까 싶다. 모든 존재(물) 간의 관계에는 같은 점과 다른 점이 함께 있다. 이러한 논지가 갖는 타당성을 분자 · 원자라는 과학적 용어로 입증해 보이고자 한다. 물질의 고유한 특성을 간직한 최소 단위를 분자라 하는 반면, 그것을 또 쪼갬으로써 이번에는 그 특성을 잃어버린 것이 바로 원자다. 우주 전체에는 더 많은 원자가 존재할 개연성이 높지만, 지구상에는 92개의 원자가 존재한다. 이 92개의 원자가 어떻게 결합되었느냐에 따라 강아지 · 불곰 · 생선 등 갖가지 존재(물)가 생겨나는 셈이다. 그러니 우리 사람의 몸도 일단은 92개의 원자로 이루어져 있다.
이러한 사실이 삶과 죽음이라는 인생의 본질적 문제에 어떤 함의를 지닐까? 죽음이란 바로 육신의 소멸을 의미한다. 원래 92개의 원자가 가상적으로 A라는 방식으로 결합되었기에, 분자의 차원에서 A라는 모습의 육신을 지닌 인간으로 태어난 것이다. 그러니 죽음이란 A라는 방식으로 결합된 분자가 92개의 원자로 환원된 것에 다름 아니다. 즉, 죽음이란 육신을 구성하고 있는 분자가 나누어져 다른 분자로 바뀌었을 뿐이지 분자를 구성하는 원자의 수는 그대로인 것이다. 생물/무생물, 산 사람/죽은 사람 간의 구별은 분자적 관점이며, 원자적 관점에서 볼 때 삶과 죽음은 동일한 것이다. 양의 동서는 생사관에서도 확연한 차이를 보이고 있는데, 동양은 다분히 분자의 세상인 반면 서양은 확실한 원자 세계라고 할 수 있다.

적 주체들과 같다는 사실을 강조함으로써 동등한 지위를 보장 받으려는 전략이다. 그러나 이 전략을 통해 같아짐으로써 또한 장애인의 정체성이 훼손되기도 한다. 이러한 한계를 극복할 수 있는 것이 차이 전략이다. 그러니 차이 전략이란 장애인의 정체성을 인정하고 또 장애라는 사실이 결함이 아닌 단순한 차이일 뿐이라는 사실을 강조하는 전략이다(Sachs, 1996).

끝으로, 인권 이념은 자기 초월성과 보편 지향성 등의 속성을 지니고 있다. 장애인들이 장애인 운동을 효과적으로 전개하기 위해서는 동맹 세력들을 확보해야 하는데, 그 운동의 목표를 자기들만의 특수성(장애)에 국한하지 않고 보편성을 담보할 수 있는 인권 문제로까지 확대하는 것이 동맹 세력을 확보할 수 있는 적절한 전략이 된다.

장애인복지 서비스가 인권 중심적이어야 한다는 것이다. 사회복지 서비스는 그 성격에 따라 욕구 중심의 서비스와 인권 중심의 서비스로 나눌 수 있다. 이 중 전자는 미국 사회에서 실시되고 있는 서비스의 특징을 잘 반영하고 있다. 그런데 미국에서의 사회복지실천의 대상은 독특하게도 중산층으로까지 확대되어 있기에 그 서비스는 상업성과 임의성이라는 특징을 띠고 있다. 고용과 교육 등에서 인적 자본이 절대적으로 부족한 장애인들에게 적용되는 서비스가 상업성과 임의성이 아닌 인간의 존엄성을 확보하기 위한 의도하에 제공되어야 함은 지극히 당연한 일이다.

3. 정상화

정상화 이념은 1950년대 전반 덴마크 정신장애인의 '부모 모임'에서 출발한 사회 운동에서 그 기원을 찾아볼 수 있으며, 그 첫 열매로 평가되고 있는 덴마크의 정신지체인법에는 그 주목적이 "정신지체인을 가능한 한 최대로 정상적인 생활 조건(normal living condition)에 가깝게 생활하도록 하는 것"이라고 기술되어 있다. 이후 이 정의는 더욱 발전하여 "정신지체인들에게 주거 · 교육 · 일 및 취미 활동 등을 포함하여 다른 모든 시민이 갖는 인간의 기본권을 제공하는 것"을 의미하게 된다(Bank-Mikkelson, 1980). 스웨덴에서는 1960년대 후반 뉴리에(B. Nirje)에 의해 도입된다. 그는 정상화를 모든 정신지체인의 생활 방식과 하루하루 생활이 그 사회의 일반적인 환경과 생활 방식에 가깝도록 만드는 것이라고 기술하였다. 이러한 북구식 정의는 1970년대에 이르러 울펜스버거(Wolfensberger)에 의해 다음과 같은 북미식 정의로 자리 잡게 된다. "사람들의 삶의 조건(수입 · 주거지 · 직업 · 여가 등)을 최소한 평균적인 사람들의 그것과 동일하게 해 줄 수 있는 문화적으로 정상적인 수단(기술 · 방법 및 도구 등)을 사용하는 것."

이상의 세 가지 대표적 정의에는 생활 조건, 환경 및 삶의 조건 등의 용어에서 알 수 있듯이 정신장애인이 살아가는 데에 수단과 도구가 되는 환경의 정상화를 강조한 공통점이 있다. 그러나 적용 범주에서는 북구의 경우 정신지체인에 국한했던 반면 북미의 경우는 모든 소수계급으로 확대한 차이점이 있다. 뿐만 아니라 디버(Dever) 등에 의해 그 후 장애인 당사자의 정상화, 즉 당사자의 능력 강화라는 목적적 개념이 제시된다. 그러므로 오늘날 이 용어는 수단적 개념을 강조하는 학파(대표 인물은 뉴리에 등), 수단적 및 목적적 개념을 강조하는 학파(울펜스버거 등), 목적적 개념을 강조하는 학파(디버 등) 등으로 분기됨에 따라 많은 혼란이 초래되고 있다. 그러나 모든 사회과학 용어가 그러하듯이, 정상화의 개념 규정도 완결된 것이 아니라 진화 중임을 감안한다면 이러한 분파를 반드시 부정적으로만 볼 것은 아니라고 여겨진다.

이러한 적용 범주에서의 차이에도 불구하고 이 이념이 주는 가장 뚜렷한 메시지는 장애인들의 생활 조건을 가능하면 정상적인 것으로 만드는 것으로, 하루, 일주일, 일 년 및 평생 동안 정상적인 리듬에 따라 생활할 수 있는 기회를 의미한다. 1950~1960년대 북구(북유럽)에서는 대부분의 정신장애인이 대규모 수용시설에서 삶의 희망도 잃어버린 채 동물과도 같은 무미건조한 삶을 이어가고 있었다. 이러한 참담한 현실에 대한 반성으로 제시된 이 이념은 결국 장애인들을 사회적으로 통합시키자는 것이다. 이는 오늘날 각종 관련 법제와 프로그램이 지향해야 할 방향과 지침을 제공해 주고 있고, 또 1971년에는 유엔의 「정신지체인의 일반적이고 특수한 권리선언」에 활용되기에 이른다.

정상화 논리는 평등주의 · 인본주의 및 이타주의에 그 토대를 두고 있으며, 장애인들이 가져야 마땅한 선택의 자유와 결정의 독립성을 강조하고 있다(Perrin &

Nirje, 1985). 인류 과학계에서는 한때 자연과학의 발달에 힘입은 나머지 인간 행동이란 기계와 같은 특성을 갖는다는 결정론이 득세했지만, 이 논리는 인본주의를 토대로 한 자유의지론을 강조하고 있다. 그리하여 마치 일반인들이 그러하듯 장애인들이 생활환경, 생활 패턴 및 기회 등 여러 가지 선택사항을 자유롭게 선택할 수 있음을 뜻하기에, 사회복지실천에서는 자기결정의 원리를 지지하며 역량강화의 논지를 강조하고 있고 당사자중심주의로 연계되며 또 적응 유연성, 강점 및 자립생활 등을 주제어로 포용하게 되리라고 예측된다.

이러한 의의에도 이 이념에 대한 비판이 끊임없이 제기되고 있는데, 주된 비판은 유물론적 관점과 문화론적 관점에서 제기되고 있다. 유물론적 비판의 대표 인물로는 올리버(Oliver) 등을 들 수 있다. 이 입장에서는 장애와 관련된 장애인들의 갖가지 경험을 정상화론이 만족스럽게 설명해 주지 못하고 있다고 비판한다. 또 장애인들이 왜 그런 경험을 해야 하는지에 대한 설명이 적절하지 않을 뿐 아니라 이러한 경험을 더 나은 무언가로 변화시킬 수 있는 이론적 잠재력이 아주 약하다고 평가 절하하고 있다(Brown & Smith, 1992). 또 이 이념은 장애인에 대해 전체 사회가 갖는 억압 구조를 폐기하는 데에 전혀 도움이 되지 않은 채 오히려 종속 구도를 더욱 강화시켜 주고 있다고 주장한다. 자본주의 이전 시기에는 장애인이 오히려 지역사회에 자연스럽게 포함되어 생활하였다. 노동력이 상품화되지 않고 삶의 자연스러운 발현일 당시에는 장애인이 오히려 할 수 있는 일을 자연스럽게 찾아서 생존할 수 있었다. 그런데 자본주의 사회의 도래과정에서 노동력이 주로 경제 가치로 평가되면서 장애인이 사회에서 축출된 것이다(Oliver, 1996). 즉, 자본주의 체제에서는 장애조차도 일종의 상품으로서의 노동력이라는 차원에서 조망될 따름이라는 것이다. 그 결과 노동력의 결손으로 평가되는 장애가 자본주의 체제의 주요 질서 중 하나인 생산성의 향상이라는 차원에서 억압, 통제 및 배제의 대상이 되는 것은 필연적이다.

문화론적 관점에서의 비판은 생활 양식이라는 측면에서 정상화론이 내걸고 있는 논지를 비판한다. 원래 정상화론자들은 정상화를 실천하는 전략으로서 탈시설화를 주장하고 있는데, 이에 대한 비판자들은 정상화 대신 '정상 생활(normal life)'이라는 용어를 주제어로 삼는다. 이 생활은 반드시 탈시설에 의해서만 달성되는 것은 아니라고 주장한다. 세인즈베리(Sainsbury)는 자신이 행한 실증적 연구에서 장애인들은 집에 머문다고 해서 편안함을 느낀다고 절대로 단언할 수 없고, 많은 장애인은 가족들의 짐이 되고 있는 상황에서 벗어날 때 오히려 편안함을 더 많이 느낀다고 기술하고 있다. 또 그녀는 '병렬적 사회(parallel society)'를 주장하면서 장애인과 비장애인, 여성과 남성 등 각 대칭적 단위가 서로의 문화와 특징들을 인정하며 자기들이 속한 사회의 가치를 추구하며 즐기는 사회가 더 자연스러운 사회라고 하였다. 소수의 장애인을 다수의 비장애인 속으로 통합시키면서 그들의 특수 욕구를 어떻게 충족시켜 줄 수 있는지 반문하고 있다(1993). 오히려 정상화란 사회의 권력을 장악한 자들이 자신의 권력을 유지하기 위하여 자신들에게 유리한 방향으로 구성한 사회의 메커니즘에 장애인들이 편성될 수밖에 없는 상황을 정당화시켜 준다는 것이다. 이러한 노력은 어설픈 단일 문화를 추구하는 또 다른 폭력 행위라고 보았다.

이상의 두 가지 관점에서 제기된 비판들을 어떻게 정리해야 할까? 먼저 유물론적 비판과 관련한 대목이다. 사회 이론 중 기능주의와 구조주의 간의 입장 차이를 그 배경으로 삼아야 할 것이다. 오늘날 어느 누구도 극단적 입장을 택하지는 않지만, 결국 정상화론과 그 비판은 사회관계를 설명하는 이 두 가지 입장에 연루되어 있다. 먼저 기능주의는 개량을, 반면 구조주의는 개혁을 각기 주제어로 삼는다. 양자는 사회체제의 변화를 함께 강조하고 있지만 점진적이냐 급진적이냐라는 정도의 차이를 보이고 있을 뿐이다. 그렇기에 정상화론은 그 이론적 정밀성이 떨어진다는 등의 이유에서가 아니라 특정한 관점의 설정이라는 모든 개별 이론이 갖게 마련인 태생적 한계 때문에 비판에 직면하고 있다고 사료된다. 그래서 그 비판론도 그런 맥락에서 역시 비판을 면치 못한다. 결국 양자는 사회 발전의 속성을 사회 개량 혹은 사회 개혁 중 어디에 두느냐에서 차이가 있다. 또한 비판론은 사회체제의 구조적 개혁을 주장하고 있지만, 그 논지의 거시성이라는 특성으로 인해 그 대안이 구체성을 결하고 현실성을 도모하지 못한다는 비판을 받고 있다.

다음은 문화론이다. 모든 존재는 서로 같은 점(同)과 다른 점(異)을 공유하게 마련이다. 실제로 장애인들은 일반인의 욕구와 같은 보편적 욕구와 더불어 상이하고 특수한 욕구 또한 가지고 있지 않은가? 그러므로 세인즈베리가 주장한, 서로의 하위 문화를 존중해 주는 병렬적 사회의 형태하에서 장애인들의 보편적 욕구와 특수한 욕구를 모두 충족시켜 주는 것이 마땅하다고 본다. 예컨대, 장애 아동을 위한 교육 형태는 일반학교의 일반학급 혹은 특수학교 등이 아니라 일반학교의 특수학급이 바람직할 것이다. 또 그렇기에 사회복지 시설은 사례와 상황에 따라 얼마든지 달라질 수 있으므로 지나치게 단순화된 주장이지만 생활시설보다는 이용시설에 더 많은 비중을 두는 운영 전략이 필요하다고 여겨진다.

제2절 장애인복지 이념의 실천 전략

장애인복지 이념을 실천하는 전략으로는 다음 세 가지를 제시한다. 이 세 가지는 이념도 아니고 또한 사회복지실천의 구체적 기법도 아니라는 판단에서다. 이 중 정상화는 애초에는 이념으로 출발했지만, 그 논의가 활성화된 결과 지금에 이르러서는 실천 원리로까지 자리 잡아가고 있다. 여기서는 이념이 아닌 원리로서의 정상화로 제한하여 논의하기로 한다.

1. 원리로서의 정상화

1950~1960년대 북구에서 정신장애인을 둘러싼 대규모 수용시설의 참담한 현실에 대한 반성으로 제시된 정상화 이념은 큰 틀에서 본다면 결국 장애인들을 고용 · 교육 · 보건의료 · 문화 및 기타의 영역에서 지역사회로 통합시켜 보자는 것이 그 목표다. 이러한 목표가 갖는 사회적 효율성과 윤리적 타당성에 매료되어 많은 학자가 그 목표 달성을 가능케 해 주는 원리(전략)와 기법(전술)에 관해 갖가지 견해를 제시하였고, 결과적으로 정상화는 오늘날 많은 쟁점을 안고 있는 개념이 되어 버렸다. 그 쟁점은 크게 이 원리가 갖는 효율성 문제와 이 원리의 적용 대상에 대한 상반된 해석의 두 가지로 나눌 수 있다.

먼저 효율성 문제로는 정상화의 과정에서 많은 정신지체인을 지역사회로 노출시킴으로써 그들이 갖게 된 엄청난 양의 정신적 부담감, 정신지체인의 자기결정력의 개발 필요성, 동료 장애인들과의 격리, 지역 내 그룹홈의 설립 중지, 보호작업장의 대폭 축소, 지역사회 중심 지원고용의 확대로 인한 문제점, 단지 물리적 통합에 불과한 점, 장애인에 대한 거의 모든 결정이 실제적으로는 관계 직원과 부모에 의해 이루어진 점 등을 들 수 있다.

그러나 이러한 쟁점들 대부분은 결국 이 원리의 성격을 어떻게 해석하느냐 하는 문제와 연결되어 있다. 관련 해석들은 이 용어를 수단적, 수단적 및 목적적 그리고 목적적 개념으로 각기 달리 해석하는 세 가지로 나누어진다. 수단적 그리고 목적적이라는 의미는 장애인의 삶의 질을 향상시키고자 함에 있어 환경을 강조할 경우는 수단적 개념, 또 당사자 본인을 강조할 경우는 목적적 개념으로 이해한다. 애당초 뱅크–미켈슨(Bank-Mikkelson)과 뉴리에 등에 의해 환경이 수단적 개념으로 해석되었지만, 이 이념이 미국으로 보급된 다음 울펜스버거에 의해서는 수단적 및 목적적 개념으로, 그 후 디버 등에 의해서는 목적적 개념으로 이해됨으로써 혼란이 가중되었다. 즉, 정상화 원리를 장애인 당사자의 자질 향상이라는 목적적 개념으로 이해했던 학자에 대해서는 그룹홈의 설립 중지, 지역사회 중심 고용에서 일어난 문제점 등과 같은 효율성 문제가 제기되었으며, 반면 환경의 개선이라는 수단적 개념으로 이해한 관계자에 대해서는 장애인 당사자의 정신적 부담감, 자기결정력의 개발 필요성 등과 같은 효율성 문제가 제기되었다는 것이다.

이러한 논란을 어떻게 정리해야 할까? 관념적 차원과 실제적 차원의 두 차원으로 나누어 정리해 보기로 한다. 먼저 관념적 차원이다. 수단적 개념과 목적적 개념은 모두 근원적으로는 인류사회 발전의 원동력에 관한 논의와 연결된다. 이 논의는 제도론과 심성론으로 나누어지는데, 소위 발전이란 제도의 구비만으로도 또는 당사자의 각성만으로도 충분한 건 아니다. 개별적인 사례에 따라 두 변수들의 비중은 달라지겠지만, 원론적으로는 어느 한쪽도 경시되어서는 안 되지 않은가? 또 이 논의는 사회복지문제의 두 가지 성격과도 연계된다. 빈곤 · 노령 및 장애 등과 같은 모든 사회복지문제는 (인적 · 인위적) 환경 문제와 당사자 문제라는 두 가지 성격을 지니고 있다. 역시 구체적인 사례에 따라 두 가지 성격의 경중이 달라지겠지만, 원론적으로는 양 성격을 모두 내포하고 있다고 보는 것이 지극히 타당하다. 그런데 수단적 개념은 제도론, 환경 문제와 연루되는 반면 목적적 개념은 심성론, 내부자 문제로 이어진다. 그러므로 수단적 및 목적적 개념을 이분법적 구도로 이해할 것이 아니라 생극의 관계로 조망함이 옳다고 판단된다.

다음은 실제적 차원이다. 정상화의 목표는 다름 아닌 통합이다. 문제는 통합의 내용이 장애의 유형에 따라 달라져야 함에도 명확하게 차별화되지 않고 있기 때문에 혼란이 더욱 가중되고 있다. 진정한 통합이란 물리적 통합을 뛰어넘는 사회적 통합이라 할 수 있고, 그 통합은 바로 소통과 교류를 의미한다. 그런데 이 소통과 교류의 성격은 일종의 지적 활동이지 않은가? 그렇기에 신체장애의 경우 '이동 가능'이라는 적절한 환경적 조건이 구비될 경우 교육 · 고용 및 문화 등의 영역에서 얼마든지 일반 시민들과 소통이 가능하다. 반면 지적 및 정서적 장애의 경우 그 소통과 교류에 어느 정도 제약이 주어지고 있음이 현실의 모습이다. 그러므로 장애의 유형에 따라 수단적 혹은 목적적 개념이 강조되는 정도가 달라져야 한다고 판단된다.

2. 자립생활론

지구촌에서 장애 현상에 대한 과학적 논의가 시작된 것은 제2차 세계대전 이후부터였고, 그 당시에는 장애인문제의 근원이 바로 당사자에게 있다는 것이 지배적인 인식이었다. 그 결과 장애 현상에 복합적인 측면이 있음에도 주로 생물학적 측면만이 강조되었고, 그리하여 해결방법도 재활 패러다임에 의존하는 것이 일반적이었다. 장애인은 어디까지나 재활과 보호의 대상이었기에, 문제 해결은 자연히 전문가 중심적이었을 뿐 아니라 지역사회에서 격리된 대규모 시설에서 시도되더라도 당연한 것으로 이해하고 있었다. 그런데 장애인도 일반인과 마찬가지로 의료적 욕구 외에 경제적 · 사회적 및 문화적 욕구를 가지고 있기 때문에 이 패러다임으로는 비의료적 욕구들이 충족되지 않는 문제가 노출되기 시작했다. 이러한 배경에서 등장한 자립생활론에는 다음과 같은 몇 가지 논리가 담겨 있다.

첫째는 당사자주의다. 질병은 완치될 수도 있지만, (생물학적) 장애는 불가역성이라는 특징이 있다. 그러므로 환자가 아닌 장애인에게는 제한된 상황에서나마 일상적인 생활 영위가 더욱 중요한 과제일 수밖에 없다. 이처럼 관심이 의료 문제에서 일상생활의 전반적인 문제로 그 초점이 옮겨진 이상 지금까지의 전문가주의는 퇴색될 수밖에 없는 것이다. 자립생활운동은 장애인의 문제를 장애인 당사자가 가장 잘 이해하고 있으므로 장애인이 삶을 영위하는 데 있어 스스로의 선택권과 자기결정권을 신장하고, 또 서비스 제공과정에는 장애인의 주도적 참여가 보장되어야 한다는 이념에 기초하고 있다.

둘째는 사회 변화의 의도다. 사회복지실천을 무언가의 변화를 의도하는 전문직업이라고 한다면, 그 변화는 개인 변화와 사회 변화라는 두 가지로 나눌 수 있다. 장애인의 문제는 주로 장애인이 가지고 있는 신체적 특성보다는 그러한 특성을 문제화하는 사회적 환경에서 비롯되므로, 자립생활은 물리적 · 심리적 환경의 개선에 더 많은 초점을 두며, 또 그것은 권익옹호론과 맥을 같이한다(유동철, 2009). 이 입장은 빈곤 · 노령 및 장애 등과 같은 사회복지문제의 성격을 환경 문제와 당사자 문제라는 두 가지 유형으로 나눴을 때 환경 문제로서의 성격을 강조하는 입장이다.

셋째는 비공식적 원조 체계의 지지다. 사회복지문제에 접근해 들어가는 방식은 공식적인 것과 비공식적인 것으로 나눌 수 있다. 현대사회는 조직사회이기에 공식적 원조 체계가 강조되는 것이 자연스러운 모습이다. 그러나 공식성은 어디까지나 조직사회라는 범주에서 보다 효과적이라는 말이며, 또 비공식적 원조 체계는 '공식'에 대해 항상 대립적인 관계가 아니라 때로는 보완적인 관계인 점을 인식해야 한다. 그런데 이 비공식성이 사회복지의 전문성을 저해하고 국가복지의 발전 가능성을 제한하며(김성이, 김상균, 1994) 또 이웃과 같은 근린 집단의 지원과 협조는 자발적이고 지속적일 수 없다는(김성규, 2001) 견해도 있다. 그러나 비공식성을 활용하는 방안이 한국 사회복지의 정체성을 살리는 방안이 아닐까? 또 참여하는 근린 집단의 경우 무급에서 유급의 봉사자로 달리 처우해 주면 그 지속성을 훨씬 더 확보할 수 있으리라 판단된다.

마지막은 권익 옹호자로서의 원조 전문가 역할이다. 장애에 대한 과학적 논의가 이루어진 초창기에는 장애를 일종의 질병으로 간주하는 입장이 지배적이었다. 이 입장으로부터 유래된 의료적 모형이 갖는 한계를 인식한 나머지 역량강화 모형, 강점 모형, 옹호 모형, 사례관리 모형 등 갖가지 실천 모형이 제시되었다.

이러한 모형으로의 전환은 근원적으로 기계론적 우주관에서 유기체적 우주관으로의 전환이라는 과학철학의 흐름을 그 배경으로 삼고 있다(p. 300, 〈표 10-1〉 참조). 또 유기체적 우주관의 가장 강력한 주제어는 바로 인간의 자유의지라 할 수 있다. 그리하여 그 전환의 결과로 등장한 모형들은 너나 없이 모두 클라이언트의 자기결정을 기본 가치로 설정하고 있는 것이다. 그런데 많은 장애인은 환경으로부터 극단적인 차별과 배제를 경험했기 때문에 깊은 패배감 · 절망감 및 무력감 등을 일상화해 오고 있다. 그래서 원조 전문가들은 그들의 독립심, 지배감, 긍정과 희망의 정서 등을 배양하기 위해 자유의지를 기본 가치로 삼는 모형들을 실천하고 있는 것이다. 그러나 불행하게도 모든 장애인이 이러한 긍정적인 방향으로의 변화가 가능한 것은 아니다. 이러한 상황에서 원조 전문가는 장애인들의 이익을 옹호하기 위해 그들을 대신하여 자원과 각종 서비스를 연계해 주고, 장애인의 사회적 관계와 관련된 욕구들을 충족시켜 주는 가족들을 지원하고 옹호하는 것이다. 이러한 옹호 모형은 첫째, 필요한 서비스와 자원을 획득하기, 둘째, 장애인들에게 부정적인 영향을 미치고 있는 정책과 프로그램을 변경하기, 셋째, 장애인들의 욕구를 충족시키는 데 필요한 새로운 법률과 정책을 조성하기 등의 과제를 달성하는 데 유용하다(Rothman, 2003).

3. 가치 있는 사회적 역할 부여론(the SRV)

SRV론(the Social Role Valorization)은 정상화 이념을 기반으로 미국의 울펜스버거에 의해 체계화되었다(김용득 외, 2007). 가치가 저평가될 위험이 있는 사람들에게 가치 있는 사회적 역할을 수행할 수 있는 기회를 부여함으로써 당사자의 가치를 향상시키는 데 그 목표를 둔다. 이러한 목표를 달성할 수 있는 방법으로는 장애인에 대한 전체 사회의 이미지를 개선하는 것과 장애인 자신의 능력을 증진시키는 것의 두 가지를 들고 있다. 북구식의 수단적 개념에서는 볼 수 없었던 '당사자의 능력 증진'이라는 목적적 개념이 추가된 것이 현저한 특징이다.

먼저 울펜스버거는 모든 대인 서비스는 원론적으로 적절성과 효과성이라는 두 가지 요건을 갖추어야 함을 전제한 다음, 저평가되고 있는 장애인들의 가치를 향상시킬 수 있는 변인들을 다음의 두 가지 측면에서 제시하고 있다. 먼저 이미지 개선 측면의 경우에는 서비스가 제공되는 장소, 관계를 맺는 사람의 유형, 대인 서비스에서의 활동 내역이나 리듬, 사용하는 언어, 서비스 명칭, 개인적인 외모, 서비스 재원과 모금 활동 등을 제시하고 있다. 그리고 장애인의 능력 향상의 경우에는 능력 향상이란 대인 서비스의 존재 이유이며 또 능력이 있을수록 사회에서 수용되는 경향이 많다고 전제하면서, 대인 서비스가 장애인들의 능력을 향상시킬 수 있기 위해서는 서비스 수행과정에서 활동적이고 적절한 시간 보내기, 적절한 집단 규모와 구성원, 적절한 수준에서의 물질적 지원과 장비 제공, 사회적 자원들의 접근 용이한 물리적 배치, 관련 서비스의 자율성 지향 등의 요건을 제시하고 있다.

또한 SRV론을 실천할 수 있는 방안으로는 다음 일곱 가지를 제시하고 있다(Wolfensberger, 1983).

첫째, 무의식의 의식화다. 그는 왜 '의식화'를 주장했을까? 프로이트에 의하면 무의식은 인간 행동의 결정적 변수에 해당된다. 그런데 무의식은 고통을 회피하는 대신 쾌락을 추구한다는 '쾌락의 원칙'으로 작동된다. 그래서 흔히들 무의식에 압도된 개별 행동은 타인의 장애를 자연히 멀리하려는 경향이 있게 마련이다. 그리하여 장애를 있는 그대로 현실적으로 수용하도록 돕기 위해서는 '현실의 원칙'을 강조하는 의식이라는 변수로 대체하는 것이 바람직하다고 판단한 듯하다.

둘째, 일탈 극복을 위한 긍정적 역할의 수행이다. 가치 절하받은 사람들은 대개 부정적인 역할을 수행하는 경우가 많다. 그 결과 그들의 실제 능력보다 훨씬 낮은 능력밖에 발휘하지 못하고 있다. 이에 가치절하의 위험에 놓인 사람들이 긍정적인 사회적 역할을 수행해야 함을 강조한다.

셋째, 취약성의 예방이다. 모든 사람은 부정적으로 평가되는 특성들을 몇 가지 지니고 있다. 그러나 일반인의 경우 이러한 특성들이 전체적 국면에서 차지하는 비율은 너무나 사소한 것이기 때문에 일탈적인 역할의 수행자로까지 인식되지는 않는다. 그러나 이미 가치절하를 받은 사람들은 계속적인 가치절하와 부정적인 경험으로 많은 취약점을 노출하고 있다. 따라서 이러한 취약성을 예방하거나 상쇄시키는 것이 중요한 과제가 된다. 쉽게 표현한다면, 일반 시민들의 보편적이고 유행하는 삶의 상황들을 가치절하받고 있는 사람들에게도 경험할 수 있도록 해주어야 한다는 것이다. 특기할 만한 사실은 울펜스버거는 일반인이든 장애인이든 모두에게 기회를 동등하게 부여한다는 중립적인 입장을 취한 것이 아니라 장애인에게는 보다 적극적으로 기회를 부여할 것을 주장했다는 것이다. 이러한 논지는 롤즈가 자신의 사회정의론에서 평등이라는 이념을 실현하기 위해 주장했던 '차등의 원칙'과 맥을 같이한다.

넷째, 발달 모형의 지향이다. 성격 이론은 발달 모형과 비발달 모형으로 나뉜다. 이 중 발달 모형은 연령의 증가에 비례하여 성격이 발달한다고 가정하는 개인의 미래에 대해 긍정적인 입장이다. 장애를 갖지 않은 사람들조차 낮은 역할기대하에서는 능력 발휘에 자연히 제약을 받게 마련이다. 정상화는 가치절하를 받고 있는 사람들의 능력이 고양되어야 함을 강조하며, 또 고양시킬 수 있는 가장 강력한 방법은 바로 발달 모형에 입각한 대인 서비스라고 주장한다.

다섯째, 긍정적인 모방과 모델링의 추구다. 모방은 지금까지 알려진 학습방법 가운데 가장 강력한 것으로 평가되고 있다. 그런데 장애인에게 제공되는 모델들은 아직도 부적절한 것이 많음이 현실이다. 대개의 경우 가치를 인정받고 있는 모델들과 분리되어 있기 십상이며, 이 모델들보다 상대적으로 낮은 능력을 가진 사람들이 장애인을 보살피는 경우가 많다. 정상화는 가치절하받은 사람들에게 적절하며 가치 있는 인물들이 모델화되어야 함을 강조한다.

여섯째, 이미지와 상징의 개선이다. 가치절하받은 사람들에게서 연상되는 상징과 이미지는 야수성, 질병, 죽음, 범죄 및 무능력과 같은 부정적인 요소이기 일쑤다. 따라서 장애인을 위한 모든 대인 서비스는 긍정적인 상징과 이미지를 전달하는 것이어야 한다.

끝으로, 사회통합[3]이다. 통합이란 한 개인이 정상적인 지역사회 안에서 가치

---

3) 뷰엘과 미네(Buell & Minnes)는 동일한 문화권 내에서 소규모 집단과 대규모 집단이 상호작용하는 방식으로, 소규모 집단의 문화적 정체성이 유지되는 정도를 잣대로 동화(assimilation), 통합(intergration), 격리(segregation) 및 주변화(marginalization)의 네 가지를 들고 있다('http://libguides.pusan.ac.kr → 사회복지학과 → 학부/대학원 수업자료 바로가기 → 장애인복지론 → 국외기타자료'에서 이 논문을 다운받을 수 있음).

있는 방법에 의해 인격적인 개인으로서 성공적으로 참여하는 것을 의미한다. 이때 통합이란 필요한 기술이나 지원 방안이 주어지지 않는 단순한 물리적 통합을 의미하는 것이 아니다. 즉, 그저 가치 있는 사람들과 단순히 근접해서 사는 것이 아니라, 그들과 동등한 교육을 받아야 하며 일반인과 동일한 시설 내에서 일할 수 있어야 하고, 모든 활동에 적극적으로 참여할 수 있어야 한다는 것을 의미한다.

이러한 방안을 제시한 SRV론이 갖는 의의와 특징은 다음 몇 가지로 정리해 볼 수 있다.

첫째, 가톨릭 신자로서 높은 수준의 도덕관을 중시해 왔던 울펜스버거는 사회이론과 높은 수준의 도덕성을 결합하여 이 이론을 제시한 셈이다. 그리하여 일부에서는 그것이 이론이 아닌 일종의 이데올로기에 불과하다고 비판하고 있다. 이러한 비판에 대해 그는 경험적 · 과학적 기술에만 의존한 대인 서비스로는 그 목적을 달성할 수 없기 때문에 도덕(가치론)과 (과학) 이론을 결합한 논의가 효과적이라고 반박하였다. 그의 이러한 견해는 어떤 의의를 가질까? 근대 이후 서양 사회가 구축해 온 산업사회의 성격에서 짐작할 수 있듯이, 서양의 과학은 객관주의를 그 이념적 토대로 삼고 있다. 그런데 근원적으로 성찰해 본다면 인간 존재의 근본적인 속성은 주관성과 객관성을 모두 가지며, 또한 주관성과 객관성은 둘이 아님(不二)을 이내 수긍할 수 있다. 그러므로 울펜스버거는 서양 과학이 추종해 왔던 객관주의라는 한계를 극복하려고 노력한 몇 안 되는 선각자로 평가하고 싶다. 또 이러한 안목은 현 인류사회의 위기를 소위 '인식의 위기'로 처방한 카프라(Capra) 교수가 주도했던 신과학 운동의 논리와 동일한 궤적임을 알 수 있다.

둘째, 애당초 수단적 개념으로 단장되어 있던 정상화 이념에 목적적 개념을 추가함으로써 이 이념의 외연성을 확대한 큰 업적을 남겼다고 평가하고 싶다.[4] 이처럼 확장한 배경은 무엇일까? 울펜스버거는 가치 있는 사회적 역할을 훌륭하게 수행하기만 한다면 누구든지 그 개인의 가치도 높이 평가되기 마련이라고 판단한 듯하다. 이 점에 대해 인간은 누구든지 태생적으로 가치 있는 존재라는 강한 비판이 제기되었다. 그러나 그는 가치 있는 역할을 수행하고 있는 사람의 가치가 더

4) 그래서 실제로 미국에서는 SRV 학회가 결성되어 있을 정도다.

높게 평가되고 있는 현실의 모습을 근거로 재차 반박하고 있다. 어떻게 정리되어야 할까? 울펜스버거든 비판자든 모두 인간의 가치를 지나치게 단순화시키고 있다. 인간의 가치는 인간 존재 자체에서 우러나오는 본질적 가치와 수행하고 있는 역할에 연유하는 파생적 가치의 두 가지로 나눌 수 있지 않은가? 그러니 울펜스버거는 후자에, 반면 비판자는 전자에 초점을 맞춘 차이점으로 인해 논쟁이 야기되고 있다.

끝으로, SRV론은 장애를 일종의 문화적 현상으로 봄으로써 장애에 관한 다학문적인 길을 열었으며 장애학의 발전에 큰 업적을 남겼다고 판단된다.

참고문헌

김성규(2001). **장애인복지정책과 노말라이제이션: 정상성개념의 형성과 진화**. 서울: 홍익재.

김성이, 김상균(1994). **사회과학과 사회복지**. 경기: 나남출판.

김용득, 김진우, 유동철(2007). **한국 장애인복지의 이해**. 서울: 인간과 복지.

유동철(2009). **인권 관점에서 보는 장애인복지**. 서울: 집문당.

이은규(1999). 롤즈의 사회정의론에 나타난 평등주의의 함의에 관한 연구. 서울대학교 대학원 석사학위논문.

Bank-Mikkelson, N. E. (1980). The Principle of Normalization. In B. Nielson (Ed.), *Flash#2 on the Danish service for the Mentally Retarded*. Copenhagen: Personal Training School.

Brown, H., & Smith, H. (1992). Assertion, not assimilation: A feminist perspective on the Normalization Principle. In. H. Brown & H. Smith (Eds.), *Normalization: A leader for the nineties*. London: Routledge.

Oliver, M. (1996). *Understanding Disability: from theory to practice*. Basingstoke: Macmillan.

Perrin, B., & Nirje, B. (1985). Setting the Record Straight: A Critique of Some frequent Misconceptions of the Normalization Principle. *Australia & Newzealand Jour. of Developmental Disabilities, 11*(2), 69-74.

Rawls, J. (1973). *The Theory of Justice*. 황경식 역(1990). **사회정의론**. 서울: 서광사.

Rothman, J. C. (2003). *Social Work Practice*. Boston: Pearson Education, Inc.

Sachs, A. (1996). Human Rights in the twenty first century: real dichotomies, false antagonism. In Human Rights in the 21th Century, Ottawa: Canadian Institute for the Administration of Justice

Sainsbury, S. (1993). *Normal Life: A Study of War and Industrially Injured*. England: Avebury.

Wolfensberger, W. (1983). *PASSING(Program Analysis of Service System Implementation of Normalization Goals)*. Chicago: Easter Seal Research Foundation.

제3장 장애의 개념과 범주

장애 현상에 대한 과학적 논의가 시작된 지 어언 반세기를 넘어가고 있다. 짧지 않은 시간 동안 많은 관계자가 장애 현상을 어떻게 이해하고 있으며 또 장애인문제를 어떻게 풀어 나가야 하는지에 관한 자신의 입장을 피력해 왔다. 이러한 입장들이 누적되어 가면서 정리되지 않고 있어 입문하는 이에게 많은 혼란을 안겨 주고 있는 실정이다. 예컨대, 사회적 모형은 애초 신체장애인들이 겪는 사회적 장애를 감소 · 제거하기 위한 의도에서 제기되었다. 그럼에도 그 이후의 비판자들은 정신장애를 포함한 장애의 모든 범주에서 이 모형을 비판하고 있다. 이 장에서는 기존 견해들의 입장 차이를 정리하는 데 초점을 두기로 한다.

제1절 장애의 개념적 모형

장애에 관한 개념적 모형론은 초창기의 개별적/사회적 모형론에서 오늘날의 다차원적 모형론으로 전개되어 왔다. 이와 같이 변천하게 된 배경에는 초창기의 모형론이 지나치게 이분법적 구도를 갖는다는 약점 때문이었다. 그러나 다차원적 모형도 개별 장애 유형들을 단순 배열하고 있어 그 유형들 간의 연계성을 제시해 주지 못하고 있다. 그러므로 이 절에서는 이분법적, 다차원적 견해를 소개한 다음, 개별 장애 유형들 간의 연계성을 강조한 사분법적 모형을 제시하기로 한다.

1. 장애의 이분법적 모형

1) 개별적 모형

과학적 논의가 시작되던 초창기에는 장애를 개인에게 닥쳐온 불운과 비극으로 이해하는 입장도 있었고, 또 일종의 질병으로 설명하는 견해도 있었다. 그리하여 여기에서는 '개인적 비극론' '생의료적 접근' '기능적 접근' '의료적 모형' '재활 모형' 등의 논지와 입장들을 모두 개별적 모형이라는 총칭으로 포괄하였다.

(1) 개별적 모형의 특징

장애 현상에 대한 과학적 논의가 시작되기 전에는 흔히들 장애를 어떻게 이해했을까? 대개는 '신의 저주' '불운' 등 초과학적 현상으로 이해하였다.[1] 그러다가 제2차 세계대전 이후부터는 근대과학의 발전에 힘입어 일종의 질병으로 이해하기 시작했다. 소위 개별적 모형이 발아되기 시작한 것이다. 이 모형에서는 장애를 일종의 질병으로 이해하기에 (생물학적) 손상(impairment)을 장애인이 직면하는 모든 문제의 근원으로 간주하였다. 생물학적 차원인 손상은 치료와 재활에 의해 그 제거와 경감이 가능하므로 장애는 오직 치료와 교정의 대상으로 이해된다. 그리하여 이러한 문제를 다루는 일은 전문 기술적 영역에 속하기에 장애인들이 전문가에게 일방적으로 의존하는 불평등한 관계가 조성될 수밖에 없으며, 관련 원조직은 전문 직업화의 방향을 지향하게 마련이다(김동국, 2008).

---

1) 이 입장을 오늘날 개인적 비극론이라고 표현하고 있다.

(2) 개별적 모형의 한계

장애에 대한 과학적 논의가 시작된 초창기에는 장애를 단순히 질병으로 이해했다. 그 후 이러한 입장으로는 장애가 갖는 또 다른 속성을 이해하는 데에 한계가 있음을 감지하게 되었다. 또 다른 속성이란 무엇인가? 원론적으로 총칭으로서 장애라는 용어에는 '(생물학적) 손상(impairment)' '기능 제약(disability)'[2)]'(사회적) 불이익(handicap)' 등 역동적인 관계에 있는 세 가지 함의가 들어 있다. 그런데 장애(총칭)를 일종의 질병으로 이해하는 개별적 모형으로서는 '기능 제약'과 '불이익'이 제대로 설명되지 않는다. 이러한 한계는 다음 세 가지로 정리할 수 있다.

첫째, 개별적 모형은 장애인 문제를 해결하기 위해 지역사회의 사회적 · 물리적 구조를 변화시키기보다는 장애인 개인을 사회규범과 물리적 환경에 적응시키는 것을 의도한다. 그런데 현실에서는 「장애인편의증진법」 등과 같은 관련 법제의 완비 여부에 따라 장애인이 갖는 기능 제약의 정도가 달라지지 않는가? 따라서 개별적 모형은 편의시설 등이 마련되지 않음으로써 발생하는 기능 제약을 설명하지 못한다. 환언하면, 동일한 신체 손상일지라도 다양한 환경에 따라 그 결과가 달라지는 현상을 설명할 수 없다는 것이다(Fawcett, 2000). 이러한 약점은 이 모형이 개인의 신체적 손상과 장애 사이의 비례적인 인과관계를 상정했기 때문에 나온다(Reindal, 2000).

둘째, 장애에 대한 지역주민의 의식 구조의 성숙 정도에 따라 사회적 불이익도 달라지게 마련이다. 이 불이익을 개별적 모형은 설명하지 못하는 한계가 있다. 개별적 모형은 신체의 손상에 초점을 두기 때문에 장애인의 주관적 정서적 경험을 제대로 반영하지 못하고 있으며, 또 장애인이 갖는 문제의 원인 중에서 비의료적 현상을 전적으로 무시하고 있다. 더 나아가 신체 손상이 일종의 비정상이라는 사고방식을 확산시킴으로써 무엇이 정상인가 아닌가에 대해 잘못된 가정을 하고 있는 것이다(Oliver, 1996).

끝으로, 개별적 모형은 의료적 치료를 그 해결책으로 제시하기에 소위 전문가

2) 'disability'를 어떻게 번역하느냐의 문제는 아주 중요하면서도 골치 아픈 일이다. 이 경우처럼 impairment, disability, handicap 등이 병렬적으로 표기될 때는 '기능 제약'이 바람직하며, 독립적으로 표기되어 총칭을 가리킬 때는 '장애'가 바람직하다고 판단된다.

주의를 지향하는 한계가 있다. 사실 장애인문제는 (인적 · 인위적) 환경 문제이기도 하지만 당사자 문제이기도 한 특성이 있다. 그리하여 그 문제의 해결에는 장애인 당사자의 패배감 · 절망감 및 적대감과 같은 부정적인 정서를 극복하고 자존감 · 독립심 및 자활의지 같은 긍정적인 정서를 활성화하는 등 가치 문제가 핵심과제가 될 수밖에 없다. 그런데 개별적 모형은 신체적 손상을 강조하는 태생적 특성으로 인해 이러한 가치 문제를 해결하는 데 전혀 유용하지 못한 한계가 있다(김동국, 2010).

2) 사회적 모형

1970~1980년대 영국 런던에서 처음으로 등장하기 시작한 이 모형은 애초 신체장애인들을 사회에 통합하기 위한 갖가지 원리로부터 유래되었다. 그런데 그 후 많은 관계자가 정신장애까지도 포함한 전체 장애의 측면에서 이 원리를 비판함으로써 많은 혼란이 야기되고 있다. 즉, 애초 신체장애에 국한된 그 모형의 개별성, 특수성(단지 장애에 대한 물질적 설명에 국한된)을 사회적 모형이라는 용어가 주는 일반적인 함의를 토대로 모든 장애에 대해 적용되는 보편성(장애에 대한 물질적 및 문화적 설명)의 입장에서 비판하고 있는 것이다.

(1) 사회적 모형의 등장 배경

사회적 모형은 반분리신체장애인연합(Unions of Physically Impaired Against Segregation: UPIAS), 핀켈스타인(Finkelstein), 올리버(Oliver) 등에 의해 등장하기 시작했다. 이 모형은 장애를 특정한 사회경제적 관계의 물질적 산물이라는 관점에서 설명한다. 먼저 UPIAS는 신체적 손상이 있는 사람을 장애인으로 만드는 것은 사회(환경)이기 때문에 장애란 장애인들의 적극적인 투쟁에 의해서만 제거될 수 있다고 주장했다. 이러한 주장은 "상품성이 떨어짐을 구실로 자본주의 체제가 신체장애인에게 가한 격리와 억압"이 장애의 본질임을 주장한 핀켈스타인의 설명으로 이어진다(Finkelstein, 1993). 이 설명은 올리버에 의해 다음과 같이 더욱 정교해진다. "장애란 육체적 손상이 있는 사람에 대한 고려가 전혀 또는 거의 없어서 그들을 주류 사회생활에서 배제하는 사회조직에 의해 야기된 불이익 또는 제한이다."

(2) 장애에 대한 사회적 모형의 입장: 유물론

애초 사회적 모형은 신체장애에 국한한 입장이기에 장애에 대한 유물론적인 설명이 필연적이다. 이 모형에서는 장애를 유발하는 사회환경에 초점을 둔다. 장애인이 기존의 사회질서에 적응하지 못했기 때문이 아니라, 장애인의 욕구를 적절히 충족시켜 주지 못한 자본주의 체제의 결함 때문에 장애가 발생한다는 것이다. 즉, 신체적 손상이 자본주의 체제가 갖는 결함인 개인주의 · 상업주의 등과 연결되어 장애가 발생한다는 것이다. 그러니 상식적인 차원에서 흔히들 사용되고 있는 장애라는 용어는 학술적 차원에서는 신체적 손상에 해당하는 셈이다.

장애란 당사자의 개인적 제한 · 한계가 아니라, 그들의 욕구가 사회조직 내에서 충족되지 못하고 또 전체 사회가 적절한 서비스를 제공하지 못한 결과라고 주장한다. 장애를 지닌 사람들에게 가해진 사회적 제약, 예컨대 개인적 편견에서 사회적 차별까지, 접근 불가능한 공공건물에서 전혀 도움이 되지 못하는 운송 체계까지, 분리교육에서 배제된 작업설비 등에 의해 장애가 발생한다는 입장이다. 이 모형은 손상과 기능 제약 및 불이익 사이에는 어떤 필연적인 인과관계도 존재하지 않는다고 주장한다(Oliver, 1996). 사람들이 특정한 손상을 가질 수 있지만, 그런 그들을 장애인으로 만드는 것은 환경이다. 즉, 장애는 자연적 속성이 아니라 사회적 · 문화적으로 만들어진 속성이며, 또 손상을 갖고 있는 개인들과 장애를 야기하는 사회환경 사이의 지속적인 상호작용을 통해 형성되는 사회적 구성물인 것이다(Brzuzy, 1997). 그러므로 장애란 신체적 혹은 인지적 속성이 아닌 사회적 신분(social status)인 것이다(박승희, 2004).

장애와 사회환경 간의 인과관계를 규명하는 데에 초점을 둔 이 모형은 장애를 불러일으키는 환경적 조건의 제거를 시도하는 사회 변화를 중시한다. 변화시켜야 하는 것은 개인이 아닌 사회이며, 이러한 변화는 기성 정치인이나 정책 입안자들이 제시하는 사회 정책이나 프로그램, 그리고 의료 전문가 및 유사 의료 전문직이 제공하는 치료나 개입을 통해서가 아니라 장애인 집단을 정치적으로 역량 강화시킴으로써 나타난다고 보고 있다(Oliver, 1996). 즉, 외부 전문가가 아닌 당사자의 행위가 효과적인 해결책이라고 본다.

(3) 사회적 모형의 의의와 한계

사회적 모형이 등장하게 된 관념적 배경은 무엇일까? 인간은 사회적 동물이며, 평생 동안 무수한 사회관계를 맺고 또 유지한다. 그러니 개인의 모든 사고와 행동은 사회관계라는 프리즘을 통해서 비로소 하나의 결정체로 그 모습이 드러나게 되는 셈이다. 이러한 맥락에서 개인에게 애당초 발생하였던 손상이 사회관계를 통해서는 다른 양상—기능 제약(disability)과 불이익(handicap)—으로 변모케 되었는데, 그 과정을 개별적 모형은 제대로 설명해 주지 못한다는 것이다. 이러한 등장 배경을 안고 있는 사회적 모형에서는 장애의 문제는 능력의 문제가 아닌 차별의 문제이기 때문에, 관련 서비스는 욕구의 차원이 아닌 권리의 차원에서 전개되어야 한다고 주장한다. 그래서 이 모형은 장애를 개인적 문제가 아닌 사회적 문제로 인식시키는 데 기여하였다(박승희, 2004)고 평가받고 있다. 또 개별적 모형이 개별적 속성(attributes)을 강조했다면 사회적 모형은 사회적 맥락(context)을 강조한 셈이니, 유명론(有名論)이 아닌 실재론에 그 철학적 기반을 두고 있는 셈이다.

이러한 입장에는 몇 가지 한계가 있다. 먼저 이 모형은 개별 장애인들 간의 공통성을 전제로 하기 때문에(Brzuzy, 1997), 특정 장애인이 안고 있는 문제의 개별성을 부각시켜 주지 못하는 한계가 있다. 손상과 관련해서는 많은 장애인이 나름대로의 좌절감 · 분노 및 공격심 등을 가지는 게 일반적인데, 그러한 정서적 경험의 개별성을 도외시하는 문제점이 있다. 둘째, 장애라는 결과를 가져오는 압제적인 사회구조적 메커니즘을 아직까지 상술하지 못하고 있다(조한진, 2006). 셋째, 이 모형에서는 환경적 조건을 바꾸면 모든 장애가 사라지는 것으로 얘기하고 있지만 이는 상당히 과장된 것이다. 끝으로, 이 모형에서 강조하는 불이익이란 개별적 모형에서 강조하는 손상을 전제로 하지 않으면 성립되지 않는 개념이다. 그러니 사실은 불이익이란 1차적인 현상이 아니라, 중요하긴 하지만 2차적인 현상이 아닐까? 이와 관련하여 이 모형에서는 장애란 차별의 문제에 다름 아니라고 주장하고 있지만, 장애 자체와 차별은 엄연히 다른 것일 뿐 아니라 또한 장벽과도 엄격히 구별해야 한다고 판단된다. 그리고 장애란 사회적 압제의 결과라고 주장하면서도 또한 '손상'을 부정하지도 않는 모순을 범하고 있다(Oliver, 2009).

요약한다면, 개별적 모형과 사회적 모형이 갖는 차이점의 핵심은 장애를 일종

〈표 3-1〉 장애의 개념적 모형 비교

	개별적 모형	사회적 모형
이론적 토대	개인적 비극론	사회적 억압론
장애문제의 성격	개인 문제	사회문제
해결방법	개인치료	사회행동
장애에 대한 인식론적 쟁점	의료화	자조
해결 주체	전문가 주도	개별적, 집합적 책임
장애 담론의 성격	전문 지식	경험담
문제 해결의 핵심	적응	차별금지
장애의 의미	개별적 정체성	집합적 정체성
장애문제의 본질	편견	차별
상호작용의 본질	태도	행위
대인 서비스의 성격	보호	권리
서비스에서 장애인의 역할	통제	선택
장애의 영역별 분류	정책	정치
목표	개인 적응	사회 변화

Oliver(2009)를 참고하여 두 모형 간의 차이점의 매뉴얼을 제시함.

의 질병으로 간주하느냐의 여부에 있다. 질병과 장애, 이 둘의 관계는 절묘하다. 서로 다른 용어이기에 그 실체는 각각 다르다. 그러나 양자는 엄연히 시순(時順) 관계에 있다. 장애는 대부분의 경우 질병이 치료되지 못한 결과로 나타난다. 그렇기에 이 둘은 같은 점과 다른 점을 동시에 갖고 있는 셈인데, 개별적 모형은 같음을 강조하는 반면 사회적 모형은 다름을 강조한다.

2. 장애의 다차원적 모형

지금까지의 이야기는 개별적 모형은 손상, 기능 제약 및 불이익 중 손상만을 설명해 주는 한계가 있고, 사회적 모형은 손상과 관련된 개별적 경험을 생략해 버린 약점이 있다는 것이었다. 요컨대, 두 모형은 장애(총칭)의 세 가지 함의[3] 중 일부만을 강조하는 한계가 있다. 그런데 이 세 가지는 서로 역동적인 관계에 있는 만큼 일부를 생략하면 오류를 범하는 셈이다. 이 세 가지 함의는 현실 세계에서 장애

3) 손상, 기능 제약 및 불이익 등을 말함.

라는 동일 실체의 서로 다른 모습들이다. 서로 다른 모습에 불과한 것을 다른 실체로 보았기 때문에 이분법적 논리로 무장한 모형들이라고 평해야 마땅하다. 더 나아가 지나친 단순 모형이라는 한계도 엿보인다. 예컨대, A라는 사례를 개별적 모형의 입장에서 관련된 특성을 잘 이해할 수 있었다 하더라도, 그 사례는 가령 인종주의 혹은 여성주의라든가 포스트모더니즘 등에 의해서도 얼마든지 귀담아 들을 만한 설명이 가능하지 않은가? 그리하여 이러한 이분법적 모형이 갖는 한계를 뛰어넘기 위해 다차원적 모형이 등장하기 시작했다. 그렇다 하더라도 개별적/사회적 모형들이 갖는 학술적 · 실무적 차원에서의 유용성은 완벽치는 않더라도 여전함을 역시 인정해 주어야 할 것이다. 다차원 모형에 관해서는 스마트(Smart), 윌슨(Wilson) 및 프레슬리(Priestley) 등의 견해가 있는데(박수경, 2008), 이 중 프레슬리의 견해를 중심으로 논의하고자 한다. 아울러 그가 제시한 네 가지 유형 간의 연계성을 강조한다는 취지에서 장애의 사분법적 개념틀을 새로이 제시한다.

1) 프레슬리의 모형

프레슬리는 장애에 관한 기존의 논의들이 개별적 모형 대 사회적 모형이라는 지나친 이분법적 구도라는 점과, 장애 현상의 본질이 물질 혹은 정신 중 무엇일까라는 논의도 필요하다고 주장하면서 장애에 관한 사분법적 설명을 〈표 3-2〉와

〈표 3-2〉 장애 이론의 네 가지 접근법

	유물론	관념론
개인	〈입장 1〉 ㅇ개별적-유물론적 모형 ㅇ장애란 개별 신체의 기능에 과해진 생체의 신체적 산물임 ㅇ분석의 단위는 손상된 신체임	〈입장 2〉 ㅇ개별적-관념론적 모형 ㅇ장애란 정체성의 창출과 역할의 협상에 관여하고 있는 임의로운 개인의 산물임 ㅇ분석의 단위는 편의성과 정체성
사회	〈입장 3〉 ㅇ사회적 생성주의 모형 ㅇ장애란 특정한 역사적 맥락하에서 나타난 사회경제적 관계의 물질적 산물임 ㅇ분석의 단위는 장애화된 장벽과 권력의 유물론적 관계임	〈입장 4〉 ㅇ사회적 구성주의 모형 ㅇ장애란 특정한 문화적 맥락에서 나타난 사회성 발달의 관념적 산물임 ㅇ분석의 단위는 문화적 가치와 표상들임

출처: Priestley(1998).

같이 제시하였다.

〈입장 1〉 개별적–유물론적 입장이며, 흔히 부르는 의료적 모형이 대표적인 예다. 생물학적 결정론을 토대로 장애를 개인적 비극의 산물로 간주하는 입장이기에 생물학적 모형으로 불리기도 한다. 신체적 기능 회복 또는 능력 향상을 목적으로 삼는다. 이러한 목적하에서 신체적 · 인지적 손상의 정상화를 위한 의료적 개입과 재활 서비스를 강조하며, 이를 통해 장애라는 결함은 치료될 수 있다고 믿는다. 신체적 재활과 약물 · 수술 요법뿐 아니라 인간게놈 프로젝트의 보급 논거도 이런 맥락에서 찾아볼 수 있다.

〈입장 2〉 개별적–관념론적 입장은 개별적 모형이지만 손상된 신체에 중점을 두는 대신 인지적 상호작용과 정서적 경험에 초점을 두는 심리적 모형이다. 장애란 개인적 경험의 산물이자 사회적 역할에 관한 개인들 사이의 협상의 산물로 본다. 분석의 단위는 정체성과 경험이다. 현상학, 해석심리학, 상징적 상호작용론 등과 같은 방법들은 이 주관적 관념론에 그 근거를 두고 있다.

〈입장 3〉 정확한 표현이 아님에도, 통상 사회적 모형으로 불리고 있다. 이 사회적–유물론적 입장에서는 장애란 특정한 역사적 맥락하에서 정치적 경제 체제 그리고/혹은 가부장제의 발달로부터 발생된 권력의 유물론적 관계의 산물로 간주된다. 분석의 단위는 장애를 만들어 내는 물리적, 구조적 혹은 제도적 장벽이다. 이것은 장애인 운동 중 자원동원론의 철학적 근거가 되었다. 사회적 생성주의를 그 바탕으로 삼고 있으며, 사회적 구성주의와 대조를 이룬다. 즉, 문화적 표상과 사회적 관념보다는 구조적이고 제도적인 장벽 · 제한을 장애로 간주하며, 장애의 문제는 사회적 억압과 배제의 결과이지 개인적인 결핍이나 병리가 아니라는 것이다.

〈입장 4〉 실제적으로는 사회적 모형의 일종이라고 할 수 있다. 장애는 일종의 사회적 구성물이며 또 특정한 문화적 맥락 안에서 전개되어 온 이념적 산물로 간주한다. 분석의 단위들은 사회적 가치와 문화적 표상(representations)이다. 사회적 구성주의와 문화적 상대주의가 주류적인 방법들이다. 장애를 일종의 사회적 구성물로 간주할 경우 함축적이든 명시적이든 문화적 상대주의라는 관념이 전제된다. 즉, 장애란 특정한 문화적 조건의 산물이라는 것이다. 전체 사회 내에는 서로 다른 사람들이 필연적으로 존재함에도 불구하고, 그들이 통합되거나 배제되는 정도는 그 차이에 대한 주류적인 문화적 인식에 따라 다양하다는 것이다.

이러한 네 가지 입장들을 차별적으로 소개한 셈이 되었지만, 이들을 서로 배타적인 관계로 이해해서는 안 된다. 예컨대, 장애인에 대한 편견과 차별의 정도는 그 사회의 물리적 · 구조적 장벽과 밀접한 관련이 있다. 또한 그 편견과 차별은 장애인 개인의 부정적 정서 경험에 절대적인 영향을 미친다. 게다가 그 물리적 · 구조적 장벽은 근원적으로는 무엇이 만들었는가? 사람의 마음이다.

2) 장애의 사분법적 개념

프레슬리의 개념틀은 장애 이론에 관한 종전의 단순한 분류(개별적 모형과 사회적 모형)에 비해 보다 분석적인 장점이 있다. 그러나 그는 네 가지 입장이 서로 괴리되어 있지 않으며 배타적이지 않다는 점을 강조하고 있을 따름이지, 그것들이 서로 연계 · 통합되어 있는 모습을 구체적으로 묘사하지 못한 한계가 있다. 그리하여 여기에서는 장애 현상의 사분법적 분석에 관한 선행 연구들이 갖는 이러한 한계를 극복하기 위하여, 먼저 사분법적 분석틀이 갖는 철학적 근거를 소명한 다음 장애 현상들을 사분법적으로 분석할 수 있는 틀을 제시하되, 그 분석된 개념들이 유기적으로 연계되어 있음을 강조하고자 한다.

(1) 사분법적 개념틀의 철학적 근거

프레슬리는 장애 현상에 관한 자신의 분석틀이 사회 현상의 분석틀에서 유래되었으며 또 사회 현상의 분석틀은 오랜 연륜을 가진 철학의 존재론적 논쟁과 깊은 연관을 지닌다고 하였다(Priestley, 1998). 그리하여 여기에서는 구체적인 분석틀을 제시하기 전에 먼저 분석틀의 철학적 근거를 존재론적 차원에서 제시하려 한다.

인간은 일상적인 삶에서 숱한 물음을 갖게 되는데, 그 물음들은 크게 세 가지로 분류되며 위계적 순서로 배열된다. 첫째, 인간과 삶이 무엇(what)인지를 묻는다. 둘째, 대상이 어떻게(how) 존재하는지를 묻는다. 셋째, 왜(why)라는 존재론적 물음이다. 이 중 대상이 무엇이며, 어떻게 존재하는가라는 두 가지 물음은 모두 일상 세계라는 동일한 차원에서 함께 제기된다. 즉, '무엇'과 '어떻게'라는 물음은 현상 세계에 대한 물음이다. 그리고 '무엇'과 '어떻게'라는 물음은 '왜'라는 존재론적 물음으로 이어질 때 비로소 그 정당성이 확보된다. 그러므로 철학을 함은 '무엇'과 '어떻게'의 물음으로부터 시작하여 '왜'의 물음에서 완성되며, 또한 '왜'라는 존재론적 물음은 '무엇'과 '어떻게'의 인식론적 · 윤리적 물음을 모두 내포하고 있다(강영계, 1994). 우리는 일상적인 삶에서 무수히 반복되는 삶을 영위하면서 물질적인 목표를 추구한다. 그러나 일단 어떤 의심과 경탄의 계기에 의하여 일상적인 삶의 내면을 통찰하여 그것을 반성하게 될 때, 현상학적 · 일상적인 삶은 내면적 삶으로 전환된다. 그러한 전환은 우연히 이루어지는 것이 아니라 '왜'라는 존재론적인 물음에 의해 성취되는 것이다.

그러므로 사회복지 현상을 보다 과학적으로 분석하려는 본 저술에서 존재론의 차원에서 그 분석틀을 제시함은 사필귀정이라 하겠다. 그리고 존재론으로 분류되는 많은 논의는 그 논쟁의 성격으로 미루어 유물론/유심론(관념론)과 실재론/유명론 등과 같은 두 부류의 대립된 논쟁으로 압축된다. 먼저 전자의 논쟁은 세계의 근원을 물질로 보느냐 혹은 정신으로 보느냐인데, 물질은 객관성을 띠고 정신은 주관성을 띠므로 이 논쟁은 인식론의 경험론/합리론 간의 논쟁에도 연결된다. 다음은 존재가 인간의 의식과는 상관없이 실재하느냐의 여부에 관한 실재론/유명론의 논쟁이다. 사회과학에서는 사회가 실재하느냐 혹은 인간이 만들어 낸 관념에 불과한가에 관한 논쟁이 대표적이다. 이러한 차이에 따라 사회복지실천에서도 대인 서비스의 초점을 개인에게 맞추기도 하고 혹은 지역사회를 강조하기도 하는 것이다.

(2) 장애 현상에 대한 사분법적 개념틀의 장점

애당초 개별적 모형의 약점을 극복하기 위한 취지에서 사회적 모형이 제시되었지만, 이 모형도 스스로의 모습을 한정하는 것 자체로 인한 태생적 한계는 어쩔 수 없는 숙명이다. 그러므로 개별적, 사회적 모형을 서로 대립시키는 이분법적 이론틀은 장애를 적절히 설명하는 데 한계가 있다. 즉, 장애인은 사고 이후 불가피하게 손상을 가지고 살아가야 하기 때문에 개인의 손상 또는 경험이 중시되어야 하겠지만, 사회가 손상에 미치는 영향이 또한 크기 때문에 이 점도 부각시켜야 한다는 것이다. 뿐만 아니라 사회적 모형에서는 장애를 사회적 구성물 혹은 생성물로 본다는 것인데, 구성물이든 생성물이든 이 모두는 신체적 이상 상태를 일컫는 손상을 전제로 성립하는 것이다. 결론적으로 개별적 모형은 사회의 모든 구성원 간의 이질성을 강조하는 반면 사회적 모형은 구성원들 간의 동질성을 강조한다. 그런데 원천적으로 모든 구성원은 서로 이동성(異同性)을 겸비하고 있기 때문에, 이 두 속성을 배타적 관계가 아닌 변증법적 관계[4]로 조망함이 옳다.

1970년대 이후 영국에서 신체장애인들을 중심으로 제시된 사회적 모형에서는 그 이후의 논의과정에서 장애의 본질에 관한 상반된 두 가지 입장이 대립되기 시작했다. 그 대립이란 다름 아니라 유물론과 유심론(관념론)이라는 입장에서 나온 견해 차이를 말한다. 즉, 경제와 문화 중 어느 것이 더 우월하느냐(Priestley, 1998)라는 화두와 관련된 것이다. 그런데 중요한 사실은 이러한 상반된 두 입장은 그 어느 것도 무결하다든가 혹은 폐기해야 할 대상이 아니라는 점이다. 그러므로 유물론/유심론 사이의 대립되는 입장뿐 아니라 실재론/유명론이라는 서로 각을 세운 입장까지도 반영한 사분법적 개념틀을 제시함은 지극히 타당한 자세라 할 수 있다.

① 생리적 장애[5]

장애의 개별성과 객관성을 강조한다. 1차적 장애로서 신체 구조에 일어나는 장애이기에 손상(impairment)에 해당된다. 최초로 일어나는 장애로 신체의 생물학적 해부학적 구성 요소가 이상 상태로 된 것을 말한다. 그 이상 상태는 영구히 남게 되기 때문에 원래 상태로 복귀가 불가능한 불가역적 장애라고 할 수 있다. 또한 불가역적이기에 치료가 아닌 재활이 궁극적인 목표가 된다. 그리고 장애를 다

---

4) 입자-파동이라는 원자 현상의 이중성 등을 설명하는 '상보성 원리'와 맥을 같이한다. "대립적인 것이 상보적인 것이다."라는 핵물리학자 보어가 제시한 상보성 원리는 음양의 이치를 물리학적으로 재해석한 것인데, 모든 자연현상, 더 나아가 인간의 모든 문화생활의 본질을 이해할 수 있도록 도와주는 원리로 평가받고 있다. 서로 모순되고 대립되어 보이는 두 요소가 역동적으로 상호작용하면서 균형과 조화를 이룬다는 것이다.

5) 이러한 네 가지를 '장애'라고 표현했지만, '장애인문제'가 더욱 적절한 표현이 아닌가라는 생각도 든다. 더욱 깊은 성찰을 요하는 문제다.

루는 일을 전문적 기술의 영역으로 간주하기 때문에 장애인들에게 사회의 기대에 적응할 수 있도록 원조하는 전문가들에게 의존할 것을 요구한다(Rioux, 2002). 그 결과 불평등한 사회복지 관계가 되며 장애인에게 낙인이 부여되기 쉽다. 또한 사회적 맥락을 고려치 못하는 한계가 있다(Oliver, 1996). 인간은 사회적 동물이기에 평생에 걸쳐 무수한 사회관계를 맺는다. 이 사회관계를 통해 생리적 장애라는 개인적 속성은 사회적 속성으로 바뀌게 되는데, 이 유형은 그 과정과 결과를 설명하지 못한다. 이 패러다임으로는 기능 제약(disability)이라는 용어를 설명할 수 없으며, 단지 손상만을 다룰 수 있다. 의료적 모형으로 더 잘 알려진 이 입장은 장애를 개인적 비극의 산물로 간주하기에 개별적 생물학적 결정론을 견지한다. 분석의 단위는 손상된 신체이며 분석의 주요 방법은 경험론이다(Priestley, 1998). 그러므로 직접 경험할 수 없는 마음 · 정신 혹은 가치 · 문화 등에 대해서는 인정하지 않거나 사소한 것으로 치부해 버린다. 사회생물학과 사회진화론의 부활과 신체적 재활, 약물 발전, 그리고 수술요법과 관련된 많은 의학 연구에서 생물학적 결정주의를 엿볼 수 있다. 또한 인간게놈 프로젝트에서 그것의 지속적인 영향을 살펴볼 수 있다.

② 심리적 장애

많은 사회심리학자는 불이익을 당한 사람(handicapped people)은 타인들에게 분노와 불쾌한 마음을 가지게 마련이며 사회적으로 낙인화되어 있다고 주장하였다.

개별적 모형이지만 생체와 손상에 중점을 두는 대신 인지적 상호작용과 정서적 경험에 중점을 둔다. 즉, 손상으로 인해 개별 장애인이 갖는 심리적 차별성을 강조하는 모형이다. 따라서 장애를 개인적 경험의 산물 및 사회적 역할에 관한 개인들 간의 협상의 결과로 본다. 분석의 단위는 정체성과 경험이다. 현상학, 해석심리학, 상징적 상호작용론 등과 같은 주요 방법들은 주관적 관념론에 그 근거를 둔다. 그러므로 적응, 태도 등이 주제어다. 최근 많은 장애인, 페미니스트에게, 또 개인적 경험과 정체성의 중요성을 상기시키고자 하는 저자들에게 그 논리적 기초를 제공한다.

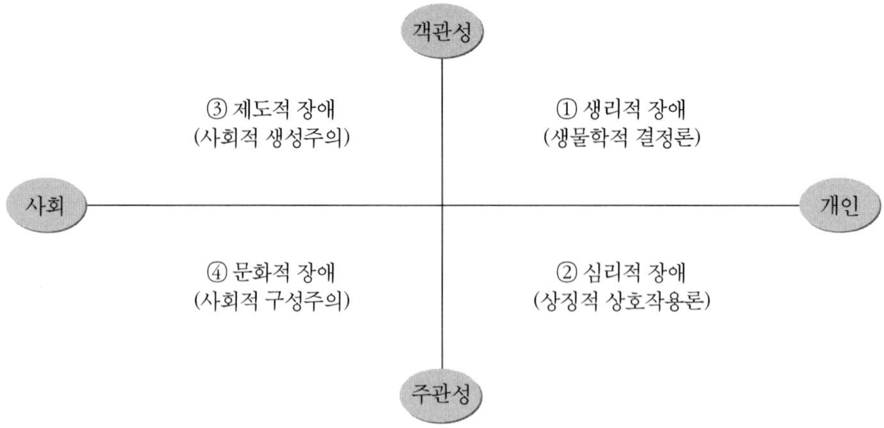

[그림 3-1] 장애 현상의 사분법적 분석틀

③ 제도적 장애

장애는 통계치와 공학기술의 영향으로 사회적으로 구성된다(Rioux, 1997). 1970년대 초 장애에 대한 사회학적 해석이 처음으로 등장한 이후, 1976년 반분리 신체장애인연합(The Union of the Physically Impaired Against Segregation: UPIAS)의 『장애의 기본 원칙(Fundalmental Principles of Disability)』에 이 유형이 공식적으로 표명되었다. 그 후 올리버에 의해 '사회적 모형'으로 명명화되었다(Finkelsteine, 2009). 그러니 이 유형을 사회적 모형의 전부라고 오해하고 있다. 장애를 특정한 역사적 맥락하에서 정치적 경제 체제 그리고/혹은 가부장제의 발달로 인한 권력의 유물론적인 관계로 간주한다. 유물론적 관점에서 장애의 사회적 생성을 강조한다(Priestley, 1998). 그러므로 장애를 만드는 물리적, 구조적 및 제도적 장벽 등이 분석의 단위에 해당한다. 비록 손상이라는 신체적 이상 상태가 초래되었지만, 장애인도 인간이면 누구나 갖게 되는 보편적인 욕구와 권리를 희구하게 된다. 그럼에도 이와 관련된 프로그램과 제도적 장치가 마련되어 있지 않음으로써 그들의 생존권 · 노동권 · 이동권 및 문화권 등이 충족되지 않았을 때 발생하는 장애를 말한다. 장애인 운동에 관한 이론 중 자원동원론의 철학적 근거가 되고 있다. 영국인 그리고 남성이 이 모형에 관한 관심을 불러일으킨 핵심 인물 및 인구계층이며, UPIAS와 핀켈스타인의 연구에서 발아된 다음 올리버(Oliver)와 반즈(Barnes)의 저작에서 그 핵심 가설이 정립되었다(김동국, 2011).

④ 문화적 장애

문화적 관점에서 장애화된 태도와 상상력에 초점을 둔다(Priestley, 1998). 장애를 특정한 문화적 맥락 안에서 전개되어 온 이념적 산물인 일종의 사회적 구성물로 본다. 문화적 표상들이 분석의 대상에 해당한다. 이처럼 장애를 일종의 사회적 구성물로 그 성격을 묘사한다면 문화적 상대주의가 그 패러다임으로 전제된다. 즉, 장애란 특정한 문화적 조건의 산물이라는 것이다. 전체 사회 내에는 필연적으로 서로 다른 사람들이 존재함에도 불구하고, 각 개인이 통합/배제되는 정도는 개인적 차이라는 것에 대한 지배적인 문화 인식에 따라 달라진다는 것이다. 그러므로 사회적 구성주의와 문화적 상대주의가 그 이념적 입장이다. 이와 관련하여 르마트(Lemart)는 "신체적 핸디캡은 전 세계에 걸쳐 발견되는 초문화적인 경향이지만, 그 핸디캡들이 사회적 역할의 수행을 제한하는 정도는 문화에 따라 다양하다."라고 주장하였다(Priestley, 1998). 사실 장애는 해당 사회의 산업화 수준 그리고 사회경제 체제의 성격, 공동체적 수준 등에 따라 달리 이해되고 있다. 이런 유의 접근법은 사회적 낙인과 역할 기대가 장애를 구성함에 있어 결정적인 변수임을 암시한다. 시각장애에 관한 스콧(Scott)의 저술, '정상화'에 대한 울펜스버거(Wolfensberger)의 접근법이 관련된 예이며 셰익스피어(Shakespeare)가 대표적인 학자다(Shakespeare, 1994). 손상에도 불구하고 불굴의 의지로 적극적인 사회관계를 맺으려고 노력하지만, 단지 신체의 이상 상태라는 남다른 조건 때문에 일반인으로부터 무가치한 존재라는 낙인을 받을 때 발생하는 장애를 말한다.

(3) 사분법적 개념틀의 사회복지적 함의

모든 자연현상은 이중성을 띠고 있으며, 이 이중성은 절대 동시에 관찰될 수 없다는 것이 현대 과학철학의 입장이다(Capra, 1993). 그렇듯이 사회복지 현상도 모두 이중성을 띠고 있으며, 이 이중성 역시 동시에 표출되지 않는다. 예컨대, 개별 행동에 기쁨과 슬픔이 동시에 표출되지 않으며 선과 악, 주관성과 객관성 등도 동시에 표현되지 않는 법이다. 그러므로 이러한 이중적인 속성을 서구 과학의 패러다임인 '분석'으로 조망하게 되면 그 현상의 속성을 어느 쪽으로 이해하더라도 그 이해는 소위 '절반의 이해'에 머무르고 만다. 분석이라는 안목이 갖는 이러한 한계를 깨닫고서 현상을 거시적 차원에서 조망하려는 '종합' 패러다임이 등장했지만, 예컨대 사회체계 이론의 경우 이 패러다임은 각 현상이 갖는 개별성을 확인하는 데 효과적이지 못한 한계가 있다. 그러니 분석이든 종합이든 이 모두는 삼라만상의 이치가 음양의 이치이며 더 나아가 음양은 고정되지 않고 서로 순환관계에 있다는 음양의 논리에 반하는 입장이다. 즉, 분석이 양의 기운이라면 종합은 음의 기운에 해당되며, 이 두 가지 기운은 끊임없이 순환하는 관계에 있음에도 현상을 바라보는 서구의 패러다임이 양극단 중 하나에 머물고 있는 오류와 한계가 있다는 것이다. 이러한 한계를 극복하기 위한 목적에서 분석과 종합을 함께 아우르는 '통합적 개념틀'의 가능성을 탐색해 본 것이다.

이러한 목적을 갖는 이 연구는 어떠한 함의를 가질까? 이에 대해서는 장애 현상을 중심으로 논의하기로 한다. 분석 패러다임을 토대로 한 모형 중 사회적 모형은 장애 현상의 사회성의 정도를 [그림 3-2]와 같이, 또 개별적 모형은 그 개별성의 정도를 [그림 3-3]과 같이 각기 별개의 선상에서 그 정도를 표현한 셈이다. 그에 반해 통합적 개념틀은 사회성과 개별성을 하나의 연속선상의 양극단으로 표현함으로써, [그림 3-4]와 같이 궁극적으로는 사회성과 개별성이 동전의 양면과 같은 이중성(duality)의 관계에 있음을 주장하는 입장이다.

이와 같은 연속선상의 양극단이라는 관계는 사회복지 현상의 객관성과 주관성이 갖는 관계에 대해서도 [그림 3-5]와 같이 동일하게 적용함으로써 서구의 과학처럼 객관성에만 편향된 입장에서 벗어날 수 있게 해 준다. 서구의 과학은 객관주의를 그 이념적 토대로 삼는다. 사회복지 현상의 주관성과 객관성을 단절된 관계로 보는 것이 아니라 연속선의 양 끝으로 본다는 입장이 왜 필요할까? 애초 상식

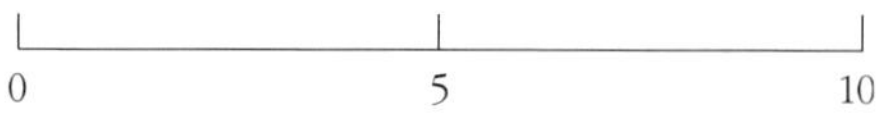

[그림 3-2] 사회적 모형에서 사회성의 정도

[그림 3-3] 개별적 모형에서 개별성의 정도

[그림 3-4] 통합적 모형에서 사회성과 개별성의 정도

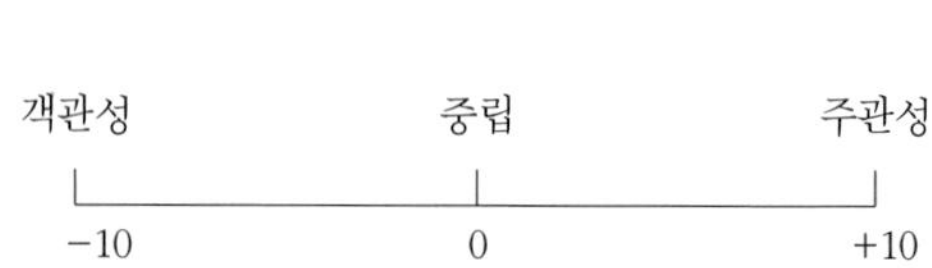

[그림 3-5] 통합적 모형에서 객관성과 주관성의 정도

을 건너뛴 채 현상을 이해하려는 취지에서 인간이 갖는 감정 등과 같은 불확실성과 우연성을 연구의 대상에서 제외함으로써 객관성만을 강조하는 과학을 출범시킨 것이다. 그리하여 어떤 결과가 나타났는가? 두 가지를 들 수 있다.

먼저 일상생활과 과학이 단절됨으로써 인간에 대한 이해가 절반의 이해에 불과했으며 또 인간을 위한 과학이 아닌 과학을 위한 과학으로 전락되고 말았다. 어떤 구체적인 예를 들 수 있을까? 2010년 사회복지공동모금회의 관계 직원이 기부금을 횡령한 사실이 보도되었을 때, 일각에서는 "인간적인 학문을 전공으로 하는 이들에게서 왜 이런 비리가 발생하는 것일까?"라는 그들의 자탄을 전해 들었다. 그러나 이는 사안의 본질을 정확히 꿰뚫어보지 못한 소치다. 사회복지학을 전공한 이가 다른 전공자보다 특별히 양심적이라거나 선한 기질을 소유하고 있다고 보는 것은 잘못된 선입견이다. 오늘의 사회복지학이 객관성만을 강조하는 서구 과학의 태생적 속성을 벗어나지 못하는 한 사회복지학은 개인의 인격 함양 그리고 양심의 구현과는 아무런 관계가 없는 것이다. 그런데 인류사회의 발전이란 것이 주관성과 관련된 개인의 자질 향상을 도외시한 채 객관성과 관련된 제도의 완비만으로 가능한 것인가? 아니다. 객관성과 주관성을 서로 대립하면서도 하나의 전체를 이루는 두 가지의 필수적인 구성 요소로 이해하는 통합적 시각이 필요하다. 그러므로 지금까지 과학이라는 이름하에 폐기되다시피 해 왔던 '주관성'에 대한 관심이 새로워져야 함은 당연한 이치라 하겠다. 이와 관련하여 특기할 만한 사실은 고대로부터 동양 사회에서는 학문하는 궁극적인 목적을 인격의 함양에 두었다는 사실이다.[6] 이제 사회과학의 일종인 사회복지학은 그 정밀성을 부러워한 나머지 자연과학을 무작정 모방할 것이 아니라 개인의 인격 함양에도 관심을 갖는 '신과학'으로 환골탈퇴해야 할 시점이다.

다음으로, 객관성과 주관성을 서로 연계시켜야 할 필요성은 사회복지학에 생

6) 동양학은 이러한 태생적 특성을 갖추었기에 술학(術學)이 아니라 일종의 도학(道學)으로 이해되고 있다. 반면 서양과학은 객관성을 본질적 특성으로 삼기에 관계자 개인의 인격 함양과는 아무런 관계가 없는 술학의 성격이 강하다. 대표적인 관련 예로는 베이컨의 "아는 것이 힘이다."라는 선언을 들 수 있다. 무얼 안다는 것인가? 바로 자연계를 관통하고 있는 법칙을 말한다. 그 자연 법칙을 안다는 것은 이제 자연을 숭배의 대상이 아닌 정복과 개척의 대상으로 인식함을 뜻한다. 이것이 바로 현대문명을 탄생시킨 '근대적 자연관'에 해당한다.

명력을 부여해야 할 우리의 당면 과제에서도 찾아볼 수 있다. 아시다시피 사회복지학은 그 연구 주체와 실천 대상이 모두 인간이기에 일종의 유기체다. 그런데 학계의 주된 연구방법인 계량적 연구는 객관주의를 그 이념적 토대로 삼기에 인간 행동을 마치 기계와 같은 특성을 갖는 것으로 전제하고 있다. 당연히 인간 행동에는 규칙적인 특성이 있다. 그러나 이 특성을 전부의 속성으로 전제하게 되면 유기체만이 갖는 능력인 자기갱신 능력과 자기초월 능력(김종심, 1985)을 간과하는 오류를 범하게 된다. 그리고 이 두 가지 능력의 구체적인 수준은 개별성을 띠기에 불규칙적이며 주관적인 특성이 있다. 그러니 인간 행동을 수학적으로 표현한 계량적 연구 결과물만 있게 된다면 사회복지학은 마치 기계와 같은 그 무엇으로 전락하게 되는 셈이다. 따라서 비실증적 연구, 더 나아가 관념적 연구도 함께 활용함으로써 사회복지학에 따뜻한 생명력을 불어넣는 작업이 필요하다. 그러기 위해서는 무엇보다 객관성과 주관성을 이중적인 관계로 조망하는 안목이 요청된다.

결론적으로 [그림 3-4]를 X대 좌표에, 그리고 [그림 3-5]를 Y대 좌표에 통합 배열한 것이 앞의 [그림 3-1]에 해당된다. 이러한 통합 배열은 어떤 이점을 가질까? 단언컨대, 장애인복지와 관련된 모든 법제와 프로그램이 갖는 이념적 성격을 한눈에 쉽게 알아볼 수 있게 된다. 「장애인복지법」을 그 예로 들면, 먼저 장애 등급의 잣대, 서비스의 성격 등으로 미루어 볼 때 이 법은 객관적 및 유물론적 성격과 의료적 모형에 치우쳐 있음을 확인할 수 있다. 이러한 특성 때문에 장애인계로부터 많은 원성을 듣고 있음은 잘 알려진 사실이다. 그래서 개별적이고 객관적인 성격이 아주 강하기에 소위 생리적 장애를 강조한 문제점을 확인할 수 있다. 반면 장애인들의 자립의지를 강화시키는 유심론적 서비스는 애초에는 전무하다가 2007년의 개정령에 의해 '상담'이라는 이름의 유심론적 서비스가 제34, 56조에 추가되어 있을 뿐이다. 그러니 주관적(관념적) 성격은 아주 미미한 정도다. 끝으로, 장애인에 대한 전체 사회의 편견을 해소하고자 하는 관계 규정은 전무하며, 언론 매체의 역할 등을 언급하는 등 전체 사회의 구조적 개혁에 대한 관련 규정도 역시 전무하다. 이 법을 다소 단순화한 분석이지만, 이 분석을 근거로 이 법이 갖는 이념적 성격을 [그림 3-6]과 같이 그려 볼 수 있다.

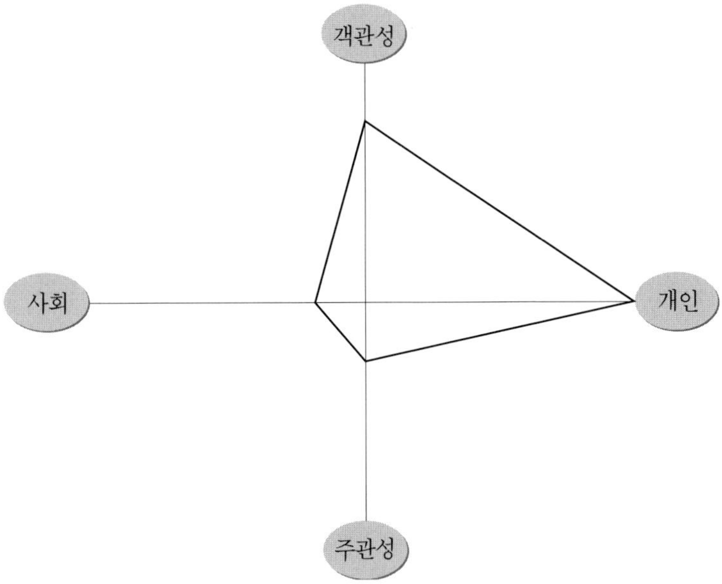

[그림 3-6] 통합적 개념틀에 입각한 「장애인복지법」의 이념적 성격

이 그림에서 알 수 있듯이, 「장애인복지법」은 생리적 장애라는 한쪽 극단에 치우쳐 있어서 어떠한 방향으로 어떤 점이 보완되어야 할지를 쉽게 알 수 있다. 뿐만 아니라 장애인복지관에서 실시하고 있는 프로그램들의 전체적 균형성 그리고 개별 프로그램의 균형성을 확인할 수 있는 장점이 있다. 그리하여 이 통합적 개념틀이 원칙적으로 사회복지 현상 전반에 걸쳐 적용할 수 있는 틀임은 두말할 나위 없겠다.

제2절 장애의 개념: WHO의 장애 개념의 세 가지 함의와 그 변천과정

일반적으로 '신의 저주' '불운' 등으로 이해되어 왔던 장애 현상에 대해 과학적 접근이 시작된 것은 장애가 대량으로 발생한 제2차 세계대전 이후부터였다. 많은 관계자와 관련 조직이 장애를 각자의 입장에서 설명하기 시작했다. 그중 대표적인 설명으로는 WHO의 견해를 들 수 있다. WHO는 애당초의 초과학적 및 반과학적 설명을 뛰어넘은 다음부터는 자연과학 일변도의 설명을 점진적으로 폐기하여 왔기에 ICIDH(1980) → ICIDH-2(1997) → ICF(2001) 등과 같은 변천과정을 겪으면서 오늘의 학제적 진술로 자리 잡고 있다. 먼저 ICIDH는 장애가 사회적으로 확산되어 가는 과정을 설명하는 데 유용한 모형이지만, 손상 · 기능 제약 · 불이익 등이 순차적으로 일어난다는 가정을 세움으로써 이 순서에 부합되지 않는 건강과 장애를 설명하는 데에는 한계가 있었다. 이를 보완하여 개정한 ICIDH-2가 제시되었고, 이는 ICF로 승계되었다. 그러므로 손상, 기능 제약 및 불이익 등을 건강의 구성 요소로 전제한 다음, 각 요소들의 상호작용에 의해 건강 수준이 결정된다는 새로운 패러다임을 제시한 것이 ICF다(통계청, 2009).

1. ICIDH 보고서

장애에 대한 과학적 접근이 시작되던 초창기, WHO는 공식 보고서 「국제질병분류(International Classification of Disease)」(1976)를 근거로 장애를 일종의 질병으로 간주했다. 그러나 장애를 일종의 질병으로 이해할 경우 불가역성이 장애의 특성인 점, 장애는 치료가 아닌 재활의 대상인 점, 장애는 질병의 결과이지 질병 그 자체가 아닌 점 등으로 인해 많은 혼란이 일어났다. 이러한 사실을 배경으로 WHO는 1980년 『국제장애분류(International Classification of Impairments, Disabilities, and Handicaps)』를 통해 장애에는 손상(impairment), 기능 제약(disability) 및 불이익(handicap)의 세 가지 함의[7)]가 있음을 주장하였다.

첫째, 손상은 1차적 장애로 신체 구조에 일어나는 장애를 말한다. 신체의 생물학적 · 해부학적 구조의 어떤 부분이 훼손되었거나 이상 상태로 된 것을 말한다. 예컨대, 다리가 절단된 것처럼 물리적 요소들이 결합되어 있는 신체의 한 부분인 다리에 발생한 최초의 장애다. 또한 신체의 물리적 부분의 파괴 혹은 이상 상태는 영구히 남게 마련이기 때문에, 원래 상태로의 복귀를 기대할 수 없으므로 일종의

7) 현재 국내에서는 impairments, disabilities 및 handicaps를 장애의 세 가지 유형으로 설명하고 있지만, 이러한 설명에는 이 세 용어가 서로 다른 실체적 개념으로 이해될 소지가 많다. 이 세 가지는 서로 다른 실체가 아니라 서로 다른 차원 혹은 함의로 보는 것이 옳다고 사료된다.

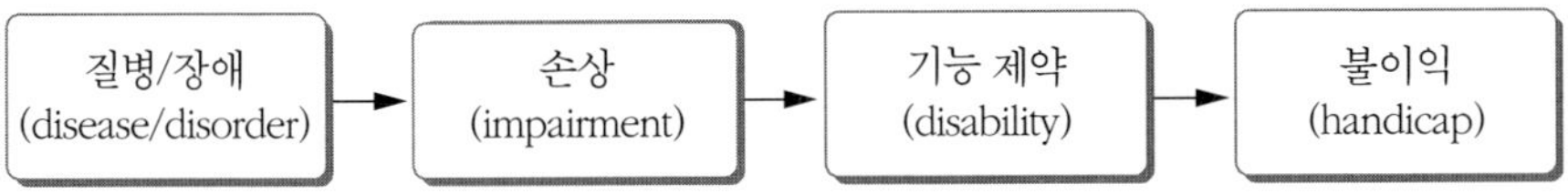

[그림 3-7] ICIDH의 장애의 세 가지 차원

출처: WHO(1980). ICIDH.

불가역적 장애다. 그러므로 손상은 '신체구조장애'로 정의된다.

둘째, 기능 제약은 손상으로 인해 통상적인 활동을 수행할 수 있는 능력의 제약을 일컫는다. 신체 구조적 측면에서의 훼손 등으로 인해 일어나기에 2차적 장애라고 부를 수 있다. 이때 무능력하다고 판정할 수 있는 실제 범위는 인간의 통상적 활동에 국한된다. WHO의 이러한 견해는 다음과 같은 내용으로 좀 더 세분화될 필요가 있다. 엄밀한 의미에서 disability는 신체의 단순 기능과 인간으로서의 사회적 능력이라는 두 가지 측면에서의 제약이라고 할 수 있다. 인간의 활동에는 단순 동작인 행동(behavior), 그리고 단순 동작 기능이 목적 지향적으로 이행될 때, 즉 자유의지가 가미되었을 때의 활동인 행위(action)의 두 가지로 나누어진다. 그러므로 보기 · 걷기 · 듣기 등과 같은 단순 동작인 행동의 무능력은 관련 보장구의 지급, 도우미 프로그램의 실시 등과 같이 외부적 조건에 해당하는 프로그램과 제도적 장치에 따라 그 제약 정도가 달라진다. 그러니 객관성이 강조되는 특징이 있다. 예컨대, 보청기의 무료 보급 등과 같은 프로그램의 실시나 백내장 수술 등과 같은 의료 기술의 발달 등으로 감소시키거나 제거할 수 있는 무능력을 말한다. 반면 인간관계 맺기, 직업 갖기, 공부하기 등과 같이 목적 지향적인 특징을 갖는 행위의 무능력은 당사자의 자유의지가 상당한 비중을 갖기 때문에 주관적인 특징이 강하다. 교육 · 심리 및 직업 재활과 사회기술 훈련 등을 실시할 때 좌절감 · 분노 및 적개심 등과 같은 부정적 정서가 만연함으로써 나타나는 무능력을 말한다.

끝으로, 불이익은 손상이나 기능 제약이 전제된 다음 연령, 성, 사회적 및 문화적 요인 등이 변수가 되어 개인의 통상적 역할의 수행을 제약하는 것을 말한다. 그러니 손상이나 기능 제약이 사회화된 것을 의미하며, 손상이나 기능 제약이라는 개인적 속성이 사회관계를 통해 변형된 모습이다. 외모 지상주의와 상업주의의 등과 같은 사회적 규범에 의해, 또한 자본주의 체제가 강조하는 생산의 논리와 효율의 논리 등의 의해 장애인으로 낙인찍히는 것을 말한다. 실제로 많은 장애인은 고용의 경우 말 순위인 반면 해고의 경우는 일 순위라고 전해지고 있다.

이러한 ICIDH는 질병, 손상, 기능 제약 및 불이익 등이 시간적으로 연속적인 관계에 있는 시순(時順) 개념임을 밝히고 있다. 또한 총칭으로서 장애에는 이러한 세 가지 함의가 있다고 주장하는 이 보고서의 의의는 어디에 있을까? 장애인 당사자의 자유의지와는 상관없는 사회적 조건에 의한 불이익을 강조함으로써, 종전에는 개인 문제로 이해하여 왔던 장애인문제를 일종의 사회문제로 인식시키는 데 크게 기여하였다. 그러나 다음 몇 가지 이유 때문에 많은 장애인 조직으로부터 원성을 듣게 된다(Oliver & Barnes, 1998).

첫째, 관련 접근법이 기본적으로 의료적 성향을 강하게 띠고 있으며, 또 정상성이라는 생리적 용어를 사용하고 있다. 신체 · 정신 및 인지 기능 등이 정상적인지 여부를 판단할 때 사회적 항목들을 경시하고 있다는 것이다. 또한 여전히 '정상-비정상'이라는 주류 문화의 잣대로 장애를 구분하고 있다. 예컨대, 신체의 절단 등과 같은 현상을 '정상-비정상'이라는 잣대로 접근해 들어가는 대신 단순한 신체적 특성으로 이해할 수도 있는 것이다. 더욱이 불이익이라는 용어는 역할 배분에 있어서 사회적 · 문화적 상대성을 무시하고 있다. 예컨대, 여성들에게 특정한 역할 수행을 부정하고 있는 사회는 불이익이 아닌 기능 제약의 차원에서 역할 수행을 부정하고 있다.

둘째, 손상을 기능 제약과 불이익의 원인으로 간주하고 있다. 위의 세 가지 함의를 일종의 시순 개념으로 간주함으로써 여전히 손상이 장애 현상의 핵심임을 주장하고 있으며, 보다 근원적으로는 질병 용어를 포기하지 않음으로써 의료적 입장이 여전하다는 사실이다. 그 결과 사회적 · 경제적 불이익에 대해서도 의료적 · 재활적 및 교육적 개입을 강조하고 있으며, 장애인에 대한 보건 전문가들의 지배력을 당연한 것으로 치부해 버린다. 그래서 많은 장애인은 장애란 보건 문제가 아니기 때문에, 소위 전문가들이 자신들의 욕구를 판단하는 데 적절한 위치에 있는 건 아니라고 주장한다.

셋째, ICIDH는 환경을 중립적인 것으로 간주하며 손상을 지닌 이들에게 미치는 사회적 · 경제적 · 문화적 장벽들의 영향을 간과하고 있다. 설사 사회적, 환경적 영향력을 인정한다 하더라도 각종 장애인복지 서비스의 기획과 대책에 그 분류안을 적용하기에는 타당성이 아주 낮다. 예컨대 임상에 대한 과도한 초점은 장애인문제의 해결 전략을 적응과 재활에 치중토록 만들고 있으며, 비현실적인 희망과 야망을 강제하는 문제점이 있다. 장애인에게 다른 선택의 여지가 없기 때문에, 장애가 선천적이든 후천적이든 ICIDH 안은 의존적인 정체성과 역할을 사회화시킨다. 확실히 ICIDH 안은 장애인에 대한 사회적 배제보다는 그 '제한점'을 규명하고 처방하는 데에 집중하고 있다.

2. ICIDH-2 보고서

이상과 같은 한계를 전제로, 먼저 ICIDH 안에 대한 일부 의료 관계자의 반대뿐 아니라 장애인 및 관련 단체들의 확산된 의식 계몽으로 인해, 또 1990년대 이후 각국의 장애인복지정책이 '사회 참여'에 초점을 두는 경향에 힘입어 새로운 분류틀을 강구하게 되었다. 그 결과 소위 ICIDH-2 안으로 불리는 『기능성 및 장애에 관한 국제분류(International Classification of Functioning and Disability)』(WHO, 1999)가 제안되었다. 이 안에서는 장애의 차원을 다음 세 가지로 소개하고 있다.

첫째, 손상(impairment)은 신체의 구조나 물리적 · 심리적 기능의 상실이나 비정상을 의미한다. 신체의 구조와 기능적인 측면에서의 이상 상태를 말한다. 대표적인 예로 보기, 듣기, 말하기, 감각 기능, 정신 기능 등과 같은 단순한 반응적 동작을 들 수 있다.

둘째, 활동/활동 제약(activity/activity limitation)은 개인적인 수준에서 일상생활과 관련된 활동을 다룬다. 일상적인 과제에서 기대되는 개인의 통합된 활동의 제약으로, 예컨대 단순한 걷기에서부터 쇼핑, 직무 수행 등 복합적인 활동에 이르기까지 목적 지향적 활동의 제한을 말한다. 따라서 활동이란 행위(action)의 차원을 넘어서는 것이다. 행위는 수행(performance)의 하위 단위이기 때문에, 장애는 생물학적 및 의료적 현상인 손상과 구별되는 것으로 본다.[8)]

끝으로, 참여/참여 규제(participation/participation restriction)는 손상, 활동, 건

강 조건, 상황 요인 등과 관련된 일상생활에서 개인이 관여하게 되는 정도와 범위를 말한다. 따라서 이 함의는 장애(총칭)를 일종의 사회적 현상으로 이해하며 또 다양한 영역에 참여하는 것이 사회적으로 건강하다는 사실을 전제로 한 채, 개인의 참여와 그 정도를 촉진하거나 방해하는 사회적 반응에 대해 관심을 갖는다.

이 안은 큰 틀에서 본다면 의료적 및 사회적 모형 등을 통합하여 다음과 같은 특징을 갖는 새로운 '생심리사회적' 모형으로 조정한 셈이다. 첫째, 질병 상태 그 자체보다는 그 결과 발생하는 각종 사회적 제약을 중시한다. 둘째, 기능성(functioning) · 활동 · 참여 등은 물질적 및 사회적 측면을 포함한 무수한 환경적 변수(상황적 요인)들로부터 영향을 받고 있음을 덧붙이고 있다. 셋째, 이러한 입장은 장애 및 그 원인에 관한 개별적 및 의료적 입장을 여전히 유지하면서도, 장애에 대한 의료사회적 분석이라는 새로운 가능성을 제시해 주고 있다. 넷째, 가장 구체적

〈표 3-3〉 장애 개념의 세 가지 차원

	신체의 기능과 구조	활동	참여	맥락 요인*
기능성의 수준	신체 (신체 부분)	개인 (전체로서의 개인)	사회 (생활 상황)	환경 요인 (기능성에 대한 외부적 영향) + 개인 요인 (기능성에 대한 외부적 영향)
특징	신체 기능 신체 구조	개인 활동의 수행	생활 상황에 대한 개입	신체적, 사회적, 태도적 측면에서의 모습 + 개인의 속성
긍정적 측면 (기능성)	기능적, 구조적 완전성	활동	참여	촉진 인자
부정적 측면 (장애)	손상	활동 제약	참여 규제	장벽/장애

출처: WHO(1999). ICIDH-2.

* 맥락 요인은 분류안의 핵심 요소이며 또 세 가지 차원과 상호작용한다(분류안 원문의 각주 내용임).

8) ICIDH-2 안에서는 행위(action)를 단순 반응 동작으로 이해하고 있다. 그러나 사회과학에서는 행동(behavior)을 단순 동작으로, 행위(action)는 인간의 자유의지가 가미된 목적 지향적 활동으로 구별하고 있다. 그 예로 지역복지의 실천 기법 중 하나인 사회 행동(social action)을 들 수 있다.

인 특징으로는 신체 기능 및 구조의 손상이라는 개념을 존속시키면서도, '활동의 제약(disability with activities)'과 '참여의 불이익(disadvantage with partcipations)'을 새롭게 추가하였다는 사실을 들 수 있다. 다섯째, 이 안은 ICIDH에 대한 비판을 수용하여 손상·제약 및 불이익 등을 일방적인 인과관계가 아닌 상호 연관된 관계로 보았다.[9] 또한 ICIDH 안과 비교해 볼 때, 기능 제약·불이익이라는 용어가 활동·참여로 바뀜으로써, 장애(총칭)의 부정적 측면만을 나타내는 용어에서 중립적이고 긍정적인 의미도 포함하는 용어로 바뀌게 되었다.

3. ICF 보고서

1) 등장 배경

ICF 보고서에서는 ICF 분류의 등장 배경에 관한 구체적인 언급이 보이지 않는 문제점이 있다. 다만 보고서의 여기저기에 그 목적에 해당되는 내용 두 가지를 다음과 같이 추스릴 수 있을 따름이다. 먼저 장애 문제를 해결할 수 있는 국가별 방법을 개발하기 위해서는 '환경 요인'에 이전보다 더 많은 비중을 둘 필요가 있으며, 다음으로 환경 요인과 관련하여 일부 서구의 선진국가(예컨대 프랑스, 네덜란드 및 북미 등) 중심의 편협성에서 벗어나 국가 간의 소통을 강조해야 할 필요성을 강조하고 있을 따름이다. 또한 '서론'이 아닌 '부록'에서 '등장과정'에 대해 다음과 같이 진술하고 있다. ICIDH-2의 개정에는 두 가지 시안이 현장 시험을 위해 배포되었다. WHO 가맹국, 다양한 학문 분야 그리고 전문 분야 사이의 합의를 이끌어 낼 수 있는 구체적이고 명확한 정의[10]를 유도해 내기 위함이 그 배경이라고 말하고 있다. 약 50개국 이상의 국가와 1,800명 이상의 전문가가 현장 시험에 참가한 결과는 2001년 제54회 WHO 총회에 제출된 다음 『기능성, 장애 및 건강에 관한 국제분류(International Classification of Functioning, Disability and Health)』로 승인되었다(WHO, 2001).

---

9) 그러므로 이 세 용어는 장애의 세 가지 개념으로 이해하기보다는 세 가지 함의로 간주함이 타당하다.

10) 예컨대, 구성 개념에 대한 명확한 정의를 말한다.

이러한 ICF의 등장 배경에 관해 대개의 학자는 "ICIDH−2에서 제시된 장애의 정의에 관한 대부분의 내용을 승계하면서, 분류 체계와 용어 사용을 보다 긍정적이며 환경 지향적인 맥락에서 수정한 것"이라고 설명하고 있다. 이러한 설명 외에 본 저자는 보다 근원적인 배경을 추가하고 싶다. ICD → ICIDH → ICIDH−2 등의 진화과정에서 알 수 있듯이, 인류사회는 제2차 세계대전 이후부터 오늘날까지 장애에 대해 보다 선진화된 개념을 구축하기 위해 많은 노력을 기울여 왔다. 그럼에도 여전히 장애를 정상과는 다른 그 무엇으로 이해해 왔고, 그리하여 장애와 '정상'을 서로 다른 실체로 구별해 왔음은 사실이다. 그러나 양자를 서로 다른 실체로 보기보다는 우리 인간들이 살아가는 일상의 서로 다른 두 모습으로 조망하려는 새로운 자각에서 ICF가 제시되었다고 사료된다. 사실 이러한 주장과 관련하여 WHO는 이 보고서의 'ICF의 보편성'이라는 소주제하에 "ICF가 오로지 장애인에 대해서만 관계한다는 오해가 있는데, 실은 모든 사람과 관련이 있다."고 해명하고 있다.

2) ICF의 의의와 목적

그렇기에 ICF 분류는 환경 요인의 도입을 기초로 장애인복지뿐 아니라 전 국민의 보건의료 서비스 및 사회복지 시스템과 정책이 나아가야 할 방향을 시사해 준다는 점에서 그 의의의 일단을 엿볼 수 있다. 또한 논의의 지평을 좀 더 확대한다면, 이 분류는 장애인복지뿐 아니라 사회복지 전반에 확대 적용할 수 있는 여지가 있으며, 또 이 확대는 바로 원조과학의 일종으로서 사회복지의 숙원 사업인 '환경의 계량화'로 이어질 수 있다고 사료된다.

이처럼 중차대한 의의를 갖는 ICF의 목적으로는 다음 네 가지가 제시되고 있다.

- 건강 및 건강과 관련된 상태, 결과, 결정 변수들을 이해하고 연구하는 데 필요한 과학적 기초를 제공한다.
- 건강관리사, 연구자, 정책 입안가, 장애인을 포함한 대중들 사이의 교류와 소통을 증진시키기 위한 건강 및 건강과 관련된 상태를 묘사하는 표준적인 언어를 만든다.
- 개별 국가, 각종 건강보호직과 서비스, 시간 등을 초월하여 자료들 간의 비교

를 가능케 한다.

• 건강정보 시스템에 관한 체계적인 코드를 제공한다.

3) ICF 구성 요소의 개관

이러한 목적을 달성하기 위해 ICF 분류는 〈표 3-4〉와 같이 구성되어 있다.

ICF는 건강과 관련된 정보들을 조직화해 주는 틀이라고 할 수 있으며, 이러한 정보들을 두 부문으로 나누어 조직화한다. '기능성(functioning)과 장애'를 다룬 부문과 맥락 요인을 다룬 부문이다. 이 두 부문은 다시 두 가지 구성 요소로 이루어지며, 각 구성 요소들의 건강 상태는 구성 개념에 의해 측정된다. 그러나 구성 개념은 보통 명사이기에, 건강 상태는 실제로는 손상, 활동 제한, 참여 규제, 촉진 인자 및 장벽/방해물 등에 의해 측정되는 셈이다. 그러니 각 구성 요소들은 분류의 단위가 되는 여러 가지 영역과 범주로 구성된다.

〈표 3-4〉를 실제 적용해 보기로 한다. 실제로 평가치가 개발되어 있는 '부문 I: 기능성과 장애'의 손상, 활동 제한 및 참여 규제 등은 다음과 같이 구분할 수 있다.

〈표 3-4〉 ICF 분류의 구성

<table>
<tr><th></th><th colspan="2">부문 1: 기능성과 장애</th><th colspan="2">부문 2: 맥락 요인</th></tr>
<tr><td>구성 요소</td><td>신체의
기능과 구조</td><td>활동과 참여</td><td>환경 요인</td><td>개인 요인</td></tr>
<tr><td>영역</td><td>신체 기능
신체 구조</td><td>삶의 범위
(과제, 행위)</td><td>기능성과 장애에
대한 외부 영향력</td><td>기능성과 장애에
대한 내부 영향력</td></tr>
<tr><td>구성 개념</td><td>신체 기능의
생리학적 변화
신체 구조의
해부학적 변화</td><td>표준 환경에서 과제
집행과 관련된 능력
현재 환경에서 과제
집행과 관련된 수행</td><td>물리적, 사회적,
태도적 세계에서
촉진 또는
방해하는 힘</td><td>개인의 속성이
가지는 영향력</td></tr>
<tr><td rowspan="2">긍정적 모습</td><td>기능적, 구조적
완전성</td><td>활동
참여</td><td rowspan="2">촉진 인자</td><td rowspan="2">해당 없음</td></tr>
<tr><td colspan="2">기능성</td></tr>
<tr><td rowspan="2">부정적 모습</td><td>손상</td><td>활동 제한
참여 규제</td><td rowspan="2">장벽/방해물</td><td rowspan="2">해당 없음</td></tr>
<tr><td colspan="2">장애</td></tr>
</table>

* 실제에 있어서는 짙은 부분만 평가치가 개발되어 있음.

개인의 건강 및 건강 관련 상태들은 문자로 표현된 범주 코드로, 해당 범주 내에서 기능성과 장애의 범위 · 크기 등을 지정한 숫자 코드로, 혹은 촉진 인자/장애물 중 하나인 환경 요인의 범위를 표시한 평가치로 기록된다.[11] 그러므로 ICF란 특정한 개인의 건강 상태 및 건강 관련 상태를 파악하기 위한 의도에서 건강의 구성 요소들이 갖는 긍정적, 부정적 모습들을 숫자와 문자들로 표시한 것이다. 이제 좀 더 구체적으로 살펴보기로 한다.

〈표 3-5〉 손상, 활동 제한 및 참여 규제 간의 구분

건강 조건	손상	활동 제한	참여 규제
한센병	사지 감각 손실	물건 집기가 곤란	나병 환자라는 낙인으로 실직
공황장애	불안	독자적 외출 불가능	타인의 반응으로 인해 대인관계를 할 수 없음
척수손상	마비	대중교통 이용 불가능	대중교통 수단의 편의시설 부족으로 종교 활동 참여 못함
정신질환 병력이 있는 사람	없음	없음	고용주의 편견에 기인한 고용 거부

자료: 통계청(2011). 사용자를 위한 ICF 활용 길잡이.

(1) '기능성과 장애'의 구성 요소

ICF는 특정한 상태에서 질병이나 장애를 가진 사람들이 하고 있는 것과 할 수 있는 것을 체계적으로 분류하고 있다. 구체적으로 기능성(functioning)은 신체의 완전성 및 활동과 참여를 망라하며, 이에 대응하여[12] 장애는 손상 및 활동 제한과 참여 규제를 망라한다.

'기능성과 장애' 부문의 두 가지 구성 요소는 신체의 기능과 구조 그리고 활동과 참여를 말한다. 기능성과 장애의 이러한 구성 요소들은 분리되어 있지만 서로 연관된 네 가지 구성 개념(constructs)에 의해 설명된다.[13] 달리 표현한다면, 기

11) 그러므로 개인의 각 도메인에서의 건강 상태는 '문자 코드 + 숫자 코드 + 평가치'로 표시된다. 예컨대 b280.2, d760.3 등.

12) 그러므로 기능성은 순기능, 반면 장애는 역기능의 의미로 이해해야 한다.

13) [그림 3-9]의 ICF의 구조를 참고할 것.

〈표 3-6〉 '신체의 기능과 구조'의 구성 요소

신체 기능	신체 구조
1장 정신 기능	1장 신경계 구조
2장 감각 기능 및 통증	2장 눈, 귀 및 관련 구조
3장 음성 및 말하기 기능	3장 발성 및 언어 관련 구조
4장 심혈관계, 혈액학적, 면역학적 및 호흡기계의 기능	4장 심혈관계, 면역계 및 호흡기계 구조
5장 소화기계, 대사 및 내분비계의 기능	5장 소화기계, 대사계, 내분비계 관련 구조
6장 비뇨생식기와 생식 기능	6장 비뇨생식기계 및 생식기계 관련 구조
7장 신경근육 골격 및 운동과 연관된 기능	7장 운동 관련 구조
8장 피부와 관련된 구조물들의 기능	8장 피부 및 관련 구조

〈표 3-7〉 '활동과 참여'의 구성 요소

활동과 참여	
	1장 학습과 지식 적용
	2장 일반적 과제와 요구
	3장 의사소통
	4장 이동
	5장 자기 관리
	6장 가정생활
	7장 대인관계
	8장 주요 생활 영역
	9장 공동체, 사회 및 시민생활

주: 8개 혹은 9개 장(chapter)이 바로 숫자 코드에 해당한다. 그러므로 ICF 보고서는 총 25개 장으로 구성되어 있다.

능성과 장애의 구성 요소들은 두 가지 방법으로 표현된다. 먼저 장애라는 보다 포괄적인 용어로 요약되며, 이어서 문제점을 나타내는 손상, 활동 제한, 참여 규제 등으로 표시된다. 다음으로, 기능성이라는 보다 포괄적인 용어로 요약되며 이어서 비문제점, 즉 중립성을 나타내는 건강 및 건강 관련 상태의 여러 가지 모습으로 표시된다(실제로 기능성을 측정하는 평가치는 제시되어 있지 않음). 이때 활동이란 개인적 관점에서의 움직임을, 반면 참여란 사회적 관점에서의 움직임을 말한다.[14]

14) 〈표 3-4〉를 참고할 것.

① 신체의 기능과 구조

신체는 전체로서의 기관을 말한다. 그래서 신체는 두뇌와 그 기능인 마음을 포함한다. 그러므로 이 분류틀에서는 정신(혹은 심리적) 기능은 신체 기능의 하위 개념으로 간주되고 있다. 먼저 신체의 기능은 그 생리학적 변화에 의해, 또 신체의 구조는 그 해부학적 변화에 의해 그 기능성과 장애의 정도, 즉 건강 상태를 측정한다. 이러한 내용 중 마음을 인간 존재의 독립된 한 영역으로 간주하지 않고 신체(물질)의 일부로 간주한 ICF의 입장은 자연과학에 지나치게 경도된 견해이며, 또 인간 행동에 관념이 미치는 중요성을 간과함으로써 소위 '심리적 장애'라는 장애의 특정한 함의를 간과하게 되는 오류를 범하고 있다고 우려된다. ICF 분류틀이 종전의 의료적 모형에서 탈피하여 사회과학적 성격을 띠려는 좋은 의도에서 출발하였지만, 개인의 건강을 실제로 측정하는 구성 요소 및 평가치 등에서는 자연과학적 성격이 매우 강한 문제점이 엿보이는 대목이다. 그리하여 국내에서도 ICF 분류에 관한 각종 세미나와 워크숍에서도 의학자 일색인 문제점이 이어지고 있다.

개인이 가진 정상으로부터의 편차는 경미 혹은 위중할 수 있으며 또 시간이 경과함에 따라 부침을 거듭할 수도 있다. 즉, ICF 코드는 특정한 개인의 건강 상태를 종단적 측면에서 비교할 수 있는 장점이 있음을 눈여겨보아야 한다. 이러한 특징들은 점 다음에 숫자를 부여하는 코드에 의해 보다 자세하게 표현된다.

② 활동과 참여

활동과 참여라는 구성 요소는 능력과 수행이라는 구성 개념에 의해 건강 상태가 측정되는데, 그 두 가지 구성 개념은 환경으로부터 받는 영향력을 전제로 개별 건강 상태가 측정되지만, 능력의 경우 표준 환경에서 그리고 수행의 경우는 현재의 실제 환경에서 기능성과 장애의 정도가 측정된다.

'활동과 참여' 구성 요소의 영역들은 기초적인 학습과 참관하기 등에서부터 인간 간의 상호작용, 고용 등과 같은 복합적인 영역에 이르기까지 전 생활 부문을 망라하는 단일 목록에서 기록된다. 그러나 실제 일상생활에서 무수하게 전개되고 있는 특정한 개별 행동들을 활동과 참여 중 어디에 배정하느냐라는 문제가 발생한다. 활동과 참여라는 구성 요소의 관련 영역들 내에서 '활동'과 '참여'를 구별하는 것은 어렵다. 이와 관련하여 '부록 3'에는 다음 네 가지 방법이 추가 설명되어 있다(WHO, 2001).

(a) 중복을 허락하지 않은 채 활동 영역과 참여 영역을 (각기) 디자인하는 것
(b) 위와 같은 방법으로 부분적인 중복을 허용하는 것
(c) 활동들을 상술(detailed) 영역으로, 반면 참여는 광폭분류표제로 디자인하는 것[15)]
(d) 모든 영역을 활동과 참여로 활용하는 것(즉, d로 표기함)

결론적으로 말해, 그 구성 요소들은 활동(a)이나 참여(p) 혹은 양자 모두(d)로 표시된다. 앞서 '신체의 구조와 기능'이 '손상'을 통해 건강 상태가 평가치로 측정되었듯이, 이 구성 요소들의 영역에서는 '수행(performance)'과 '능력(capacity)'이라는 구성 개념을 통해 건강 상태가 〈표 3-8〉과 같은 방식으로 그 평가치가 측정된다.

능력과 수행 평가치는 보조 장치와 보조 인력을 통해 더욱 높아질 수 있다. 이

〈표 3-8〉 활동과 참여: 정보 매트릭스

활동과 참여의 영역	수행 평가치	능력 평가지
d1 학습과 응용 지식		
d2 일반적 과제와 요구		
d3 의사소통		
d4 이동		
d5 자기 보호		
d6 가정생활		
d7 대인관계와 상호작용		
d8 주요 생활 범주		
d9 지역사회, 사회적, 시민 생활		

15) ICF는 one level, two level, detailed의 세 가지 분류를 제시하고 있다. 상술 도메인은 세 번째 분류인 셈이며, 광폭분류표제(the broad category headings)는 첫 번째 분류를 말한다.

유형의 코딩은 특히 개인의 기능이 보조 장치 없이는 얼마나 제한될지를 확인하는 데에 유용하다.

수행의 문제는 사회환경으로부터도 직접 영향을 받는다. 개인에게 아무런 손상이 없을 때에도 그러하다. 예컨대, 특별한 증상이나 질병이 없는 HIV 양성인 개인 혹은 특정한 질병에 관해 유전적 소인을 가진 개인일지라도 그에게 어떠한 손상도 드러나지 않을 수 있으며, 활동할 수 있는 충분한 능력을 가질 수도 있고, 또한 서비스 접근으로의 거절, 차별 혹은 낙인 때문에 활동을 못할 수도 있다.

(2) '맥락 요인'의 구성 요소

맥락 요인은 개인의 생활과 삶의 전체적 배경을 나타내는데, 그 구성 요소는 환경 요인과 개인 요인으로 나누어진다. 그리고 건강 상태에 대한 그 요인들의 작용은 '촉진'과 '저해'라는 개념으로 설명된다. 예컨대, 척수손상장애인이 전동 휠체어로 이동할 경우 그 휠체어는 촉진 요인으로 간주되는 반면, 정신장애인이 기능 제약이 없음에도 불구하고 사회적 편견으로 취직이 안 될 경우 그 사회적 태도는 저해 요인으로 간주된다. 맥락 요인의 첫 번째 구성 요소인 환경 요인은 물리적·사회적 및 태도적 세계 등을 말한다. 이 환경 요인은 개인에게 직접 영향을 미치는 개별적 환경에서 일반적인 전체 환경까지 위계적으로 연계되어 있다. 예컨대, 가정, 작업장 및 학교 등과 같은 직접적 환경뿐 아니라 전체 사회의 공식적 및 비공식적 구조, 각종 법령, 태도와 이념, 의사소통과 사회안전망 등을 망라한다. 또한 ICF 분류에서는 이 요인이 기능성과 장애 부문의 모든 구성 요소에 영향을 미치는 것으로 간주하고 있다. 다음으로 인적 요인은 개인의 생활과 삶의 특정한 배경이며 또 건강 조건과 건강 상태의 부분이 아닌 개인들의 여러 가지 모습으로 구성된다. 이러한 요인들은 성, 인종, 연령, 기타 건강 조건, 신체 건강(fitness), 생활양식, 습관, 양육, 위기 극복 양상, 사회적 배경, 교육, 전문 직업, 과거 및 현재의 사건과 같은 경험, 특징적 스타일, 개별적 심리 자산과 여타의 특징 등을 포괄한다. 이 중 전체 혹은 일부는 특정한 수준에서 장애에 영향을 미친다. ICF에서는 개인 요인을 분류하지 않고 있다.[16] 그러나 그 요인들이 여러 가지 개입의 결과에 영향을 미칠 수도 있음을 보여 주기 위해 [그림 3-8]에서 그 요인들을 소개하였다.

〈표 3-9〉 '환경 요인'의 구성 요소

환경 요인	1장 용품과 기술 2장 자연환경과 인위적인 환경 변화 3장 지원과 관계 4장 태도 5장 서비스, 시스템 및 정책

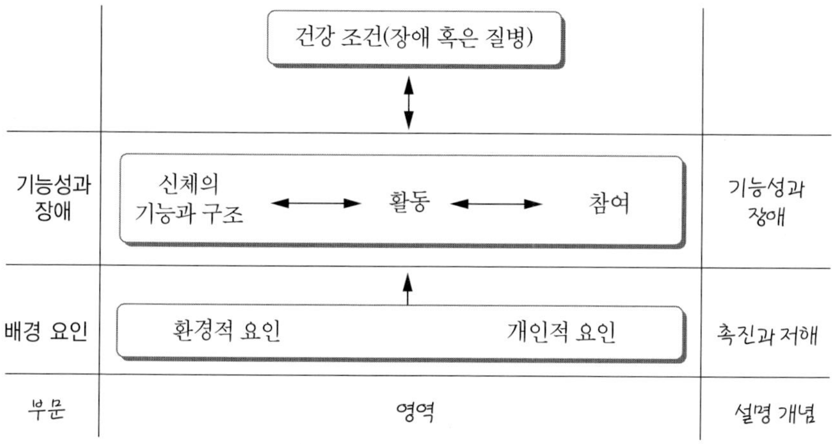

[그림 3-8] ICF 구성 요소들 간의 상호작용

주: ICF 보고서에 나타난 구성 요소들 간의 상호작용은 명조 부분이었지만, 독자들의 이해를 돕기 위한 의도에서 통계청 보고서(2011)가 고딕 부분을 추가하였고, 이어 본 저자가 필기체 부분을 추가하였다.

4) ICF의 프레젠테이션

ICF는 다양한 수준에서 다양한 용도로 활용될 수 있도록 풀 버전과 쇼트 버전의 두 가지 버전으로 제시된다. 전자의 버전은 상술(detail)이라는 이름하에 세 가지 혹은 네 가지 수준으로 나뉘어 분류한다. 반면 후자는 두 가지 수준 시스템(the two-level system)으로 제시된다.[17]

---

16) 모든 개인은 예외적인 존재, 주관적 존재라는 입장과 관련된 부분이다. 개인 요인들의 개수는 인구 수만큼이라고 보았기에 그 요인들을 범주화하지 않고 있는 것이다. 그렇더라도 ICF 분류를 실제에 적용하는 경우, 이러한 개인 요인에 해당하는 건강과 관련된 개별적·주관적 속성들을 기술하는 것이 마땅하다. 과학은 객관적이어야 한다는 형식 논리에 매몰된 나머지 인간 존재의 본질적 속성의 나머지 절반인 주관성을 간과함으로써 인간(건강)에 대한 이해가 절반에 머물고 있는 한계를 ICF 보고서는 안고 있는 것이다.

17) ICF는 다음과 같은 몇 가지 수준으로 나누어진다. [그림 3-9] 중 '역량' '수행' '촉진/장벽'의 세 가지 구성 개념에만 해당한다. ① one level classification: 장 수준에서의 분류를 말함. ② two level classification: 축약(short) 버전을 말함. ③ detailed classification: 완폭(full) 버전을 말함.

5) ICF의 구조

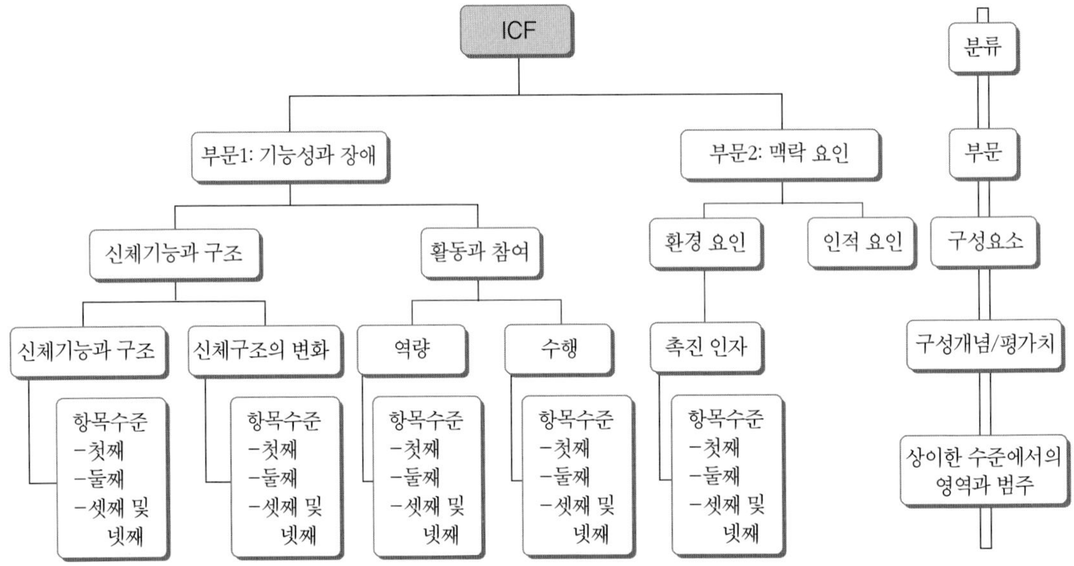

[그림 3-9-①] ICF의 구조

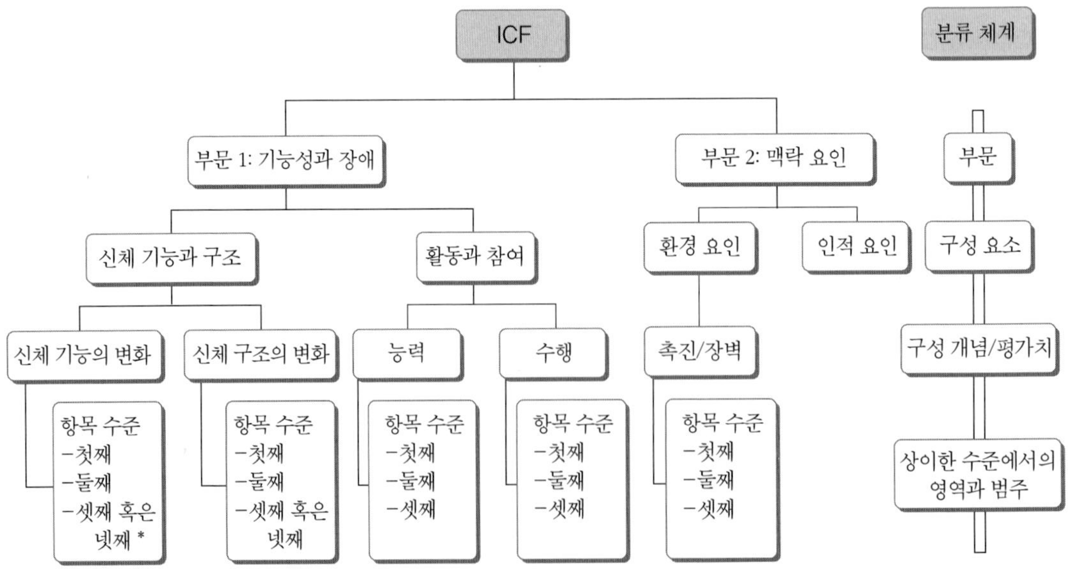

[그림 3-9-②] ICF의 구조

* 원본에는 '&'라고 표기되어 있기에 각종 국내 자료들에서도 '셋째 및 넷째'라고 번안하고 있다. 그러나 내용으로 보아 '&'가 아닌 'or'가 타당하다. 신체 기능과 구조, 활동과 참여 및 환경 요인 등과 같은 세 가지 구성 요소에서의 평가치들은 첫째 · 둘째 · 셋째 단계에서는 모두 똑같이 측정되지만, 넷째 단계에서의 평가치는 활동과 참여, 환경 요인 등에서는 해당되지 않는다(이 보고

서의 'Detailed classification with definition'[pp. 45-208]을 참고 바람). 뿐만 아니라 신체 기능과 구조라는 구성 요소의 여러 목록 중에서도 넷째 단계를 적용하지 않는 목록들이 다수 있다. 예컨대, b1140, b1141은 셋째 단계까지 제시되어 있지만 b1142는 넷째 단계까지 제시되어 있다(보건복지부, 2004: 49 참고). 그러므로 당연히 '혹은' 이라고 표기되어야 한다. 주의를 요하는 대목이다. 또한 신체 기능과 구조는 의학 등 자연과학의 관심 영역인 데 비해 사회복지의 관심 대상은 활동과 참여, 환경 요인 등이라는 차이가 있다. 즉, 첫 번째 구성 요소의 측정 대상은 자연현상의 일종인 신체인 데 비해, 두 번째와 세 번째 구성 요소의 측정 대상의 기본 단위는 주로 사람이기에 그것에는 마음(정신)이 포함되어 있다. 신체와 정신은 어떻게 다른가? 신체는 물질의 일종이기에 규칙(필연)적인 데 비해 후자는 불규칙(우연)한 차이가 있다. 이러한 차이가 어떤 실천적 함의를 가질까? 첫 번째 요소에 비해 두 번째 및 세 번째 구성 요소의 경우 그 목록을 정밀하게 분석해 들어가면 갈수록 소위 '범주화의 타당성'이라는 문제가 제기될 것으로 여겨진다. 뿐만 아니라 ICF 분류안의 국내 적용이 개척 단계에 있기 때문에 그 적용과정에서 있을 수 있는 시행착오를 감안한다면 그 점진적인 적용이 바람직하다고 사료된다. 그래서 본 저자는 두 번째 단계까지를 권하고 싶다.

주: WHO에서 제시한 자료인 [그림 3-9-①]에 오류가 있기에 '항목 수준'을 수정한 것이 [그림 3-9-②]에 해당한다.

6) ICF 코드화 규칙

ICF는 건강 상태를 구성하는 각 요소를 코드로 표현한다. 그러므로 ICF란 일종의 코드표를 말한다. ICF 코드에는 구성 요소, 구성 요소의 영역, 분류의 단계가 모두 포함되어 있어, 다양한 국가와 전문가 간에 공통된 개념을 지칭하게 함으로써 원활한 의사소통을 가능하게 한다. ICF 코드화 규칙은 다음과 같다.

첫째, 코드의 첫 번째 오는 알파벳은 '구성 요소'를 의미한다. ICF에는 4개의 알파벳으로 구성 요소를 표현한다.

신체 기능: b
신체 구조: s
활동과 참여: d(경우에 따라 a 또는 p)
환경 요인: e

접두사 b, s, d, e 뒤에는 각 장에 해당하는 숫자(한 자리)가 오고, 그 뒤에는 2단계(두 자리), 그리고 그 뒤에는 3, 4단계(각 한 자리)를 나타내는 코드가 다음의 예처럼 붙는다.

b2	감각 기능 및 통증	(첫 번째 단계 항목)
b210	시각 기능	(두 번째 단계 항목)

b2102	시력의 질	(세 번째 단계 항목)
b21022	비교 민감도	(네 번째 단계 항목)
s4	심혈관계, 면역계 및 호흡기계 구조	(첫 번째 단계 항목)
s430	호흡기계 구조	(두 번째 단계 항목)
s4303	호흡근육	(세 번째 단계 항목)
s43031	횡경막	(네 번째 단계 항목)
d3	의사소통	(첫 번째 단계 항목)
d335	비언어적 메시지 전달	(두 번째 단계 항목)
d3350	몸짓으로 메시지 전달	(세 번째 단계 항목)
e5	서비스, 시스템 및 정책	(첫 번째 단계 항목)
e525	주택공급 서비스, 시스템 및 정책	(두 번째 단계 항목)
e5252	주택공급 정책	

위에서 보는 바와 같이 신체의 기능 · 구조 등과는 달리 활동 · 참여 및 환경 요인에서는 네 번째 단계 항목이 제시되지 않는다.

둘째, 알파벳 뒤의 첫 번째 숫자는 각 구성 요소의 1단계 분류인 '장(chapter)'을 의미한다.

셋째, 두 번째 숫자부터 네 번째 숫자까지는 세부 분류의 내용과 함께 단계를 의미한다. 알파벳 뒤의 숫자가 세 자리면 2단계, 네 자리면 3단계, 다섯 자리면 4단계의 분류를 의미한다.

ICF에서 한 개인의 건강 상태는 이 분류의 구성 요소 내 전 영역에 걸친 해당 코드들로 표시될 수 있다. 적용 가능한 코드의 최대 개수는 장 단계에서 34개(신체 기능 코드 8개, 신체 구조 코드 8개, 수행 코드 9개 그리고 능력 코드 9개)이고, 2단계에서는 362개다. 그리고 3, 4단계에서는 1,424개다. 이들이 모여서 ICF 완전판을 구성한다. ICF 분류를 실생활에 응용할 경우 2단계(세 자리 숫자)가 적합한 반면, 사례를 설명하기 위해서는 3개에서 18개 코드가 적합하다. 일반적으로 보다 상세한 4단계 판인 완전판이 전문가들을 위한 것이라면, 2단계 판인 요약판은 설문조사 및 건강 상태 평가에 사용될 수 있다. 실제로 사회복지는 사회현상을 그 대상으로 삼기 때문에 2단계만으로 충분하다고 판단된다.

(1) 평가치

평가치(qualifiers)는 ICF의 각 코드별로 개인의 건강 상태를 평가하는 숫자를 말한다. 평가치는 코드 뒤에 점(.)을 찍고 하나 이상의 숫자를 기입하는 것으로 나타나는데, 각 숫자는 일반적으로 다음과 같은 의미를 가진다.

평가치는 영역별로 본 유형과 성격별로 본 유형 등으로 나누어진다.

- 영역별로 본 분류
  - (부문 1) 손상, 제한 및 제약의 평가치: .
  - (부문 2) 촉진과 저해의 평가치: +/.
    - 예: 촉진의 경우: +0, +1, ……
    - 저해의 경우: .0, .1, ……

- 성격별 유형
  - 일반적(포괄적) 평가치
  - 선택적 optional 평가치
  - 추가 optional 평가치

① 일반적(포괄적) 평가치

ICF에서 분류된 세 가지 구성 요소(신체 기능과 구조, 활동과 참여 및 환경 요인)는 동일한 보편적 척도를 사용함으로써 양화된다. 문제가 있다는 것은 그 구성 개념에 따라 손상, 제한, 제약 및 장벽을 의미한다. 아래의 괄호 안에 나타난 것처럼, 적절하게 양화된 단어들을 관련 분류 영역에 따라 선택해야 한다. (xxx는 두 번째 단계의 영역을 나타냄. 그러니 만약 세 번째 단계의 영역을 나타낸다면 xxxx으로 표기되었을 것이다. [그림 3-9-②]와 pp. 79-81의 내용을 참조하기 바람) 이 양화법이 범세계적으로 사용되기 위해서는 사정 절차가 조사연구를 통해 개발되어야 한다. 백분율의 범위는 눈금이 매겨진 사정 도구 혹은 다른 기준치들이 손상, 능력 제한,

〈표 3-10〉 포괄적 평가치

일반적 평가치	신체 기능과 구조 평가치	활동과 참여 평가치
.0 이상 없음	.0 손상 없음	.0 어려움 없음
.1 경도 이상	.1 경도 손상	.1 경도 어려움
.2 중도 이상	.2 중도 손상	.2 중도 어려움
.3 고도 이상	.3 고도 손상	.3 고도 어려움
.4 완전 이상	.4 완전 손상	.4 완전 어려움
.8 분류되어 있지 않음	.8 분류되어 있지 않음	.8 분류되어 있지 않음
.9 해당 안 됨	.9 해당 안 됨	.9 해당 안 됨

수행 문제 및 장벽 등을 양화할 수 있기 위해 마련되었다. 즉, % 표시는 교정(較正, calibration)된 평가 기구 혹은 기타 평가 기준에 의해 손상, 능력 제한, 수행 문제 및 장벽 등을 수량적으로 판정하는 경우를 위한 것이다. 예컨대, '이상 없음' 혹은 '완전 문제' 등으로 판정되었을 때, 해당 코드표는 5%까지의 오차 한계를 가진다. 즉, 5%까지의 오차가 있다고 보는 것이 좋다. '중도 문제'(MODERATE problem)의 정도는 '완전 문제'의 절반까지를 말한다. % 표시는 적절한 인구학적 표준과 관련하여 서로 다른 영역에서 백분위수로 눈금 매겨진 것이다. 즉, 관련된 집단 표준치의 백분위수를 참고하여 교정(계측기의 정밀도를 바로잡는 것)된 것이다.

ICF에서는 손상 등을 측정하는 도구로는 '눈금이 매겨진 사정 도구' 혹은 '다른 기준치' 등을 제시하였다. 왜 두 가지를 제시했을까? 측정 대상이 그 특성상 두 가지로 나누어지기 때문이다. 일종의 자연현상에 해당하는 전자는 전적으로 '신체의 구조와 기능'을, 반면 대부분 사회현상에 해당하는 후자는 '활동과 참여 그리고 환경 요인'을 측정하는 데 활용될 것이다. 그런데 신체는 물질의 일종이기에 눈금이 매겨진 도구로 손상의 정도를 측정할 수 있지만, 손상 · 제한 · 제약 · 장벽 등은 거의 대부분 사회현상이기 때문에 숫자로 표기하는 데 큰 어려움이 있다. 더욱이 그 %는 관련 집단 표준치의 백분위수를 참고로 산출된다. 예컨대, 지적장애인 A의 '참여 제약'을 산출하기 위해서는 전체 지적장애인의 참여 정도를 백분위수로 나눈 자료에 대한 충분한 이해가 전제되어야 한다. 지극히 어려운 과제라고 여겨진다. 그래서 그 대안으로는 장애인 당사자가 스스로 토로한 정도로 대신하든지 혹은 실무자의 감으로 대체할 수밖에 없는 것 같다. 대안에 대한 본격적인 논의가 있어야 하겠다.

xxx.0 이상 없음(NO problem)(전혀 없는, 없는, 무시해도 좋은……)	0~4%
xxx.1 경도 이상(MILD problem)(경미한, 낮은……)	5~24%
xxx.2 중도 이상(MODERATE problem)(중간 정도의, 보통의……)	25~49%
xxx.3 고도 이상(SEVERE problem)(높은, 심한……)	50~95%
xxx.4 완전 이상(COMPLETE problem)(전체……)	96~100%
xxx.8 분류되어 있지 않음(not specified)	
xxx.9 해당 안 됨(not applicable)	

② **환경 요인 평가치**

환경 요인은 촉진 요인과 저해 요인으로 구분하여 평가하도록 되어 있다. 특정한 환경이 건강 상태에 촉진 요인으로 작용할 때는 코드 뒤에 점을 찍지 않고 + 기호 뒤에 숫자를 부여하여 표현하는 반면, 저해 요인으로 작용할 때는 코드 뒤에 점을 찍고 저해의 정도를 숫자로 표현한다.

환경 요인의 경우, 이러한 첫 평가치는 환경의 긍정적인 영향인 촉진 인자의 정

〈표 3-11〉 환경 요인 평가치

환경 요인 평가치	.0 저해 요인 없음 .1 경도 저해 요인 .2 중도 저해 요인 .3 고도 저해 요인 .4 완전 저해 요인 +0 촉진 요인 없음 +1 경도 촉진 요인 +2 중도 촉진 요인 +3 고도 촉진 요인 +4 완전 촉진 요인 .8 분류되어 있지 않은 저해 요인 +8 분류되어 있지 않은 촉진 요인 .9 해당 안 됨

도 혹은 부정적인 영향인 장벽의 정도를 기재하는 데 활용할 수 있다. 양쪽 모두 0~4 척도를 동일하게 사용하되 촉진 인자를 기재하기 위해, 예컨대 e110+2와 같이 + 기호를 사용한다.

③ 능력, 수행과 환경 요인 간의 상호작용

활동과 참여에는 '수행(performance) 평가치'와 '능력(capacity) 평가치'라는 두 가지 중요한 평가치가 있다.18)

먼저 '수행 평가치'는 '실제의 상황에서 하고 있는 정도'를 의미한다. 즉, 평소 보조 장비나 인적 지원을 활용하는 개인이라면 이러한 도움을 받고 있는 상태에서의 평가를 의미한다. 반면 평소 이러한 지원을 활용하고 있지 않는 개인이라면 도움이 없는 상태에서의 평가를 의미한다. 수행 평가치는 '활동과 참여'의 첫 번째 평가치가 된다.

예: d710.2_ 실제 환경에서 기본적인 대인관계에 중도의 어려움 있음

다음으로, '능력 평가치'는 '표준화된 환경에서 할 수 있는 정도'를 의미한다. 즉, 개인에게 동일한 조건이 주어졌을 때 할 수 있는 정도를 비교하기 위한 평가치다. 능력 평가치는 두 번째 평가치에 해당한다.

예: d710._2 표준 환경에서 기본적인 대인관계에 중도의 어려움 있음

수행 평가치와 능력 평가치의 개념은 환경 요인이 촉진 요인으로 작용하는지

18) 만약 ICF 분류안을 이해함에 있어 어려움을 겪게 된다면, 그 이유는 복잡한 내용 때문이다. 그 대표적인 예 중 하나로 '수행'과 '능력'을 들 수 있다. 이 용어들은 이 분류 체계에서 소위 구성 개념에 해당한다. 즉, 건강의 구성 요소인 '활동과 참여' 안에서 특정한 개인의 건강 정도를 측정하는 도구적 개념에 해당한다. 그러면 이 분류안에서는 왜 '활동과 참여'라는 하나의 요소 안에 두 가지 상이한 개념들을 제시하고 있는 것일까? 원론적으로 ICIDH에 비해 ICF는 사회적 모형을 상대적으로 더욱 강조하는 특징이 있다. 그러므로 이 두 가지 개념은 건강에 미치는 환경의 영향력을 알아보기 위한 의도에서 제시된 개념인 것이다.

혹은 저해 요인으로 작용하는지와 밀접하게 관련되어 있다. 즉, 표준화된 환경에서의 '능력'보다 '수행'의 평가치가 높을 경우 환경 요인이 건강 상태를 촉진한다는 뜻이 되는 반면, '능력'보다 '수행' 평가치가 낮을 경우 환경 요인이 건강 상태를 저해한다는 뜻이 된다. 그러나 '표준화된 환경'에서의 능력을 평가하기는 쉽지 않기 때문에, 일반적으로 활동과 참여의 평가치는 첫 번째 평가치인 수행 평가치를 의미한다.

④ 평가치가 부여된 코드의 해석

b210.2 시각 기능(b210) − 중도 손상(.2)

d450.14 보행(d450) 수행 − 경도 어려움(.1), 능력 − 완전 어려움(4)
예컨대, 안경 · 보청기 · 지팡이 등 편의 기구의 사용 여부와 관련된 예임

e310+2 직계가족(e310) − 중도 촉진 요인(+2)

e460.1 사회적인 태도(e460) − 경도 저해 요인 (.1)

⑤ 추가 평가치

개인의 주관적 만족도를 측정하는 평가치 등을 포함하여 앞으로 개발될 예정이다.

쉽고 빠르게 적절한 코드를 찾기 위해서는 ICF 브라우저(http://www.who.int/classificat/icf)의 이용을 권하고 있다.

〈표 3-12〉 추가될 평가치의 예(두 번째)

구성 요소	첫 번째 평가치	두 번째 평가치
신체 기능(b)	손상의 정도와 크기를 암시하는 부정적 척도에 따른 포괄적 평가치. 예: b167.3은 언어라는 특정한 정신 기능에서 심각한 문제를 암시한다.	없음

신체 구조(s)	손상의 정도와 크기를 암시하는 부정적 척도에 따른 포괄적 평가치. 예: s730.3은 양팔의 심각한 손상을 의미한다.	개별 신체 구조에서 변화의 성격을 나타내는 데 쓰임: 0 구조에서 변화 없음 1 전체 절단 2 부분 절단 3 추가 부분(additional part) 4 일탈 차원 5 단절 6 편향된 자세 7 수액 축적을 포함한 구조상의 양적 변화 8 특이 사실 없음 9 해당 사실 없음 예: s730.32는 양팔의 부분적인 절단을 말한다.
활동과 참여(d)	수행 공통 평가치 개인이 처한 현재 환경에서의 문제 예: d5101.1_은 개인의 현재 환경에서 쓸 만한 보조 장치의 활용으로 신체 구석구석을 씻는 데 경미한 문제를 암시한다.	역량 공통 평가치 보조 없이는 제한됨 예: d5101._2는 신체 구석구석을 씻는 데 완만한 어려움을 나타내며, 보조 장치나 도우미 없이는 완만한 어려움이 있음을 암시한다.
환경 요인(e)	부정적 및 긍정적 척도를 모두 내장한 채 장벽이나 촉진 인자의 정도 등을 각기 기술한 공통 평가치 예: e130.2는 교육 성과물에 완만한 장벽을 암시하고, 역으로 e130+2는 그 성과에 있어 완만한 촉진 인자를 나타낸다.	없음

(2) 평가치를 이용한 예(통계청, 2009)

[사례 1]

김 씨(남, 48세)는 뇌성마비 장애로 인해 구어를 통한 의사 표현에 어려움을 겪고 있으며, 그 개선을 위해 언어치료사에게 전문적인 도움을 받고 있는 중이다. 가까운 친구들이나 동료들은 그와의 의사소통에 별다른 문제가 없으나, 처음 만나는 사람들은 그의 말을 거의 알아듣지 못한다. 이로 인해 김 씨는 상점이나 식당 등에서 물건을 구입하거나 음식을 주문하는 데 어려움을 겪는다. 다음의 코드와 평가치는 김 씨의 어려움을 묘사하는 데 활용될 수 있는 ICF 코드다.

b320.2 조음 기능 – 중도 손상

d330.1 구어 표현 – 경도 어려움

d350.0 대화 – 어려움 없음

d355.0 토론 – 어려움 없음

d620.1 상품과 서비스 구매 – 경도 어려움

d730.1 낯선 사람과의 관계 – 경도 어려움

d750.0 비공식적인 관계– 어려움 없음

e580.+3 보건 서비스, 시스템 및 정책 – 고도 촉진 요인

e345.1 이방인 – 경도 저해 요인

[사례 2]

강 씨(남, 38세)와 한 씨(여, 34세) 부부는 지적장애인으로, 결혼한 지 7년이 됐지만 아이가 없다. 의학적으로도 아무런 문제가 없고 그들의 장애는 아이를 키우는 데 문제가 되지 않을 것이다. 그러나 부부는 다른 사람들이 자신들을 부모가 될 자격이 없다고 생각하거나 아이가 놀림을 받을까 봐 걱정이 된다. 다음의 코드와 평가치는 강 씨와 한 씨 부부의 어려움을 묘사하는 데 활용될 수 있는 ICF 코드다.

b117.1 지적 기능 – 경도 손상

b660.0 임신 기능 – 손상 없음

d660.0 가족 구성원 돌보기 - 어려움 없음

d760.3 가족관계 - 고도 어려움

e460+3 사회적인 태도 - 고도 촉진 요인

7) ICF의 사회복지적 함의

20세기 초 리치먼드(Richmond)가 '환경 속의 개인'을 표방하면서 사회복지는 비로소 그 과학적 토대를 구축하기 시작했다. 그 후 약 100년의 연륜 속에서 사회복지가 구축한 과학적 성과를 무엇으로 요약할 수 있을까? 다른 원조과학과 비교해 보았을 때, 사회복지만이 갖는 전문 직업적인 정체성을 당당하게 제시할 수 있을까? 적어도 이런 유의 물음에 관한 한 아직도 오리무중이란 게 저자의 판단이다. 사회복지실천의 개창조인 리치먼드가 그 실천의 정체성을 패러다임의 차원에서 제시했음에도 후학들이 그 패러다임을 실천 이론, 더 나아가 실천 모형으로까지 진전시키지 못했던 것이다. 그녀가 사회복지실천이 나아가야 할 길, 이웃 원조과학과의 경계 지점, 사회복지실천이 구축해야 할 정체성 등에 대해 확실한 언질을 주었음에도 후학들이 그 길을 제대로 정비하지 못했기에 여전히 '무진기행(霧津紀行)' 중이란 게다. ICF와 관련된 국내의 연구 동향은 다음과 같이 정리해 볼 수 있다.

ICF 분류안에 대한 한국사회복지학계의 연구 성과물들은 크게 세 유형으로 나눌 수 있다. 먼저 ICF 분류 체계 자체에 대한 이해를 드높이기 위한 입문서 수준의 저작물, 둘째, 이 분류 체계가 갖는 타당성을 검증한 저작물, 끝으로 이 분류 체계를 국내에 실제로 적용할 수 있도록 관련 측정 도구를 개발한 연구물 등이다.

첫째, 보건복지부에서 이 보고서를 완역한 『국제 기능 · 장애 · 건강 분류』(2004)를 내놓은 데 이어, 통계청에서는 『사용자를 위한 ICF 활용 길잡이』(2009)를 내놓았다. 또한 연세대학교 사회복지연구소와 삼육재활센터에서 공동으로 『한국표준장애분류개발연구』(2009)를, 이어 단국대학교 사회복지학과와 삼육재활센터에서 『한국기능 · 장애 · 건강분류개발 2차연구』를 발간하였다. 그리고 광주씨티재활병원 맥컨토씨 동우회가 번역한 'ICF 체크리스트'가 인터넷상으로 보고되고 있다. 그런데 원래 WHO가 발간한 이 문서는 실무자들이 ICF 분류 체계를 보다 손쉽게 활용할 수 있도록 도와주기 위한 의도에서 만들어진 실용적 도구인 셈이다. 그러니 이 체크리스트는 방대하면서 복잡한 이 분류 체계에 대한 이해를 돕기 위해 관련 항목들을 좀 더 세분화한 것에 불과하다. 즉, 건강 상태와 관련하여 점검해야 하는 항목들인 메뉴얼을 각색·상술한 것이다. 그러므로 이 체크리스트를 소개하는 작업이 이 주제의 최종 목표인 건강 상태에 관한 측정 도구를 마련하는 것과는 다르다는 사실을 분명히 인식해야 한다. 뿐만 아니라 이 체크리스트는 건강 정보에 관한 개별 국가들 간의 의사소통이 주요 목적 중 하나이기에, 그 보편성은 뛰어나다고 할 수 있을지 모르나 특정 개인의 정치한 건강 정보를 담아내는 데에는 한계가 있다고 판단된다. 특히 자연과학의 영역에 해당하는 '신체 기능과 구조'에서는 개별 국가들 사이에 공통성이 높지만, 대부분 사회현상에 해당하는 '활동과 참여' '환경 요인'에서는 개별 국가들 사이에 이질성이 높기 때문에 이 체크리스트의 사용에 신중해야 할 것이다.

둘째, 「장애인의 사회진단에 있어 국제장애분류(ICF) 활용에 관한 연구」(고영찬)은 전문 연구자가 아님에도 ICF 분류 체계를 국내에 처음으로 소개한 큰 의의를 갖는다. 「근로능력평가지표의 취업에 대한 영향 비교」(이선우, 2011)는 한국 사회에서 장애인의 근로 능력을 판정하는 도구로 「장애인복지법」상의 '장애 등급'이 활용되고 있지만 이보다 ICF 분류 체계가 훨씬 더 타당함을 실증해 보이고 있다. 「WHO의 새로운 국제장애분류(ICF)에 대한 이해와 기능적 장애 개념의 필요성」(황수경)은 '기능적 장애'라는 새로운 용어를 제시하였다. 장애인복지정책의 가장 핵심적인 인프라는 장애 등급제라고 할 수 있다. 그런데 국내에서 활용되고 있는 관계법상의 그 판정 기준은 전적으로 의료적, 생물학적 모형에 해당한다. 그 결과, 관계법이 장애인들의 전체 생활상의 욕구를 온전하게 담아내지 못하고 있기 때문에 그 정책적 목표 달성은 요원해 보인다. 이 연구는 의학적 장애에 대한 대안으로서 '기능적 장애'를 제시하고 있다. 또한 기존의 '의학적 장애' 대신 '기능적 장애'라는 개념으로 국내 장애 출현율을 조사한 결과 그 비율이 약 7.6%임을 밝히고 있다. 국내 관계법에서는 시대착오적인 의학적 장애를 그 잣대로 삼고 있는데, 그 잣대에 의해서는 약 3.0%인 것으로 나타났다(한국장애인고용공단 고용개발원,

2012). 그러므로 우리 사회에서는 전체 인구의 약 4.6%의 장애인이 법정 장애인의 범주에서 누락되고 있는 셈이다. 「중증지체장애인의 사회참여 영향요인 연구」(김동기 외)는 지체장애인을 대상으로 했기 때문에 'ICF 분류 체계'를 장애 유형별로 적용하였다는 장점이 있다. 「미술심리치료사를 위한 국제기능 · 장애 · 건강분류(ICF)」(박선경)는 미국 NASW도 참여하여 개발한 ICF의 핵심지표[19]를 소개하고 있는데, 사회복지에서 핵심 지표를 개발할 경우 참고가 될 만한 몇 가지 시사점을 확인해 볼 수 있다. 「국제기능장애건강분류(ICF)의 국내활용방안」(신은경)은 ICF 장애 유형별 및 생애 주기별 등에 따른 차별적인 욕구와 과업에 따라 차별적인 지표가 개발되어야 함을 역설하고 있다.

끝으로, 「ICF 모델에 기초한 장애인의 참여 척도 개발」(김경미 외). ICF 분류 체계를 실제에 적용하기 위한 마지막 관문은 측정 도구를 개발하는 데에 있다. 지금까지 외국에서 개발된 지표를 소개한 연구들은 몇 편 있지만, 국내의 실정에 맞추어 관련 지표를 개발하고자 시도한 최초의 논문이다. 다만 아쉬운 점은 설문 문항의 내용이 '참여'에 적합한 내용으로 구성되었는지 약간의 의문이 든다는 사실이다. 41개의 문항 모두가 '나는 ~이다(한다)'라는 형식을 갖추고 있다. 그런데 ICF에서 규정된 바와 같이 참여란 개인과 환경 간의 상호작용의 결과를 말한다. 그럼에도 문항들이 당사자의 개별적 속성을 묻는 형식일 따름이다. 또한 '장애인'이라고 기술함으로써 이 연구 결과가 모든 장애인에게 해당된다는 주장이 묵시적으로 전제되어 있다. 그러나 모든 장애인에게 두루 적용될 수 있는 단 하나의 지표란 있을 수 없다. 장애 유형별, 생애 주기별에 따른 차별적인 척도가 개발되어야 마땅하다.

ICF 보고서의 성격 혹은 의의는 어떻게 정리해야 할까? ICF란 특정한 개인의 건강 및 건강 관련 정보들을 체계적으로 분석할 수 있게 해 주는 코드표다. 이러한 성격을 갖는 ICF 분류가 갖는 가장 큰 특징은 ICIDH 등 이전의 분류에 비해

19) 특정한 개인의 건강을 점검하기 위한 ICF의 코드의 수는 축약(short)버전(소위 2단계)에서는 362개, 완폭(full)버전(소위 3단계를 말함)에서는 1,424개에 이른다. 이 방대한 코드를 모든 사례에 대해 일일이 적용할 수는 없다. 그래서 ICF를 간단하게 사용할 수 있도록 흔히 있을 수 있는 사례의 특성 등에 따라 꼭 필요한 코드만을 미리 만들어 두는데, 그것을 핵심 지표(core sets)라 한다.

환경 요인을 대폭 반영했다는 점이다. 즉, ICF 분류에서는 특정한 개인의 신체 구조 및 기능이라는 측면에서의 건강, 또 개인적 활동과 사회적 참여라는 측면에서의 역량 향상의 두 가지 영역에 영향을 미치는 환경적 변수들을 체계적으로 제시하고 있다. 그러므로 이 코드표가 갖는 의의는 '환경의 계량화'라고 사료된다. 그 보고서에서 명시되어 있듯이, 여기서 환경이란 물리적 · 사회적 및 태도적 환경을 의미한다. 그런데 이 보고서에서 언급된 환경이 모두 사회복지와 관련된 것은 아니고, 인적 및 인위적 환경에 해당하는 사회적 및 태도적 환경이 사회복지사가 관심을 가져야 할 부문이다. 그리고 그 두 가지 환경에서의 키워드로는 지식의 학습과 응용, 의사소통, 상호작용, 이동과 수송, 과제 수행, 욕구 충족, 권리 실현 등이 제시되고 있다. 과연 사회복지적 함의는 무엇일까? 다음 몇 가지를 들 수 있다(신은경, 2004: 26 수정 · 보완).

첫째, 통합적 사례관리 기법의 개발이다. ICF는 이전의 국제분류안과 비교해 보았을 때 특정한 신체적 손상에서 더 나아가 장애 자체보다는 건강 상태에 초점을 두고 있다. 즉, 개인의 생물학적 측면에서만 아니라 심리 · 사회 및 문화적 측면에서의 특징도 기술하고 있다.

둘째, 사정의 표준화다. ICF 분류에서는 개인의 건강 상태를 2개의 부문, 4개의 구성 요소, 34~1,424개의 구성 개념 등으로 나누어 점검하도록 제안하고 있다. 그런데 이 건강 상태란 사회복지실천의 핵심 개념인 '적응'의 보다 포괄적인 용어에 다름 아니다. 그러므로 이 분류는 사회복지실천의 개별 영역에 구애 없이, 또 사회복지기관의 유형에 상관없이 표준화된 사정 도구를 제공해 준다. 특히 정신의학자들과 비교했을 때 정신보건복지사들의 차별적인 직무를 설정할 수 있게 해 준다.

셋째, 환경의 계량화다. 인접 원조 전문직과 구별되는 사회복지의 특징은 과연 무엇일까? 이 질문은 원조 전문직으로서 사회복지가 나아가야 할 방향과 밀접한 관련이 있다. 일부 관계자들은 사회복지를 임상심리학적 전문직으로 규정하고 있다. 이러한 주장은 무엇보다도 정체성을 상실했다는 점에서 근본적인 문제점이 있다. 장기적으로 볼 때, '정체성 유실'은 사회복지가 스스로 안고 가야 할 사회적 미션을 실제로 얼마나 달성하고 있느냐라는 문제와 연계되어 궁극적으로는 사회적 도태로 이어질 수도 있음을 간과해서는 안 된다. 근본적으로 사회복지실천은 '환경 속의 개인'을 표방하고 있다. 그러므로 사회복지실천은 전문직을 지향하되 환경의 계량화라는 정체성 있는 방향으로 나아가야 한다. 이때 환경이란 인적 환경과 인위적 환경을 말하기에, 환경의 기본 단위는 바로 개인이다. 이러한 주장에 대해 사회현상의 일종인 환경을 정밀하게 계량화할 수 있을까라는 반론이 얼마든지 제기될 수 있다. 물론 일정한 제약이 있지만, 그 계량화는 실보다는 득이 많다고 사료된다.

끝으로, 장애의 정의와 장애 등급 간의 동일한 문맥 유지다. 무릇 모든 장애인 복지정책의 성격 및 전개 방향은 장애의 개념에서 비롯되며, 그 개념이 실제로 구현된 것이 장애의 등급에 해당한다. 그런데 「장애인복지법」에서는 장애의 정의를 기존의 의료적 모형에 입각한 개념 규정에 이어 "장기간에 걸쳐 일상생활 또는 사회생활에 상당한 제약을 받는 자"라고 규정함으로써 사회적 모형도 함께 강조하고 있다. 그러나 그 시행령에서 장애의 등급은 온전히 의료적 모형에만 몰입하고 있다. 그 결과, 먼저 인적 환경이란 측면에서 장애인에 대한 전체 사회의 편견과 선입견으로 인해, 다음으로 인위적 환경이란 측면에서 각종 보장구가 지급되지 않고 있고 또 편의시설이 마련되어 있지 않음으로 인해 그들이 일상생활과 사회생활에서 받는 제한과 제약이 전혀 반영되지 못하고 있다. 그러니 장애인들이 겪고 있는 문제의 실상이 제대로 파악되지 못하고 있고 또 그들의 관련 욕구가 정책의 수립과 실행 과정에서 충분히 반영되지 못하고 있다. 이러한 정의와 등급 간의 괴리는 '활동과 참여'라는 구성 요소를 강조하는 ICF 분류에 의해 획기적으로 개선될 수 있으리라 판단된다.

이상과 같은 의의를 갖는 ICF 분류 체계이지만, 그 방대한 규모와 복잡한 내용으로 인해 이를 사회복지실천 현장에 적용할 경우 실제로 적지 않은 어려움이 예상된다. 그 어려움을 극복할 수 있는 방안 몇 가지를 다음과 같이 정리해 보았다.

첫째, ICF 분류안은 지나치게 복잡하여 대중성과 접근성이 현저히 떨어지는 문제점이 있다. 이러한 문제점뿐 아니라 사회현상('활동과 참여' '환경 요인'이 관련됨)이란 세밀하게 분류하게 되면 소위 '범주화의 오류'라는 타당성 문제가 발생한다. 그러므로 사회복지실천의 경우 실무자들의 부담을 줄여 주기 위해서라도 2단계 분류(two-level classification)에 입각하는 것이 바람직하다고 사료된다.[20] 또한 '활동과 참여' 구성 요소에서의 건강 상태를 측정하기 위한 개념으로 능력과 수행의 두 가지를 제시하고 있는데, 능력과 수행은 현행대로 분리하되 '활동(참여)' 혹은 '참여(활동)'라는 식으로 구성 요소의 명칭을 하나로 통합시키는 것이 이 분류안을 보다 간편하게 활용할 수 있는 길이 아닌가 여겨진다. 다시 한 번 강조하지만, 실무자들의 부담을 줄여 주는 것이 현실에서 매우 중요한 과제가 된다.

둘째, 앞에서 제시한 2단계 분류안을 적용한다 하더라도 특정 개인의 건강을 검색하기 위한 검색 목록(체크리스트)은 무려 362개 항목에 달한다. 이런 문제점 때문에 핵심 지표(core sets)가 일부에서 개발 · 제시되고 있다. 그런데 본 연구자는 전 세계적으로 표준화된 핵심 지표란 있을 수 없다고 판단한다. 크게는 개별 국가의 정치 · 경제 및 문화의 특성에 따라, 작게는 장애 유형에 따라 그리고 원조 전문직의 특성에 따라 그 지표의 내용이 달라지는 것이 타당하다. 그렇기에, 예컨대 장애 유형에 상관없이 표준화된 지표를 적용하는 것은 이 분류안의 타당성을 낮추는 셈이 된다. 구체적으로 '이동'이라는 생활 과제가 갖는 함의는 지체장애, 정신장애, 청각장애 등 장애 유형에 따라 다르지 않는가? 결론적으로 핵심 지표의 개발은 장애 유형, 원조 전문직의 특성 등에 따라 유연하게 차별적으로 개발되어야 한다고 판단된다.

셋째, 이 보고서는 특정한 개인의 건강 상태를 양적인 방법에 의해 모두 알 수 있다고 전제한 한계가 있다.[21] 건강에 관한 개인들 간의 공통된 특성은 양화된 방법에 의해 알 수 있겠지만, 그 개별성은 불가하지 않는가? 그러므로 면담 등 질적인 방법에 의해 개별 장애인이 안고 있는 건강 조건의 특성들을 추가로 확인하는 항목들이 추가되는 것이 바람직하다.

넷째, 국내 모든 연구는 function과 functioning을 '기능'이라는 동일한 의미로 번안하고 있기 때문에 이 분류안의 이해에 큰 혼란을 초래하고 있다. functioning은 '기능하기' 혹은 '기능성' 등이 타당하다. 그러므로 functioning은 '순기능'

20) 실제로 WHO에서는 필요한 경우 2단계 분류인 요약판(a short version of ICF)을 권장하고 있다(ICF, 2001, p. 9).

21) 서양의 과학과 문명은 객관주의와 물질주의를 그 이념적 토대로 함을 다시 한 번 확인할 수 있는 대목이다.

을, 반면 disability는 '역기능'을 의미하는 용어인 셈이다.

다섯째, 일부에서는 외국에서 개발된 핵심 지표에 자의적인 설문 문항(측정 도구)을 그 타당성을 검증하지 않은 채 적용하고 있다. '측정 도구의 타당성'이라는 근본적인 문제점이 제기될 수 있다. 핵심 지표를 선정하거나 측정 도구를 개발하는 것은 개별 연구자가 수행하기에는 방대하고 또 신중을 기해야 할 과제다. 그래서 궁극적으로 학회/협회 차원에서 조직적으로 추진되는 것이 바람직할 것 같다.

여섯째, ICF 분류 체계는 학제적 성격을 갖는다. 그러나 총체적인 측면에서 학제적 성격을 갖더라도 실제 개입과정에서 개별 원조 전문직들의 직무 분담이 불분명해서는 안 된다. 예컨대 '신체 기능' 영역 중에는 '정신 기능' 항목이 포함되어 있기 때문에, 재활의학자(물리치료사)와 임상심리사 간에 업무 조정이 필요하다. 또한 '환경 요인'은 물리적 환경뿐 아니라 인적 및 인위적 환경까지도 망라하고 있기에 사회복지사와 재활의학자 등 사이에 업무가 비효율적으로 진행될 가능성이 매우 높아 보인다. 그러므로 구성 요소별로 혹은 영역별로 개별 원조 전문직들이 독자적으로 관여하게 되는 방안이 마련되어야 한다. 이는 아주 실제적인 문제에 해당한다.

일곱째, ICF에서는 손상, 제한, 규제 및 장벽 등에 대해 동일한 측정 기준을 제시하고 있다. 예컨대, '이상 무' '완전한 이상' 등은 백분위수 중 5%의 오차 한계를 가진다고 지정하고 있다. 그러나 실무자들이 전체 자료 중 관련 사례가 구체적으로 몇 %에 해당하는지를 숙지한다는 것은 여간 어려운 일이 아닐 것으로 여겨진다. 즉, % 표시는 적절한 인구학적 표준과 관련하여 서로 다른 영역에서 백분위수로 눈금 매겨진 것이며, 관련된 집단 표준치의 백분위수를 참고하여 교정(계측기의 정밀도를 바로잡는 것)된 것이다. 그러므로 실무자는 수많은 체크리스트에서 관련 당사자들의 건강 정도의 백분위에 관한 정보와 자료를 취득 · 숙지하고 있어야 한다는 것이다. 실로 난감한 과제라고 여겨진다.

끝으로, 아주 근본적인 문제에 해당한다. 장애인이 안고 있는 문제의 효과적인 해결을 위해서는 그 문제가 (인적 및 인위적) 환경 문제와 내부자 문제라는 이중성을 띠고 있음을 분명히 확인해야 한다. 이때 내부자 문제란 장애인 당사자의 자립의지라든가 세상과 삶에 대한 긍정적인 마인드 및 적극적인 태도 등을 말한다. 이는 장애인의 건강을 확보하는 데에 아주 중요한 전제조건이 된다. 그런데 이러한 장애인 당사자의 자질 자체는 개별적이고 주관적인 특성이 있다. 그러므로 이 또한 질적인 방식에 의해 검색되는 메뉴얼이 새롭게 추가되어야 한다.

제3절 장애 범주와 등급

1. 장애의 범주

장애 범주란 정책적 필요성을 전제로 한 법적 측면에서의 장애 범위를 말한다. 장애 정의가 관념적 개념인 것에 비해 장애 범주는 실체적 개념이라고 할 수 있다. 그러므로 어디까지를 장애로 인정하느냐라는 물음은 관념적 개념의 차원에서는 현실적 여건으로부터 자유로울 수 있지만, 실체적 개념의 입장에서는 개별 정권의 국정 기조, 개별 국가의 재정 수준 및 국민들의 의식 구조 등으로부터 많은 영향을 받게 마련이다. 이처럼 장애 범주란 가변적 성향이 강하기에 한국 사회 내에서도 시대의 흐름에 따라 그 진폭을 달리해 왔다.

우리 사회에서 장애(장해)라는 용어를 처음으로 사용한 법은 1964년의 「산업재해보상보험법」이지만, 이 법에서는 장애 개념을 노동자라는 특정한 인구계층을 대상으로 한 노무 관리 차원에서 활용하였을 뿐이다. 복지의 차원에서는 「심신장애자복지법」(1981년)을 들 수 있는데, 이 법에서는 "심신장애자라 함은 지체부자유, 시각장애, 청각장애, 음성 · 언어기능장애 또는 정신박약 등 정신적 결함……"이라고 함으로써 장애의 범주가 다섯 가지로 한정되었다. 그 후 1999년 1월에 개정된 「장애인복지법」에 의해 다섯 가지 유형에서 내부기관 장애와 정신장애로까지 확대되었다. 이 법에 의하면 "장애인이란 외부 신체 기능의 장애, 내부기관의 장애와 정신지체, 정신질환에 의한 장애로 인하여 장기간에 걸쳐 일상생활 또는 사회생활에 상당한 불편을 겪는 사람"으로 규정되어 있다. 이에 따라 2000년 1월부터 심장장애, 신장장애, 정신장애, 자폐 등이 시행령에 따라 장애 범주에 포함되었다. 2003년 7월 안면장애, 간질, 장루/요루장애, 간장애, 호흡기장애의 다섯

〈표 3-13〉 장애인의 범주

대분류	중분류	소분류	세분류	확대 예상
신체적 장애	외부 신체 기능의 장애	지체장애	절단장애, 관절장애, 지체기능장애, 변형 등의 장애	절단장애, 관절장애, 지체기능장애, 변형 등의 장애
		뇌병변장애	중추신경의 손상으로 인한 복합적인 장애	
		시각장애	시력장애, 시야결손장애	
		청각장애	청력장애, 평형기능장애	
		언어장애	언어장애, 음성장애, 구어장애	
		안면장애	안면부의 추상, 함몰, 비후 등 변형으로 인한 장애	
	내부기관의 장애	신장장애	투석치료 중이거나 신장을 이식받은 경우	만성 소화기계, 비뇨기계, 피부질환 등
		심장장애	일상생활이 현저히 제한되는 심장기능 이상	
		간장애	일상생활이 현저히 제한되는 만성·중증의 간기능 이상	
		호흡기장애	일상생활이 현저히 제한되는 만성·중증의 호흡기기능 이상	
		장루·요루장애	일상생활이 현저히 제한되는 장루·요루	
		간질장애	일상생활이 현저히 제한되는 만성·중증의 간질	
정신적 장애	지적장애		지능지수가 70 이하인 경우	만성 약물중독, 치매, 기질성 뇌증후군
	정신장애		정신분열병, 분열형 정동장애, 양극성 정동장애, 반복성 우울장애	
	자폐성장애		소아자폐 등 자폐성장애	

가지 종류가 추가됨으로써 현재는 아래 제시된 바와 같이 총 열다섯 가지 장애 범주로 확대되었다.

앞으로 소화기장애, 비뇨기장애, 피부질환, 만성 알코올·약물중독, 치매, 기질성 뇌증후군, 기타 정신발달장애, 만성통증, 기타 암 등을 장애 범주로 포괄하는 계획을 세워 두고 있으며, 장애 범주는 지속적으로 확대될 전망이다. 제시된 열다섯 가지 장애 유형은 신체적·정신적 특징에 따라서 〈표 3-13〉에 나타난 것처럼 크게 세 가지 유형으로 나눌 수도 있다.

소분류의 차원에서 본 장애의 범주는 다음과 같다.

【지체장애인】

- 팔, 한 다리 또는 몸통의 기능에 영속적인 장애가 있는 사람
- 한 손의 엄지손가락을 지골(손가락뼈)관절 이상의 부위에서 잃은 사람 또는 한 손의 둘째손가락을 포함한 두 개 이상의 손가락을 모두 제1 지골관절 이상의 부위에서 잃은 사람
- 한 다리를 리스프랑 관절(lisfranc: 발등뼈와 발목을 이어 주는 관절) 이상의 부위에서 잃은 사람
- 두 발의 발가락을 모두 잃은 사람
- 한 손의 엄지손가락 기능을 잃은 사람 또는 한 손의 둘째손가락을 포함한 손가락 두 개 이상의 기능을 잃은 사람
- 왜소증으로 키가 심하게 작거나 척추에 현저한 변형 또는 기형이 있는 사람
- 지체에 위 각 목의 어느 하나에 해당하는 장애 정도 이상의 장애가 있다고 인정되는 사람

【뇌병변장애인】

- 뇌성마비, 외상성 뇌손상, 뇌졸중 등 뇌의 기질적 병변으로 인하여 발생한 신체적 장애로 보행이나 일상생활의 동작 등에 상당한 제약을 받는 사람

【시각장애인】

- 나쁜 눈의 시력(만국식 시력표에 따라 측정된 교정시력을 말한다. 이하 같다)이 0.02 이하인 사람
- 좋은 눈의 시력이 0.2 이하인 사람
- 두 눈의 시야가 각각 주시점에서 10도 이하로 남은 사람
- 두 눈의 시야 2분의 1 이상을 잃은 사람

【청각장애인】

- 두 귀의 청력 손실이 각각 60데시벨(dB) 이상인 사람
- 한 귀의 청력 손실이 80데시벨 이상, 다른 귀의 청력 손실이 40데시벨 이상

인 사람
- 두 귀에 들리는 보통 말소리의 명료도가 50퍼센트 이하인 사람
- 평형 기능에 상당한 장애가 있는 사람

【언어장애인】
- 음성 기능이나 언어 기능에 영속적으로 상당한 장애가 있는 사람

【지적장애인】
- 정신 발육이 항구적으로 지체되어 지적 능력의 발달이 불충분하거나 불완전하고 자신의 일을 처리하는 것과 사회생활에 적응하는 것이 상당히 곤란한 사람

【자폐성장애인】
- 소아기 자폐증, 비전형적 자폐증에 따른 언어 · 신체표현 · 자기조절 · 사회적응 기능 및 능력의 장애로 인하여 일상생활이나 사회생활에 상당한 제약을 받아 다른 사람의 도움이 필요한 사람

【정신장애인】
- 지속적인 정신분열병, 분열형 정동장애(여러 현실 상황에서 부적절한 정서 반응을 보이는 장애), 양극성 정동장애 및 반복성 우울장애에 따른 감정조절 · 행동 · 사고 기능 및 능력의 장애로 인하여 일상생활이나 사회생활에 상당한 제약을 받아 다른 사람의 도움이 필요한 사람

【신장장애인】
- 신장의 기능부전으로 인하여 혈액투석이나 복막투석을 지속적으로 받아야 하거나 신장 기능의 영속적인 장애로 인하여 일상생활에 상당한 제약을 받는 사람

【심장장애인】

- 심장의 기능부전으로 인한 호흡곤란 등의 장애로 일상생활에 상당한 제약을 받는 사람

【호흡기장애인】

- 폐나 기관지 등 호흡기관의 만성적 기능부전으로 인한 호흡 기능의 장애로 일상생활에 상당한 제약을 받는 사람

【간장애인】

- 간의 만성적 기능부전과 그에 따른 합병증 등으로 인한 간 기능의 장애로 일상생활에 상당한 제약을 받는 사람

【안면장애인】

- 안면 부위의 변형이나 기형으로 사회생활에 상당한 제약을 받는 사람

【장루 · 요루장애인】

- 배변 기능이나 배뇨 기능의 장애로 인하여 장루 또는 요루를 시술하여 일상생활에 상당한 제약을 받는 사람

【간질장애인】

- 간질에 의한 뇌신경세포의 장애로 인하여 일상생활이나 사회생활에 상당한 제약을 받아 다른 사람의 도움이 필요한 사람

2. 장애의 등급

장애인들이 각종 서비스의 수혜자가 될 수 있는지를 결정하는 잣대가 바로 등급이다. 그러면 장애 등급제는 왜 필요할까? 장애인복지 서비스를 위한 재원은 한정되어 있다. 그러니 한정된 그 재원을 효율적으로 활용하는 것은 매우 중요한 과

제가 된다. 그러다 보니 장애인 중에서 그 정도가 심한 장애인에게 그 재원을 우선적으로 배치해야 할 필요성 때문에 등급제가 마련된 것이다. 이처럼 선의의 의도에서 마련되었지만, 실제에 있어서 이 제도는 몇 가지 문제점을 안고 있다.

첫째, 지나칠 정도로 의료적 모형에 매몰되어 있다. 포괄적으로 본다면, 장애등급이란 장애란 무엇인가라는 물음에 대한 대답의 일종이라고 할 수 있다. 또 다른 대답으로는 장애의 정의와 범주를 들 수 있다. 그 정의와 범주는 관념적 잣대인 데 비해 등급은 실제적 잣대인 셈이다. 그런데 정의와 범주 등은 이미 의료적 모형에서 벗어나 생심리사회적(biopsychosocial) 모형에 그 기반을 두고 있다. 그럼에도 장애인에게 실제적 이익과 관련된 잣대가 아직도 생물학적 기준에만 몰입되어 있는 문제점이 있다. 그렇다면 이러한 시대착오적인 문제점의 책임은 과연 누가 져야 하는가? 피상적인 차원에서는 등급제란 관련 법제의 규정 내용이기에 관계 부처의 책임이라고 보기 쉽다. 그러나 관련 정책가와 실무자들이 합당한 등급제를 관련 법규에 규정하기 위해서는 먼저 학계에서 생심리사회적 측면에서의 등급제 모형을 제시해 주어야 하지 않는가? 아직도 이것이 제대로 진척되지 않고 있다. 단, 이 주제에 관한 개별 학자의 학설 혹은 연구 성과물에 의하기보다는 학계의 공동 작업에 의한 등급제 모형이 바람직하다고 판단된다. 그렇더라도 일단은 개별 학자들의 성과가 집적된 다음 공동 작업이 가능할 것이다. 그러한 개별 성과는 다음과 같다. 먼저 「WHO의 새로운 국제장애분류(ICF)에 대한 이해와 기능적 장애 개념의 필요성」(황수경, 2004)은 '기능적 장애'라는 새로운 용어를 제시하였다. 장애인복지정책의 가장 핵심적인 인프라는 장애 등급제라고 할 수 있다. 그런데 국내에서 활용되고 있는 관계법상의 그 판정 기준은 전적으로 의료적, 생물학적 모형에 해당한다. 그 결과, 관계법이 장애인들의 전체 생활상의 욕구를 온전하게 담아내지 못하고 있기 때문에 그 정책적 목표 달성은 요원해 보인다. 이 연구는 의학적 장애에 대한 대안으로서 '기능적 장애'를 제시하고 있다. 또한 기존의 '의학적 장애' 대신 '기능적 장애'라는 개념으로 국내 장애 출현율을 조사한 결과 그 비율이 약 7.6%임을 밝히고 있다. 국내 관계법에서는 시대착오적인 의학적 장애를 그 잣대로 삼고 있는데, 그 잣대에 의해서는 약 3.0%인 것으로 나타났다(한국장애인고용공단 고용개발원, 2012). 그러므로 우리 사회에서는 전체 인구의 약 4.6%의 장애인이 법정 장애인의 범주에서 누락되고 있는 셈이다. 다음으로, 「근로능력평가지표의 취업에 대한 영향 비교」(이선우, 2011)는 한국 사회에서 장애인의 근로 능력을 판정하는 도구로 「장애인복지법」상의 '장애 등급'이 활용되고 있지만 이보다 ICF 분류 체계가 훨씬 더 타당함을 실증해 보이고 있다.

둘째, 장애 유형 간의 판정 기준의 객관성과 형평성이 떨어진다(장애우권익문제연구소, 2010). 뇌병변장애나 내부장애의 경우 다른 유형에 비해 판정 기준이 지나치게 엄격하다는 원성이 해당 장애인들로부터 제기되고 있다.

끝으로, 2011년 11월 개정된 시행령에 의해 장애 등급 재심사가 이루어졌는데, 2007년 4월부터 2010년 3월까지의 총 9만 2,817건의 재심 결과 장애 등급이 유지된 경우는 60%이며, 상향 조정된 경우는 고작 0.4%였음에 비해 하향된 경우는 무려 36.7%인 3만 4,064건이었다. 보건복지부는 기존의 판정제도에 일관성과 형평성이 결여되어 있어 부적정한 사례가 많고, 또 복지 서비스가 반드시 필요한 사람에게 제공될 수 있도록 대대적으로 정비하는 것이라고 말하고 있다. 그러나 이러한 주장은 그 표면적인 의도와는 달리 등급심사가 장애인의 욕구를 철저하게 예산의 범위 내로 제한하고 규제하기 위한 조치임을 스스로 밝히고 있는 셈이 된다(장애우권익문제연구소, 2010). 장애인복지 서비스는 중증 장애(1~2급 혹은 중복 장애)를 중심으로 주어지고 있다. 그러니 이 등급제가 이제는 장애계 내부에서 차별이라는 또 하나의 장벽을 만들어 내고 있는 셈이다.

「장애인복지법 시행규칙」에 나타난 장애 등급은 다음과 같다.

【지체장애인】

(1) 신체의 일부를 잃은 사람

〈1급〉

- 두 팔을 손목관절 이상의 부위에서 잃은 사람
- 두 다리를 무릎관절 이상의 부위에서 잃은 사람

〈2급〉

- 두 손의 손가락을 모두 잃은 사람

• 한 팔을 팔꿈치관절 이상의 부위에서 잃은 사람
• 두 다리를 발목관절 이상의 부위에서 잃은 사람

〈3급〉

• 두 손의 엄지손가락과 둘째손가락을 잃은 사람
• 한 손의 모든 손가락을 잃은 사람
• 두 다리를 쇼파 관절(chopart's joint) 이상의 부위에서 잃은 사람
• 한 다리를 무릎관절 이상의 부위에서 잃은 사람

〈4급〉

• 두 손의 엄지손가락을 잃은 사람
• 한 손의 엄지손가락과 둘째손가락을 잃은 사람
• 한 손의 엄지손가락을 포함하여 세 손가락을 잃은 사람
• 두 다리를 리스프랑 관절 이상의 부위에서 잃은 사람
• 한 다리를 발목관절 이상의 부위에서 잃은 사람

〈5급〉

• 한 손의 엄지손가락을 포함하여 두 손가락을 잃은 사람
• 한 손의 엄지손가락을 중수수지관절 이상의 부위에서 잃은 사람
• 한 손의 둘째손가락을 포함하여 세 손가락을 잃은 사람
• 두 발의 발가락을 모두 잃은 사람
• 한 다리를 쇼파 관절 이상의 부위에서 잃은 사람

〈6급〉

• 한 손의 엄지손가락을 잃은 사람
• 한 손의 둘째손가락을 포함하여 두 손가락을 잃은 사람
• 한 손의 셋째손가락, 넷째손가락 및 다섯째손가락을 모두 잃은 사람
• 한 다리를 리스프랑 관절 이상의 부위에서 잃은 사람

(2) 관절장애가 있는 사람

〈1급〉

• 두 팔의 어깨관절, 팔꿈치관절, 손목관절 모두의 기능에 현저한 장애가 있는

사람

- 두 다리의 고관절, 무릎관절, 족관절 모두의 기능에 현저한 장애가 있는 사람

〈2급〉

- 한 팔의 어깨관절, 팔꿈치관절, 손목관절 모두의 기능에 현저한 장애가 있는 사람
- 두 팔의 어깨관절, 팔꿈치관절, 손목관절 중 각각 2개 관절의 기능에 현저한 장애가 있는 사람
- 두 팔의 어깨관절, 팔꿈치관절, 손목관절 모두의 기능에 상당한 장애가 있는 사람
- 두 손의 모든 손가락의 관절 기능에 현저한 장애가 있는 사람
- 두 다리의 고관절, 무릎관절, 족관절 중 각각 2개 관절의 기능에 현저한 장애가 있는 사람
- 두 다리의 고관절, 무릎관절, 족관절 모두의 기능에 상당한 장애가 있는 사람

〈3급〉

- 두 팔의 어깨관절, 팔꿈치관절, 손목관절 중 각각 2개 관절의 기능에 상당한 장애가 있는 사람
- 두 팔의 어깨관절, 팔꿈치관절, 손목관절 모두의 기능에 장애가 있는 사람
- 두 손의 엄지손가락과 둘째손가락 관절 기능에 현저한 장애가 있는 사람
- 한 손의 모든 손가락의 관절 기능에 현저한 장애가 있는 사람
- 한 팔의 어깨관절, 팔꿈치관절, 손목관절 중 2개 관절의 기능에 현저한 장애가 있는 사람
- 한 팔의 어깨관절, 팔꿈치관절, 손목관절 모두의 기능에 상당한 장애가 있는 사람
- 한 다리의 고관절, 무릎관절, 족관절 모두의 기능에 현저한 장애가 있는 사람

〈4급〉

- 한 팔의 어깨관절, 팔꿈치관절, 손목관절 중 한 관절의 기능에 현저한 장애가 있는 사람
- 두 손의 엄지손가락의 관절 기능에 현저한 장애가 있는 사람

- 한 손의 엄지손가락과 둘째손가락의 관절 기능에 현저한 장애가 있는 사람
- 한 손의 엄지손가락 또는 둘째손가락을 포함하여 3개 손가락의 관절 기능에 현저한 장애가 있는 사람
- 한 손의 엄지손가락 또는 둘째손가락을 포함하여 4개 손가락의 관절 기능에 상당한 장애가 있는 사람
- 두 다리의 고관절, 무릎관절, 족관절 중 각각 2개 관절의 기능에 상당한 장애가 있는 사람
- 두 다리의 고관절, 무릎관절, 족관절 모두의 기능에 장애가 있는 사람
- 한 다리의 고관절, 무릎관절, 족관절 중 2개 관절의 기능에 현저한 장애가 있는 사람
- 한 다리의 고관절, 무릎관절, 족관절 모두의 기능에 상당한 장애가 있는 사람
- 한 다리의 고관절 또는 무릎관절의 기능을 잃은 사람

〈5급〉

- 한 팔의 어깨관절, 팔꿈치관절, 손목관절 중 2개 관절의 기능에 상당한 장애가 있는 사람
- 한 팔의 어깨관절, 팔꿈치관절, 손목관절 모두의 기능에 장애가 있는 사람
- 두 손의 엄지손가락의 관절 기능에 상당한 장애가 있는 사람
- 한 손의 엄지손가락의 관절 기능에 현저한 장애가 있는 사람
- 한 손의 엄지손가락과 둘째손가락의 관절 기능에 상당한 장애가 있는 사람
- 한 손의 엄지손가락 또는 둘째손가락을 포함하여 3개 손가락의 관절 기능에 상당한 장애가 있는 사람
- 한 다리의 고관절, 무릎관절, 족관절 중 2개 관절의 기능에 상당한 장애가 있는 사람
- 한 다리의 고관절, 무릎관절, 족관절 모두의 기능에 장애가 있는 사람
- 두 발의 모든 발가락의 관절 기능에 현저한 장애가 있는 사람
- 한 다리의 고관절 또는 무릎관절의 기능에 현저한 장애가 있는 사람
- 한 다리의 발목관절의 기능을 잃은 사람

〈6급〉

- 한 손의 엄지손가락의 관절 기능에 상당한 장애가 있는 사람
- 한 손의 둘째손가락을 포함하여 2개 손가락의 관절 기능에 현저한 장애가 있는 사람
- 한 손의 셋째손가락, 넷째손가락 그리고 다섯째손가락 모두의 관절 기능에 현저한 장애가 있는 사람
- 한 팔의 어깨관절, 팔꿈치관절, 손목관절 중 한 관절의 기능에 상당한 장애가 있는 사람
- 한 다리의 고관절 또는 무릎관절의 기능에 상당한 장애가 있는 사람
- 한 다리의 발목관절의 기능에 현저한 장애가 있는 사람

(3) 지체기능장애가 있는 사람

〈1급〉

- 두 팔의 기능을 잃은 사람
- 두 다리의 기능을 잃은 사람

〈2급〉

- 한 팔의 기능을 잃은 사람
- 두 팔의 기능에 현저한 장애가 있는 사람
- 두 손의 모든 손가락의 기능을 잃은 사람
- 두 다리의 기능에 현저한 장애가 있는 사람
- 경추와 흉요추의 기능을 잃은 사람

〈3급〉

- 두 팔의 기능에 상당한 장애가 있는 사람
- 두 손의 엄지손가락 및 둘째손가락의 기능을 잃은 사람
- 한 손의 모든 손가락의 기능을 잃은 사람
- 한 팔의 기능에 현저한 장애가 있는 사람
- 한 다리의 기능을 잃은 사람
- 경추 또는 흉요추의 기능을 잃은 사람

〈4급〉

- 두 손의 엄지손가락의 기능을 잃은 사람
- 한 손의 엄지손가락 및 둘째손가락의 기능을 잃은 사람
- 한 손의 엄지손가락 또는 둘째손가락을 포함하여 세 손가락의 기능을 잃은 사람
- 한 손의 엄지손가락 또는 둘째손가락을 포함하여 네 손가락의 기능에 현저한 장애가 있는 사람
- 한 다리의 기능에 현저한 장애가 있는 사람
- 두 다리의 기능에 상당한 장애가 있는 사람
- 경추 또는 흉요추의 기능에 현저한 장애가 있는 사람

〈5급〉

- 한 팔의 기능에 상당한 장애가 있는 사람
- 두 손의 엄지손가락의 기능에 현저한 장애가 있는 사람
- 한 손의 엄지손가락의 기능을 잃은 사람
- 한 손의 엄지손가락 및 둘째손가락의 기능에 현저한 장애가 있는 사람
- 한 손의 엄지손가락 또는 둘째손가락을 포함하여 세 손가락의 기능에 현저한 장애가 있는 사람
- 한 다리의 기능에 상당한 장애가 있는 사람
- 두 발의 모든 발가락의 기능을 잃은 사람
- 경추 또는 흉요추의 기능에 상당한 장애가 있는 사람

〈6급〉

- 한 손의 엄지손가락의 기능에 현저한 장애가 있는 사람
- 한 손의 둘째손가락을 포함하여 두 손가락의 기능을 잃은 사람
- 한 손의 엄지손가락을 포함하여 두 손가락의 기능에 현저한 장애가 있는 사람
- 한 손의 셋째손가락, 넷째손가락 및 다섯째손가락의 기능을 잃은 사람
- 경추 또는 흉요추의 기능이 저하된 사람

(4) 신체에 변형 등의 장애가 있는 사람

〈5급〉

- 한 다리가 건강한 다리보다 10센티미터 이상 짧거나 건강한 다리 길이의 10분의 1 이상 짧은 사람

〈6급〉

- 한 다리가 건강한 다리보다 5센티미터 이상 짧거나 건강한 다리 길이의 15분의 1 이상 짧은 사람
- 척추측만증이 있으며, 만곡 각도가 40도 이상인 사람
- 척추후만증이 있으며, 만곡 각도가 60도 이상인 사람
- 성장이 멈춘 만 18세 이상의 남성으로서 신장이 145센티미터 이하인 사람
- 성장이 멈춘 만 16세 이상의 여성으로서 신장이 140센티미터 이하인 사람
- 연골무형성증으로 왜소증에 대한 증상이 뚜렷한 사람

【뇌병변장애인】

〈1급〉

- 보행이 불가능하거나 일상생활 동작을 거의 할 수 없어 도움과 보호가 필요한 사람

〈2급〉

- 보행이 현저하게 제한되었거나 일상생활 동작이 현저하게 제한된 사람
- 보행과 일상생활 동작이 상당히 제한된 사람

〈3급〉

- 보행이 상당한 정도 제한되었거나 일상생활 동작이 상당히 제한된 사람
- 보행이 경중한 정도 제한되고 섬세한 일상생활 동작이 현저하게 제한된 사람

〈4급〉

- 보행이 경중한 정도 제한되었거나 섬세한 일상생활 동작이 현저하게 제한된 사람
- 보행이 경미하게 제한되고 섬세한 일상생활 동작이 상당히 제한된 사람

〈5급〉

• 보행이 경미하게 제한되었거나 섬세한 일상생활 동작이 상당히 제한된 사람
• 보행이 파행(跛行)을 보이고 섬세한 일상생활 동작이 경중한 정도 제한된 사람

〈6급〉

• 보행 시 파행을 보이거나 섬세한 일상생활 동작이 경중한 정도 제한된 사람

【시각장애인】

〈1급〉

• 좋은 눈의 시력(공인된 시력표에 의하여 측정한 것을 말하며, 굴절이상이 있는 사람에 대하여는 최대 교정시력을 기준으로 한다. 이하 같다)이 0.02 이하인 사람

〈2급〉

• 좋은 눈의 시력이 0.04 이하인 사람

〈3급〉

• 좋은 눈의 시력이 0.06 이하인 사람
• 두 눈의 시야가 각각 모든 방향에서 5도 이하로 남은 사람

〈4급〉

• 좋은 눈의 시력이 0.1 이하인 사람
• 두 눈의 시야가 각각 모든 방향에서 10도 이하로 남은 사람

〈5급〉

• 좋은 눈의 시력이 0.2 이하인 사람
• 두 눈의 시야 각도의 합계가 정상 시야의 50% 이상 감소한 사람

〈6급〉

• 나쁜 눈의 시력이 0.02 이하인 사람

【청각장애인】

(1) 청력을 잃은 사람

〈2급〉

• 두 귀의 청력을 각각 90데시벨(dB) 이상 잃은 사람(두 귀가 완전히 들리지 아니하는 사람)

〈3급〉

• 두 귀의 청력을 각각 80데시벨(dB) 이상 잃은 사람(귀에 입을 대고 큰 소리로 말을 하여도 듣지 못하는 사람)

〈4급〉

• 두 귀의 청력을 각각 70데시벨(dB) 이상 잃은 사람(귀에 대고 말을 하여야 들을 수 있는 사람)
• 두 귀에 들리는 보통 말소리의 최대의 명료도가 50퍼센트 이하인 사람

〈5급〉

• 두 귀의 청력을 각각 60데시벨(dB) 이상 잃은 사람(40센티미터 이상의 거리에서 발성된 말소리를 듣지 못하는 사람)

〈6급〉

• 한 귀의 청력을 80데시벨(dB) 이상 잃고, 다른 귀의 청력을 40데시벨(dB) 이상 잃은 사람

(2) 평형 기능에 장애가 있는 사람

〈3급〉

• 양측 평형 기능의 소실로 두 눈을 뜨고 직선으로 10미터 이상을 지속적으로 걸을 수 없는 사람

〈4급〉

• 양측 평형 기능의 소실 또는 감소로 두 눈을 뜨고 10미터를 걸으려면 중간에 균형을 잡기 위하여 멈추어야 하는 사람

〈5급〉

• 양측 평형 기능의 감소로 두 눈을 뜨고 10미터 거리를 직선으로 걸을 때 중앙에서 60센티미터 이상 벗어나며, 복합적인 신체 운동은 어려운 사람

【언어장애인】

〈3급〉

• 음성 기능이나 언어 기능을 잃은 사람

〈4급〉

• 음성 · 언어만으로는 의사소통을 하기 곤란할 정도로 음성 기능이나 언어 기능에 현저한 장애가 있는 사람

【지적장애인】

〈1급〉

• 지능지수와 사회성숙지수가 34 이하인 사람으로서 일상생활과 사회생활에 적응하는 것이 현저하게 곤란하여 일생 동안 다른 사람의 보호가 필요한 사람

〈2급〉

• 지능지수와 사회성숙지수가 35 이상, 49 이하인 사람으로서 일상생활의 단순한 행동을 훈련시킬 수 있고, 어느 정도의 감독과 도움을 받으면 복잡하지 아니하고 특수기술이 필요하지 아니한 직업을 가질 수 있는 사람

〈3급〉

• 지능지수와 사회성숙지수가 50 이상, 70 이하인 사람으로서 교육을 통한 사회적 · 직업적 재활이 가능한 사람

【자폐성장애인】

〈1급〉

• ICD-10(International Classification of Diseases, 10th Version)의 진단 기준에 따른 전반성 발달장애(자폐증)로 정상 발달의 단계가 나타나지 아니하고, 지능지수가 70 이하이며, 기능 및 능력 장애로 인하여 주위의 전적인 도움이 없

이는 일상생활을 해 나가는 것이 거의 불가능한 사람

〈2급〉

- ICD-10의 진단 기준에 따른 전반성 발달장애(자폐증)로 정상 발달의 단계가 나타나지 아니하고, 지능지수가 70 이하이며, 기능 및 능력 장애로 인하여 주위의 많은 도움이 없으면 일상생활을 해 나가기 어려운 사람

〈3급〉

- 제2급과 같은 특징을 가지고 있으나 지능지수가 71 이상이며, 기능 및 능력 장애로 인하여 일상생활 혹은 사회생활을 해 나가기 위하여 간헐적으로 도움이 필요한 사람

【정신장애인】

〈1급〉

- 정신분열병으로 망상, 환청, 사고장애 및 기괴한 행동 등의 양성 증상이나 사회적 위축과 같은 음성 증상이 심하고, 현저한 인격 변화가 있으며, 기능 및 능력 장애로 인하여 주위의 전적인 도움이 없이는 일상생활을 해 나가는 것이 거의 불가능한 사람(정신병을 진단받은 지 1년 이상 지난 사람만 해당한다. 이하 같다)
- 양극성 정동장애(조울병)로 기분 · 의욕 · 행동 및 사고의 장애 증상이 심한 증상기가 지속되거나 자주 반복되며, 기능 및 능력 장애로 인하여 주위의 전적인 도움이 없이는 일상생활을 해 나가는 것이 거의 불가능한 사람
- 반복성 우울장애로 정신병적 증상이 동반되고, 기분 · 의욕 및 행동 등에 대한 우울 증상이 심한 증상기가 지속되거나 자주 반복되며, 기능 및 능력 장애로 인하여 주위의 전적인 도움이 없이는 일상생활을 해 나가는 것이 거의 불가능한 사람
- 분열형 정동장애로 제1호부터 제3호까지에 준하는 증상이 있는 사람

〈2급〉

- 정신분열병으로 망상, 환청, 사고장애 및 기괴한 행동 등의 양성 증상과 사회적 위축 등의 음성 증상이 있고, 중등도의 인격 변화가 있으며, 기능 및 능력

장애로 인하여 주위의 많은 도움이 없으면 일상생활을 해 나가기 어려운 사람

- 양극성 정동장애(조울병)로 기분 · 의욕 · 행동 및 사고의 장애 증상이 있는 증상기가 지속되거나 자주 반복되며, 기능 및 능력 장애로 인하여 주위의 많은 도움이 없으면 일상생활을 해 나가기 어려운 사람
- 만성적인 반복성 우울장애로 망상 등 정신병적 증상이 동반되고, 기분 · 의욕 및 행동 등에 대한 우울 증상이 있는 증상기가 지속되거나 자주 반복되며, 기능 및 능력 장애로 인하여 주위의 많은 도움이 없으면 일상생활을 해 나가기 어려운 사람
- 만성적인 분열형 정동장애로 제1호부터 제3호까지에 준하는 증상이 있는 사람

〈3급〉

- 정신분열병으로 망상, 환청, 사고장애 및 기괴한 행동 등의 양성 증상이 있으나, 인격 변화나 퇴행은 심하지 아니한 경우로서 기능 및 능력 장애로 인하여 일상생활이나 사회생활을 해 나가기 위한 기능 수행에 제한을 받아 간헐적으로 도움이 필요한 사람
- 양극성 정동장애(조울병)로 기분 · 의욕 · 행동 및 사고의 장애 증상이 현저하지 아니하지만, 증상기가 지속되거나 자주 반복되는 경우로서 기능 및 능력 장애로 인하여 일상생활이나 사회생활을 해 나가기 위한 기능 수행에 제한을 받아 간헐적으로 도움이 필요한 사람
- 반복성 우울장애로 기분 · 의욕 · 행동 등에 대한 우울 증상이 있는 증상기가 지속되거나 자주 반복되는 경우로서 기능 및 능력 장애로 인하여 일상생활이나 사회생활을 해 나가기 위한 기능 수행에 제한을 받아 간헐적으로 도움이 필요한 사람
- 분열형 정동장애로 제1호부터 제3호까지에 준하는 증상이 있는 사람

【신장장애인】

〈2급〉

- 만성신부전증으로 인하여 3개월 이상 혈액투석이나 복막투석을 받고 있는 사람

〈5급〉

• 신장을 이식받은 사람

【심장장애인】

〈1급〉

• 심장 기능의 장애가 지속되며, 안정 시에도 심부전 증상이나 협심증 증상 등이 나타나서 운동 능력을 완전히 상실하여 상시적으로 돌보는 사람이 필요한 사람(심장질환을 진단받은 지 1년 이상 지난 사람만 해당한다. 이하 같다)

〈2급〉

• 심장 기능의 장애가 지속되며, 자기 신체 주위의 일은 어느 정도 할 수 있지만 그 이상의 활동을 하면 심부전 증상이나 협심증 증상 등이 나타나서 정상적인 일상생활을 해 나가기 어려운 사람

〈3급〉

• 장 기능의 장애가 지속되며, 가정에서의 가벼운 활동은 할 수 있지만 그 이상의 활동을 하면 심부전 증상이나 협심증 증상 등이 나타나서 정상적인 사회활동을 해 나가기 어려운 사람

〈5급〉

• 심장을 이식받은 사람

【호흡기장애인】

〈1급〉

• 폐나 기관지 등 호흡기관의 만성적인 기능부전으로 안정 시에도 산소요법을 받아야 할 정도의 호흡곤란이 있고, 평상시의 폐환기 기능(1초 시 강제호기[呼氣]량)이 정상 예측치의 25% 이하이거나 안정 시 자연호흡 상태에서의 동맥혈 산소분압이 55mmHg 이하인 사람

〈2급〉

• 폐나 기관지 등 호흡기관의 만성적인 기능부전으로 집 안에서 이동할 때에도 호흡곤란이 있고, 평상시의 폐환기 기능(1초 시 강제호기량)이 정상 예측치의

30% 이하이거나 안정 시 자연호흡 상태에서의 동맥혈 산소분압이 60mmHg 이하인 사람

〈3급〉

• 폐나 기관지 등 호흡기관의 만성적인 기능부전으로 평지에서의 보행에도 호흡곤란이 있고, 평상시의 폐환기 기능(1초 시 강제호기량)이 정상 예측치의 40% 이하이거나 안정 시 자연호흡 상태에서의 동맥혈 산소분압이 65mmHg 이하인 사람

〈5급〉

• 폐를 이식받은 사람

【간장애인】

〈1급〉

• 만성 간질환(간경변증, 간세포암종 등)으로 진단받은 환자 중 잔여 간 기능이 차일드-푸(Child-Pugh) 평가상 등급 C이면서 만성 간성뇌증이 있거나 내과적 치료로 조절되지 아니하는 난치성 복수 등의 합병증이 있는 사람

〈2급〉

• 만성 간질환(간경변증, 간세포암종 등)으로 진단받은 환자 중 잔여 간 기능이 차일드-푸 평가상 등급 C이면서 간성뇌증 병력이나 자발성 세균성 복막염 등의 병력이 있는 사람

〈3급〉

• 만성 간질환(간경변증, 간세포암종 등)으로 진단받은 환자 중 잔여 간 기능이 차일드-푸 평가상 등급 C인 사람

〈5급〉

• 간을 이식받은 사람

【안면장애인】

〈2급〉

• 노출된 안면부의 90% 이상이 변형된 사람

- 노출된 안면부의 60% 이상이 변형되고 코 형태의 2/3 이상이 없어진 사람

〈3급〉

- 노출된 안면부의 75% 이상이 변형된 사람
- 노출된 안면부의 50% 이상이 변형되고 코 형태의 2/3 이상이 없어진 사람

〈4급〉

- 노출된 안면부의 60% 이상이 변형된 사람
- 코 형태의 2/3 이상이 없어진 사람

【장루장애인 및 요루장애인】

〈2급〉

- 요루와 함께 회장루나 상행 또는 횡행 결장루를 가지고 있고, 그중 하나 이상의 장루(요루를 포함한다. 이하 같다)가 현저히 변형되거나 장루 주변의 피부가 현저히 헐은 사람
- 고도의 배뇨장애와 함께 회장루나 상행 또는 횡행 결장루를 가지고 있고, 그중 하나 이상의 장루가 현저히 변형되거나 장루 주변의 피부가 현저히 헐은 사람
- 장루나 요루를 가지고 있고, 공장 · 회장 · 상행 또는 횡행 결장이 방사선 등에 의하여 손상되어 장루 외의 구멍에서 장(腸) 내용물이 지속적으로 흘러나와 수술 등으로도 치유될 가능성이 없으며, 구멍 주변의 피부가 현저히 헐은 사람

〈3급〉

- 요루와 함께 회장루나 상행 또는 횡행 결장루를 가지고 있는 사람
- 요루와 함께 하행 또는 에스 결장루를 가지고 있고, 그중 하나 이상의 장루가 현저히 변형되거나 장루 주변의 피부가 현저히 헐은 사람
- 회장루나 상행 또는 횡행 결장루를 가지고 있고, 고도의 배뇨기능장애가 있는 사람
- 장루나 요루를 가지고 있고, 공장 · 회장 · 상행 또는 횡행 결장이 방사선 등에 의하여 손상되어 장루 외의 구멍에서 장 내용물이 대부분 흘러나오며 수술 등으로도 치유될 가능성이 없는 사람

〈4급〉

- 요루를 가진 사람
- 회장루나 상행 또는 횡행 결장루를 가진 사람
- 하행 또는 에스 결장루를 가지고 있으면서 배뇨기능장애가 있는 경우 또는 그중 하나 이상의 장루가 변형되었거나 장루 주변의 피부가 헐어서 장루 보조용품을 1일 1회 이상 교체하여야 하거나 장세척을 하여야 하는 사람
- 장루나 요루를 가지고 있고 하행 또는 에스 결장이 방사선 등에 의하여 손상되어 장루 외의 구멍에서 장 내용물이 지속적으로 흘러나오며 수술 등으로도 치유될 가능성이 없는 사람

〈5급〉

- 하행 또는 에스 결장루를 가지고 있는 사람

【간질장애인】

(1) 성인 간질

〈2급〉

- 만성적인 간질에 대한 적극적인 치료에도 불구하고 월 8회 이상의 중증 발작을 포함하여 연 6개월 이상 중증 발작이 있고, 발작을 할 때에 유발된 호흡장애, 흡인성 폐렴, 심한 탈진, 두통, 구역질, 인지 기능의 장애 등으로 심각한 요양 관리가 필요하며, 일상생활 및 사회생활에 항상 다른 사람의 지속적인 보호와 관리가 필요한 사람

〈3급〉

- 만성적인 간질에 대한 적극적인 치료에도 불구하고 월 5회 이상의 중증 발작 또는 월 10회 이상의 경증 발작을 포함하여 연 6개월 이상 발작이 있고, 발작을 할 때에 유발된 호흡장애, 흡인성폐렴, 심한 탈진, 두통, 구역질, 인지 기능의 장애 등으로 요양 관리가 필요하며, 일상생활 및 사회생활에 수시로 보호와 관리가 필요한 사람

〈4급〉

• 만성적인 간질에 대한 적극적인 치료에도 불구하고 월 1회 이상의 중증 발작 또는 월 2회 이상의 경증 발작을 포함하여 연 6개월 이상 발작이 있고, 이로 인하여 협조적인 대인관계가 현저히 곤란한 사람

(2) 소아청소년 간질

〈2급〉

• 전신발작, 간질성 뇌병증, 근간대성 발작 등으로 심각한 요양 관리가 필요하며, 일상생활 및 사회생활에 항상 다른 사람의 지속적인 보호와 관리가 필요한 사람

〈3급〉

• 전신발작, 간질성 뇌병증, 근간대성 발작, 부분발작 등으로 요양 관리가 필요하며, 일상생활 및 사회생활에 수시로 보호와 관리가 필요한 사람

〈4급〉

• 전신발작, 간질성 뇌병증, 근간대성 발작, 부분발작 등으로 일상생활 및 사회생활에 보호와 관리가 필요한 사람

【중복된 장애의 합산 판정】

(1) 같은 등급에 둘 이상의 중복장애가 있는 경우에는 1등급 위의 등급으로 한다.

(2) 서로 다른 등급에 둘 이상의 중복장애가 있는 경우에는 의료기관의 전문의가 장애의 정도를 고려하여 보건복지부장관이 정하는 바에 따라 주된 장애 등급보다 1등급 위의 등급으로 조정할 수 있다.

(3) 다음과 같은 경우는 (1) 및 (2)에도 불구하고 중복장애로 합산 판정할 수 없다.

① 지체장애와 뇌병변장애가 중복된 경우

② 지적장애와 자폐성장애가 중복된 경우

③ 그 밖에 장애 부위가 같거나 장애 성격이 중복되어 중복장애로 합산하여 판정하는 것이 타당하지 아니한 경우로서 보건복지부장관이 정하는 경우

3. 장애 출현율

2010년 12월 말 기준 우리나라 등록장애인은 251만 7,312명으로 총인구(통계청, 2010년 주민등록인구 5,051만 5,666명) 대비 약 5.0%를 차지하고 있는 것으로 나타났다. 또한 1 · 2차 장애 범주 확대 등으로 등록장애인의 수가 지속적으로 확대됨에 따라 등록장애인 비율은 2000년 2.0%에서 2010년 5.0%로 2.5배 증가한 것으로 나타났다. 그러나 이러한 수치는 OECD 회원국의 평균 출현율 13.8%에 훨씬 미달한다(한국장애인고용공단 고용개발원, 2012). 우리나라의 장애 범주가 OECD 회원국의 범주에 비해 훨씬 협소함을 나타내고 있다.

2010년 여성장애인 비율은 41.7%로 매년 증가하고 중증장애인 비율은 33.4%로 매년 감소하는 추세를 보이고 있다.

2010년 12월 말 기준 등록장애인의 성별 비율을 살펴보면, 남성 146만 8,333명(58.3%), 여성 104만 8,979명(41.7%)으로, 매년 여성장애인의 비율이 증가하는 추세를 보이고 있다.

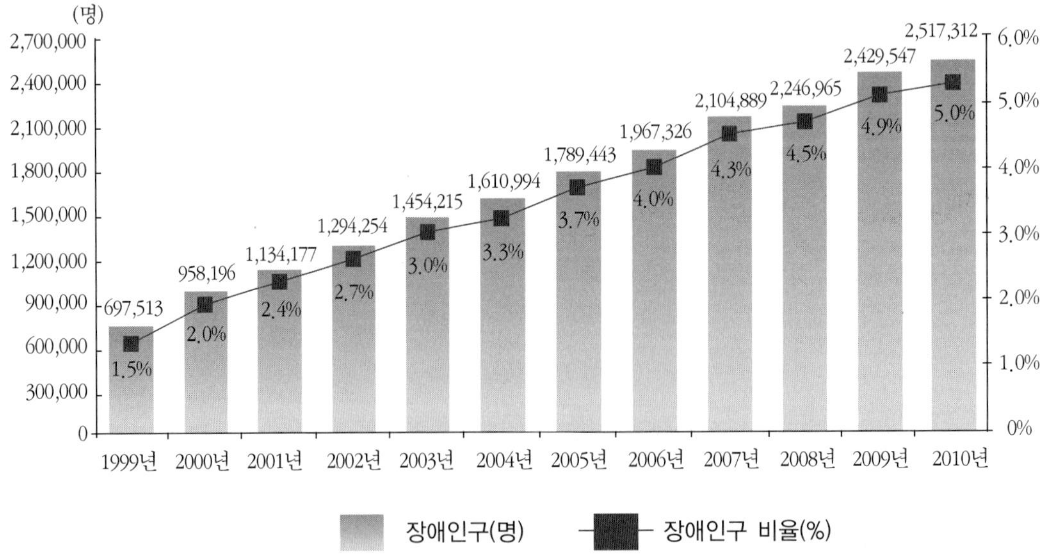

[그림 3-10] 총인구 대비 장애인구 비율* **

* 장애인구 비율(%) = (등록장애인 수/주민등록인구 수)×100

** 장애 유형 확대: 5개 유형 → 10개 유형(2000.1) → 15개 유형(2003.7)

자료: 한국장애인고용공단 고용개발원(2012). EDI 2011 장애인 통계.

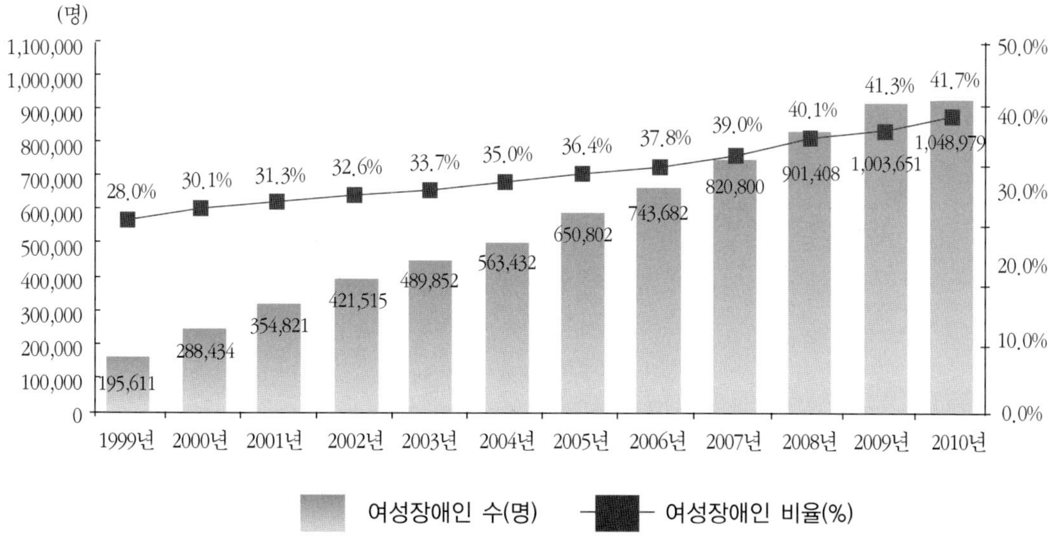

[그림 3-11] 장애인구 대비 여성장애인 비율*

* 여성장애인 비율(%) = (여성장애인 수/등록장애인 수)×100

자료: 한국장애인고용공단 고용개발원(2012). EDI 2011 장애인 통계.

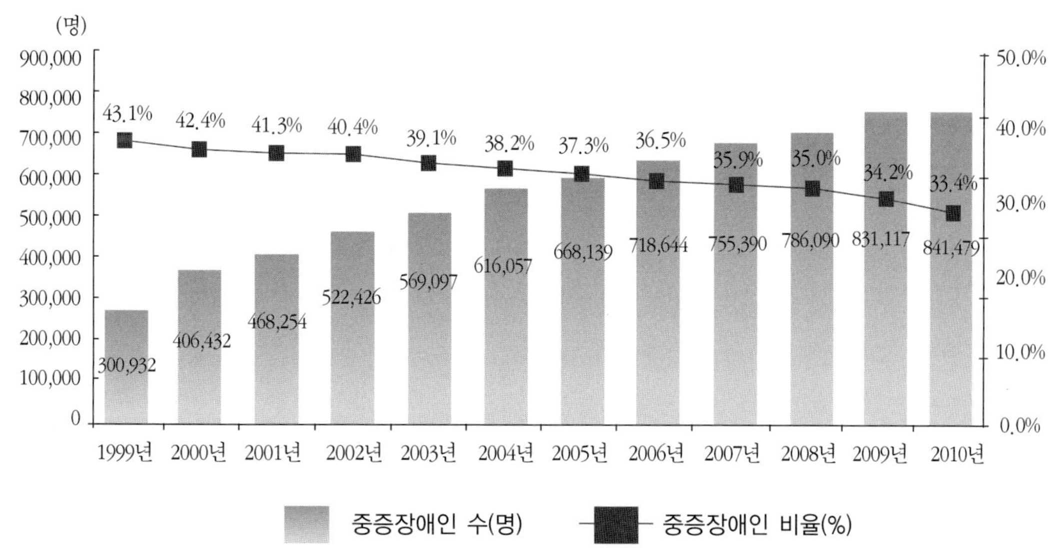

[그림 3-12] 장애인구 대비 중증장애인* 비율**

* 중증장애인: 장애인 중 1~2급에 해당하는 장애인. 단, 뇌병변 · 시각 · 지적 · 자폐성 · 정신 · 심장 · 호흡기 · 간질장애 및 팔에 장애가 있는 지체장애인의 경우 3급(장애인 경제활동 실태조사 34.3% 적용)도 인정함(2010년 기준).

** 중증장애인의 비율(%) = (중증장애인 수/등록장애인 수)×100

자료: 한국장애인고용공단 고용개발원(2012). EDI 2011 장애인 통계.

2010년 12월 말 기준 등록장애인의 중증장애인 비율을 살펴보면 중증은 84만 1,479명으로 전체 등록장애인의 33.4%를 차지하고 있으며, 그 비율이 매년 감소하는 추세를 보이고 있다.

2010년 12월 말 기준 등록장애인의 장애 유형별 비율을 살펴보면, 지체장애 53.1%, 뇌병변장애 10.4%, 청각장애 10.3%, 시각장애 9.9%, 지적장애 6.4% 등의 순으로 나타나며, 심장장애, 호흡기장애, 간장애 등 내부장애는 상대적으로 비율이 낮은 것으로 나타나고 있다.

〈표 3-14〉 등록장애인 수 - 연도별, 장애 유형별* **

(단위: 명, 천 명, %)

구분	1999년	2000년	2001년	2002년	2003년	2004년	2005년	2006년	2007년	2008년	2009년	2010년
장애인구	697,513	958,196	1,134,177	1,294,254	1,454,215	1,610,994	1,789,443	1,967,326	2,104,889	2,246,965	2,429,547	2,517,312
(증가율)***		(37.4)	(18.4)	(14.1)	(12.4)	(10.8)	(11.1)	(9.9)	(7.0)	(6.7)	(8.1)	(3.6)
등록인구****	47,336	47,733	48,022	48,230	48,387	48,584	48,782	48,992	49,269	49,540	49,773	50,516
(비율)	(1.5)	(2.0)	(2.4)	(2.7)	(3.0)	(3.3)	(3.7)	(4.0)	(4.3)	(4.5)	(4.9)	(5.0)
지 체	502,647	606,422	682,325	754,651	813,916	883,296	965,014	1,049,396	1,114,094	1,191,013	1,293,331	1,337,722
뇌병변	–	33,126	64,950	91,998	117,514	142,804	168,585	195,253	214,751	232,389	251,818	261,746
시 각	46,957	90,997	115,911	135,704	152,857	170,107	189,933	196,507	216,881	228,126	241,237	249,259
청각/언어	67,890	87,387	105,711	123,823	139,325	155,382	175,587	205,155	218,206	238,560	262,050	277,610
지 적	80,019	86,793	94,951	103,640	112,043	119,207	127,881	137,596	142,589	146,898	154,953	161,249
자폐성	–	1,514	2,516	4,014	5,717	7,740	9,518	10,926	11,874	12,954	13,933	14,888
정 신	–	23,559	32,581	39,494	46,883	54,333	63,642	75,058	81,961	86,624	94,776	95,821
신 장	–	23,427	28,118	32,094	34,884	38,175	41,823	44,571	47,509	50,474	54,030	57,142
심 장	–	4,971	7,114	8,836	10,409	11,634	12,807	13,739	14,352	14,732	15,127	12,864
호흡기	–	–	–	–	7,039	9,768	11,728	13,035	14,289	14,984	15,860	15,551
간	–	–	–	–	3,108	4,072	5,160	5,875	6,329	6,968	7,730	7,920
안 면	–	–	–	–	673	1,114	1,490	1,863	2,149	2,337	2,505	2,696
장루 · 요루	–	–	–	–	6,585	8,182	9,575	10,461	11,184	11,740	12,437	13,072
간 질	–	–	–	–	3,262	5,180	6,700	7,891	8,721	9,166	9,760	9,772

* 장애 유형 확대: 5개 유형(1981) → 10개 유형(2000) → 15개 유형(2003)

** 장애 유형에 관한 용어 변경(2008. 2): 정신지체 → 지적장애, 발달장애 → 자폐성장애

*** 증가율(%)은 전년 등록장애인 대비, 비율(%)은 주민등록인구 대비 등록장애인 수를 말함.

**** 등록인구의 경우 천 명 단위임.

자료: 한국장애인고용공단 고용개발원(2012). EDI 2011 장애인 통계.

〈표 3-15〉 등록장애인 수 - 연도별, 성별*

(단위: 명, %)

개별적 모형	전체		남성		여성	
	인원	비율	인원	비율	인원	비율
1999년	697,513	100.0	501,902	72.0	195,611	28.0
2000년	958,196	100.0	669,762	69.9	288,434	30.1
2001년	1,134,177	100.0	779,356	68.7	354,821	31.3
2002년	1,294,254	100.0	872,739	67.4	421,515	32.6
2003년	1,454,215	100.0	964,363	66.3	489,852	33.7
2004년	1,610,994	100.0	1,047,562	65.0	563,432	35.0
2005년	1,789,443	100.0	1,138,641	63.6	650,802	36.4
2006년	1,967,326	100.0	1,223,644	62.2	743,682	37.8
2007년	2,104,889	100.0	1,284,089	61.0	820,800	39.0
2008년	2,246,965	100.0	1,345,557	59.9	901,408	40.1
2009년	2,429,547	100.0	1,425,896	58.7	1,003,651	41.3
2010년	2,517,312	100.0	1,468,333	58.3	1,048,979	41.7

* 각 연도의 12월 말 기준임.

자료: 한국장애인고용공단 고용개발원(2012). EDI 2011 장애인 통계.

〈표 3-16〉 등록장애인 수 - 연도별, 장애 정도별*

(단위: 명, %)

개별적 모형	전체		중증		경증	
	인원	비율	인원	비율	인원	비율
1999년	697,513	100.0	300,932	43.1	396,581	56.9
2000년	958,196	100.0	406,432	42.4	551,764	57.6
2001년	1,134,177	100.0	468,254	41.3	665,923	58.7
2002년	1,294,254	100.0	522,426	40.4	771,828	59.6
2003년	1,454,215	100.0	569,097	39.1	885,118	60.9
2004년	1,610,994	100.0	616,057	38.2	994,937	61.8
2005년	1,789,443	100.0	668,139	37.3	1,121,304	62.7
2006년	1,967,326	100.0	718,644	36.5	1,248,682	63.5
2007년	2,104,889	100.0	755,390	35.9	1,349,499	64.1
2008년	2,246,965	100.0	786,090	35.0	1,460,875	65.0
2009년	2,429,547	100.0	831,117	34.2	1,598,430	65.8
2010년	2,517,312	100.0	841,479	33.4	1,675,833	66.6

* 각 연도의 12월 말 기준임.

자료: 한국장애인고용공단 고용개발원(2012). EDI 2011 장애인 통계.

〈표 3-17〉 등록장애인 수 – 성별, 장애 유형별 * (단위: 명, %)

개별적 모형	전 체		남 성		여 성	
	인 원	비 율	인 원	비 율	인 원	비 율
전 체	2,517,312	100.0	1,468,333	58.3	1,048,979	41.7
지 체	1,337,722	53.1	777,411	58.1	560,311	41.9
뇌병변	261,746	10.4	150,599	57.5	111,147	42.5
시 각	249,259	9.9	149,354	59.9	99,905	40.1
청 각	260,403	10.3	143,824	55.2	116,579	44.8
언 어	17,207	0.7	12,506	72.7	4,701	27.3
지 적	161,249	6.4	97,808	60.7	63,441	39.3
자폐성	14,888	0.6	12,575	84.5	2,313	15.5
정 신	95,821	3.8	50,886	53.1	44,935	46.9
신 장	57,142	2.3	32,411	56.7	24,731	43.3
심 장	12,864	0.5	7,986	62.1	4,878	37.9
호흡기	15,551	0.6	11,975	77.0	3,576	23.0
간	7,920	0.3	5,881	74.3	2,039	25.7
안 면	2,696	0.1	1,571	58.3	1,125	41.7
장루 · 요루	13,072	0.5	8,106	62.0	4,966	38.0
간 질	9,772	0.4	5,440	55.7	4,332	44.3

* 2010년 12월 말 기준임.

자료: 한국장애인고용공단 고용개발원(2012). EDI 2011 장애인 통계.

참고문헌

강영계(1994). 철학의 이해. 서울: 박영사.

강은나(2011). 실업 장애인의 구직행동에 영향을 미치는 요인에 관한 연구: ICF 분석틀 적용. 장애와 고용, 21(2), 103-129.

고영찬(2002). 장애인의 사회진단에 있어 국제장애분류(ICF) 활용에 관한 연구. 경성대학교 대학원 석사학위논문.

김경미, 윤재영(2010). ICF 모델에 기초한 장애인의 참여 척도 개발. 재활복지, 14(3), 95-119.

김동국(2008). 일원론을 중심으로 한 한국 사회복지의 성격 탐색. 사회복지정책, 63-84.

김동국(2011). 사회복지 현상에 대한 통합적 개념틀의 가능성 탐색. 사회과학 담론과 정책, 4(1). 경북대학교 사회과학연구원.

김동기, 김성연, 이선주(2010). 중증지체장애인의 사회참여 영향요인 연구. 인문사회과학연구, 28, 5-39.

김종심(1985. 9). 신과학운동, 세계관의 전환인가? 신동아, 514-523.

김진숙(2005). 미술심리치료사를 위한 국제기능 · 장애 · 건강분류(ICF). 명지대학교 사회교육대학원 석사학위논문.

단국대학교 사회복지학과, 삼육재활센터(2010). 한국기능 · 장애 · 건강분류개발 2차연구.

박선경(2005). 미술심리치료사를 위한 국제기능 · 장애 · 건강분류(ICF): 재활병원을 중심으로. 명지대학교 대학원 석사학위논문.

박수경(2008). 장애의 사회적 의미와 사회통합. 서울: 집문당.

박승희(2004). 장애개념의 진전이 장애인 지원 구축에 지니는 함의. 특수교육학연구, 38(4), 27-65.

변경희, 김용득, 김동범, 김승태, 이은미, 최진(2003). 직업적 장애 개념 도입을 위한 연구. 한신대학교 · 노동부.

세계보건기구, 보건복지부(2004). 국제기능 · 장애 · 건강분류(ICF).

신은경(2004). 국제기능장애건강분류(ICF)의 국내활용방안. 장애인고용, 14(2). 한국장애인고용공단 고용개발원.

연세대학교 사회복지연구소, 삼육재활센터(2009). 한국표준장애분류개발연구.

오세웅(2003). 새로운 정신지체 정의에 따른 분류체계 비교 분석. 정신지체연구, 5, 263-282.

윤자연(2009). 지체 · 뇌병변장애인의 도구적 일상생활활동을 위한 보조공학기기 요구수요에 관한 연구. 나사렛대학교 재활복지대학원 석사학위논문.

이선우(2011). 근로능력평가지표의 취업에 대한 영향 비교: 장애등급, ICF 활동참여수준, 일상생활 도움필요정도 및 자기평가건강상태를 중심으로. 사회복지연구, 42(2), 323-350.

이익섭, 최지선, 김동기(2008). 중증 지체장애인의 활동보조서비스 욕구에 대한 영향요인 검증: ICF 분석틀의 적용. 한국사회복지조사연구, 19, 105-128.

장애우권익문제연구소(2010). 함께 걸음, 8호.

조한진(2006). 장애의 이론 모델과 실천 모델의 전환에 입각한 장애인복지법 개정 방향. 특수교육학연구, 40(4), 233-256.

통계청(2009). 사용자를 위한 ICF 활용 길잡이.

한국장애인고용공단 고용개발원(2012). EDI 2011 장애인 통계.

황수경(2004). WHO의 새로운 국제장애분류(ICF)에 대한 이해와 기능적 장애 개념의 필요성. 노동정책연구, 4(2), 128-148.

Brzuzy, S. (1997). Deconstructing Disability. *Journal of Poverty, 1*(1), 81-91.

Capra, F. (1993). *The Turning Point.* 이성범, 구윤서 역. 새로운 科學과 文明의 轉換. 서울:

범양사 출판부.

Fawcett, B. (2000). *Feminist Perspectives on Disability*. London: Prentice-Hall.

Finkelstein, V. (2009). The Commonality of Disability. In J. Swain, V. Finkelstein, S. French, & M. Oliver (Eds.), *Disabling Barriers: Enabling Environments*. London: Sage.

Oliver, M. (1986). Social Policy and Disability: some theoritical issues. *Disability, Handicap & Socity, 1*(1), 5-18.

Oliver, M. (1996). *Understanding Disability: from theory to practice*. Basingstoke: Macmillan.

Oliver, M. (2009). *Understanding Disability: from theory to practice*. Basingstoke: Macmillan.

Oliver, M., & Barnes, C. (1998). *Disabled people and social policy: from exclusion to inclusion*. Longman.

Priestley, M. (1998). Construction and Creation: idealism, materialism and disability theory. *Disability & Society, 13*(1), 75-94.

Reindal, S. M. (2000). Disability, gene therapy, and eugenics–A challenge to John Harris. *Jour. of Medical Ethics, 26*(2), 89-94.

Rioux, M. H. (1997). Disability: The place of judgment in a world of fact. *Journal of Intellectual Disability Research, 41*(2).

Shakespeare, T. (1994). Cultural representation of disabled people. *Disability and Society, 9*(3), 283-299.

WHO(1980). *ICIDH: International Classification of Functioning and Disability*. Geneva: Author.

WHO(1999). *ICIDH-2: International Classification of Functioning and Disability*. Geneva: Author.

WHO(2001). *ICF: International Classification of Functioning, Disability and Health*. Geneva: Author.

莊村多加志(2003). ICF **國際生活機能分類**. 東京: 中央法規.

법제처 www.moleg.go.kr

http://home.pusan.ac.kr/~dongkook

제2부

장애인복지와 정책: 사회 변화를 통한 사회통합

2부의 주제를 좀 더 포괄적으로 표현한다면 '장애와 사회' 정도다. 그러므로 사분법적 개념틀 중 소위 제도적 장애와 문화적 장애가 논의의 범주에 해당하는 셈이다. 먼저 문화적 장애의 경우 장애인들이 직면하고 있는 문제에 대한 성격 규명의 차원에서, 반면 제도적 장애는 그에 대한 대책이라는 차원에서 논의하고자 한다. 구체적으로 문화적 장애의 경우 장애인이 안고 있는 문제나 그들이 처해 있는 실상을 차별적 태도(문화)라는 관념적 차원에서 조망한다(4장). 다음으로, 이 차별이라는 하부 구조 위에서 관련 대책에 해당하는 제도적 장애를 논의하되, 먼저 그 대책은 '인권의 실현'을 일종의 전략으로 설정하였으며(5장), 이어서 각종 법제들의 개선 방안 등을 일종의 전술로 제시하였다(6장).

사회복지란 무엇인가? 2부의 차원에서는 자본주의 체제가 양산해 낸 사회복지문제에 대응한 사회시책이라고 규정하고자 한다. 그렇게 규정했을 때, 기존의 용어인 사회문제와는 어떻게 다른가? 먼저 사회문제가 빈곤 · 노령 및 장애 등의 객관적인 특성을 강조하는 용어인 데 비해, 사회복지문제는 그러한 객관적인 현상이 개인과 주고받는 영향, 즉 주관성도 함께 강조한다. 그러니 사회복지문제에 관심을 두는 사회복지학은 객관주의와 주관주의 모두를 패러다임으로 삼는 대표적인 인간과학이라고 할 수 있다. 이렇게 전제한 다음, 장애인문제는 그 성격상 환경 문제와 내부자 문제로 나눌 수 있다. 또한 여기서 '환경'은 인적 환경과 인위적 환경으로 나눌 수 있는데, 전자는 가족 · 친구 및 주민 등 일체의 타인과의 상호작용을 말하는 반면 후자는 관련된 각종 법률 · 제도 및 프로그램을 지칭한다. 그러므로 2부에서는 장애인문제를 일종의 환경 문제로 전제한다.

총론에 이은 '장애인복지와 정책'에서는 정책이 '사회 변화'를 지향한다는 전제하에 장애인문제의 성격을 차별과 편견의 문제, 즉 인적 환경의 문제로 이해한 다음, 그 차별과 편견이 관련 법제에는 사회적 배제라는 결과로, 즉 인위적 환경이 문제로 이어지고 있음을 예시한다. 이어서 그 배제에 대한 대응으로서 먼저 관념적 차원에서는 인권의 실현, 실제적 차원에서는 관련 정책, 프로그램의 보완과 확장을 논의하고자 한다.

제4장

장애인문제의 성격: 차별과 배제의 문제

이 장의 핵심어 중 하나는 '차별'이다. 차별이란 원래 집합적 적대감의 일종이다. 그리고 이 적대감에는 다음과 같은 세 가지 구성 요소가 있다. 먼저 특정한 대상에 대해 갖고 있는 사실과 신념을 말하는 인지적 요소인데 바로 고정관념이다. 또 특정한 대상에 대해 갖고 있는 감정이나 정서를 일컫는 감정적 요소로서 편견이 있다. 그리고 특정한 대상에 대한 행동 경향성을 의미하는 행동적 요소로는 차별을 들 수 있다. 그리하여 핵심어인 차별의 의미를 더욱 확실히 하기 위해 먼저 관련 용어인 고정관념 · 편견 등을 논하기로 한다.

제1절 장애인에 대한 집합적 적대감

1. 고정관념

고정관념이란 사전적 의미에서 볼 때 복잡한 생활 경험들을 분류(범주화)와 일반화에 의해 단순화시키는 것을 말한다. 좀 더 풀어서 표현한다면, 특정인이 자신이 속한 사회적 범주의 특징을 모두 가지고 있을 것이라고 간주하는 것이다. 사회심리학에서는 집합적 적대감의 인지적 요소인 고정관념을 특정 집단의 구성원들이 갖고 있는 개인적 속성들에 관한 신념이라고 이해한다. 그런데 문제는 실제 상황에서 이러한 고정관념들이 특정 집단 구성원에 대한 편견과 차별 대우를 정당화하는 데에 흔히 사용된다는 것이다(홍대식, 2002).

고정관념은 장애인에게 여러 가지 면에서 불리하게 작용한다. 그 과정을 사회적 학습 이론에서는 일종의 학습과정이라고 설명한다. 많은 경우 미디어에 의해 학습되는데, 인간은 사람을 단순화하고 조직화해야 할 필요성 때문에 고정관념을 갖게 된다. 게다가 권력을 가진 사람들은 종종 편견과 차별을 통해 고정관념의 대상이 되는 집단으로부터 이득을 얻기도 한다. 또한 고정관념은 전문가들에 의해서 만들어지기도 하는데, 이론과 계량적인 범주화에 의해 만들어진다. 그래서 가령 특정 장애인에게 이러한 치료 프로그램이 어느 시기에 필요하다고 확정짓는 것은 또 하나의 잘못된 고정관념일 수도 있다. 또한 잘못된 고정관념 중의 하나는 특정 장애와 특정 성격이 관련이 있다고 생각하는 것이다. 예를 들어, 청각장애인을 특정 성격으로 규정하는 것은 잘못된 고정관념에서 비롯된다.

그러므로 분명한 점은 이러한 고정관념 중 어느 것도 그 정당성을 입증할 수 없다는 것이다. 그럼에도 불구하고 장애인은 비장애인의 기대와 고정관념에 따라 행동했을 때 이에 대한 보상을 받지만, 이를 벗어났을 경우에는 보상이 유보되거나 좋지 않은 결과가 있다는 것을 스스로 알고 있다. 이러한 이유 때문에 장애인들은 사회의 고정관념과 싸우기보다는 그것을 수용하는 것이 오히려 더 쉬운 선택이라고 생각한다. 게다가 일부 장애인은 이러한 고정관념을 내면화하여 잘못된 사회의 통념을 자아정체성의 일부로 축적해 나가는 경우도 있다. 극단적인 경우, 장애 운동이 본격적으로 일어나기 전 장애인들이 동료, 역할 모델 그리고 장애를 가진 권력자에게로 접근이 불가능하여 고립되었을 때, 장애인은 이러한 잘못된 고정관념을 판단할 수 있는 기회조차 없었다. 어쩔 수 없이 그들은 단순히 이러한 고정관념을 사실로 받아들였다. 이러한 점들을 감안해 볼 때, 결국 사회는 장애인에게 자신들이 열등하다는 점을 효과적으로 가르치고 있는 셈이다.

2. 편견과 장애인에 대한 사회적 낙인

편견의 사전적 의미는 특정 집단이나 개인에 대한 평가를 말하는데, 실제에 있어서는 특정 대상에 대한 강한 부정적 감정을 갖는 것을 의미한다. 사회심리학에서는 편견을 집합적 적대감의 감정적 요소로 이해한다. 그러므로 평가적 차원에서의 호불호가 대표적인 예에 속한다. 또한 정보나 사실에 근거한 것이 아니기 때문에 비논리적이거나 비합리적이기까지 하다. 특정한 사회집단에 대한 편견은 사회적으로 가장 파괴적인 형태의 태도라는 것이 입증되어 왔다(홍대식, 2002).

역시 편견의 근원을 설명한 가장 단순한 이론으로는 사회학습 이론을 들 수 있다. 이 이론은 편견의 근원을 사회화와 미디어의 두 가지로 설명하고 있다. 앞에서 언급된 고정관념은 일종의 인지적 개념에 해당하기 때문에 교육 등의 방법으로 개선의 여지가 많지만, 편견은 감정적 개념이기 때문에 쉽게 제거되지 않아 차별 행동으로 이어지는 특징이 있다. 그래서 히멜파브(Himmelfarb)와 이글리(Eagly)는 감정적 요소를 태도의 핵심적인 요소로 보는 반면, 인지적 요소나 행동적 요소는 바로 이 감정적 요소를 둘러싸고 있는 부수적 요소라고 주장하고 있다.

일반적으로 장애에 대한 사회적 편견은 어느 사회에나 존재한다. 그러나 이러한 편견은 개별 장애의 원인에 따라 매우 상이하게 나타난다. 즉, 장애에 대한 편견은 장애 원인에 대해 사회가 어느 정도 수긍하는지에 따라 달라진다. 실제로 장애의 발생 원인은 개인에 대한 낙인의 위계 또는 정도에 영향을 줄 수 있다. 예컨대, 선천성 장애인은 낙인이 상대적으로 더 큰 편이다. 이와는 달리 후천적 장애인은 장애의 발생에 대한 개별적 또는 도덕적 책임의 유무 혹은 그 정도에 따라 사회로부터의 보상 수준이 달라진다. 예컨대, 본인이 주의하지 않은 안전사고의 경우 스스로 자초한 장애로 생각되어 사회로부터 받는 낙인의 정도는 크다. 특히 정신적 질병을 가진 장애인들에 대한 낙인이 큰 것이 일반적인데, 바로 정신병을 개개인 삶의 선택에 대한 책임이나 자아통제에 대한 책임과 연관시키기 때문이다. 일반적으로 정신분열증 장애인과 당뇨병 장애인을 비교했을 때 정신분열증 장애인에 대한 사회의 낙인이 훨씬 더 크게 나타났다.[1)]

이러한 낙인의 위계는 장애인에 대한 편견의 개인적 · 사회적 암시를 반영하며,

실제로 관련된 서비스와 급여 등이 낙인 정도에 따라 차별화되고 있다. 이러한 점을 배경으로 사회는 신체장애인에 대해 최소한의 낙인과 편견을 갖고 있으며, 그 결과 많은 나라에서 시각장애인에 대한 별도의 법과 서비스 체계가 가능하도록 조치하고 있다. 그러나 지적 · 인지 및 정신 장애인들은 비장애인들의 관심 밖에 있었으며, 미디어는 이러한 장애 유형에 대한 낙인 위계를 더욱 고착시켜 왔다. 더욱이 현대의 첨단과학은 많은 신체장애인의 기능 제한을 자유롭게 만들고 있어, 신체장애인에 대한 편견과 낙인은 더욱 약화될 것으로 예측된다.

그러나 이상과 같은 낙인의 위계 모형은 장애 유형에 따른 낙인의 차이를 설명하는 데 유용하지만, 현실은 이보다 훨씬 더 복잡한 양상으로 나타나기도 한다. 예를 들어, 높은 사회계층의 장애인은 낮은 사회계층의 장애인보다 사회로부터 더 긍정적으로 인식되며, 교육 정도가 높은 장애인은 교육 정도가 낮은 장애인보다, 또 사회적으로 가치 있는 역할과 능력을 인정받는 장애인은 그렇지 않은 장애인보다 사회로부터 더 긍정적으로 인식되고 있다.

3. 편견의 배경: 불안을 중심으로

장애인이 억압받는 이유를 생물학적 열등성으로 설명하는 것이 지금까지의 지배적인 견해였지만, 그 외에 그들이 사회의 중요한 규범과 가치를 저해했기 때문에 격리되었다는 설명도 제시되고 있다. 그중 리브네와 안토낙(Livneh & Antonak, 1997)은 실존적 불안과 심미적 불안이라는 개념을 통해 장애인들이 사회의 주요 가치를 저해한다고 설명하고 있다.

첫째는 실존적 불안이다. 장애란 신체를 통제함에 있어서 취약성, 오류, 의존, 실패 등을 상징한다. 이러한 부정적 이미지를 갖는 장애는 대개 임의로우며 의도적이지 않고 또 예기치 않게 발생한다. 어느 누구도 장애의 발생으로부터 자유롭

---

1) 교육심리학자인 스마트(Smart, 2001)는 장애의 범주를 신체장애 · 지적장애 · 인지장애 · 정신장애의 네 가지로 나눈 다음, 낙인 정도는 신체장애인이 가장 낮으며, 다음으로 인지장애인 · 지적장애인 그리고 정신장애인의 순이라고 말하고 있다. 장애에 대한 편견은 장애에 대한 사회적 낙인에서 비롯된다고 할 수 있는데, 실제로 '낙인의 위계(hierarchy of stigma)'는 장애의 주요한 네 범주와 밀접한 관련이 있다.

지 않다는 것이다. 특히 현대사회는 안전사고의 가능성이 높은 산업사회이며, 또한 의학의 발달로 치명적인 사고에도 생존의 가능성이 한껏 높아지고 있다.

장애인이 될지도 모른다는 비장애인들의 두려움은 이미 일상화되어 있다. 비장애인들에게 장애란 예상할 수 없는 사고이며, 그 사고는 죽음에 대한 걱정을 하게 만든다. 이러한 두려움과 불안은 비장애인들로 하여금 장애인을 피하게끔 만드는 중요한 원인이 된다. 실제로 비장애인들은 장애인을 바라볼 때 생기는 불편한 감정을 제거 혹은 조정하는 것보다는 그 자리를 피하는 것이 더 쉽다고 생각한다. 이처럼 장애에 대한 두려움은 장애에 대한 부정적인 태도를 형성하는 하나의 중요한 원인이다. 이를 실존적 불안이라 부르는데, 대중이 갖는 이러한 '집합적 신경증(collective neurosis)'은 대개 장애인에 대한 차별과 고립을 가져온다. 주류계급의 실존적 불안으로 인해 장애인은 지역사회에서 무능력하거나 의존적인 역할을 강제받아 왔으며, 장애로 인해 발생할 수 있는 신체적 또는 행동적 잠재력의 상실에 대한 비장애인들의 우려를 더욱 심화시켜 왔다. 결국 기능적 손상으로 인해 일상적 활동이 방해받게 되면 장애에 대한 사회적 낙인이 더욱 커지게 된다는 것이다.

둘째는 심미적 불안이다. 인간은 아름다움을 숭배한다. 아름다움, 건강 및 독립심은 매우 가치 있는 것으로 간주되며 또 많은 노력을 전제로 한다. 매력적이고 독립적이며 건강한 사람들은 전체 사회로부터 이런저런 보상을 얻게 되는 반면, 그렇지 못한 사람들은 여러 가지 불이익을 받는 게 일반적이다. 아름다운 사람은 자신의 외모 하나만으로도 많은 특권과 이익을 향유한다. 오늘날과 같이 상품사회가 지향하는 외모 지상주의에 의해 아름다움은 이전보다 더욱 중시되고 있다. 여러 가지 점에서 완벽한 균형이란 애시당초 불가능하기 때문에 아름다움이란 도달할 수 없는 이상을 의미한다. 그럼에도 아름다움은 개별적인 노력에 의해 얻어진다는 합의가 광범위하게 확산되어 있다. 아름다움이란 일종의 균형미를 말한다. 심미적 불안은 장애인의 불균형한 외모 때문에 일어나는데, 외모는 두 가지 중요한 의미를 갖는다. 먼저 장애인들은 보편적 이미지를 적절하게 나타내지 못하고 있다는 전체 사회의 평가절하로 인해 차별이 부분적으로는 나타난다. 다음으로, 누구든지 일반적으로 자신과 다르거나 생소하게 인식된 사람들에게는 종속적인 역할을 부여하려는 경향이 있다. 그렇기에 장애에 대한 비호감의 정도는 장애인에 대한 부정적인 태도의 중요한 근원이 되고 있다.

이상의 두 가지 불안이 장애인에 대한 차별에 어떤 영향을 미치는지를 정리해야 할 것 같다. 장애를 손상(impairment)으로 이해했던 대부분의 연구자는 장애인들에 대한 반응을 실존적 불안에 의해 설명할 수 있다고 주장한다. 그러나 실존적인 불안과 심미적 불안은 모두 장애인에 대한 부정적인 인식에 관련된다. 심미적 인식은 외관을 중시하는 전체 사회의 문화적 특성에 의해 일어나는 반면, 실존적 인식은 장애인과 비장애인 간의 동일시 과정을 토대로 삼는다. 장애인이 고용되는 것을 어렵게 만드는 많은 자격 조건은 실존적 불안을 반영하는 것으로 볼 수 있지만, 그렇다고 심미적 불안이라는 이유를 명확하게 부정하는 것도 옳지 않다. 그러므로 실존적 불안과 심미적 불안 모두에 관심을 두고 차별의 원인을 생각해야 할 것이다.

대부분의 사회에서는 그 사회에서 가치 있게 생각하는 기준을 통해 아름다움을 숭배한다. 오늘의 이 시대는 어떤 가치를 귀히 여길까? 현대는 교환경제 체제이기에 모든 재화가 일종의 상품으로 만들어진다. 재화가 상업용이 아닐 경우 그 실질적 기능이 중시되겠지만, 상품으로서 재화는 상대적으로 그 외양이 더욱 강조된다. 현대 자본주의 체제의 논리 중 하나는 바로 상품의 논리라는 것이다. 모든 존재를 일종의 상품으로 간주할 뿐 아니라 개별 존재가 갖는 가치의 높낮이를 상품성으로 재단한다. 따라서 대부분의 사회에서 아름다운 외모를 갖는 사람들은 높은 상품성으로 인해 더 많은 특권과 이익을 누린다. 장애인은 상품성이 낮은 존재로 각인되고 있는 것이다. 이 상품 제일주의는 또한 외모 지상주의로 연결된다. 아름다움은 조화, 건강, 성적 매력 및 신체적 건강을 의미하기에, 이러한 기준에서 볼 때 장애인은 조화롭지도 않고 건강하지도 않으며 성적 매력도 없는 대상으로 느껴진다. 실제로 고용주들이 장애인들을 고용하지 않는 이유 중 하나는 그들의 외모가 고객, 동료 및 상사에게 고통을 준다고 생각하기 때문이다(Smart, 2001).

제2절 차별의 개념과 유형

1. 차별의 개념

차별은 집합적 적대감의 행동적 요소다. 특정인에 대한 행동적 수용이나 거부를 뜻한다. 특정한 개인이 특정한 자격을 갖추었는지와 상관없이 그의 개별적 속성에 기초하여 다른 처우를 행하는 것을 의미한다. 실제적으로 차별이란 특정 집단에 속한 사람들을 불리하게 처우하거나 불리한 결과를 야기하는 행위를 가리키는 말로 쓰이고 있다. 즉, 차별이란 한 개인이나 집단을 다르게 대우함으로써 심리적·사회적 불이익을 주는 것을 의미하는데, 대개는 주류가 비주류에 대해서, 강자가 약자에 대해서, 그리고 다수자가 소수자에 대해서 이러한 행위를 행할 때 일컬어지는 용어다. 또 차별이란 특정한 지위의 집단을 자의적인 기준에 의해 불평등하게 대우함으로써 사회적으로 격리시키는 통제 형태를 의미하기도 하며, 특정 사회집단에게는 보통 시민들에게는 정상으로 여겨지는 사회적·경제적 및 정치적 활동에 대한 완전한 참여의 기회를 인정하지 않는 것을 가리킨다.

2. 차별의 유형

차별은 그 성격을 기준으로 거부적 차별과 우호적 차별로 나눌 수 있으나, 우리 사회에서 장애인들이 처한 현실을 감안해 볼 때 실제적 함의가 매우 낮은 유형론이라고 판단된다. 그래서 그 유형을 직접 차별과 간접 차별로 분류하고자 한다. 초창기의 경우 차별이란 의도적인 차별인 직접 차별만을 의미했으나, 오늘날에는 직접 차별과 간접 차별의 두 가지 의미로 구분하고 있다.

먼저 직접 차별의 경우 특정 집단의 구성원이라는 이유만으로 특정인을 배제하는 것이다. 일정한 연령 이상의 노동자는 지원을 하지 못하도록 하는 채용 공고가 그 예다. 이 유형의 차별은 특정한 개인의 실제 기술과 업무 경험 등과 상관없이 그가 특정한 인구계층에 속한다는 사실에 초점을 두어 그 계층의 평균적인 능력을 기준으로 처우하는 것이다. 이러한 직접 차별은 애초부터 차별의 의도를 가지고 특정한 사람에게 불리한 대우를 하는 것을 말하는데, 이런 의미의 적용만으로는 실제적인 차별을 방지하는 데 몇 가지 한계가 노출되었다. 첫째, 차별의 '의도'란 주관성이 강한 용어인 데 비해 실제로 나타나는 차별의 결과에 대해서는 객관성만으로 판정할 수밖에 없는 괴리가 있다. 즉, 특정한 행동 이면에 숨겨진 차별의 의도를 끄집어낸다는 것이 쉽지 않다는 것이다. 또한 실제에서는 애당초 차별의 의도가 전혀 없었는데도 차별한 결과가 나타나기도 한다. 둘째, 개별 행동의 다중적인 의미로 인한 한계를 들 수 있다. 특정한 행동에는 단 하나의 의미만 깃들여져 있는 것이 아니다. 예컨대 시각장애인을 불합격시켰다고 가정해 보자. 이러한 조치는 관계자의 입장에 따라 차별 혹은 단순한 행정 절차상의 착오 등 얼마든지 달리 해석될 수 있는 법이다.

간접 차별이란 외형상으로 볼 때는 중립적인 듯 보이지만 실제에 있어서는 특정 집단의 구성원에게 편향된 영향을 미치는 규범과 실천을 말한다. 예컨대, 특정 직위에 대한 요건으로 일정한 수준 이상의 신장을 요구했을 때는 신체가 왜소한 개인을 배제한 셈이 된다. 또한 직장 내에서 학연과 지연에 의해 승진이 좌지우지될 경우 공정성을 잃은 차별에 해당된다. 그러므로 이 유형은 직접 차별에 비해 장애인들에게 각종 불이익을 감소·예방시켜 주는 장점이 있다. 그리하여 미국의 경우 직접 차별만을 언급한 「재활법」(1973)의 한계를 넘기 위해 1990년 「미국장애인법(Americans with Disabilities Act: ADA)」이 제정되었다. 국내에서도 2011년 「장애인차별금지 및 권리구제 등에 관한 법률」에서 "장애인에 대하여 형식상으로는 제한·배제·분리 및 거부 등에 의하여 불리하게 대하지 아니하지만 정당한 사유 없이 장애를 고려하지 아니하는 기준을 적용함으로써 장애인에게 불리한 결과를 초래하는 경우"라는 규정 등을 통해 간접적인 차별까지도 금지하고 있다. 이러한 법제를 제정하게 된 배경은 무엇일까? 소수 집단의 취약한 상황을 고려하지 않은 채 획일적으로 주류 인물들과 동등한 처우를 해 주게 되면 기존의 불평등을 영속화하거나 심화시킬 수 있기 때문이다.

제3절 장애인에 대한 차별

1. 차별을 양산하는 사회적 배경

스마트(2001)는 장애의 원인과 그 관리 책임 등을 설명하는 다음 네 가지 입장을 제시하였다.

- 개인이 장애의 원인과 그 관리 책임 모두를 진다.
- 개인이 장애의 원인에 대해서는 책임지지만 그 관리에 대해서는 책임지지 않는다.
- 개인이 장애의 원인과 관리 모두 책임지지 않는다.
- 개인이 장애의 원인에 대해 책임지지 않지만 그 대처방법에 대해서는 책임진다.

또한 그는 차별을 양산하는 사회적 배경을 다음의 열 가지로 정리하고 있다(Smart, 2001: 75-132 요약).

첫째, 경제적 측면에서 위협적인 존재로 인식하는 것이다. 일하지 않고 있는 장애인들로부터 세금을 징수하지 못하고, 특수교육 · 직업재활 및 사회보장 프로그램 등에 대한 정부의 지출, 장애에 대한 과도한 지출, 장애에는 과도한 비용이 소요된다는 인식을 배경으로 한 보험계약자들의 증가된 보험 프리미엄 등을 이유로 위협적인 존재로 인식한다.

둘째, 안전에 대한 위협이다. 먼저 폭력 · 파괴 · 공격 및 반사회적 행동으로 인해, 다음으로 감염과 오염 등의 방식으로 인해 장애인들이 비장애인들의 신체적 안전에 위협이 되고 있다고 인식하고 있다. 이러한 인식 때문에 시설화를 통해 장애인들이 사회로부터 격리되어 왔다.

셋째, 장애인에 대한 일반인들의 모호성 인식이다. 의료적 진단에 의한 고정관념, 일반화, 범주화 등은 방대한 관련 정보를 단순화하는 것을 가능케 한다. 이러한 지나친 단순화 과정에서 필연적으로 모호성이 제기되고, 이 모호성은 당사자에 대한 부정적인 예단과 추측을 불러온다.

넷째, 장애를 일종의 돌출성(salience)2) 혹은 제약 속성으로만 지각하는 것이다. 인간에게는 무수한 속성이 있음에도 신체적 손상 자체를 본질적인 속성으로 간주하고, 또 그 손상이라는 비장애인과 장애인 간의 차이를 지나치게 강조하고 있다.

다섯째, 장애 결과의 확산과 과잉일반화다. 소위 부정적 후광효과(negative halo effect)를 말한다. 사실 장애란 속성일 따름이지 문제인 것은 아니다. 더욱이 당사자가 가진 무수한 정체성의 한 단면에 불과하다. 그럼에도 일반인들은 장애를 본질적인 속성으로 간주한다.

여섯째, 장애의 원인에 대해 당사자에게 부여하는 도덕적 책임감이다. 장애의 원인을 어떻게 이해하느냐에 따라 그 당사자에 대한 낙인의 정도는 달라진다. 예컨대, 상이군경과 산업전사 등은 숭고한 인물로 이해되는 반면 음주운전 사고자와 정신분열병 환자 등에게는 강력한 낙인이 부여된다.

일곱째, 장애의 관리에 대한 도덕적 책임감이다. 사회 내에는 주류계급이 설정해 온 규칙과 문화가 존재한다. 그런데 장애의 세계에는 주류계급의 그것과는 반드시 일치되지 않는 문화와 경험이 있게 마련이다. 일치되지 않는 규칙을 수행하는 장애인들은 의료적, 사회적 대가를 치르게 된다.

여덟째, 장애의 추론된 정서적 결과다. 비장애인들은 장애란 개인에게 재앙적인 비극을 가져다줄 것이라고 추측한다. 흔히들 장애인은 불행한 존재라고 단정한다. 장애를 관리한다는 것은 쉽지 않은 과제이지만, 그렇다고 그 어려움이 자동적으로 비극으로 재생되는 건 아니다. 장애와 관련된 여러 경험들이 지나치게 과장되고 있거나 왜곡되고 있다. 그래서 라이트(Wright)는 "장애란 특정한 개인에게 이미 친숙한 자아개념이다. 또 그는 장애를 어떻게 다루어야 하는지를 배워 왔으며 또 장애로부터 그 가치를 측정할 수 없을 만큼의 통찰과 성장을 얻기도 한다."라고 주장하고 있다.

---

2) salience란 most noticeable 혹은 different from the rest of us를 의미한다.

아홉째, 아름다움, 건강 및 젊음에 대한 강조다. 매력적이고 독립적이며 건강한 사람들은 전체 사회로부터 이런저런 보상을 얻게 되는 반면, 그렇지 못한 사람들은 여러 가지 불이익을 받게 마련이다. 이러한 외모 지상주의 그리고 효율의 논리는 장애인들을 국외자, 이방인으로 간주하게끔 만든다.

끝으로, 장애인이 될지도 모른다는 일반인들의 두려움이다. 장애란 신체를 통제함에 있어서 취약성, 오류, 의존, 실패 등을 상징한다. 이러한 부정적 이미지를 갖는 장애는 임의로우며 의도적이지 않고 또 예기치 않게 발생한다. 어느 누구도 장애의 발생으로부터 자유롭지 않다는 것이다. 특히 현대사회는 안전사고의 가능성이 높은 산업사회의 특성을 띠고 있으며, 또한 의학의 발달로 치명적인 사고에도 생존의 가능성이 한껏 높아지고 있다.

2. 장애인에 대한 차별적 인식

1) 일탈자로서 장애인

장애를 차이로 볼 것인가, 아니면 일탈로 볼 것인가? 일반적으로 사람들 사이에 나타나는 많은 차이점은 당연한 또 흔히 있는 현상으로 간주된다. 그래서 이 차이를 근거로 어떠한 위계도 만들지 않는다. 그러나 만약 이러한 차이에 위계적인 요소가 개입될 경우 다른 양상이 나타난다. 먼저 특정한 사람들이 갖고 있는 차이점이 사회에 바람직하고 유익하게 생각되면, 그 차이점을 가진 사람들은 사회로부터 존경받고 권력과 권위를 누리게 된다. 반면 일탈은 차이와 달리 사회적으로 바람직하지 않고 그 사람은 사회에 무익한 일탈자로 인식되기 때문에 자동적으로 사회 내에서 열등한 존재로 간주된다. 그래서 대부분의 일탈자는 사회로부터 회피의 대상이 되고 고립되며 거절되고 분리된다. 일탈자는 자신을 평가 절하하거나 문제에 대한 책임이 자신에게 있다고 믿기 때문에 대개 일탈을 부끄럽고 비난받아야 하는 것으로 간주하는 경향이 있다(Smart, 2001: 137-138 요약).

과거에도 또 여전히 지금도 장애인들은 긍정적 의미를 지닌 '상이한 방법으로 도전받고 있는 사람'이 아니라 일종의 일탈자로 낙인찍히고 있다. 이때의 일탈자란 무얼 의미할까? 바로 열등한 자를 의미한다. 인간 존재의 의의를 우(優)와 열(劣)

로서 재단한다는 것이다. 이러한 입장에는 바로 경쟁의 논리와 효율의 논리가 담겨 있다. 다윈의 생물진화론으로부터 영향을 받았으며, 사회다윈주의가 강조하는 이 논리는 사회 발전의 원동력을 사회도태에서 구하고 있다. 동시에 생존경쟁과 자유경쟁을 통한 사회 발전을 주장하고, 현 사회에서의 자본가의 지배적 지위를 적자생존의 결과로 보았다. 이러한 입장에서 장애인은 어떤 존재로 다가가게 될까?

2) 사회적 열등 집단으로서 장애인

일반적으로 사회에서는 의존보다는 자립을, 분리보다는 통합을, 수동적인 것보다는 능동적인 것을, 자선의 대상이 되기보다는 기여를 하는 것을, 연민보다는 존경을 더 나은 가치로 여긴다(Smart, 2001). 이러한 기준에서 볼 때 장애인은 비장애인보다 열등하다고 생각되기 쉽다. 따라서 사회는 장애인을 보호해야만 하는 대상으로 바라보게 된다. 이러한 사회의 태도는 장애인을 법적 · 제도적인 측면에서 비장애인으로부터 격리시키는 결과를 가져온다.

사회에서 장애인이 소수 집단으로 인식되는 것은 사회적으로 행사할 수 있는 권한이 상대적으로 제한되어 있기 때문이다. 이는 장애의 문제가 본질적으로 생물학적 열등감에서 기인한 것이 아니며, 사회 내에서 권력의 주변부에 있기 때문이다. 따라서 장애인을 소수 집단으로 바라보는 관점은 장애인 개인의 생물학적 열등성을 제거하기보다는 사회적으로 권리를 획득하고 행사할 수 있는 메커니즘 형성에 초점을 둔다.

제4절 사회적 배제의 실태

장애인에 대한 차별이 문제화되는 것은 그 차별이 곧 사회적 배제로 이어지기 때문이다. 사회적 배제는 다양한 관점에서 의미 규정이 가능하지만, 대체적으로 특정 개인이나 집단이 사회의 구조적 특성으로 인해 경제적 · 심리적 및 문화적 차원에서 참여의 기회가 차단되어 그 권리가 침해되고 있는 상태를 의미한다. 우리나라에서 장애인은 편견과 차별, 낙인으로 인해 삶의 다양한 영역에서 사회적 배제의 문제를 겪고 있다. 즉, 장애인은 장애 자체의 어려움보다도 일상생활에서의 격리, 주변 사람들로부터의 소외, 시설 등 생활의 장에서 주체의식 상실, 영구적인 낙인 등으로 인해 더 큰 어려움을 겪는다. 결국 사회적으로 배제된 장애인들은 사회적으로 고립되어 인간으로서 또 동등한 사회 구성원으로서의 정당한 권리를 박탈당하게 된다.

장애인은 보호와 통제 · 배제의 대상이 아니라 삶의 과정에서 선택권과 자기결정권을 가지고 일상생활을 해 나갈 권리가 있는 존재다. 장애인은 사회적 자원을 지원받아 자신의 일상생활을 스스로 계획할 자유를 가지고 지역사회에 참여하여 사회적 역할을 수행할 권리가 있다.

한국 사회에서 장애인들에 대한 사회적 배제의 실태를 소득 · 고용 · 교육 · 보건의료 및 문화 활동 등으로 나누어 살펴보고자 한다. 여기서 소개되는 자료들은 한국장애인고용공단 고용개발원의 『EDI 2011 장애인통계』(2012)에 의한 것이다.

1) 장애인의 고용 및 경제활동 참가율

2008년 장애인가구의 월평균 소득은 181만 9천 원으로 전국 월평균 가구소득(337만 원)의 54.0% 수준이며, 월평균 지출은 155만 5천 원으로 전국 월평균 가구

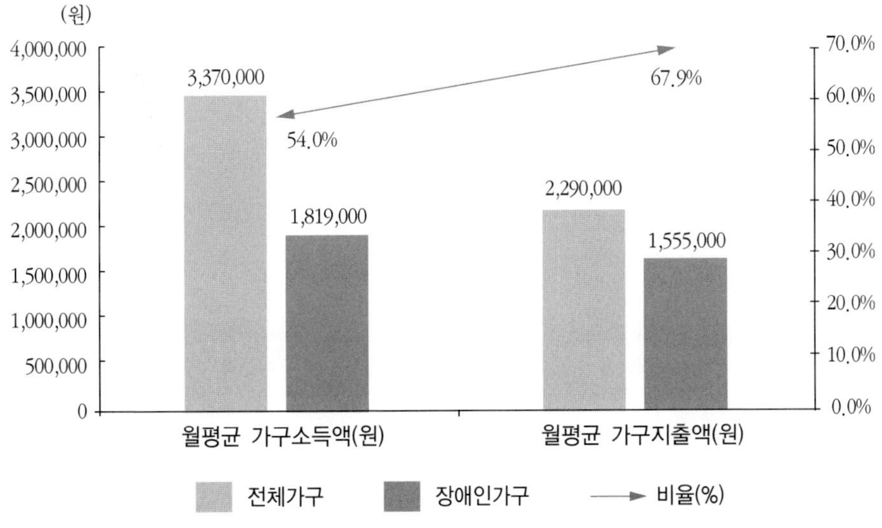

[그림 4-1] 가구 월평균 소득 및 소비 지출액

주: 2008년 기준임.

지출(229만 원)의 67.9% 수준인 것으로 나타났다. 또 월평균 소득 대비 지출액의 비율을 보면 장애인가구는 85.5%인 반면, 전체가구는 68.0%로 장애인가구가 상대적으로 열악함을 알 수 있다.

2010년 5월 기준 장애인구의 경제활동 참가율은 38.5%, 고용률은 36.0%, 실업률은 6.6%로 나타난 반면, 전체인구의 경제활동 참가율 및 고용률, 실업률은

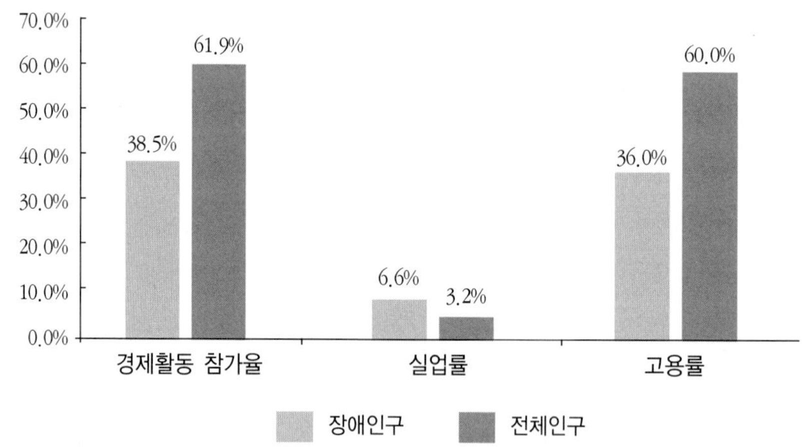

[그림 4-2] 경제활동 상태

주: 2010년 5월 기준임.

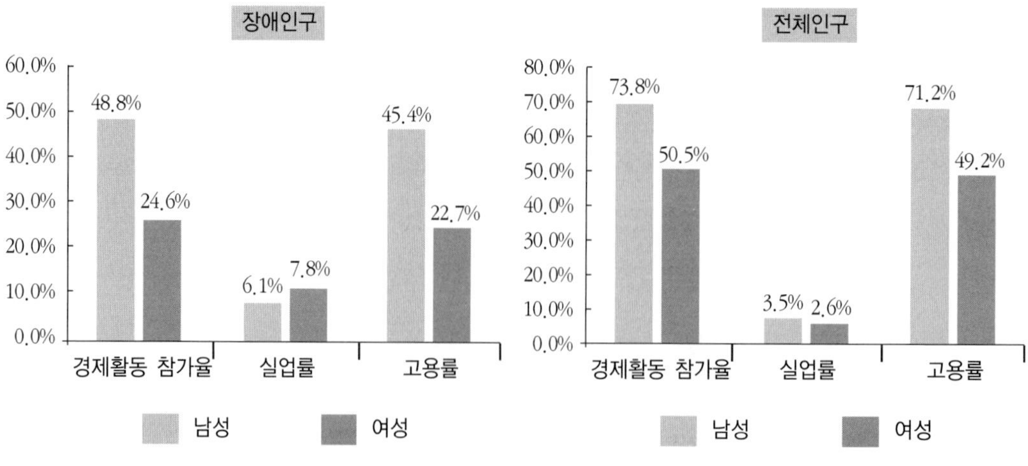

[그림 4-3] 경제활동 상태 – 성별

주: 2010년 5월 기준임.

* 경제활동 참가율(%): (경제활동인구/15세 이상 인구) × 100

* 고용률(%): (취업자/15세 이상 인구) × 100

* 실업률(%): (실업자/경제활동인구) × 100

각각 61.9%, 60.0%, 3.2%로 나타나, 전체인구에 비해 장애인구의 경제활동 상태는 현저히 낮은 수준이며, 장애인구와 전체인구 모두 남성에 비해 여성의 경제활동 참가율과 고용률이 낮은 것으로 나타났다.

먼저 종사상 지위별 장애인의 취업자 구성비를 살펴보면, '고용원이 없는 자영업자' 28.1%, '상용근로자' 26.8%, '임시근로자' 16.9%, '일용근로자' 10.9%,

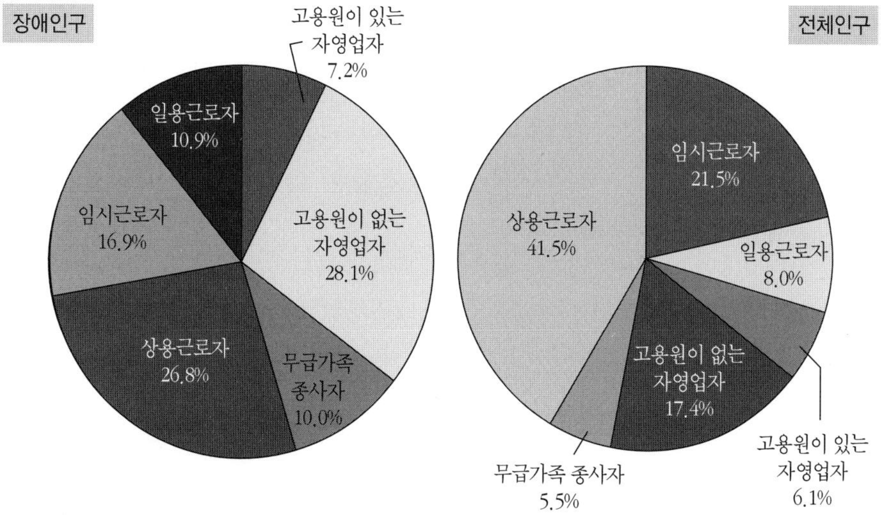

[그림 4-4] 종사상 지위별 취업자 구성비

주: 2010년 5월 기준임.

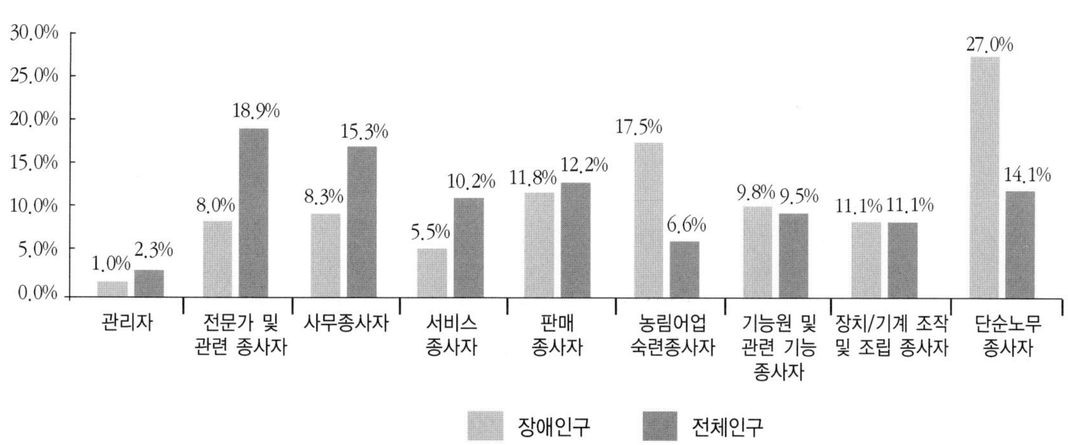

[그림 4-5] 직업별 취업자 구성비

'무급가족 종사자' 10.0% 등의 순으로 나타났다. 또한 장애인 취업자의 직업별 분포를 살펴보면, '단순노무 종사자' 27.0%, '농림어업 숙련종사자' 17.5%, '판매종사자' 11.8%, '장치/기계 조작 및 조립 종사자' 11.1% 등의 순으로 나타났다.

먼저 정부부문, 민간부문을 모두 포함한 장애인 고용률은 1991년 0.43%에서 2010년 1.94%로 4배 이상 증가한 것으로 나타났다. 또 2006년 국가 및 지방자치단체의 장애인 의무고용 적용 직종 확대와 민간부문의 업종별 적용제외율 폐지에 따라 장애인 고용률이 다소 하락하였으나 이후 지속적으로 증가하는 추세를 보이고 있다. 또한 정부부문의 장애인 고용률은 1991년 0.66%에서 2010년 2.09%로 약 3배 증가하였고, 민간부문의 장애인 고용률은 1991년 0.40%에서 2010년 1.92%로 4배 이상 증가하였다.

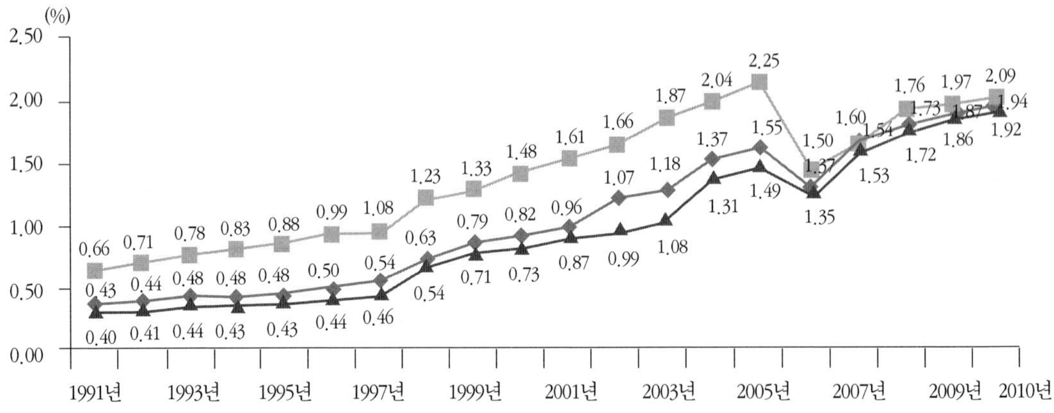

[그림 4-6] 장애인 의무고용 현황

주: 1) 장애인 고용의무가 있는 국가와 지방자치단체, 사업주를 모두 포함함.
2) 장애인 고용의무 대상이 월평균 상시근로자 300인 이상 사용 사업주에서 2004년부터는 50인 이상으로 확대됨.
3) 2006년부터 정부부문 의무고용 적용 직종 확대 및 민간부문 업종별 적용제외율 폐지 적용됨.
4) 2009년부터 국가 및 지방자치단체의 장애인 고용의무를 2%에서 3%로 상향조정
5) 2010년부터 민간부문의 장애인 고용의무를 2%에서 2.3%로 상향조정(단, 공기업 및 준정부기관 3%)

2) 교육

25세 이상 장애인의 교육 수준을 보면 고졸 이상의 비율이 1995년 20.6%, 2000년

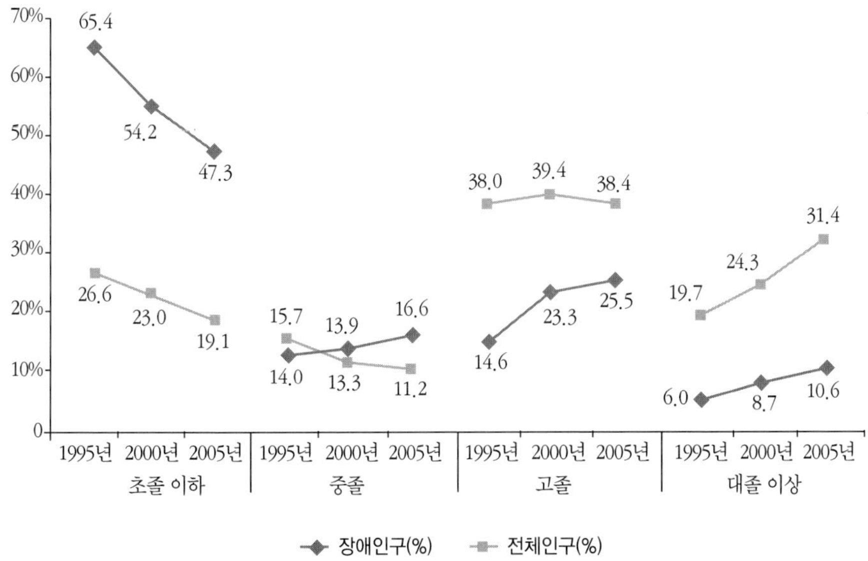

[그림 4-7] 25세 이상 인구의 학력 구성비

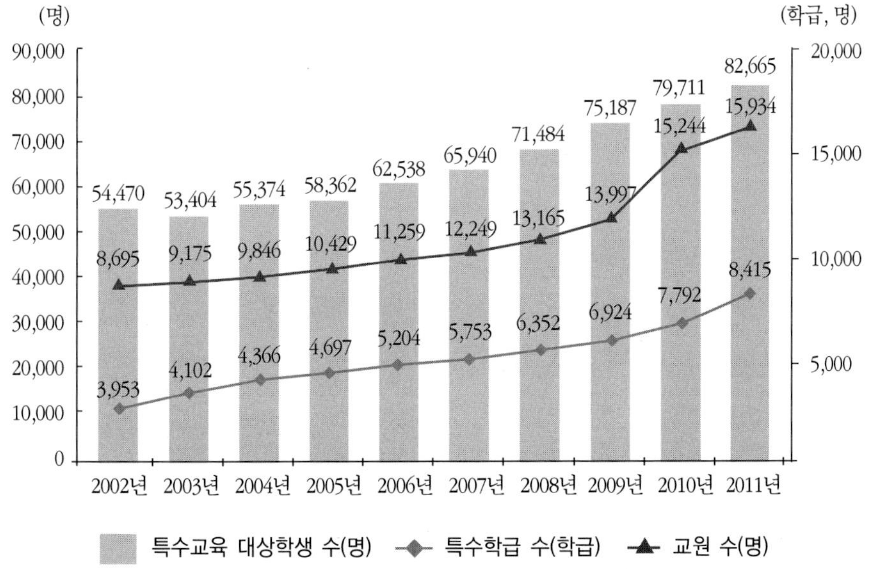

[그림 4-8] 특수교육 규모

주: 특수교육 대상학생은 장애학생 중 특수교육 대상자로 선정되어 특수학교, 특수학급, 일반학급에 재학하고 있는 학생을 의미함.

32.0%, 2005년 36.1%로 그 비율은 꾸준히 증가하고 있으나, 2005년 기준 전체 인구(69.7%) 대비 절반 수준에 그치고 있다.

최근 장애학생의 통합교육 확산으로 특수학급의 수는 계속 늘어나는 추세이며 최근 5년간 연평균 642학급이 증가하고 있는 것으로 나타났다. 또 2011년 특수교육 대상학생은 8만 2,665명으로 전년 대비 2,954명 증가하였으며 최근 특수교육 대상자의 교육 기회 확대 및 지원 서비스 강화로 지속적으로 증가하는 추세를 보이고 있다. 그리고 특수교육 담당교원의 수는 매년 증가하여 2011년 특수교육 담당교원 1인당 학생 수는 5.2명이나 「장애인 등에 대한 특수교육법」의 기준(4.0:1)에 아직 미치지 못하고 있다. 2006년부터 교원 1인당 학생 수는 5.6:1(2006년) → 5.4:1(2007년) → 5.4:1(2008년) → 5.4:1(2009년) → 5.2:1(2010년) → 5.2:1(2010년)으로 변해 왔다.

한편 고등학교 특수교육 대상 졸업생의 진학률은 2006년 35.7%, 2008년 45.4%, 2010년 39.8%, 2011년 45.3%로 나타났다. 장애학생의 특별전형을 실시하는 대학 및 전문대학이 점차 늘어남에 따라 진학률은 계속 증가하다 2010년에는 다소

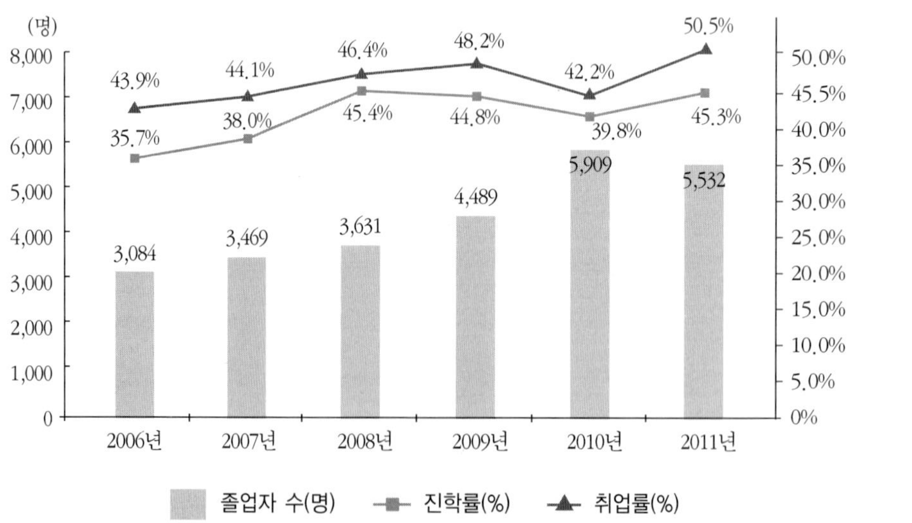

[그림 4-9] 고등학교 특수교육 대상 졸업생 진로 현황

주: 특수교육 대상자 중 고등학교 과정 졸업생의 진학률 및 취업률 현황임.
* 진학률(%) = (진학자 수/졸업자 수)×100
* 취업률(%) = (취업자 수/[졸업자 수−진학자 수])×100
* 복지시설 · 보호작업장 등에서 급여를 받는 직업재활 프로그램을 실시하는 경우 취업자로 간주함.

감소하였으나 2011년 다시 증가한 것으로 나타났다. 또 특수교육 대상자의 취업률은 2006년 43.9%, 2008년 46.4%, 2010년 42.2%, 2011년 50.5%로 다소 증가하는 추세로 나타났다.

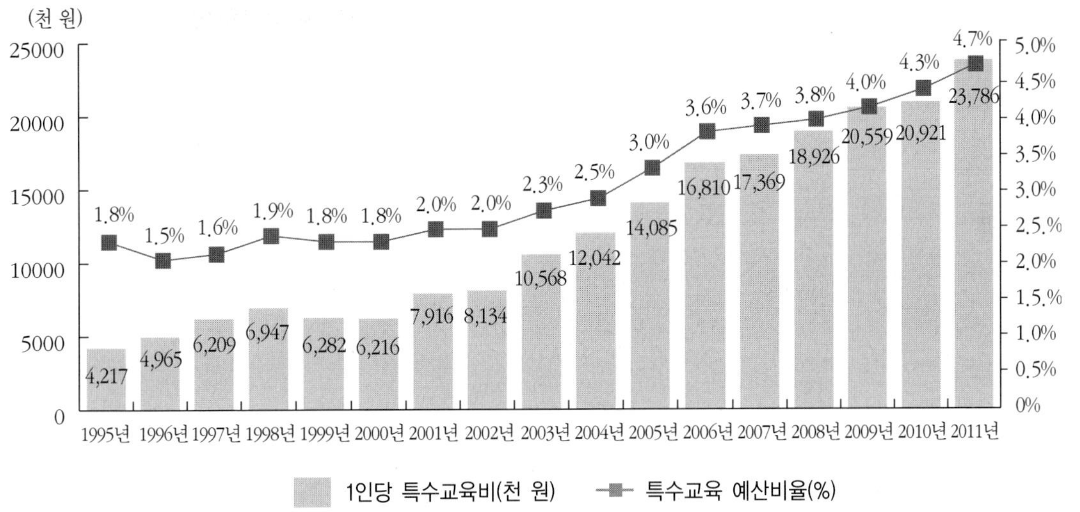

[그림 4-10] 특수교육 예산 현황

주: 특수교육 예산비율(%) = (특수교육 예산/교육과학기술부 예산)×100

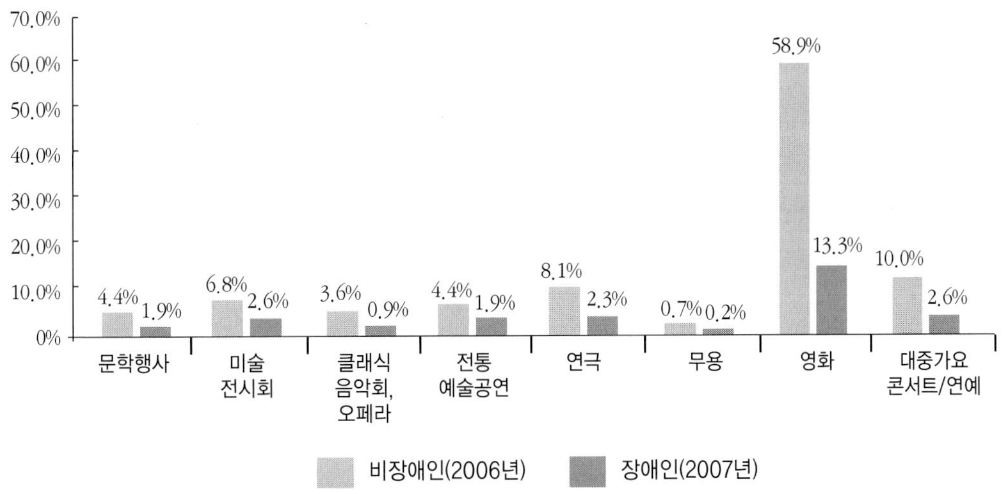

[그림 4-11] 예술행사 관람률

주: 비장애인은 2006년 기준, 장애인은 2007년 기준임.

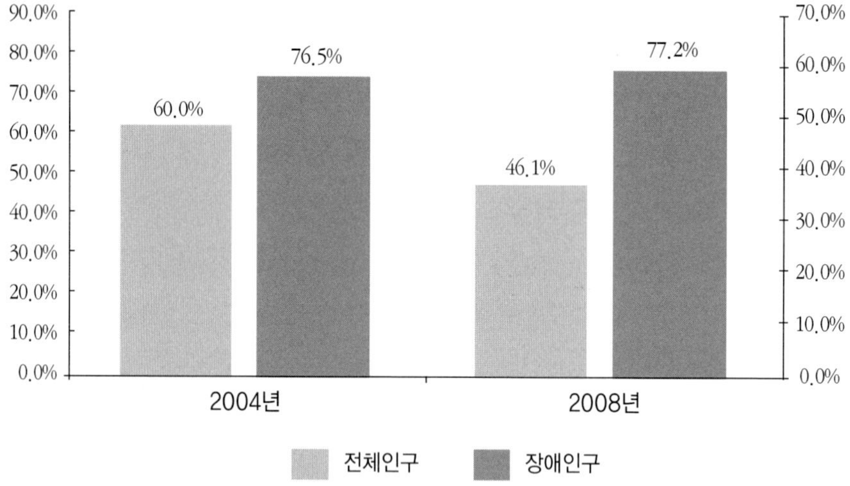

[그림 4-12] 투표율

주: 1) 2004년 17대 국회의원 선거, 2008년 18대 국회의원 선거 투표 여부에 대한 비율임.
2) 전체인구는 실제 투표율이나 장애인구는 투표 여부에 대한 응답 비율임.
3) 2008년 장애인구의 투표율은 투표권이 없는 대상자를 제외하고 투표 여부에 대한 비율을 재계산함.

2011년도 9월 기준 특수교육 예산은 교육과학기술부 교육부문 예산의 4.7%를 차지하며, 특수교육 대상자 1인당 특수교육비는 2,378만 6천 원으로 전년도에 비해 286만 5천 원 증액되었다.

장애인의 예술행사 관람률은 '영화' 13.3%, '미술전시회' 및 '대중가요 콘서트/연예' 2.6%, '연극' 2.3% 등의 순으로 나타났으며, 장애인과 비장애인 모두 영화를 가장 많이 관람한 것으로 나타났다.

또 국회의원 총선거 투표율의 경우 전체인구 투표율은 2004년 60.6%에서 2008년 46.1%로 14.5%p 감소한 반면, 장애인구는 76.5%에서 77.2%로 0.7%p 증가하였다. 일반인에 비해 장애인들의 투표율이 상당히 높은 편이다. 한마디로 정치의식이 높다는 것이다. 일반인에 비해 장애인들의 생존 문제는 그만큼 절박한 문제이면서도, 또 스스로 해결하기에는 한계가 있는 사회 구조적 문제이기에 정치권의 지원을 절실히 바란다는 것이다.

우리 사회의 교육, 고용 등 생활 전반에 걸친 장애인 차별 정도를 조사한 결과, '사회'의 장애인 차별에 대해서는 '심하다'고 생각하는 사람이 76.4%인 반면,

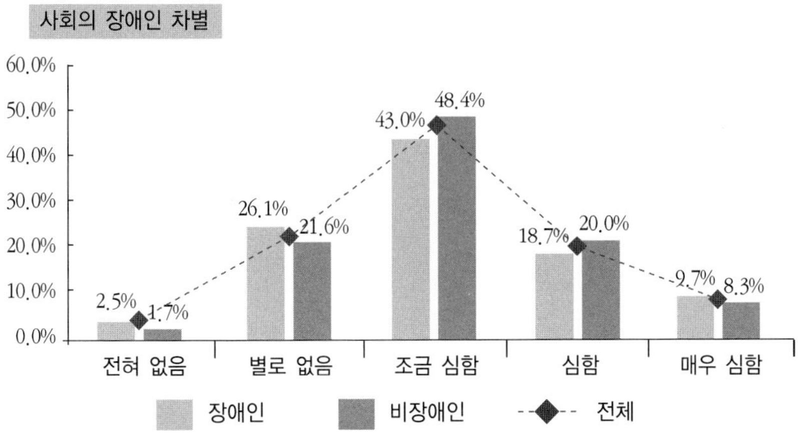

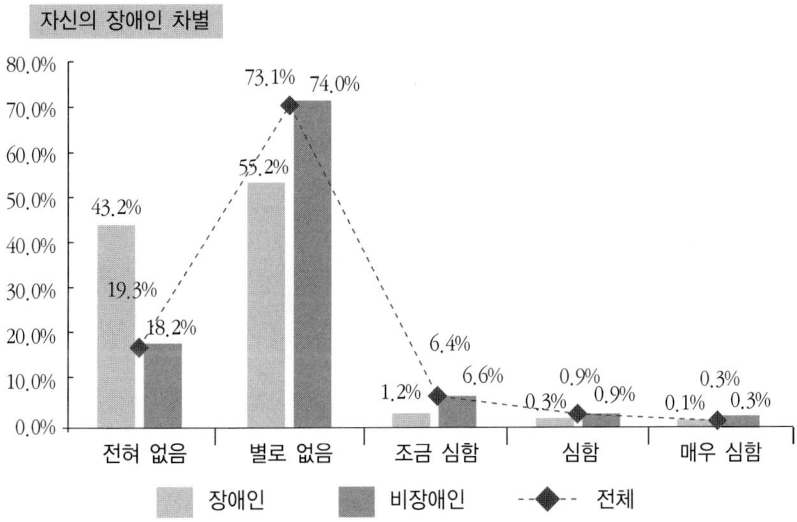

[그림 4-13] 장애인 차별에 대한 인식

주: 2009년 기준임.

'자신'은 장애인 차별을 '하지 않는다'고 생각하는 사람은 92.4%로 사회의 장애인 차별에 대한 인식과 자신의 주관적 인식 간에 큰 차이를 보이고 있다.

제5절 한국 문화의 특징과 차별

서구에 비해 우리 한국인들의 의식 구조는 아직까지는 합리적이지 못한 특성이 있으며, 우리 사회의 '근대성 확보'는 성취되지 못한 과제로 남아 있는 셈이다. 이러한 비이성적인 의식 구조는 장애인에 대한 우리의 태도에도 그대로 반영되고 있다. 그 구체적인 예로 장애인에 대한 호칭과 관련 속담을 들 수 있다(이규태, 1981).

먼저 호칭을 통해 본 장애인에 대한 편견이다. 한국인의 장애인관은 객관적인 측면에서는 멸시를, 또 주관적인 측면에서는 열등감을 조장하는 내용으로 구성되어 있다. 그 대표적인 예가 장애인을 부르는 호칭이다. 난쟁이, 벙어리, 귀머거리, 절름발이, 얼간이, 머저리, 얼뜨기 등과 같이 장애인에 대한 우리말은 그 끝말이 '이'나 '보'로 구성되어 있다.

다음으로, 속담에 나타난 장애인에 대한 편견이다. "병신 고운 데 없다." "병신 달밤에 체조한다." "병신 육갑한다." "장님에게 윙크하고 귀머거리에게 속삭인다." 등 속담집에서 가려낸 88개의 장애인과 관련된 속담 중 다소나마 긍정적인 이미지를 풍긴 속담으로는 "장모는 사위가 곰보라도 예쁘고, 시아버지는 며느리가 애꾸라도 예뻐한다." "열 소경에 한 막대"뿐이었다. 우리 사회에서 이처럼 심각한 수준인 장애인에 대한 부정적인 편견은 어떻게 형성된 것일까? 이규태는 장애인에 대한 편견 형성의 요인으로 다섯 가지를 들고 있다.

첫째는 보편인간의 지향이다. 한국인의 사고방식에는 이질성을 배척하는 반면 동질성을 강조하는 특성이 있으며, 이러한 성향이 전래되어 온 배경으로는 두 가지 사실을 들 수 있다. 먼저 같은 민족으로 같은 언어와 문화를 누리고 같은 땅에 수천 년을 살아온 나라는 적으며 그런 민족일수록 이질성에 미숙하므로 자연스럽게 동질성이 강할 수밖에 없다. 동질의식이 강할수록 평균된 보편성에 가치를 두며, 평균과 동떨어진 이질의 개성이 있는 것일수록 비가치화된다. 이것은 사람의 경우에도 평균인간, 동질인간, 보편인간을 지향하게 되며 그 기준에서 이탈될수록 존재 가치를 상실한다는 것이다. 그래서 "모난 돌이 징 맞는다."는 속담이 전해져 오고 있다. 다음으로, 촌락을 단위로 장기간 정착된 농경사회는 보편적인 것을 필요로 하는 사회이기에 이 동질의식이 더욱 강화될 수밖에 없다. 왜냐하면 농사를 짓는 데에는 시시각각 변화하는 기후와 대자연이라는 강적을 상대로 사람들이 일치 단결해서 노동력을 가족 단위, 마을 단위로 대지에 투입해야 하는 것이 무엇보다 중요하기 때문이다. 그러기 위해서는 개개인은 이목구비가 반듯하고 수족이 강건한 오체구족(五體具足)의 육체노동력을 지닌 평균인간이어야만 한다. 불구자가 경멸당하는 이유도 그러한 특성이 정착적인 농경사회가 강력히 요구하고 있는 동질 · 평균 및 보편 인간에 맞지 않기 때문이다. 시시각각 변화하는 기후에 맞추어 제한된 시간 안에 꼭 해내지 않으면 감수(減收)를 가져오거나 실농하고 마는 그런 각박한 시한의 연속으로 되어 있는 한국의 농업 구조는 모심기 · 김매기 · 보막기 · 나락베기 및 타작 등 공동 노력의 연속으로 되어 있으며, 이 시한성과 공동성이 오체 구족되어 있지 않은 사람들을 소외시켜 왔다. 이에 비해 유럽사회에서는 농업에서 시한성과 공동성이 그 정도로 철저하게 요구되지 않았을 뿐 아니라, 일찍부터 수공업과 상업이 발달한 결과 평균인간보다는 개성인간을 더욱 요구해 온 차이가 있다.

둘째는 완전인간의 지향이다. 보편인간을 지향하는 사람들은 개성을 존중하기보다는 이것저것을 골고루 갖춘 완전성을 지향하게 된다. 완전주의란 부족함이 없는 것 혹은 결함이 없는 것을 지향하는 사고방식을 뜻한다. 한국인의 의식 구조에는 완전인간의 지향이 매우 강하다는 것이다. 이와 같이 완전인간을 추구하는 사회는 장애인을 비가치화하게 되고 경멸하며 또한 편견을 갖게 되는 근본 요인이 되고 있다. 또 완전주의 사회에서 장애인은 개별자요 불완전한 인간으로 인식된다. 어떤 예를 들 수 있을까? 한국인의 밥상이 먹는 사람의 먹고 싶고 먹고 싶지 않음의 개성을 완전히 무시하고 이것저것 고루 갖추어 한 상을 차려 안기는 완전주의인 것도 서구인들의 개성에 맞는 선택에 따른 일품주의와 좋은 대조가 되는 것이다. 가구도 한 세트로 팔고, 소설을 사더라도 도스토예프스키의 『죄와 벌』을 산다든가 심훈의 『상록수』를 사기보다는 세계문학전집이나 한국문학전집을 한 질로 사야 직성이 풀리는 것이다. 또 재미있는 예를 들 수 있다. 생선회 식당에서 가장 인기 있는 메뉴는 무엇일까? 이도 저도 아닌 바로 모듬회를 들 수 있다.

셋째는 초자아의 결여다. 초자아가 강한 사람일수록 다른 사람을 의식하지 않고 자기 자신의 양심에 따라 행동한다. 초자아라는 양심이 강조되는 사회에서 생활할 경우 그 초자아가 명령하는 대로 살기 때문에 세속적인 요인으로부터 비교적 자유롭다. 이러한 사회에 사는 사람들은 외모나 신분 · 직업 · 장애의 유무에 상관없이 자신의 가치 기준에 따라 행동하게 되며, 장애인에 대해서도 편견이나 열등감을 갖지 않게 된다. 그러나 지나치게 다른 사람을 의식하는 타인 지향적인 사회에서는 다른 사람과 비교해서 부족하다고 생각되면 열등감과 편견을 갖는다는 것이다.

넷째는 전통복지의 해이다. 우리나라의 경우 장애인에 대한 복지제도가 체계적으로 발달되지 못하고 왕실이나 지방수령이 필요하다고 판단될 경우에 장애인이나 노약자에 대한 구호를 하였기 때문에 그들에 대한 올바른 인식이 형성되지 못했다고 본다. 이러한 사회에서 장애인은 구호의 대상자, 무능력자 또는 동정의 대상으로 인식될 개연성이 높다.

마지막은 욕구불만의 전위다. 이 요인은 굳이 한국 사회에만 해당되는 편견은 아니겠으나, 어떤 사회건 욕구불만을 해소시키는 열등 요인을 형성시킴으로써 그 불만의 축적으로 인한 위험을 해소시키는 사회 메커니즘이 장애인에게 투사되어 편견을 조장하기도 한다. 예컨대, 회사 중역이 불경기로 짜증이 난다. 대단치 않은 일로 부장에게 잔소리를 한다. 부장은 과장을 호통치고, 과장은 평사원에게 신경질을 낸다. 그 평사원은 집에 가 아내에게 이유 없는 잔소리를 하고, 아내는 괜히 아이들에게 짜증을 내며, 아이는 강아지 배때기를 차 버린다. 결국 회사 중역과 강아지는 아무런 관계도 없는데 욕구불만의 전위라는 메커니즘 때문에 강아지가 막대한 피해를 본 셈이다.[3] 요컨대, 이 모든 유기체(개인 · 가족 · 집단 및 지역사회 등)의 활동과정에는 긴장과 스트레스가 축적되기 마련인데, 그것을 해소하기

3) 실제 예로 무엇을 들 수 있을까? 먼저 '개구리소년 실종 사건'을 들 수 있다. 1991년 대구 지방에서 개구리를 잡으러 나간다던 다섯 소년들이 실종되는 사건이 발생했는데, 영구 미제 사건으로 남게 되자 정신의학을 전공하는 관내 교수가 "정신질환자의 소행으로 추정된다."라고 법의학자로서 입장 발표를 한 것이 가장 극명한 예에 속한다. 사건이 미궁에 빠지자 여론을 조금이라도 개선시키기 위한 의도에서 아무런 객관적인 자료가 없음에도 가장 취약계층인 정신장애인을 그 희생양으로 삼은 것이다. 다른 예로, 1992년 'LA 흑인폭동'을 들 수 있다. 흑인에 대한 백인들의 인종차별이 이 사건의 본질임에도 엉뚱하게도 LA에 거주하는 한인들의 인명이 살상되고 재산이 약탈되는 비극이 일어났다.

위해 취약한 구성 요소를 희생양으로 만드는 것이다. 다소 생뚱스러운 이야기이지만, 이런 사회적 분위기를 감안해서라도 장애인문제에 대해서는 전문가에 의한 '적응력 강화'가 아니라 당사자에 의한 '사회적 연대'가 효과적인 방안이라고 사료된다.

참고문헌

이규태(1981). 장애자 복지에 대한 한국인 의식구조. 현대사회와 장애자 복지. 아산복지사업재단.

박수경(2008). 장애의 사회적 의미와 사회통합. 서울: 집문당.

한국장애인고용공단 고용개발원(2012). EDI 2011 장애인통계.

홍대식(2002). 사회심리학. 서울: 청암미디어.

Smart, J. (2001). *Disability, Society, and the Individual*. Gaithersburg, MD: Asen Publishers, Inc.

Livneh, H., & Antonak, R. F. (1997). *Psychosocial adaptation to cronic illness and disability*. Gaithersburg, MD: Asen Publishers, Inc.

제5장

장애인복지의 전략: 인권의 실현

장애인의 삶의 질을 향상시키기 위한 구체적인 전략으로 인권의 실현을 지정하였다. 그렇기에 이 장에서는 핵심어인 '인권'의 개념 및 그 진화과정을 살펴본 다음, 그것이 사회복지 서비스에서 차지하는 함의 등을 살펴보고자 한다.

제1절 인권의 개념적 특성과 인권 담론

사회복지 서비스의 이념적 준거틀로는 인권과 정의를 들 수 있다. 그래서 이 절에서는 먼저 인권의 개념을 절대적인 차원에서 살펴본 다음, 그 의미를 더욱 확실히 하기 위한 의도에서 사회복지 서비스에서 인권과 정의라는 이념이 갖는 차별적 의미를 비교 · 검토하기로 한다.

1. 인권의 개념적 특성: 보편성과 불가분성

일반적으로 인권은 다음과 같은 원칙을 지닌다. 첫째, 인권은 법률 및 관습의 정당성을 판단하는 기준이 되어 근본적으로는 국가권력을 제한한다. 둘째, 인권은 모든 장소의 모든 인간이 평등하게 향유하는 것이어야 한다. 통상 인권은 모든 특권 개념과는 반대된다(인권의 보편성). 셋째, 어떤 특수한 입장에 있는 개인이나 집단의 권리는 다른 사람의 권리나 공동의 이익을 위하여 필요한 만큼만 제한되어야 한다(인권의 상호 의존성). 끝으로, 인권은 그 내재된 일부 권리의 구현으로는 보장될 수 없고, 그 전체가 실현될 때만 완전히 보장된다(인권의 불가분성). 이 중 보편성과 불가분성에 국한하여 논하기로 한다.

1) 보편성

인권이란 모든 인간이 본질적으로 그리고 선천적으로 갖는 권리로서, 그것이 보장되지 않으면 인간답게 살아갈 수 없는 모든 권리를 말한다. 단지 인간이라는 이유로 해서 누리는 기본적인 권리를 말한다. 인권은 박탈할 수도 없으며 양도할 수도 없는 권리를, 또 인간이 인간답게 생존할 수 있는 조건인 기본적인 권리를 뜻한다(UN, 1987). 근대의 자연권 사상은 무엇보다 이러한 천부인권 사상이라는 형태로 발전되었다. 즉, 모든 인간에게는 태어나면서부터 당연히 부여되는 권리가 있으며, 이러한 권리는 국가 권력에 우선하는 것이므로 국가 권력이 이를 함부로 할 수 없다고 생각하였다. 이와 같이 인권을 모든 인간의 권리로 이해할 때, 그것은 국적이나 인종에 상관없이 모든 인간에게 적용되는 보편성을 갖는다.

이에 비해 법에 의하여 구체적으로 보장되는 권리는 위와 같은 추상적, 이념적 인권과는 다를 수 있다. 즉, 각 국가의 헌법에 의해 실정화되어 있는 국민의 권리는 보편적인 인권과 편차를 보일 수 있다. 이처럼 실정헌법에 의하여 보장되고 있는 국민의 기본적 권리를 기본권이라고 부른다. 그렇기에 인권은 구체적 현실 상황의 고려보다는 인권사상 내지 인권이념의 실현에 더 큰 비중을 둔다고 할 수 있으며, 추상적인 이념적 성격이 강하다. 따라서 각국의 현실적인 상황과 구체적인 이념, 문화와 충돌할 수 있는 여지가 상존하고 있어 인권보장의 특수성 문제를 낳게 된다. 이는 중국이 아시아적 가치를 내세워 서구 중심의 보편 인권의 개념에 대하여 부정적인 입장을 표하는 것에서도 엿볼 수 있다.

그러므로 보편성에 관한 논쟁이 인권 문제의 가장 근원적인 딜레마가 되고 있다. 현실에서는 누구를 기준으로 인권을 정의할 것인가라는 문제에 부딪힌다. 예컨대, 개인 소득 2만 불이라는 우리의 경우 수돗물, 전기, 기타 생활 설비가 갖추어져 있는 상황을 우리 모두가 본래부터 선천적으로 누려야 하는 권리로 당연시하며, 또 개인적으로 완전한 삶을 누리기 위해서는 그러한 요소들이 필수적이라고 생각할 수 있다. 그러나 아마존 밀림 속 원주민의 경우 단지 배불리 먹는 것만으로도 한 인간으로서 존엄성을 잃지 않은 채 살고 있다고 생각할 수 있다. 둘 중 누구의 인권에 대한 이해가 더 우선적인가? 어떤 사람이 값비싼 재화나 자원을 구매할 수 있는 능력을 보유했다는 이유로 다른 사람보다 더 큰 인권이 그에게 부여되어 있다고 말할 수 있을까? 그렇기에 인권에 관한 근본적이고 중요한 이슈는 특정한 개인이나 집단을 차별하지 않은 채 여하히 모든 사람에게 인권이 적용될 수 있는 정책을 펼 것인가라는 문제다. 이것이 바로 보편성의 문제다.

인권이란 객관적인 상태에서 존재하는 것이 아니라 각기 상이한 역사적 · 문화적 맥락에서 규정된다. 또한 인권이란 시간의 흐름과 가치의 변화에 따라 변할 수밖에 없는 것이다. 보편적인 성격을 가지고 있기는 하지만, 인권은 모든 문화권에 동일한 방법으로 구현될 수는 없기 때문에 각기 다른 문화적 맥락 속에서 이해되어야 한다. 보편성은 모든 개인과 집단이 자신들의 존재에 걸맞는 기본적 권리를 보장하자는 것이지 모든 사람이 동일한 형태로 존재해야 한다는 것을 의미하는 것은 아니다. 인권의 보편성은 동일성을 의미하지 않으며, 실제로 다양성의 가치가 수용되는 상황에서만 만인의 인권이 가능할 것이다. 그러기에 인권은 개념상으로는 보편적이지만 그 실현에 있어서는 다원적이라고 보아야 한다(박영란 외, 2004).

2) 불가분성

인권의 불가분성이란 정치권 · 교육권 및 건강권 등 개개의 인권 모두를 존중해주되, 선별적으로 특정 인권만을 보다 더 중요하게 취급해서는 안 된다는 것을 의미한다. 미국의 정책이 모든 시민에게 의료에 대한 권리를 보장하지 않고 있는 것은 이 불가분성이라는 특성과 관련하여 많은 논란을 야기하고 있다. 의료에 대한 권리가 적절하게 보장되지 않으면 개인은 생명을 위협하거나 건강을 해치는 질병에 노출될 수 있다. 사람이 건강을 잃으면 가정이나 직장에서 누릴 수 있는 또 다른 인권을 향유하는 데 어려움에 처할 수 있다. 또한 선거라든가 기타 인권으로 여겨지는 다른 활동에 참여할 수 있는 개인의 의지나 능력에 영향을 미칠 수도 있다. 결과적으로 특정한 인권을 부정하는 것은 다른 인권의 향유에 쉽게 영향을 미칠 수 있으며, 직간접적으로 다른 인권들을 부정하는 결과를 초래한다. 따라서 인권의 불가분성 개념은 인권의 실천에 있어서 매우 중요한 역할을 하고 있다.

2. 사회복지 차원에서 본 인권 관점과 사회정의 관점의 의미

사회복지 전문직이 사회정의와 인권과 뗄 수 없는 관계를 맺어 왔다는 사실을 부정할 사람은 없을 것이다. '한국사회복지사 윤리강령'에서 사회정의와 인권을 사회복지가 추구하고 보호해야만 하는 핵심적인 가치와 의무로 규정하고 있는 것도 그와 같은 견고한 관계를 보여 준다. 사회정의와 인권은 하나의 지침이 되는 가치와 원리로서 사회복지의 유일무이한 사명과 실천에 깊숙이 관여되어 왔다. 제인 애덤스(J. Adams)의 사회개혁 노력 이후, 사회복지 전문직에서 사회정의를 강조해 온 전통은 사회복지 사명의 출발점이 되는 핵심 가치로서 사회복지 윤리규칙에 뚜렷하게 포함되어 왔다.

사회복지 윤리 규칙에 포함된 사회정의에 대한 윤리적 원리는 '사회복지사는 사회 부정의에 도전하고', 특히 약하고 억압받는 개인과 단체를 대신해 사회의 변화를 추구할 것으로 기대된다고 선언하고 있다. 덧붙여 사회 변화를 위한 그러한 노력은 주로 '빈곤 · 실업 · 차별 그리고 사회정의의 기타 형태와 같은 이슈'에 초점을 맞추어야 하고, 사회복지사의 행동은 '전문직과 문화적 · 윤리적 다양성에 대한 민감성과 지식을 증진'시켜야 하며, '필요한 정보 및 서비스, 자원과 기회의 평등, 모든 사람을 위한 의미 있는 의사결정에의 참여 등에 대한 접근을 보장'해야 한다고 선언하고 있다.

사회정의에 관한 그 이상의 조작화는 '더 넓은 사회에 대한 사회복지사의 책임'이라는 표제로, 윤리 규칙의 표준으로 표현되어 있다. 그에 따르면, 사회복지사는 지역적인 수준에서부터 세계적인 수준에 걸쳐 사회의 일반적인 복지를 증진시키고, 개인 · 지역사회 그리고 환경의 발전에 이바지해야 하며, 사회적 · 정치적 행동에 참여하여 모든 사람이 자원과 고용 · 서비스 그리고 기본적 욕구 충족과 완전한 발전에 필요한 기회 등에 대한 동등한 접근권을 가지도록 보장하는 것에 노력해야 한다는 것이다.

사회정의가 윤리 규칙에 명시되어 있는 것과 달리, 인권은 공식적인 문서에 명확하게 나타나 있지 않다. 그러나 윤리 규칙 안의 몇몇 조항은 인권 관점을 나타내는 것으로 해석될 수 있다. 예를 들어, '인간의 존엄과 가치 있음'이라는 핵심가치와 '사회복지사는 인간의 고유한 존엄과 가치를 존중해야 한다.'라는 윤리 규칙은 인권의 다른 표현이라고 볼 수 있다. 왜냐하면 인권은 인간이 인간이기 때문에 갖는 권리로 정의될 수 있기 때문이다. 또한 사회복지사는 클라이언트의 사회적으로 신뢰할 수 있는 자기결정을 증진시켜야 한다는 윤리 규칙의 조항도 인권개념을 표현한 것으로 해석될 수 있다. 자기결정은 자유의 가치에서 직접적으로 도출되는 윤리적 원리이기 때문이다.

3. 사회복지 차원에서 인권 관점과 사회정의 관점 간의 비교

1) 개념적 통합성과 안정성

인권 관점과 사회정의 관점을 비판적으로 비교해 보고자 한다. 비교의 핵심 초점은 사회복지의 사명을 추구함에 있어 두 관점이 갖는 개념적 및 실천적 장점에 대해 비교하는 것에 둔다(김기덕, 2007).

마키아벨리, 홉스, 로크 등과 같은 근대 정치철학자들은 사회정의의 상태가 개인과 사회의 관계에 의해 결정된다고 보았다. 그리고 그들은 외부적 권력의 배분을 공정한 사회의 필수적인 조건으로 보았다. 따라서 사회정의란 사회에 의해 구성되고 규정되는 사회적 미덕으로 간주되었다. 이러한 사회정의 관점을 채택할 때의 결점은 그 의미가 명확하지 못하고 또 사회복지실천에서 손쉽게 적용할 수 있는 방법이 개발되어 있지 않다는 것이다. 이것은 최근에 사회정의 개념을 어렵고 잘못된 방향으로 사용하기 때문이기도 하지만, 사회복지의 윤리 규칙에서 사용되는 사회정의 용어가 불명확하고 때로는 모순적이라는 사실을 배경으로 하기 때문이기도 하다. 예컨대, 사회정의의 본질은 관계자에 따라 그리고 문화권에 따라 자유 · 공리 · 평등의 갖가지 의미로 차별적으로 이해되고 있다. 사회정의 이론에는 자유주의, 공리주의 및 평등주의의 세 가지가 있다는 것이다(Reichert, 2001). 실제로 미국 사회에서는 개인의 자유를 최대한 보장해 주는 것을 사회정의의 본질로 삼기 때문에, 전국적으로 통일된 보편적 공공의료 보장체계가 마련되지 않고 있다. 사회정의에 관해 사회복지 전문직이 갖는 불확실성과 복잡성은 전 지구적 수준에서 신자유주의가 확산되고 있는 현재의 정치적 환경에 대해 사회정의의 관점이 튼튼한 성채 역할을 하기에는 심각한 한계가 있다는 사실로부터 연유한다.

이런 사실과 관련하여 라이커트(Reichert, 2001)는 미국의 사회복지 실천현장에서 인권 상황이 개선되지 않고 있는 이유를 다음 세 가지로 정리하고 있다. 첫째, 인권보다는 사회정의를 강조한다. 전문직의 중심 주제로 인권보다는 사회정의의 개념을 고수하고 있는데, 사회정의에 집중하는 것만으로도 인권을 충분히 반영하고 있다고 믿는 듯하다고 평하고 있다. 둘째, 정치적 권리만을 인권으로 간주하는 사회복지사들의 오해다. 그들은 인권을 헌법적 혹은 법률적 문제로 동일시하는 경향이 있다. 게다가 미국의 자유주의적 전통은 개인의 정치적 · 사회적 권리를 강조하는 반면 경제적 · 사회적 권리에 대해서는 상대적으로 무관심한 경향이 있다. 끝으로, 미국 사회복지사들의 배타적인 세계관이다. 인권은 국경을 초월하는 비교 문화적 개념을 포함하고 있는데, 그들은 이러한 폭넓은 세계관을 수용하지 못하고 있다.

이에 반해 인권 개념은 사회정의에 비해 상대적으로 명확한 사회복지실천 지침을 망라하고 있다. 인권은 자연권의 일종이라고 할 수 있다. 이 자연권 개념을 근거로 하여 사회가 구성원들로부터 그 존립의 정당성을 얻게 되고, 또 인간의 '천부적으로 부여된 자연권'은 사회 안에서 확보되어 있는 정의의 정도를 평가하는 잣대가 된다. 따라서 인권은 특정 개인이나 그룹에 의해서 주장되는 권리들을 초월하는 지위를 가지는데, 인권은 모두에게 속하는 것이기 때문이다. 인권의 그와 같은 견고한 안정성은 일반적으로 보편적이고 불가분적이고 양도 불가능하고 폐기할 수 없는 것으로 요약된다.

인권과 사회정의에 관한 개념적 차이에 관한 설명에 의하면, 인권이 자기 정당화된 실체의 일종임에 반해 사회정의는 외부의 권위에 의해 정당화된, 그리하여 사회적으로 구성된 개념이다. 즉, 인권이 사회정의에 비해 비교적 안정적이고 선험적인 지위를 가지고 있다는 것이다. 게다가 인권은 각각으로 분리될 수 없는 것으로 간주된다. 따라서 인권의 범주에 포함된 개인의 권리들은 지속적이고 서로 갈등을 일으키지 않는다. 그러므로 인권의 이와 같은 특징은 사회복지사에게 최근의 변화하는 맥락에서 사회정의 관점이 가졌던 혼란성과 모호성으로 인해 촉발된 갈등을 해결하는 데 있어 좋은 수단이 될 것이다.

2) 사회복지서비스의 윤리적 문제

사회복지서비스가 사회정의의 관점을 채택할 경우 갖게 되는 한계는 그 서비스의 보편성을 어떻게 확보하느냐의 문제다. 클라이언트들의 복합적인 일상생활에서 발생하는 욕구와 문제의 다양성은 사회정의 관점의 적용을 어렵게 하고 있다. 즉, 사회정의의 본질을 자유 · 공리 및 평등 중 어느 의미로 해석하느냐에 따라 관련 정책의 성격이 달라진다. 그런데 인권 관점이 바로 이와 같은 문제를 해결할 수 있는 잠재성을 가지고 있는데, 그 근거로는 인권의 차별적인 특징인 추론성과 일반성을 들 수 있다.

먼저 추론성이다. 인권은 인간의 상호작용과 무엇이 보편적인 인간성을 구성할까에 관한 계속되는 토론을 통해 구성된 개념이다. 따라서 추론의 과정과 상호작용에 의해 구성된 인권의 내용들은 모더니즘 윤리에 내재된 일차원성과 강압성에 대한 포스트모던적인 비판을 설명할 수 있는 기회를 제공하고 또 그러한 도전을 가능케 해 준다. 다음으로 일반성이다. 인권은 문화와 인종, 성, 나이, 계급을 초월하는 일반적 인류성에 기반하고 있기 때문에 정당화되는 것이다. 그러한 일반성은 도덕적 상대주의의 공격에 대해 안전판 역할을 할 수 있다.

3) 사회정의: 과정인가, 결과인가

사회정의 개념의 해석과 관련하여 나타나는 어려움 때문에 최근에는 사회정의와 관련된 또 다른 이슈가 제기되고 있는데, 바로 정의의 과정적 가설이라고 불리는 것이다. 그 결과, 사회정의에 관한 주요한 논쟁은 실재성에서 과정상의 공정함으로 옮겨 갔다. 어떤 것이 공정하기 위해서는 과정의 적절성을 증명해야 하지만, 과정상의 적절함이 실재적인 적절함을 직접 가져오는 것은 아니다.

그러나 과정상의 정의를 고려하는 과정에서 공정한 과정이 공정한 결과를 담보할 수 있는 것인가라는 중요한 질문이 제기되었으며 논쟁 중이다. 샐리비(Saleeby, 2002)는 그의 논문에서 사회복지 연구에서 인식론적인 측면과 존재론적인 측면을 명확히 구분한 다음, 사회정의를 '사회복지의 중심적인 존재론적 사업'으로 추구해야 한다고 주장하고 있다. 더 나아가서 그는 사회복지 직무에 관한 존재론적 증명은 인식론적 노력으로는 결코 이루어질 수 없는 것이라고 거듭 주장하고 있다.

위의 주장을 부정하는 것이 아니며 또한 사회정의를 추구하는 것이 틀린 것은 아니지만, 사회정의의 내용 자체가 사회복지의 존재론적 측면을 분명히 하는 것은 어렵다는 것이다. 즉, 존재론적 관점이 갖는 모호성이 변화하는 정치적, 경제적 환경에서 지침이 되는 가치로서의 사회정의를 빈약하고 불안정한 것으로 만든다는 것이다. 사회정의의 개념 정의와 범위는 정치적 환경에 따라 유동적으로 변화하는 것이고, 그로 인해 사회복지실천에 사용할 수 있는 견고하고 안정적인 지침을 제공할 것으로 기대하기 어렵다고 볼 수 있다(김기덕, 2007).

4) 사회복지서비스의 성격: 욕구 중심 접근과 권리 중심 접근

사회복지실천 현장에서 사회정의의 관점은 클라이언트의 권리보다는 욕구에 초점을 맞추어 온 경향이 있다. 예를 들어, 사회개혁가들이 옹호하는 사회정의의 개념에 찬성하는 사회복지사일지라도 사회정의, 특히 분배 문제는 클라이언트의 노동이나 업적, 효용의 관점이 아닌 욕구의 영역에서 다루어져야 한다고 주장하고 있다. 이러한 맥락에서 사회정의 및 인권과 관련된 흥미로운 주제는 욕구 중심의 접근과 인권 중심의 접근이라는 사회복지 전문직의 두 가지 접근방법이 갖는 장점을 비교하는 것이다. 아이프(Ife)는 인권의 관점을 채택하는 사회복지 접근은 욕구 중심의 접근에 비해 다음과 같은 장점을 갖는다고 주장한다(박영란 외, 2004).

전문직으로 출발한 이후로 사회복지의 주된 직무는 클라이언트의 정당한 욕구를 규정하고 그러한 욕구를 충족시킬 수 있는 서비스를 처방하는 것이었다. 그러한 역할은 전문직으로서의 사회복지사가 특정한 개인과 집단의 특정한 욕구를 충족시킴에 있어 다양한 변수를 모두 상정해야 하는 복잡한 정치적 환경을 고려할 수밖에 없게 만들었다. 반면 인권에 입각한 접근을 수용할 경우에는 특히 정치적 이념적으로 혼돈의 시기에 그와 같은 무거운 정치적 부담으로부터 벗어날 수 있다. 인권 관점하에서 사회복지 서비스는 욕구 사정이 아닌 인권, 즉 일종의 자격에 기초하여 제공되어야 한다. 더 나아가 클라이언트에게 더 많은 권한이 주어지게 되고, 따라서 그들이 목소리를 낼 수 있는 바탕을 만들어 줌으로써 클라이언트의 욕구를 실질적으로 충족시킬 수 있는 가능성을 높이게 되는 것이다.

4. 인권 개념의 사회복지실천적 유용성

사회복지실천을 둘러싼 정치사회적 환경이 급변하고 있다. 예컨대, 자유주의 이데올로기가 확산되고 있고 개인의 책임을 강조하는 경향이 증대하고 있으며 복지의 위험을 분산시키는 반면, 연대라는 방법으로 해결하려는 이념이 점차 약화되고 있다. 전통적으로 사회정의는 연대의 이념을 지속시키는 이념적 수단으로 인식되어 왔지만, 본질적으로는 한계를 가지고 있다고 평가되고 있다.

일반적으로 사회정의는 보편성의 원리를 추구한다고 알려져 있다. 그러나 사실 사회정의의 본래 이념은 보편적인 것이 아니며 특정 그룹에 초점을 둔 것이다. 즉, 특정 개인이나 국가에 대해 위계적 불평등이 가져온 바람직하지 못한 결과를 시정하기 위한 목적으로 적용되는 것이다. 따라서 사회정의는 상대적 차이를 해석하는 것에 관한 것이기 때문에 그 본질적 특성은 공평성이지 보편성은 아닌 것이다. 공평성은 모든 사람이 같게, 그러나 그들 각자에게 적절한 방법으로 다르게 대해져야 한다는 일종의 특별한 평등이다. 따라서 차이에 초점을 두고 갈등을 불러일으킬 소지가 있기 때문에 연대와 협동이라는 사회복지실천의 원리에는 잘 부합하지 않는 것으로 보아야 한다.

그렇다면 연대와 협동은 개인의 기능에 초점을 둔 치료적 사회복지실천과 사회정의 이념에 초점을 둔 사회개혁이라는 전문직의 두 가지 영역을 화해시킬 수 있을 것인가? 사회정의 개념은 이런 사회복지에 존재하는 간격을 좁히는 데 충분하지 못한 것 같다. 사회복지 전문직에 존재하는 사회정의 이념이 일종의 평등주의, 즉 사회정의의 특별한 형태인 반면에 사회복지실천의 다른 이념들과 가치들은 개인과 가족의 복지를 추구하는 데 있어 그들 각자를 주요한 주체로 생각하는 자유적 개인주의의 소산이다 그러므로 사회정의의 평등주의적 개념이 자유주의적 개인주의에 이념의 바탕을 두고 있는 개인주의적 기능과 성격을 모두 흡수할 수는 없을 것이다.

그러나 인권 개념은 기본적으로 개인 중심적인 특징을 갖는다. 왜냐하면 인권은 각자가 개인적으로 획득한 보편적인 인간성에 기초하여 각자에게 동등하게 부여되는 것이기 때문이다. 사회정의 관점을 수용하는 사회복지사가 사회복지문제를 야기하는 사회 체계를 배타적으로 바꾸려는 노력을 하는 입장을 취하는 반면, 인권의 개념으로 무장한 실천가는 서비스의 대상자들이 완전한 수급권을 갖는 것을 보장하기 위해 노력하는 차별성이 있다. 이러한 맥락에서 자유주의적 개인주의하에서도 사회 서비스의 업무는 기본적인 인권이 무엇이든지 사회 구성원들의 기본적인 인권이 침해당하는 것을 막는 것이 됨을 알 수 있는 것이다. 그렇다고 인권의 개념에 개인 중심성만 내재한다고 보아서는 안 된다.

인권이 개별성과 사회성 모두를 포괄한다는 것은 인권이 개인적이면서 정치적인 것으로 이해되어야 한다는 주장과 일치하는 것이다(박영란 외, 2004). 아이프의 주장에 따르면, 인권은 그것이 개인의 복지와 안전, 생존 그리고 자기실현에 영향을 준다는 면에서 개인적이다. 동시에 인권은 사회의 권력 분배에 관심을 두기 때문에 정치적이다. 따라서 효과적인 사회복지사는 복지의 개인적, 정치적 측면에 동시에 초점을 맞추어야 하고, 인권 개념은 그와 관련된 강력한 기초를 제공해 준다. 이러한 맥락에서 인권은 사회복지 전문직의 파편화를 극복하고 개인과 사회, 인간 복지의 개인적 측면과 정치적 측면을 융합시킬 수 있는 강한 밑바탕을 제공하는 잠재력을 가지고 있다고 주장할 수 있다. 또한 김영종은 인권 개념의 사회복지적 유용성을 “사회적 책임성의 확대”라고 요약하면서 그 구체적인 내용을 다음 세 가지로 풀어 나가고 있다(김영종, 2006).

첫째, 사회복지 서비스에서 새로운 취약계층의 발굴에 유리할 것이다. 전문적 서비스 접근은 서비스 실행을 위한 안정된 조직을 필요로 하며, 그 결과 서비스 대상 인구를 고착화하는 경향을 나타낸다. 그로 인해 급변하는 사회현상에 따라 새롭게 차별받고 배제되는 소수 인구 집단이 나타나는 경우에도 그에 신속하게 대응하기 어렵게 된다. 인권의 측면에서 이를 접근하는 경우에는 새로운 차별 대상이 되는 위험인구 집단을 수월하게 발굴해 내고, 그들을 서비스의 대상으로 확인시켜 주는 데 필요한 정치적 파워(power)를 동원하는 데 상대적으로 유리하다.

둘째, 사회적 인식 개선과 예방 접근에 유리할 것이다. 전문적 서비스 접근은 사회적 인식 개선에 대한 접근방법에서는 상대적으로 취약성을 드러낸다. 전문가 모델을 채택하는 경우에는 대개가 사후 치료적인 접근을 주로 시도하게 되는데, 이것은 일단 병리 현상이 나타난 후에야 적절히 작동될 수 있는 개입 전략들을 주로 한다. '차별과 인권'의 시각에서 취약계층에 접근하는 경우에는 전문적 서비스 중심 모델에서 자유로울 수 있으며, 그로 인해 사회적 인식 개선을 통한 다양한 예방 활동을 폭넓게 전개할 수 있을 것이다.

셋째, 정책적/제도적 변화 접근에 강점이 있다. 전문적 서비스 접근은 대개가 주어진 정책적/제도적 틀 안에서만 작동되는 경향이 있다. 비록 정책이나 제도를 변화시키기 위한 노력들은 시도되지만, 그럼에도 서비스 제공자로서의 전문직 구성은 정책적/제도적인 변화 노력에 대한 강점을 갖기는 힘들다. 예를 들어, 그러한 노력은 자칫 이해집단의 이해관계 차원으로 받아들여지게 될 위험도 크다. 만약 동일한 문제를 인권의 시각으로 구조화해서 접근하게 된다면, 이러한 한계는 비교적 쉽사리 극복될 수 있을 것이다.

제2절 인권 개념의 진화과정: 의미의 확대와 적용 범주의 확장

1. 인권의 기원에 관한 견해

인권은 개인이 완전하게 발전할 수 있는 기회를 제공해 주며, 인간으로서의 자질 · 지적 능력 및 의식 등을 활용할 수 있게 해 주고, 우리의 영적 혹은 기타의 욕구들을 충족시켜 준다. 이러한 의의를 갖는 인권의 역사는 어디에서 시작되었을까? 이는 매우 민감하며 난해한 질문이다. 인권이 '인간이 인간다운 삶을 영위하기 위해 보편적으로 보장되는 권리'라고 보았을 때, 이 용어의 뿌리는 자연법 전통까지 올라가지만, 그 정의와 역사에 관해 많은 논쟁이 제기되어 왔다. 그 논쟁을 천부설과 획득설의 두 가지로 나눈 다음 소개한다.

1) 천부설

인권의 기원에 관해 많은 논쟁이 제기되었지만 이러한 논쟁은 인권의 보편성의 기원, 평가의 기준에 관한 것이지 인권 자체에 대한 것은 아니다. 즉, 인권이 포함하는 구체적인 내용에 대하여 견해의 차이가 있을 수 있겠지만, '모든 인간이 인간이기 때문에 지니는 평등하고 양도 불가능한 권리'를 인권이라 칭함에 모두가 동의하고 있다.

인권이란 용어는 토머스 페인(Thomas Paine)의 저서 『인간의 권리(Rights of Man)』(1791)에서 처음 사용되었다. 토머스 페인은 이신론자로서 정통 그리스도인은 아니었다. 하지만 그의 아버지는 퀘어커 교도이며 어머니는 성공회 교도여서인지, 그는 인간의 권리가 인간의 창조까지 거슬러 올라간다고 주장하고 있다.

이 관점은 인권의 역사는 문명의 역사만큼이나 오래되었다고 보는 견해로, 인권의 '보편성'을 강조하는 시각이며 국제사회에서의 주류적 견해다. 즉, 인권은 신이 인간에게 태어날 때부터 부여한 자연권이므로, 인권의 기준은 동일하며 보편적이라는 내용을 담고 있다. 이 보편성은 인권의 주체가 인류사회 구성원 모두라는 점에서 나오는 것으로, 인권의 보편성 속에는 강한 '인간 평등관'이 포함되어 있다. 그러나 보편성이라는 말은 서구 중심적이라고 비판을 가하는 사람들이 있다. 즉, 그동안 인권 개념은 인권이 탄생한 서구라는 지역적 텃세를 톡톡히 반영하면서 세계사 전개에서 구미 열강의 편협하고도 왜곡된 정치 놀음에 동참하여, 약소국에 대한 제국주의적 침탈과 야합 그리고 식민통치를 분식시키기 위해서 문화적 우월주의의 한 표시 등으로 이용되기도 하였다는 것이다. 그리고 인권이라는 가치에 대한 이러한 오용과 왜곡의 위험은 아직도 존재함을 부정할 수 없기 때문이라고 한다.

2) 획득설

인권의 본질을 보편성으로 보는 입장에 대한 비판적 견해를 전제로 한다면, 인간의 역사와 함께해 온 '인권'은 모든 역사시대를 관통하는 개념과 철학은 아니었던 것으로 보인다. 인권의 보편성이 본격적인 논의의 대상이 된 것은 우리가 생각하는 것만큼 빠르지 않은 18세기 계몽 시기부터이며, 국제적으로 논의되기 시작한 것은 제1, 2차 세계대전을 겪으면서부터다. 이 시기까지 인권은 주로 각국의 국내 문제로서 인식되었으나, 제2차 세계대전 중 나치에 의해 저질러진 대학살을 쟁점으로 인권은 국제적 차원의 문제로 확장되었다. 국제사회는 이를 계기로 국제기구(UN)를 탄생시켰으며 보편적 인권의 개념을 중심으로 다양한 인권규약을 제정하고 인권 문제와 관련하여 개별 국가들에게 개입해 오고 있다. 이에 대해 커스틴 셀라스(Kirsten Sellars)는 미국이 세계대전에 뛰어들기 이전부터 새로운 국제기구(UN)에 관한 구상을 가지고 안전보장이사회라는 '세계의 경찰'과 같은 권한을 갖는 기구를 설치하였는데, 이것은 "세계 열강의 철권이 국제적 인도주의라는 비단 장갑을 끼게 된 셈"이라고 비판하였다. 그러나 미국은 1970년대와 1980년대에 국제인권을 가장 많이 언급하였음에도 국제인권 조약에 스스로 구속당하는 것을 완강히 거부해 왔다. 그러다가 1992년이 되어서야 시민적 · 정치적 권리에 관한 국제규약을 인준하였다. 하지만 이때에도 경제적 · 사회적 및 문화적 권리에 관한 국제규약을 비준하지 않았다. 지금까지 살펴본 '인권의 보편성'에 관한 역설은 인권의 본질은 '보편적'이지만 그 적용에 있어서는 반드시 보편적이지만은 않다는 것이다.

이봉철(2003)은 페인이 사용한 이 『인간의 권리』는 프랑스혁명(1789) 이후 프랑스 의회가 1789년 8월 헌법 서문으로 채택한 '인간과 시민의 권리에 대한 선언'을 영어로 소개한 것인데, 「프랑스 인권선언」 원문에 나타나 있는 '자연권'에 대한 번역이라고 주장하고 있다. 그러므로 자연법상의 인권 개념을 실정법적으로 선언한 것이다. 즉, 그 선언에서는 "인간의 자연적이고 양도 불가능하고 신성불가침한 제 권리를 엄숙히 선언"(전문)하면서, "인간은 권리로서 자유롭고 평등하게 태어나며 생존한다."(제1조), "인권보장과 권력분립이 되어 있지 아니한 나라는 헌법을 가졌다고 할 수 없다."(제16조)라고 천명하고 있다. 그러므로 오늘날 사용하는 인권 개념은 태어날 때부터 인간에게 부여되었다고 여겨지는 절대권으로서의 전통적인 자연권 개념에서 그 유래를 찾는 것이 지배적인 견해이지만 그 외에 '획득설'도 있다.

이 관점은 '인권의 보편성'에 의문을 제기하고 그 허점을 공격하면서부터 부각되었다. 이 견해에 의하면, 인권이라는 개념은 18세기 계몽운동 시대에 등장하였다. 구체적인 인권의 등장 시점에 대해서 미국 캘리포니아 주립대학의 유럽 근대사 교수인 린 헌트(Lynn Hunt)는 『인권의 발명(INVENTING HUMAN RIGHTS)』에서 "인권은 갑자기 나타난 것이 아니라 18세기에 천천히 모습을 드러내기 시작했다. 이는 크게 볼 때 당시 대영제국 내부에서, 대영제국과 북아메리카 식민지 사이에서, 그리고 프랑스 내부에서 동시다발적으로 터져 나온 정치적 갈등에 대한 반작용이었다."라고 하였다(2007). 즉, 인권 개념은 어떠한 천부적인 것 혹은 고정 불변하는 것이 아니라 역사의 소산으로서 역사의 진전에 따라 변화하고 발전하는 것이며, '주어지는 것' 또는 '발견되는 것'이 아니라 '획득되는 것'이라는 것이다. 사실 인권이라는 개념은 프랑스의 「인권 및 시민권선언」(1789), 미국의 「권리장전」(1791) 및 헌법(1787)에서 보듯이 18~19세기에 전개된 정치적 절대주의에 저항하는 과정에서 크게 발전하였다. 그리고 이후 인권은 '재산을 소유한 남성만의 권리'에서부터 노동자, 여성, 소수인종 등에 이르기까지 차별에 대한 정치적 투쟁을 통해 지속적으로 확대되어 옴과 동시에 기본적 인권규범의 내용과 가치도 끊임없이 발전해 왔다. 즉, 자유권에서 사회권으로 발전하고 더 나아가 국제적 협력에 이르기까지 인권은 지속적으로 발전해 왔던 것이다.

2. 인권의 진화과정과 그 함의

1) 진화과정: 적용 의미의 확대

역사적으로 볼 때, 인권의 개념은 제1세대 인권에서 제3세대 인권까지 진화되어 왔다. 근대 이후, 20세기 전반기까지 인권의 개념은 그 적용 범위나 내용에서 점차 확대되어 왔다. 유네스코의 법률자문위원이었던 커렐 바삭(Karel Vasak)은 프랑스혁명의 3대 이념인 자유 · 평등 및 박애를 기준으로 인권의 역사를 3세대로 구분하였다. 제1세대 인권이 개인의 자유를 중심으로 하는 인권을 의미한다면, 제2세대 인권은 기회의 평등뿐 아니라 분쟁 정의까지도 보장하고자 하는 사회권 중심의 인권을 의미한다. 이에 반해 제3세대 인권은 여성과 제3세계 등 집단의 특수성에 기초하여 독자적인 권리의 보장을 요구하는, 이른바 '연대의 권리'를 중심으로 하는 인권을 가리킨다. 각 유형들의 등장 배경과 특징들을 구체적으로 살펴보기로 한다(박영란 외, 2004).

(1) 제1세대 인권

제1세대 인권이라 불리는 시민적 · 정치적 권리의 제창은 시민계급에 의해 주도되었다. 시민적 · 정치적 권리는 이념적으로는 18세기 계몽주의와 사회계약론에 기반을 두었으며, 정치적으로는 미국의 독립전쟁과 프랑스혁명 등에 그 뿌리를 두고 있다. 당시의 사상가나 혁명가들은 선거권, 언론 · 출판의 자유, 종교 · 양심의 자유 등 국가 이전에 이미 존재하여 왔던 개인의 자유 영역의 보장을 위해 국가로부터의 자유를 요구하였다. 절대왕정에서 벗어난 시민계급이 국가권력에 대항하여 자신들의 권리와 자유를 확보하고자 했던 것이 제1세대 인권이었다.

이 인권의 경우 소위 인간의 자유권적 기본권(rights to liberty)이라 말할 수 있는 언론의 자유, 결사의 자유, 사유 재산의 권리, 종교의 자유, 투표의 자유, 고문을 받지 않을 권리, 공정한 재판을 받을 권리 등 전통적으로 주장되어 온 자유와 권리들이 그 중심 내용을 이룬다. 우리는 이들을 흔히 제1세대 인권이라 부른다. 그 이념들은 1789년 프랑스의 「인간과 시민의 권리선언(The Declaration of the Rights of Man and Citizen)」, 1689년 영국의 「권리장전(Bill of Rights)」, 「유럽 인권 규약(The European Convention on Human Rights)」 등에서 구체적으로 표현되고 있다.

(2) 제2세대 인권

제2세대 인권이 등장하게 된 배경을 관념적 차원과 역사적 차원으로 나누어 진술하고자 한다. 먼저 관념적 차원이다. 제2세대 인권은 산업혁명 이후 가속화되는 산업화 속에서 파괴당하는 인간의 삶의 모습을 극복하고자 하는 노력으로서 사회주의 진영에서 제창된 인권이다. 당시 19세기 중반은 기계화와 산업화로 자본주의가 무르익어 가는 가운데 노동자의 삶이 피폐화되고 부가 편중되며 또 미성년자들이 가혹한 노동의 강도를 견디지 못하게 되자 이를 해결하고자 하는 노력이 집중되었던 시기였다. 그래서 미성년자의 노동 금지, 노동조합의 단결권 및 주말 노동시간 규제에 관한 법 등이 제2세대 인권의 개념으로 등장하게 된다.

제2세대 인권이란 바로 제1세대 인권을 향유하고 있었던 부르주아 계급과 그 국가에 대해 프롤레타리아 계급이 요구하였던 사회경제적 권리들을 말한다. 즉, 인권은 사회경제적인 조건들의 개선과 관련해서 새롭게 첨가된 권리들로 점차 다양화되어 왔던 것이다. 그러므로 제1세대 인권 개념과 관련된 시민법은 자본주의 사회를 유지·발전시키는 법적인 지주로서 존재하였으나, 그 현실적이고 역사적인 한계로 인하여 전체 공동체의 안녕을 추구하는 방향으로 수정될 수밖에 없었다. 그리하여 공동체의 생존과 안녕을 고려한 나머지 국가는 계약의 자유를 제한하는 적극적 역할을 수행하여 단체주의적 법 원리를 도입하게 되었다. 이러한 시대적 변화상을 반영한 것이 제2세대 인권이다.

다음은 역사적 차원이다. 1917년 소련의 사회주의 혁명기와 1918년 「노동으로부터 착취당하는 인민의 권리선언」의 시기를 거쳐 1919년 바이마르(Weimar)헌법 제151조에서 구체적으로 형성된 일련의 사회권(Sozial rechtsgrund) 체계가 추가된 것이다. 우리는 이들을 제2세대 인권이라고 부른다. 1948년 「세계인권선언」의 제22조에서 제27조까지의 내용들도 이에 해당한다. 노동의 권리, 정당한 보수(임금)를 받을 권리, 최소한의 무상교육을 받을 권리, 휴식과 여가의 권리, 인간의 존엄성을 유지할 수 있는 삶의 권리, 의료보장을 받을 수 있는 권리 등이 그 구체적인 예에 해당된다. 그러므로 제2세대 인권은 경제적, 사회적 그리고 문화적 권리로 알려진 권리들이다. 이는 인간으로서의 잠재성을 완전히 실현할 수 있도록 하는 다양한 형태의 사회적 급여와 서비스 등을 받을 권리로서, 노동할 권리, 교육을 받을 권리, 사회보장에 대한 권리 등을 포함한다. 제2세대 권리는 국가가 훨씬 더 능동적이고 적극적인 역할을 할 것을 의미하기 때문에 적극적 권리로 지칭된다.

(3) 제3세대 인권

① 등장 배경

제3세대 인권이 등장하게 된 배경에는 먼저 계급 간의 평등을 통해 새로운 인권을 확보하려는 흐름과 보다 거시적인 차원에서 국가 간의 평등을 통해 자국민들의 인권을 실현하려는 흐름의 두 가지가 있었다.

먼저 제2차 세계대전 이후부터 이전의 인권 개념들이 서구 사회를 지배하는 백인 · 남성 및 자본가계급의 관점에 그 기반을 두고 있다는 자각이 대두되었다. 이러한 자각의 주체들은 바로 식민지배하에 있던 제3세계 국가들 그리고 '최후의 식민지'로 일컬어지는 여성, 유색인종, 소수민족 등이었다. 이러한 소수 국가 및 계급들은 민족해방 운동, 흑인민권 운동, 페미니즘 운동 등의 사회 운동을 통하여 자신들의 정체성에 대한 사회적 승인과 보편적 권리의 보장을 실현해 나가고자 하였다. 그들의 정치적 요구에 대응하여 등장한 것이 이른바 제3세대 인권이다.

다음으로, 역시 세계대전 이후부터 인권 요구도 국제화되기 시작한다. 사회주의 혁명과 함께 국제적 차원에서의 평등권에 기반한 인권 개념을 바탕으로 제3세계 국가들이 소위 '인권의 국제화'를 요구하게 된다. 그리하여 국제평화 개념을 더욱 적극적으로 받아들이면서, 단순한 전쟁의 반대에 그치지 않고 국제분쟁의 근본 원인이 되고 있는 부의 공정한 분배를 통한 국제사회의 정의, 민주화, 인류가 직면하고 있는 핵과 생태계 위협으로부터의 보호 등 인간다운 삶 등에 대한 관심이 드높아졌다. 이렇듯 국제 공동체가 추구하는 인류 전체의 진정한 가치에 바탕을 둔 새로운 인권 개념의 필요성에 의해 연대권(solidarity rights)으로 구성된 제3세대 인권이 등장하였다. 즉, 제3세대 인권 개념은 연대감에 기반한 국제사회 정의의 실현을 통해 모든 인류에게 인간다운 삶을 보장하고자 하는 것이다. 제3세대 인권은 국가에 의해 수용될 수도 있고, 국가로부터 요청될 수도 있으며, 개인 · 국가 및 국제조직의 조화로운 노력을 통해서만 실현될 수 있다는 점에서 그 새로운 특징들을 찾아볼 수 있다. 이러한 특징들을 구체적으로 살펴보기로 한다.

② 3세대 인권의 특징

인권의 내용은 다시 확대되는데, 개인의 가치를 중심으로 하는 인권을 제1세대와 제2세대 인권으로 분류하는 반면, 공동체나 전체 사회 구성원들의 단결된 권리를 제3세대 인권이라 하며 또 단결된 연대권을 뜻하기에 연대권(rights to solidarity)이라 부르기도 한다. 여기에는 예컨대 개발에 대한 권리, 평화에 대한 권리, 커뮤니케이션에 대한 권리, 건강하고 쾌적한 환경에서 살 수 있는 권리, 인류 공동유산으로부터 이익을 얻을 권리, 인도적인 원조를 받을 권리 등이 그 전형으로 거론되고 있다. 정보통신사회에서 새롭게 요구되는 인권 개념들—예를 들면, 개인 정보의 유출, 포르노 산업의 무차별적 공략, 해커나 크래커의 불법적 행위 등이 가하는 인권 침해로부터 보호하려는 것들—도 등장하고 있다.

제3세대 인권은 집단적 수준에서 정의될 때에만 의미가 통하는 권리들이다. 즉, 제3세대 인권은 그 실현에 의해 개개인이 명백한 혜택을 볼 수 있지만, 그것은 개개인에게 적용되기보다는 지역사회, 전체 국민, 사회 또는 국가에 해당되는 권리들이다. 이는 경제개발에 대한 권리, 세계무역과 경제성장으로부터 혜택을 받을 권리, 조화로운 사회에서 살 권리, 오염되지 않은 공기에서 숨 쉴 수 있는 권리, 깨끗한 물을 마실 권리 등과 같은 환경권을 포함한다. 이러한 집단적 권리는 20세기에 들어서야 실질적으로 인권으로 인식되었다. 제3세대 인권은 집합적 권리로서 개인에게만 적용하면 별 의미가 없지만 집단(지역사회 혹은 국가)에 부여된, 따라서 집합적 맥락에서 이해할 필요가 있는 권리에 관한 것이다.

③ 세대별 인권의 비교

제1세대 인권이 국가로부터의 불간섭을 요구하는 자유권 중심의 인권을 의미한다면, 제2세대 인권은 일정한 분배 정의를 확립함으로써 사회경제적 약자들의 인간다운 삶을 보장하고자 하는 사회권 중심의 인권을 의미한다. 이에 반해 제3세대 인권은 여성에 대한 성적 차별과 인종차별, 그리고 자본주의 세계 체제하에서 식민지배에 따른 착취를 경험했던 제3세계와 중심부 국가들 간에 양극화되고 있는 빈부 격차(남북 문제), 국제 무기경쟁과 핵전쟁의 위협, 생태위기 등과 같은 국제 문제에 대한 새로운 각성으로부터 나온 인권 목록이다. 이 새로운 권리들은 제1,

2세대 인권과는 달리 국가와 개인의 관계 속에서 파생되는 권리가 아니라 집단적 권리 혹은 연대의 권리라는 점에서도 이전 세대의 인권과 구분된다. 그러므로 제3세대 인권은 불평등과 또 다른 식민화가 가속화되고 있는 자본주의 세계 체제 속에서 국경을 초월한 전 지구적 연대와 부의 재분배를 이루어 낼 때에만 비로소 보장될 수 있는 권리라고 볼 수 있다.

정치적 지위를 자유롭게 결정하고 경제적 · 사회적 및 문화적 발전을 자유롭게 추구할 수 있는 '자결권', 평화에 대한 권리, 인도주의적 재난구제를 받을 권리, 다를 수 있는 권리, 지속 가능한 환경에 대한 권리 등으로 대표되는 제3세대 인권은 아직까지 체계적인 인권의 한 분야로서 자리 잡지 못한 상황이지만, 국제정치와 경제 · 문화적 변화의 과정 속에서 지속적으로 제기되고 논쟁을 통해 확립되어 가고 있다. 이상의 3세대 인권 간의 차이에 대한 비교가 〈표 5-1〉에 제시되어 있다.

〈표 5-1〉 인권의 3세대

	제1세대	제2세대	제3세대
세대 명칭	공민권과 정치권	경제적, 사회적 및 문화적 권리	집합적 권리
기원	자유주의	사회주의, 사회민주주의	경제학, 개발학, 녹색이념
예	투표 · 집회 · 언론의 자유, 공정한 재판에 대한 권리, 고문 · 학대를 받지 않을 권리, 차별을 받지 않을 권리	교육, 주거, 의료, 고용, 적정 소득, 사회보장 등에 대한 권리	경제 개발과 성장에 대한 권리, 경제성장의 혜택, 사회적 조화, 건강한 환경, 깨끗한 공기 등에 대한 권리
행위자	법률상담소, 국제사면위원회, 인권감시단, 난민사업	복지국가, 제3섹터, 민간의 시장복지	경제개발기구, 지역사회 개발계획, 그린피스 등
지배적 전문직	법	사회복지	지역사회 개발
사회복지	옹호, 난민사업, 보호시설, 교도소 개혁 등	직접적 서비스, 복지국가의 운영, 정책 개발과 옹호, 조사연구	지역사회 개발: 사회적, 경제적, 정치적, 문화적, 환경적, 개인 정신적 개발

2) 진화과정: 적용 범주의 확장

인권 개념의 확장이 갖는 중요한 의의는 인권이 공공의 영역에서 벗어나 가정의 영역을 포함하게 되었다는 점이다. 공민권과 자유권은 기본적으로 공적인 시민사회의 생활에 자유롭게 참여한다는 것이다. 그러나 많은 사람에게는 인권과 인권 침해가 보다 개인적이고 사적인 특징을 띠고 있다. 예컨대, 여성이 경험하는 인권 침해는 대부분 사적 영역에서 일어나고 있으며, 강간과 가정 폭력 및 가정 억압 등이 그 예에 속한다. 이러한 예는 아동권, 노령권, 장애인의 권리 등에도 동일하게 적용된다. 만일 이들에 관한 권리가 공적 영역에만 국한된다면 그들의 권리 보장은 어렵게 된다. 그래서 여성운동가들은 과거의 인권 개념이 거의 전적으로 공적 영역에 국한되었던 점, 또 여성의 권리는 무시하고 남성의 권한에만 집중되었던 점을 비판하고 있다. 이것은 대단히 의미심장한 비판이며, 해당 정부의 각기 다른 반응을 필요로 한다. 인권의 개념을 공적 영역은 물론 사적 영역으로까지 확장시킨다는 것은 정책 입안자와 인권을 옹호하고 실현하고자 하는 이들에게는 매우 중요한 문제다. 현 세계에 사는 우리는 공사 영역의 구분을 초월하는 인권에 대해 충분히 이해할 필요가 있으며, 이 두 영역 모두가 인권 분야에 종사하는 이들에게 중요한 맥락을 부여한다는 것도 알아야 할 것이다(박영란 외, 2004).

이처럼 인권의 내용은 20세기에 들어와서 다양하게 확대되었다. 뿐만 아니라 인권의 적용 범위도 역시 확대되어 왔다. 아동 · 여성 · 전쟁포로 · 난민 및 노동자 등의 권리에 관한 규정과 협약들이 제정되었으며, 인종차별 금지, 사형제도의 폐지, 학살과 고문 같은 반인륜적 범죄, 노예제도, 인신매매 및 강제노동 등을 금지하는 국제협약들이 제정됨으로써 인권의 범위는 확대되었다.

3) 인권의 국제적 함의와 한계

「세계인권선언」의 규정에 나타난 인권의 개념도 세 가지로 구분할 수 있는데, 이렇게 구분된 개념은 인권 개념의 세 단계의 발전과정을 나타낸다. 첫 번째 개념은 '소극적 권리'로서 「세계인권선언」 제2조부터 제21조까지 규정된 시민적 · 정치적 권리를 의미한다. 이들 권리는 개인의 자유를 박탈하는 어떠한 것으로부터도 해방될 수 있도록 고안되었다. 두 번째 개념은 '적극적 권리'로서 「세계인권선언」 제22조부터 제27조까지 규정된 경제적 · 문화적 권리를 의미한다. 이는 사회정의의 실현, 결핍으로부터의 자유, 사회 · 경제 · 문화생활에의 참여를 보장하는 것을 목표로 하고 있다. 세 번째 개념은 '집합적 권리'로서 아직 형성 단계에 있는 개념이다. 「세계인권선언」 제28조에는 "모든 사람은 사회질서와 국제질서를 지켜야 할 의무가 있다. 이로써 세계인권선언에 규정된 권리와 자유를 완전하게 보장받을 수 있다."고 언급되어 있다. 이는 모든 사람이 「세계인권선언」에 규정된 권리와 자유가 완전하게 보장되는 사회질서와 국제질서에 대한 자격을 집합적으로 보유하고 있음을 의미한다.

유네스코의 법률자문위원을 지낸 커렐 바삭이나 짐 아이프가 말하는 인권의 제3세대나 「세계인권선언」을 통해 공통으로 나타나는 인권의 개념은 억압에 저항한다는 소극적 단계에서 출발하여, 인간의 물질적 · 비물질적 욕구가 충족될 권리와 자원의 생산과 분배에 있어서 평등하게 참여할 권리 등을 긍정하는 적극적 단계로 발전되어 왔음을 알 수 있다. 제3세대 인권이 여러 학자의 연구에도 불구하고 아직까지는 체계적인 인권의 한 분야로 정립되고 있지 않은 상황이지만, 국제적 상황과 경제적 및 문화적 변화 속에서 인권의 개념이 확대되고 지속적인 논의를 통해 그 자리를 확립해 나가고 있음을 주목해야 한다.

오늘날과 같이 세 범주로 확장된 인권은 개인의 총체적 생활 영역을 총망라하는 뛰어난 점을 갖고 있다. 그러나 근대 초의 일부 특권계층을 잣대로 삼았을 때 누락된 다수 시민의 권리를 보전해 주기 위한 의도에서 제정되었기 때문에 다수 시민이 갖는 평균치에도 미달되는 소수 계급의 인권을 특성화하지 못한 한계도 있음은 분명하다. 그리하여 국내에서는 2008년 장애 관련 단체들이 주동이 되어 「2008 장애인인권선언문」을 발표하기에 이르렀다.

3. 인권의 본질에 관한 세 가지 해석

인권의 본질은 무엇일까? 이에 대해서는 세 가지의 전통이 있어 왔다. 그것은 '자연권' '국가의 의무' '구성되는 권리'다(Ife, 2006).

1) 자연권

자연권 해석은 인권을 인류의 인간성에 내재하는 어떤 것으로 본다. 우리는 권리를 가지고 태어났으며, 이는 천부의 또는 자연적인 타고난 권리라고 볼 수 있다는 것이다. 이것은 서구 사회에서 존 로크의 철학과 연결되는데, 그는 국가와 개인의 관계에 관한 정치적 철학을 발전시키기 위해 자연권의 개념을 사용하였다. 그의 철학은 다음과 같은 내용으로 미국의 독립선언서에 많은 영향을 미쳤다.

> 모든 인간은 평등하며 인간은 신으로부터 양도할 수 없는 권리를 부여받았는데, 이는 삶 · 자유 및 행복 등의 추구를 말한다. 이것은 아마도 가장 유명한 자연권의 정의 중 하나이며 또한 200년 후 「세계인권선언」의 전문에 반영된다. 인간 고유의 본성과 동등하며 또한 양도할 수 없는 권리라는 사실의 인정은 지구촌의 자유, 정의, 평화의 이념적 토대가 되고 있다. 그리고 선언문의 첫 조항은 다음과 같이 언급하고 있다. 모든 인간은 존엄성과 권리를 가지고 자유롭고 동등하게 태어났다. 그들은 이성과 양심을 부여받았으며 형제애의 정신을 가지고 서로를 대하여야 한다.

2) 국가의 의무

인권의 본질에 관한 두 번째 해석은 '국가의 의무'라는 것이다. 이것은 인권을 시민에 대한 국가의 책임으로 보는 것이다. 인권을 일종의 국가의 의무로 보면 적극적 인권과 소극적 인권으로 구분된다.

먼저 소극적 권리는 표현의 자유권, 공평한 재판의 권리, 종교의 자유권 등과 같은 국가에 의한 '보호'를 필요로 한다. 국가의 역할은 위협, 차별 또는 독단적 체포, 구금 등의 두려움 없이 권리가 자유롭게 실행되는 환경을 제공하는 것으로 제한된다. 이것은 보통 사람들이 권리의 법적 보호를 찾을 수 있도록 권리와 자유에 관한 법률, 법안, 헌장, 다른 법적 조항의 제정과 공평한 사법 체제 등을 통해 얻을 수 있다. 인권은 변호사들의 영역이 되며 법적 절차를 통해 보장된다. 이것은 인권 문제와 관련된 법적 담화의 지배에서 보이듯 인권에 대해 생각하는 일반적인 방법이며, 사람들은 인권 '전문가'를 찾을 때 자연히 변호사를 찾게 되고, 몇몇 사람의 눈에는 인권이 실제로 법과 동일시된다. 어떤 사람들은 오직 인정된 인권만이 재판에 회부되어야 하며, 이는 법적 수단을 통해 인정되고 이해될 수 있다고 주장한다. 그러나 법적 이해와 실제가 인권론에서 중요한 역할을 하지만, 인권은 세 양식의 한 부분 안에서 부정적 권리만을 다루는 것이다. 그리하여 아이프는 인권을 법과 동일시하는 시각은 인권 분야의 폭을 제한하는 것이라고 지적하고 있다. 법과 법적 메커니즘의 중요성의 가치를 떨어뜨리지 않으면서 더 넓은 방법으로 인권 분야를 지키는 것은 중요하다.

반면 적극적 권리는 국가의 '제공'이라는 역할을 필요로 한다. 국가가 교육, 건강, 주거, 수입 보장, 고용과 같은 적극적 인권을 지키기 위한 서비스와 프로그램을 제공하는 것을 말한다. 이는 교육권, 적절한 의료권, 깨끗한 물에 대한 권리 등을 포함한다. 국가가 단지 이러한 권리들을 보호하기 위하여 법률을 제정하는 것으로는 충분치 않다. 국가는 단순히 법적, 사법 구조뿐만 아니라 사회 프로그램도 제공해야 한다. 국가는 단순히 법률을 제정하는 것뿐만 아니라 서비스 또한 제공하는 역할을 해야 한다.

이것은 사회정책을 위한 법적 문제가 아니다. 사회정책은 복지국가, 통제된 시장 또는 준시장 '혼합된 시장' 접근 등을 통해 국가가 지역사회에 이러한 서비스와 프로그램을 어떻게 제공하는지와 직접 연결된다. 이것은 사회정책을 인권 센터의 중심에 있게 하면서 법과 같은 인접 원조 영역과 인권 실현을 위한 협력관계를 가지게 하는 것이다. 그리고 이것은 변호사가 법적 변호의 일을 하는 것과 같이 복지에 종사하는 사람들이 '인권 옹호자'로 활동하는 것을 말한다.

3) 구성되는 권리

인권 논의의 세 번째 해석은 그것이 구성되는 권리라는 것이다. 이것은 권리라는 것이 그 자체로 존재하는 것이 아니라는 생각에서 비롯된다. 그것들은 발견되거나 확인되거나 측정될 수 있는 것이 아니다. 권리는 서로 간의 사회적 상호작용과 '인간성의 동질성' 바탕 위에서 어떻게 살아야 조화로운 삶인지에 대한 고민으로부터 나오는 것이다. 그러므로 권리는 '자연적'이거나 신으로부터 주어지기보다는 정의되는 것이며, 법률로 제정되기보다는 형성되는 것이다. 그러면 문제의 관건은 '누구를 위해 그리고 어떤 내용으로 누가 인권을 규정짓는가?'가 된다.

전통적으로 인권에 관한 법률적 전통으로 인해 우리의 권리는 선언문과 협정, 권리장전을 쓰고 법률로 통과시키는 전문가들에 의해 정의되어 왔다. 그들은 전 세계인의 권리의 정의를 맡은 극소수의 엘리트 그룹이다. 그들은 전반적으로 정치가, 변호사, 학자, 여론 주도자, 앰네스티와 같은 단체의 인권 활동가들이다. 문제는 그들이 거의 백인이거나 남성들이라는 것이었지만, 지금은 예전과는 다르다. 이제는 여성의 목소리나 비서구인들의 의견도 중시되고 있다. 그러나 여전히 특권층이며 우리의 인권을 침해할지도 모르는 소수의 엘리트 그룹에 의해 우리 나머지 사람의 권리가 결정된다는 한계가 있다. 그러므로 권리를 정의하기 위해, 우리의 일상으로부터 나오는 권리에 대한 대화에 참여하기 위해, 그리고 이러한 권리가 어떻게 실현되는지에 참여하기 위해 더 많은 사람을 폭넓게 찾는 것이 중요한 과제가 된다. 우리 사회에서 소수의 엘리트 그룹이 아닌 당사자의 노력으로 만들어진 대표적인 법률로서는 「장애인차별금지 및 권리구제 등에 관한 법률」(2007)을 들 수 있다.

제3절 사회복지 서비스의 지향점: 인권의 실현

1. 사회복지 직무의 이중 초점

오늘날 사회복지의 성격을 무언가의 변화를 의도하는 전문 직업 혹은 영역이라 규정한다면, 그 변화는 개인 변화와 사회 변화로 나눌 수 있다. 여기서 개인 변화란 적응력 강화인 반면 사회 변화란 인적 및 인위적 환경의 개선을 의미한다. 일종의 전략으로서 인적 및 인위적 환경의 개선이란 사회복지가 대인적 서비스와 지지뿐 아니라 정치적 · 사회적 행동을 통하여 인간의 삶을 제약하는 외부적 장애를 규명하고 좀 더 나은 생활을 할 수 있는 기회를 창출할 수 있는 방법을 개발할 책무가 있음을 의미한다. 이를 토대로 사회복지는 개인의 적응을 돕기 위한 전문직으로서의 기술 개발과 훈련뿐 아니라 사회적 이상의 실현과 사회 변화에도 관심을 기울여 왔다. 이러한 사실은 사회복지의 역사를 통해서도 확인할 수 있다(백종규, 1996). 이와 같이 사회복지 직무에 대한 차별적인 설명은 사회복지의 역사적 흐름을 통해 확인할 수 있다.

애당초 사회복지의 관심은 빈곤이었다. 그런데 특정한 개인이 가난해졌을 때, 그 배경에 대한 해석은 자유방임적 빈곤관과 복지국가주의적 빈곤관이라는 두 가지로 크게 엇갈린다(김동국, 1994). 전자에서는 빈곤을 태만 · 무절제 및 개인적 준비성이 부족한 결과로 간주한다. 도덕론의 입장에서 단순한 경제적 결핍 이상의 것으로 이해하고 있는 셈이다. 반면 후자의 입장에서는 빈곤을 단순한 경제적 결핍으로만 이해한다. 헤이(Hay, 1978)는 다음과 같이 주장하고 있다. "겨우 때에 따라 임시로만 고용되는 노동계층이 근면하거나 절제심이 있게 된다는 것은 도덕적으로 불가능한 일이다. 근면과 절제는 안정성 있는 고용과 일정한 수입에 의해 길러지는 습관이기에, 태만과 무절제 등은 빈곤의 원인이 아니라 오히려 그 결과다."

이러한 상반된 입장을 대표하는 조직을 사회복지의 역사적 흐름에서 찾는다면 자선조직협회와 인보관을 들 수 있다. 먼저 자선조직협회는 빈곤을 개인의 성격적 결함의 결과로 이해하였기에 빈민들에 대한 인격적 감화를 통해 그들의 성격을 교정하려고 노력하였다. 반면 인보관에서는 질병, 밀집된 주거 상황, 저수준의 임금, 영양 결핍, 부적절한 교육 · 훈련 여건 등과 같은 환경적 조건들이 빈곤의 발생 배경에 해당되기 때문에 환경을 개선해야 한다고 주장하였다. 그러므로 자선조직협회는 개인 변화를 지지한 반면 인보관은 사회 변화를 지지했다는 것이다. 이 상반된 두 입장은 어떻게 정리해야 할까?

무엇보다 이 두 가지 변화는 이분법적 시각에서 대립적인 관계로 볼 것이 아니라 일원론적 시각에서 서로 보완적인 관계로 조망해야 한다. 다소 생뚱맞은 이야기일지 몰라도, 모든 것은 홀로 존재하는 것이 아니라 반드시 한 쌍으로 존재한다. 좀 더 구체적으로 표현한다면, 모든 현상의 기본 단위는 음과 양이라는 양 극성으로 구성되어 있으며, 이 극성들은 별개의 실체가 아니라 이중적인 관계에 있다. 그러므로 자연현상인 모든 물질은 빛과 입자라는 두 가지 모습을 띠고 있고, 사회현상의 기본 단위인 개인의 속성은 선/악 · 자율/타율 및 주관/객관 등 양 극성으로 이루어져 있다. 또한 이 양 극성은 동전의 양면과 같은 이중적인 관계에 있다. 같은 논리로 사회복지의 목표도 이중적 모습을 띠고 있다고 보는 것이 지극히 당연한 일이다. 그 이중적 모습을 개인 변화(양)와 사회 변화(음)라고 표현할 수 있다. 그래서 오늘날 「사회복지사 윤리강령」에서는 사회복지사의 직무가 갖는 이중성을 '사회정의 실현과 클라이언트 복지 증진'으로 표현하고 있는 것이다. 사회 변화와 개인 변화 간의 균형적인 관계 정립을 천명한 것이다. 그렇다면 실제로 사회복지실천 현장에서 이 두 가지 변화 간의 관계가 균형적인지를 성찰하고 점검해 보는 것은 매우 중요한 과제이지 않겠는가?

현실에서 사회복지가 실천되고 있는 모습은 실무자 등 관계자들이 갖는 사회복지에 대한 관념으로부터 다대한 영향을 받는다. 그러나 우리 사회에서 그 관념은 우리 현장의 특성을 기반으로 한 자생적 구성물이라기보다 미국 사회에서 구성된 그 관념들을 여과 없이 도입한 결과물들이다. 그리하여 미국 사회에서 사회복지실천이 다소 편향된 임상적인 경향을 띰으로써 환경의 개선보다는 클라이언트의 적응력을 강조하게 된 배경을 검토함으로써 사회복지 직무의 이중성이 균형적인지의 여부를 확인하고자 한다.

2. 욕구 중심의 서비스와 Social Work의 등장

사회복지실천의 원어는 social work[1])이며, social work의 직업적 책무는 클라이언트의 욕구 충족과 사회정의의 실현이라는 이중성을 갖는다. 그러므로 사회복지실천의 직무가 균형적인 이중성을 띠고 있는지를 확인하기 위해서는 먼저 이 용어에 대한 이해가 앞서야 한다. "사회복지와 관련된 용어가 처음 사용된 시기는 1890년대였으며, 그것은 독일어 Wohlfahrtspflege였다고 한다. 이때 독일에 유학 중이던 미국인 디바인(E. T. Devine)이 이 용어를 social work로 번역하였다."[2)]

1) 현재 국내에서는 social welfare를 사회복지로, 그리고 social work를 사회복지실천으로 번역함으로써 이 두 용어가 동일한 의미를 가지고 있으며 또한 동일한 맥락에서 사용해도 무방한 용어로 이해하고 있다. 그러나 학술적 측면에서 엄격히 보았을 때 서로 다른 논리와 함의를 가진 용어로 판단된다.

2) 이상의 내용은 모 대학교 신입생 안내 책자에 수록된 내용이다. 학술서적도 아닐 뿐더러 내용의 출처를 표기하지도 않았다. 그러나 social work라는 용어의 유래에 관해서는 『사회복지실천백과사전(Encyclopedia of Social Work)』 등 어떤 자료에서도 확인할 수 없기에 자료의 신빙성에는 완벽한 확신이 없음에도 조심스럽게 인용해 본다.

디바인이 누구인가? 바로 뉴욕자선조직협회의 초대 사무국장을 역임한 인물이다.

사실 따지고 본다면 이 번역은 정확하다고 할 수 없다. 독일어 Wohl은 영어의 well에 해당하기 때문이다. 그럼에도 왜 그렇게 번역했을까? 다름 아니라 미국인들의 세상을 바라보는 안목 혹은 이데올로기 때문이라고 사료된다. 그 안목은 바로 개인주의와 실용주의를 말한다. 그러니 제도적 성격이 강하고 또 집합성을 강조하는 social welfare를 이러한 이데올로기를 배경으로 개별성과 실용성을 강조하는 social work로 번역하게 되었다고 판단된다.

원래 현대 사회복지는 자본주의 체제가 갖는 결함을 교정한다는 사회적 책무에서 출발하였다. 그런데 미국은 자본주의가 가장 발달된 사회이며 또 대표적인 자본 순응적 국가다. 그러한 자본주의 체제의 핵심 이념은 무엇인가? 바로 개인주의인데, 사회복지의 제도적 성격과는 일치되지 않는다. 이 개인주의를 지향하는 자본주의 체제를 한 점의 의혹 없이(다소 과장스러운 표현이지만) 있는 그대로 수용하기 위한 의도에서 체제 수정적인 social welfare를 체제 순응적인 social work로 변용하게 되었다고 판단된다. 이렇게 등장한 social work는 프로이트 이론의 영향을 받은 나머지 임상적인 성격을 더욱 굳혀 가게 되었으며, 또 전문 직업화라는 특성화의 방향을 고수하게 된다. 프로이트 이론이 social work에 미친 영향력은 막대했다는 것이다. 그리하여 그 영향력의 과정을 살펴보기로 한다.

20세기 이후 미국 · 캐나다 및 영국 등에서 사회복지실천(social work)이 일종의 전문직으로 출현하게 되었을 때 그 주요한 목표는 '빈민들의 생활 개선'(Richmond, 1917)이었다. 또 그러한 목표를 효과적으로 달성하기 위해서는 모든 공공구제 체계가 빈민들에 대한 훈련 및 교육과 반드시 연계되어야 한다고 믿었다(Pumphrey, 1956). 그 결과, 원조 전문가들은 자신들을 열등한 이에 대한 후원자로 이해해 왔다. 처음으로 사회복지실천의 교과서인 『사회진단(Social Diagnosis)』(1917)을 저술한 리치먼드(Richmond)는 사회복지실천에 질서정연한 과학적 시각뿐 아니라 온화함과 동정을 주입하려고 노력하였다. 그녀는 모든 사례는 개별화되어야 하며, 또 우애방문원과 클라이언트는 공감적인 관계여야 함을 주장하였다. 그러나 1920년대의 우애방문원들은 클라이언트의 환경 조정 혹은 충고 등은 그들의 부정적인 정서와 파괴적인 행동을 좀처럼 변화시키지 못함을 알게 되었다. 그리하여 클라이언트의 부적응에 영향을 주는 변인를 제시해 주는 새로운 이론을 필요로 하게 되었다. 정신분석 이론이 바로 그 해답이 되었다.

프로이트 이론은 전문직의 초점을 빈곤에서 빈민으로 옮겨 버렸다. 정신분석 이론은 곤경에 처한 이들에 대한 단선적인 도덕적 접근을 비심판적인 심리사회적 과정으로 변화시켰다. 실제로 리치먼드의 『사회진단』이 출간된 지 2년이 채 되지 않았을 때 클라이언트들의 50%가 심리적인 문제를 지녔음이 재규명되었다(Hellenbrand, 1972). 정신분석은 클라이언트의 과거 경험이 현재의 부적응과 역기능의 주요 변인임을 잘 설명해 주고 있다. 정신분석 이론은 원조 전문가와 클라이언트 간의 관계를 '무미건조한(no-nonsense)' 관리자적인 실천가에서 클라이언트를 보다 폭넓게 이해하고 또 클라이언트의 곤경에 대해 숙달되어 있는 감정이입적이면서 허용적인 워커로 탈바꿈시켰다(Strean, 1979).

치료에 상당한 정도로 유용한 정신분석의 대표적인 개념은 전이(transference), 저항(resistance) 및 교정적 정서 체험(corrective emotional experience) 등이었다. 프로이트 이론에 기초한 역동심리학의 교과목은 모든 사회사업학도에게 필수적인 것이 되었다.

초장기의 내면적이고 본능적인 갈등에 대한 강조와는 대조적으로, 1950년대에 접어들면서부터 원조 전문직은 개인이란 진단적인 사정과 치료의 과정에서 사회적 환경으로부터 결코 분리될 수 없다는 사실을 깨닫기 시작하였고, 인간 존재를 다양한 환경 체계와 상호작용하는 개방 체계로 간주하기 시작했다. 그 결과, 워커는 클라이언트의 자아의 기능과 손상에 더 많은 관심을 기울이게 되었고, 사회사업 실천은 '자아 중심적(ego-centered)' 성격을 띠기 시작하였다(Bandler, 1963).

1960~1970년대 이르자 많은 요인으로 인해 사회사업이 정신분석과 조금씩 결별하기 시작했다. 원조 전문가들이 클라이언트의 자아, 특히 외부 현실 세계와 갖는 관계에 대해 더욱 많은 관심을 집중함에 따라 원조의 초점은 현저하게 변화되었다. 개인의 내면적인 기능이 아니라 개인 간의 상호작용 과정에 더 많은 관심을 쏟기 시작했다. 그 결과로 무의식의 중요성이 퇴조되기 시작했다. 클라이언트의 사회적 맥락이 그가 왜 특정한 방법으로 행동했는지를 결정짓는 가장 핵심적인 변수라는 사실을 인식하게 됨에 따라, 사회사업가는 개인의 원조과정에 대한

관심을 줄인 채 부부 · 가족 및 집단 등에 더욱 많은 관심을 기울이기 시작했다.

그 전문직이 1960~1970년대에 인종 · 사회적 부정의 등과 같은 사회문제에 직면하게 되자, 사회복지계획(social planning)은 사회복지실천 내에서 이전보다 더욱 강력한 입지를 구축하게 된 반면 임상 전문가들은 위축되었다. 지난 40년 동안 사회복지실천과 정신분석 간의 유대로 인해 사회문제에 대한 관심이 약화되면서, 사회복지실천의 '빈곤층으로부터의 이탈'과 중산층으로의 편애 현상이 증가하고 또 사회개혁이 지연되었다는 주장이 제기되었다(Borenzweig, 1971).

사회복지실천가들이 정신분석을 적용하려고 할 때 갖는 어려움의 핵심은 사회복지실천이란 과연 무엇인가라는 정체성에 관한 의아심이다. 사회복지실천은 기술과 과학의 양면성을 모두 가지고 있다고 알려져 있다. 소수인들은 전문직으로 이해하는 반면 다른 이들은 준전문직으로 치부하고 있다. 일부 학자는 사회복지실천이 곤경에 처해 있는 이들에게 관심을 가져야 한다고(Witmer, 1942) 주장한 데 비해, 다른 학자는 불이익을 받고 있는 자뿐 아니라 '정상인'에게도 애정을 베풀어야 한다고(Kahn, 1973) 주장하고 있다.

미국 사회에서 사회복지실천이 일종의 전문직으로 등장했던 초창기의 경우 정신분석학이 거의 유일한 이론적 멘토였다. 그러나 그 이후에는 자아심리 이론, 행동주의 이론 및 체계 이론 등 다양한 원천으로부터 이론적 자양분을 충당하고 있는 실정이다. 그렇다 하더라도 사회복지실천이 전문 직업화라는 방향을 추구하는 한 정신분석 이론이 관련 원조 전문직 내에서 갖는 영향력은 지배적일 수밖에 없을 것으로 추정된다.

정신분석 이론에서는 무의식이라는 개인의 내면적인 정신 요소인 무의식이 인간 행동의 결정적 변수라고 전제하고 있다. 그러니 정신분석 이론으로 무장한 사회복지실천가들의 역할이란 방어기제의 수정, 통찰(병식), 전이의 분석, 교정적 정서 체험 및 성격의 재구성 등과 같은 배타적인 성향을 띤 특성화된 직무다. 그러던 차 이제는 이러한 직무를 보다 풍부하게 적용할 수 있는 새로운 대상으로, 부부관계 등 인간관계 문제로 고심하던 중산계층을 포섭하게 된 것이다. 어떤 결과가 나타났을까? 두 가지를 들 수 있다. 먼저 사회복지실천은 욕구가 있는 곳은 그 어디든 찾아간다는 것이다. 이러한 '빈민으로부터의 이탈과 중산층으로의 편애'(Strean, 1979)로 인해 사회복지는 인권 중심의 서비스가 아닌 욕구 중심의 성격으로 무장하게 되었다고 판단된다. 다음으로, 경제적으로 여유가 있는 중산층이 그 대상이니 가족치료 등 관련 서비스를 제공한 대가로 그 이용료를 받음으로써 이제는 상업 서비스로 탈바꿈하게 되었다. 그런데 인권의 의미를 여러 가지 차원으로 나눌 수 있지만 그중 가장 기본적인 것은 바로 의식주의 보장이라고 할 수 있다. 의식주의 제공을 통해 인권을 보장받게 되는 인구계층은 누구인가? 바로 빈민들이다. 그러므로 중산층을 편애하는 서비스는 인권 중심의 서비스가 아닌 욕구 중심의 서비스로 규정함이 마땅하다. 어쨌든 이처럼 환경과의 상호작용이 아닌 내면적인 속성을 유난히 강조하는 풍토는 과연 무엇 때문일까? 바로 개인주의라는 이데올로기 때문이라고 사료된다.

3. 품격 있는 사회와 인권 중심의 서비스

우리가 생활하고 있는 자본주의 체제가 지향하는 논리 중 하나는 바로 상업주의다. 그리하여 모든 존재를 일종의 상품으로 간주하기 때문에 개인이 갖는 가치를 상품성의 높낮이로 재단한다. 이러한 풍조로 인해 현대인들의 처신은 잇속에 따라 좌충우돌하기에 인간관계는 깊이가 없으며 또 경박한 문제점이 있다. 그런데 사회복지가 자본주의 체제가 야기한 사회복지문제에 대응한 시책이라고 한다면, 그 사회복지가 지향하는 사회는 이해관계에 의해서도 처신이 달라지지 않는 품격 있는 사회여야 한다고 주장하고 싶다.

사회복지 서비스의 유형은 그 성격을 기준으로 욕구 중심과 인권 중심의 서비스로 나눌 수 있다. 욕구 중심의 서비스는 사회적 약자 등에 한정하지 않고 욕구를 가진 계층이면 누구나 그 적용 대상으로 삼기에 그 대상이 중산층으로까지 확대되어 있다. 확대되다 보니 빈민 등 사회적 약자에 대한 관심이 상대적으로 소홀하기에 이르렀다. 그러면 왜 확대된 것일까? 확대의 본질은 무엇일까? 본 저자는 다름 아니라 전문 직업화를 그 전개 방향으로 설정했기 때문이라고 판단된다. 결국 전문 직업화라는 방향 설정 때문에 욕구 중심의 서비스로 정착하기에 이른 것이다. 인권 중심의 서비스가 되기 위해서는 전문 직업화라는 방향이 불가하다고 판단했기에, 다음과 같은 내용의 전문 직업화라는 방향이 갖는 한계(김동국, 2008)를 인권 중심의 서비스가 갖는 정당성에 가름하고자 한다.

첫째, 무릇 모든 사회 체계의 기본 기능으로는 안정과 변화를 들 수 있다. 그러므로 사회복지의 성격은 안정 속에서 변화를 추구하는, 체제 유지적 성격과 개혁 지향적 성격이라는 양면성을 띠어야 함은 불문가지의 일이라 할 수 있다. 이때 체제 유지적이란 빈곤 · 질병 등 사회복지문제의 발생 원인을 개인의 기능적 결함에 초점을 맞춤으로써 사회 구조의 개선을 경시하는 것을 의미한다. 대표적인 예로는 사회복지실천의 미국식 전문 직업화 경향을 들 수 있다. 그러므로 전문 직업화라는 경향으로는 모든 사회 체계가 반드시 지녀야 할 기능 중 하나인 변화를 도모할 수 없는 한계가 있게 된다.

둘째, 사회복지문제는 이중적 성격을 띤다. 빈곤 · 장애 및 노령 등 모든 사회복지문제는 환경 문제와 내부자 문제라는 이중적 성격을 지닌다. 환경 문제란 인적 및 인위적 환경 문제로 세분화할 수 있다. 인적 문제란 가족 · 동료 및 지역주민들의 관련 태도를 말하며, 인위적 문제란 각종 관련 법제가 마련되지 않았을 때 나타나는 문제를 말한다. 그러므로 환경 문제란 각종 사회복지 법제에서 볼 수 있는 객관성 그리고 전체 사회의 의식 구조와 문화 등에서 볼 수 있는 주관성을 모두 지니고 있다고 보아야 한다. 아울러 이처럼 사회복지문제가 주관성 또한 띠고 있다는 점에서 인접과학의 용어인 사회문제와 확실히 구별되어야 한다. 정밀하게 접근해 볼 때, 사회복지의 궁극적 관심은 빈곤이 아닌 빈민에게, 그리고 질병이 아닌 환자에게 있지 않은가? 반면 내부자 문제란 문제 해결과 관련된 클라이언트의 자질을 말한다. 예컨대 동기, 자존감, 적응 유연성 등과 같은 긍정적 심성과 공격심, 적대감, 무력감 등과 같은 부정적 심성을 말한다(김동국, 2008). 무슨 이야기인가? 각종 사회복지문제의 해결에는 무엇보다 당사자의 문제 해결과 관련 자질이 핵심이라는 것이다. 사실 따지고 보면 관련 법률과 제도는 문제 해결과 관련하여 일종의 잠재력에 불과한 것이다. 그 잠재력을 실제화하는 것은 어디까지나 당사자 본인이다. 그러니 아무리 뛰어난 식견과 전문 기술을 가진 전문가(인적 환경)일지라도 그의 접근만으로는 온전한 해결을 도모할 수 없는 것이다. 대표적인 전문직으로는 의료직을 들 수 있다. 이 의료직은 근본적으로는 신체를 다루는 직종이다. 그런데 신체는 물질의 일종이다. 각종 장기의 이식과 절제 과정에는 환자의 자유의지가 핵심이 아니기 때문에 얼마든지 고도의 전문직을 지향할 수 있는 것이다. 이와는 달리 사회복지문제의 해결에는 클라이언트의 자유의지가 핵심 변수이기 때문에, 사회복지사가 무작정 전문적인 지식과 기술을 갖춘다고 해서 그 효과가 정비례하는 것은 아니다.

셋째, 사회문화적 여건의 차이와 관련된 문제다. 미국에서는 일부 주에서 워커를 원조 전문가로 간주하여 치료자로서의 역할을 인정해 주고 있다. 사회적으로 재가되었다는 것이다. 반면 한국의 경우 사회복지사 중 정신보건복지사만이 '집단활동' 등 극소수의 항목에서만 의료수가가 반영되고 있는 등 전문 직업화의 길이 법적으로도 사회적으로도 전혀 개통되지 않고 있다. 그러면 왜 미국에서는 인정해 주는 것일까? 과다한 의료비 때문이다. 주지하다시피, 미국의 경우 전국적으로 통일된 공공 의료보험제도가 실시되지 않고 있다. 기초수급자를 제외하고는 모두 민간 의료보험제도를 선택적으로 이용하고 있는 셈이다. 그러니 '과다한 의료비'라는 여건이 저렴한 의료환경을 필요로 했던 것이다. 실제로 우리의 경우 감기나 치통의 경우 별 부담 없이 병의원을 찾을 수 있지만, 많은 미국인은 우리보다 수십 배 비싼 의료비용 때문에 민간요법을 이용하거나 그저 참고 만다고 전해지고 있다.

끝으로, 미국의 경우 대학원 중심 교육 체제이지만 우리는 학부 중심 교육 체제이지 않은가? 학부 중심의 교육과정으로 전문 직업화를 도모한다는 것은 의욕이 너무 앞선 것이 아닐까?

참고문헌

김기덕(2007). 변화하는 환경에서 소셜워크 전문직에 대한 사회정의 관점과 인권 관점에 대한 비판적 비교. 한국사회복지학회 추계대회. 219-257.

김동국(1994). **西洋社會福祉史論**. 서울: 유풍출판사.

김동국(2008). 일원론을 중심으로 한 사회복지의 성격 탐색. **사회복지정책**, 34, 63-84.

김영종(2006). 사회복지와 인권. 국가인권위원회 부산사무소. Jim Ife 초청 사회복지분야 인권 교육 도입·확산을 위한 외빈 초청 토론회. 223-230.

박영란, 이예자, 이용교, 이찬진, 임성택, 짐 아이프(2004). **한국의 사회복지와 인권**. 서울: 인간과 복지.

백종규(1996). 한국 사회복지운동의 사회복지실천적 의미. 경북대학교 대학원 석사학위논문.

이봉철(2003). 현대인권사상. 서울: 아카넷.

Bandler, B. (1963). The Concept of Ego-Supportive Psychotherpy. In H. J. Parad & R. R. Miller (Eds.), *Ego-Oriented, Casework*. New York: Family Service Association of America.

Borenzweig, H. (1971). Social Work and Psychoanalytic Theory. *Social Work, 16*(1).

Charles, H. (1994). What are Women's international human right? In R. J. Cook, (Ed.), *Human Right of Women: National and International Perspective*. Philadelphia: Univ. of Philadelphia Press.

Hay, J. R. (1978). *The Development of British Welfare State. 1880~1975*. London: Edward Arnold.

Hellenbrand, S. C. (1972). Freud's Influence on Social Casework. *Bulletin of the Menninger Clinic, 36*(4).

Hunt, L. (2007). INVENTING HUMAN RIGHTS. 전진성 역(2009). 인권의 발명. 경기: 돌베개.

Ife, J. (2006). Human Rights and Human Services: Opportunities and Challenges. 국가인권위원회. Jim Ife 초청사회복지분야 인권관점도입 확산을 위한 워크숍.

Kahn, A. (1973). *Shaping the New Social Work*. New York: Columbia Univ. Press.

Pumphrey, M. (1956). Mary Richmond and the Rise of Professional Social Work in Baltimore: The Foundations of a Creative Career, Ph.D. diss., Columbia Univ. School of Social Work.

Reichert, E. (2001). *Social Work and Human Right*. 국가인권위원회 사회복지연구회 역(2008). 인간과 복지.

Richmond, M. (1917). *Social Diagnosis*. New York: Russell Sage Foundation.

Saleeby, D. (2002). *The Strengths Perspective in Social Work Practice*. Boston: Allyn Bacon.

Strean, H. S. (1979). *Psychoanalytic Theory and Social Work Practice*. New York: the Free Press.

United Nations. (1987). *Human Rights: Questions and Answers*. New York.

Witmer, H. (1942). *Social Work: An Analysis of a Social Institution*. New York: Rinehart and Co.

제6장 장애인복지의 법제적 모형

제1절 장애에 대한 사회의 반응

스마트(Smart, 2001)는 장애에 대해 사회가 갖는 반응을 자선(charity), 우선적 처우(preferential treatment), 보상(compensation)의 세 가지로 구분하고 있다. 이러한 구분은 먼저 장애에 대한 사회의 반응이 진화해 온 과정을 관념적으로 묘사한 것이며, 또 장애인에 대한 사회의 차별적인 반응이 장애인들의 취약한 사회적 위치를 결정하고 있음을 잘 설명해 주고 있다. 또 이렇게 구분하고 있지만, 이 세 가지는 모두 수혜자로서 장애인이 열등하며 예속적이고 요구호의 상태임을 공통적으로 전제하고 있다. 그러기에 사회가 장애인의 입장에서보다는 사회의 입장에서 반응하므로 일방적인 사회의 반응은 장애인에게 무의미한 또는 모욕적인 결과를 가져올 수도 있다.

1. 자선

원래 자선이란 신 · 망 · 애 등 기독교의 교리를 실천하기 위한 의도에서 장애인, 고아, 비자발적 실업자 등 '가치가 있는 빈민'에게 베풀어 주는 구제사업을 의미한다(DiNitto & Dye, 1987). 여기에서 중요한 사실은 자선의 동기와 의도가 무엇이냐에 있다. 교인이 하나님의 명령을 실천하게 되면 사망 후 하나님 왕국으로 들어갈 수 있다는 사실이 그 실천의 동기가 된다. 어디까지나 공급자인 베푸는 자가 중심이 되며, 수혜자가 가치가 있는 존재이기 때문에 베푸는 것이 아니라는 사실이다. 또한 자선의 결과가 어떠할지에 대해서는 아무런 관심을 가지지 않기 때문에, 자선의 금액과 시혜의 시기 등으로부터 아무런 구애를 받지 않는다.

그렇기에 자선은 그 기금의 모금을 위해 장애를 과장하고 또 장애에 대한 막연한 감성적 접근을 불러일으키게 마련이다. 또한 장애인에 대한 자선은 장애인과 비장애인이 한 사회에서 동등한 위치를 차지하지 못하게 만들기도 한다. 이를테면 자선은 주는 자와 받는 자 사이에 명백한 권력관계가 형성된다는 것이다.

이러한 비정상적인 관계의 결과는 어떠할까? 먼저 장애에 대한 과장과 감성적 접근은 결과적으로 장애인에 대한 차별과 고립을 불러올 수 있고 때로는 인간적인 모멸을 줄 수도 있다. 게다가 모금된 돈은 장애인의 손상된 자존감만큼의 가치를 발휘하지 못하는 경우가 많다. 또한 장애인들은 후원자에 대해 빚이 있다고 생각하게 되며, 결국은 사회적으로 자신을 가치 없는 존재로 여기기 쉽다. 그리고 주는 자와 받는 자 사이의 인간관계에서도 문제가 나타난다. 먼저 양자를 명확히 구별하기 때문에 시민주권과 공동체 의식을 갖는 데 방해 요인이 되며, 자선의 대상이 되는 장애인의 위치 역시 대등한 관계로 성립될 수 없다. 이러한 점에서 볼 때 자선은 사회가 갖는 일방적인 반응이며, 이로 인해 장애인은 차별을 받게 되며, 장애인에 대한 자선이라는 태도는 궁극적으로 사회통합을 이루는 데 방해 요인이 될 수밖에 없는 것이다.

2. 우선적 처우

자선과 같이 장애인에 대한 우선적 처우 역시 도움이 필요한 사람들에게는 모욕적이며 품위를 떨어뜨릴 수 있다. 그러나 사회적 약자에 대한 사회의 여러 특별 우대 제도는 기회의 평등을 제공할 수 있다는 점에서 긍정적인 면도 있다. "가장 적은 이익을 가진 자에게 가장 큰 이익을 제공한다."라는 롤즈(J. Rawls)의 '차등의 원칙'이 그 예에 해당한다.[1] 사회의 장애인에 대한 우대제도로 특별 고용, 특별 승진, 낮은 기준, 특례 입학 등이 있다.

미국 사회의 대표적인 장애인 관련 법률인 「미국장애인법(American with Disabilities Act: ADA)」에서는 장애인에 대한 특별대우를 명시한 조항은 없다. 이 법에서는 자격이 없는 사람에 대한 고용, 승진, 입학을 사회에 요구하지 않는다. 다만 자격이 있는 장애인들이 경쟁할 수 있도록 관련 시설과 지원에 관한 조항을 규정하고 있을 뿐이다.

비록 의도적이지는 않더라도 장애인에 대한 특별대우는 자선과 마찬가지로 장애인들에게는 비장애인과 경쟁할 수 있는 실질적인 능력이 없음을 전제로 한다. 장애인에 대한 특정한 처우는 특정한 기준과 기대치로부터 그 사람을 배제시키는 결과를 만들고, 장애인들이 비장애인들과 경쟁할 수 없는 존재가 되게 만들기도 함으로써 장애인을 위해서 그리고 사회를 위해서도 긍정적인 결과를 이끌어 낼 수 없는 것이다.

3. 보상과 급여

장애인에 대한 보상의 대표적인 예로서는 연금 · 보험급여 · 개인보험 등과 같이 기여를 통한 보험급여와 근로 능력이 없기 때문에 기여금을 낼 수 없는 대상을 위한 일종의 '사회적 안전망'으로서 기여금 없이 제공되는 기초연금의 두 가지로 구분할 수 있다. 연금보험과 같은 보상은 장애인의 개인적인 기대에 부응하여 제

1) 롤즈는 '정의(justice)'를 도출해 낼 수 있는 원리를 자유의 원리와 평등의 원리의 두 가지로 나눈 다음, 평등의 원리에는 차등의 원리와 기회균등의 원리라는 두 가지 하위 원리를 제시하였다(Rawls, 1971).

공된다기보다, 그들이 장애를 갖고 있다고 문서화되어 있거나 증명할 수 있기 때문에 매달 급여를 지급받게 된다. 한편 기초연금과 같은 기여금이 없는 보상은 수혜자들의 '욕구조사(needs test)'를 토대로 이루어진다.

대부분의 연금보험과 같은 보상은 선천적 장애를 가진 사람들을 포함시켜서 계획안을 세우지 않는데, 이는 장애인이 기여금을 낼 수 없을 것이라고 생각하기 때문이다. 그래서 공공자금이 쓰이는 대상은 전쟁과 같이 사회적으로 가치 있는 활동을 하다가 직장으로 다시 돌아갈 수 없는 장애인들에게 지급되고, 또 그렇게 함으로써 사회는 그들에게 책임을 다하고 있다고 생각한다. 그러나 이러한 급여는 그들이 이미 제공한 기여금을 돌려받는 것이므로, 장애인들은 이러한 보상이 사회로부터 받는 자선이라고 생각하지는 않는다.

중도장애인이 점차 증가하고 있고 장애 범주가 확대되는 현대사회에서는 보험과 같은 급여가 하나의 권리로 인식된다. 그러나 소수의 대상자에게 제공하는 무기여 연금은 사회의 자선이 허용하는 선에서 결정되며, 따라서 사회가 장애인에 대한 책임을 완수하는 정도라고 평가할 수 있다.

제2절 법적 모형

1. 「장애인복지법」의 문제점: 전달체계를 중심으로

1) 「장애인복지법」의 제정 배경과 연혁

우리 사회에서 장애인과 관련된 최초의 기본법으로는 「심신장애자복지법」을 들 수 있다. 이 법이 제정되게 된 배경으로는 우리 사회의 내외적 상황 변화와 성숙을 들 수 있다. 먼저 국내적 요인으로서는 1970년대에 이룩한 눈부신 경제성장에 호응한 사회개발의 필요성을 들 수 있다. 그러나 이 법의 규정 대부분이 선언적 내용에 그치고 있기 때문에 이 법이 과연 장애인에게 도움을 줄 수 있는가라는 식으로 각계의 회의적인 비판이 많았다. 그러니 국외적 요인으로 그 배경을 설명하는 것이 더욱 타당하리라 여겨진다. 유엔에서는 1981년을 '세계장애인의 해'로 선포하면서 장애인의 '완전한 사회 참여와 평등'을 기본 이념으로 장애인의 사회통합을 위해 각국은 실천 방안을 강구해야 한다고 밝혔다. 이러한 권고와 세계적인 추세로부터 영향을 받은 정부에서는 복지사회 건설을 국정 지표로 정한 다음, 복지 대상자 중 가장 취약 계층인 심신장애인의 복지에 큰 관심을 가지게 되었다. 그리하여 심신장애의 예방과 심신장애인의 재활 및 보호 등의 복지시책을 효과적으로 추진하기 위하여 「심신장애자복지법」을 제정하기에 이르렀다. 그러나 앞서 언급한 것처럼 장애인복지의 향상을 위한 정부와 지방자치단체의 역할을 실제적으로 규정하지 못한 점 외에도 장애의 범주가 지나치게 협소한 점 등의 문제 때문에, 이 법은 2011년까지 총 26회에 걸쳐 일부 개정과 전부 개정을 겪게 된다. 이 중 전부 개정은 1989년, 1999년 및 2007년의 3회에 걸쳐 진행되었으며, 그 주요 내용은 각기 다음과 같다.

(1) 1989년 개정법

- 심신장애자를 장애인으로 개칭하였다.
- 장애인복지 관련 사항을 심의하기 위한 장애인복지위원회를 보건사회부 내에 설치하였다.
- 장애인 등록제를 실시하며, 장애인수첩의 교부를 규정하였다.
- 복지 실시기관은 보장구의 구입에 필요한 경비를 지급할 수 있음을 언급하였다.

(2) 1999년 개정법

- 뇌병변장애, 발달장애, 신장장애 및 심장장애 등을 추가하였다. 5종에 불과했던 장애 범위를 총 10종으로 확대하였다.
- 관계 부처 간의 의견을 조정하기 위해 국무총리 소속의 장애인복지조정위원회를 두었다.
- 장애수당 등 수당을 지급할 수 있음을 규정하였다.

(3) 2007년 개정법

- 지적장애, 자폐성장애, 호흡기장애, 간장애, 안면장애, 장루 · 요루장애, 간질장애 등을 개칭하거나 추가하였다(총 15종으로 확대).
- 조정위원회를 장애인정책조정위원회로 개칭하였다. 위원회는 관계 기관 사이의 협조사항을 정리하기 위하여 산하조직으로서 장애인정책조정실무위원회를 두었다.
- 개별 중앙부처 내에서 장애인 정책을 전담할 장애인정책책임관을 새롭게 지정하였다.
- 장애인과 관련된 각종 홍보사업을 실시하고 또 초 · 중등 교과서에 관련 내용을 포함시킬 것을 규정함으로써 장애인에 대한 전체 사회의 인식이 중요함을 강조하였다.
- 장애인에 대한 실태조사를 3년마다 실시하도록 규정하였고, 또 보건복지부장관은 장애인의 권익과 복지 증진을 위하여 5년마다 장애인정책종합계획을 수립 · 시행하도록 규정하였다.
- 장애수당의 지급을 종전의 임의사항에서 의무사항으로 바꾸었다.
- 동료 간 상담 프로그램을 권장함으로써 당사자주의를 동시에 강조하였으며, 또한 급여의 지급이라는 지금까지의 유물론적 서비스 일색에서 유심론적 서비스를 추가하였다.

2) 「장애인복지법」의 문제점

첫째, 관련법 체계 간의 정합성 미비다. 이상에서 개정법들의 특징을 각기 살펴보았는데, 어떤 시기에서의 법이건 기본법으로서 「장애인복지법」의 규정 내용은 그 법 적용의 실효성을 높이기 위해서는 하위 규범인 시행령, 시행규칙 등과 반드시 정합성을 이루어야 한다. 그럼에도 그 본법, 시행령 및 시행규칙 간에는 장애인의 정의, 장애의 종류 및 등급 등과 같은 기초 개념의 의미가 정합성을 띠지 못하고 있는 근본적인 문제점을 발견할 수 있다. 주지하다시피, 장애인복지 정책은 장애인의 정의, 장애의 등급 등과 같은 기초적인 개념에 의해 그 방향, 성격, 적용 범주 등이 결정된다. 그런데 기본법과 하위 규범 사이에 내용이 일치되지 않는다면 보통 심각한 문제가 아니다. 구체적으로 살펴보자. 본법에는 장애인을 신체적 · 정신적 장애로 오랫동안 일상생활이나 사회생활에서 상당한 제약을 받는 자로 규정하고 있다. 이 문구는 '신체적 · 정신적 장애로'라는 전반부와 '일상생활이나 사회생활에서 상당한 제약을 받는 자'라는 후반부로 나누어져 있다. 전반부는 장애의 생물학적 모형에 입각한 기술인 반면, 후반부는 사회적 모형과 관련된 부문이라고 할 수 있다. 그렇기에 두 부문이 동일한 맥락과 의미를 갖는 건 아니다. 그럼에도 특히 시행규칙에서 장애의 등급은 사회적 모형과 관련된 내용은 생략된 채 온전히 생물학적 모형에만 입각한 내용만을 담고 있다.

즉, 장애의 등급 판정에도 일상생활이나 사회생활에서의 제약 정도가 반영되어야 한다는 것이다. 예컨대, 이주노동자나 안면장애인의 경우 신체 기능상으로는 아무런 장애가 없음에도 전체 사회의 편견과 선입견으로 인해 실제로 일상 및 사회 생활에 상당한 제약을 안고 있다. 또한 신체에 어떤 신체적 손상을 가진 사람일지라도 지적 업무에는 얼마든지 근무할 수 있음에도, 또 편의시설만 제대로 마련되어 있다면 얼마든지 장애 없이 근무할 수 있음에도, 실제로는 일상 및 사회 생활에 상당한 제약을 안고 있는 사례가 많이 있다. 그런데 반영되어야 한다는 이런 주장과 관련해서는 일상 및 사회 생활의 계량화 혹은 사회 참여의 계량화라는 과제가 먼저 이론적으로 해결되어야 한다. 결코 쉽지 않은 과제이지만, 2001년 WHO가 제시한 『기능성, 장애 및 건강에 관한 국제분류(International Classification of Functioning, Disability and Health: ICF)』를 토대로 일상 및 사회 생활의 제약 정도를 측정하는 도구를 개발해 볼 수 있다. 지금까지 학계에서는 ICF를 소개하는 논문들이 몇 편 있었으나, 측정 도구의 개발에 관한 연구는 「ICF 모형에 기초한 장애인의 참여 척도 개발」(2010)이 유일한 실정이다.

둘째, 「장애인복지법」의 규정 내용과 소관 부처의 실제적 기능 간의 불일치 문제다. '복지'라는 한정적 어구 때문에 일종의 기본법으로 간주하기에는 약간의 의문이 있지만, 어쨌든 실제적으로 이 법은 장애인과 관련된 기본법적 지위에 있다고 보아야 한다. 그래서 이 법의 제1조에서도 그 적용 범위가 의료 · 교육 · 직업재활 및 생활환경 개선 등을 망라하고 있음을 명시하고 있고, 또 제17조 등에서는 국가와 지방자치단체가 강구해야 할, 장애인들의 기본권을 보장해 줄 수 있는 기본

시책들을 구체적으로 명시하고 있다. 여기에서 근원적인 문제가 발생한다. 장애인들의 '기본권'을 다루고 있다고 했지만, 교육 · 고용 및 환경 등과 같은 범주는 보건복지부의 업무 영역을 뛰어넘고 있지 않은가? 「장애인복지법」은 어디까지나 보건복지부 소관 법령일 뿐이다. 즉, 장애인의 삶의 질을 향상시키기 위해서는 장애인들의 기본권을 보장해 주는 것이 가장 핵심적인 방안이다. 그 기본권 중 사회복지와 직간접적으로 관련된 것으로는 복지 · 교육 및 고용 영역에서의 기본권이라고 할 수 있다. 이 중 보건복지부는 복지 영역에서의 기본권을 소관할 뿐이지, 교육은 교육인적자원부 그리고 고용은 고용노동부의 소관 사항이 아닌가? 그럼에도 보건복지부 소관 법령인 「장애인복지법」에서는 타 부처에 속하는 기본권을 언급하고 있다. 이러한 근원적인 문제를 어떻게 해결할 것인가? 역시 장애인들의 기본권을 다루는 「장애인기본법」이 제정되어야 한다. 교육부 · 고용노동부 등도 소관 부처로 지정함으로써 장애인들의 삶의 질 향상에 이들 부처의 적극적인 참여를 유도하여야 한다.

셋째, 관련 규정의 선언적 규정이라는 한계가 있다. 기왕 장애인에게 각종 기본권을 보장해 준다고 명시했으면 마땅히 장애인이 지니고 있는 권리들이 구체적으로 명시되어야 하며, 또한 권리가 침해되었을 경우의 권리구제 방법 및 절차, 그리고 권리구제를 위한 집행 기구 등에 대한 규정이 필요하다. 그러나 현 「장애인복지법」은 이와 관련된 내용보다는 복지조치, 복지 시설과 단체, 재활보조 기구 등에 대해서만 상세하게 규정되고 있다. 이와 같이 「장애인복지법」은 장애인들을 위한 복지조치들을 주된 내용으로 삼고 있을 뿐 그들의 기본권에 대한 구체적인 규정이 없다. 규정이 없는 이유는 무엇일까? 장애인들의 삶의 질을 향상시키기 위한 방안은 마땅히 총체적 성격을 띠어야 한다. 그 총체적 영역 중 핵심이 되는 것은 바로 교육 · 고용 및 복지라고 할 수 있다. 그런데 그 명칭으로 보아 「장애인복지법」은 복지에 관한 법이라고 그 성격을 한정함으로써 장애인들의 교육과 고용에 관한 시책들을 근원적으로 그리고 적극적으로 강구할 수 없게 되는 한계를 가지는 것이다. 즉, 이러한 명칭을 갖는 법으로서는 장애인들이 가져야 마땅한 기본권의 내용과 보장해 줄 수 있는 방법 등을 규정할 수 없다는 것이다. 실제로 장애인의 교육과 관련해서는 교육과학기술부, 고용과 관련해서는 고용노동부가 주무

부처로 자리하고 있다. 그런데 이들 부처는 사회적 약자에 대한 우선 보호의 논리가 관련 행정의 지침이 아니다. 그러므로 이상과 같은 문제점을 제거하기 위해서는 장애인들의 제반 권리의 구제에 초점을 둔 「장애인기본법」과 같은 형식적, 실질적 기본법이 제정되어야 마땅하다. 이렇게 하면 장애인의 삶의 질을 향상시키기 위한 노력에 보건복지부는 말할 것 없이 교육과학기술부와 고용노동부 등의 정책적, 행정적 역량을 집중 투입할 수 있을 것이다.

끝으로, 관련 직제가 유명무실한 문제점이 있다. 동법 12조에는 장애인 정책을 효율적으로 수립 · 시행하기 위해 '장애인정책책임관'을 개별 중앙행정기관 내에 두도록 규정하고 있다. 그러나 본 저자가 노동부, 여성부 등 개별 부처에 전화 문의했으나 모두들 모르겠다는 반응이었고, 보건복지부의 경우 민원까지 제기하였으나 회신이 없었다.

3) 장애인복지 서비스 전달체계의 현황과 개선 방안

원칙적으로 장애인복지 서비스의 전달체계는 공공부문과 민간부문으로 나눌 수 있으며, 그중 민간부문의 개별 전달체계로는 장애인복지관, 의료재활시설, 주간보호시설, 단기보호시설, 공동생활가정, 장애인체육시설, 장애인수련시설, 장애인심부름센터, 수화통역센터, 점자도서관, 점서 및 녹음서 출판시설 등이 있다. 이 '민간'의 경우 관련 사례들이 워낙 천차만별일 뿐 아니라 국지적이라는 한계가 있기 때문에 공공부문에 국한하여 논의하기로 한다.

(1) 전달체계의 전국적 현황과 개별 전달체계

① 전달체계의 전국적 현황

장애인복지 정책은 중앙부처인 보건복지부를 정점으로 삼으면서 전국 각 지방자치단체를 실무 부서로 배열한 전국적인 체계에 의해 집행되고 있다. 먼저 중앙부처의 경우다. 장애인복지 업무의 법적 기반은 「심신장애자복지법」(1980)에 의해 처음으로 마련되었다. 장애인 관련 업무가 공식적 · 법률적으로 시작된 것인데, 그 업무는 당시의 보건사회부 내 사회과에서 담당하였다. 그 후 2012년 현재는 '장애인정책국'이 주무 부서로 자리 잡고 있다. 애초에는 주무관 차원의 장애인 업무가 30여 년의 시간이 흐른 지금에는 당당히 국(局) 차원으로 확장되었다. 계(係)에서 과(課)로, 그리고 국 단위로 조직과 인원이 확대되었다는 것이다. 이러한 확대는 관계법에 나타난 정책 내용이 단순한 선언적 규정으로부터 보호와 재활의 뜻을 담은 내용으로, 더 나아가 차별금지와 권리구제 등 인권 실현의 의지를 담은 내용으로 확대 개편되었기 때문으로 여겨진다. 다음으로, 지방자치단체의 경우 개별 자치단체에 따라 약간씩 차이가 있다. 서울광역시는 '장애인복지과'라는 과 차원에서 독립된 부서가 마련되어 있는 반면, 부산 등 광역시는 '장애인복지'라는 팀 차원에서, 그리고 나머지 시 · 구 · 군 등은 주무관 차원에서 업무가 집행되고 있다.

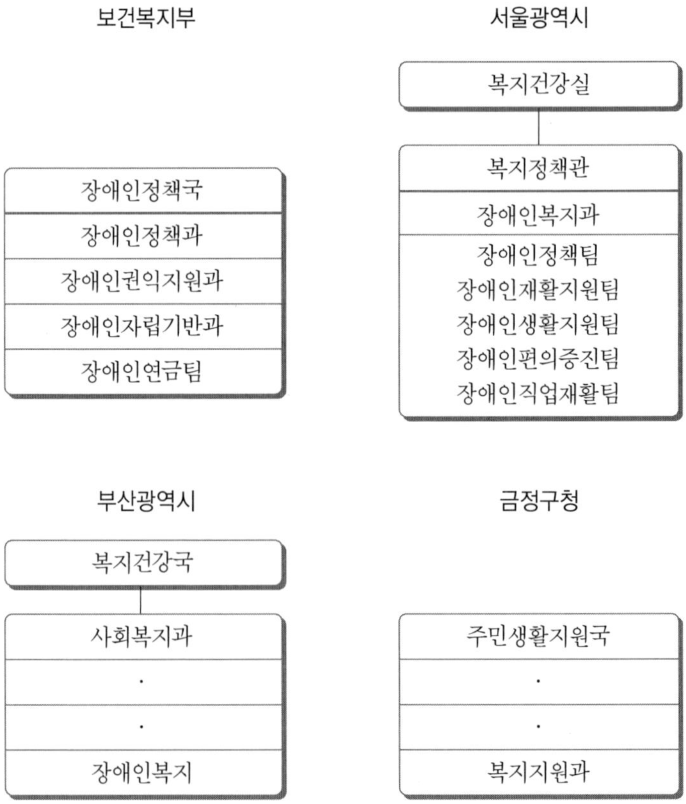

[그림 6-1] 부서별로 본 장애인복지 조직 현황

② 개별 전달체계

첫째는 장애인정책조정위원회다. 근대 정부가 수립된 이후 1980년에야 비로소 장애인과 관련된 최초의 법이 마련되었지만, 장애인문제가 본격적으로 논의됨으로써 체계적인 대책이 마련된 것은 1989년의 「장애자복지종합대책」이 그 효시다. 이 보고서는 장애인 정책의 전달체계로서 '장애자복지심의위원회'를 설치해야 함을 권고하였다. 이어 1992년 유엔의 아태경제사회이사회(ESCAP)에서는 개별 장애인복지 정책 간의 연계성을 강화하고 또 정책 간의 조정 기능을 원활히 하기 위하여 국가조정위원회의 설치를 권고하였는데, 당시의 문민정부는 유엔의 이러한 권고를 적극 수용하여 1996년 국무총리를 위원장으로 하는 '장애인복지위원회'를 구성하였다(김용득 외, 2007). 이러한 명칭이 '장애인복지조정위원회'로, 이어 '장애인정책조정위원회'로 바뀌어 지금에 이르고 있다.

이 조정위원회는 위원장 및 부위원장 각 1명을 포함한 30명 이내의 위원으로 구성되는데, 위원장은 국무총리가 되고, 부위원장은 보건복지부장관이 되며, 위원은 당연직 위원과 위촉위원으로 한다. 당연직 위원은 기획재정부장관, 교육과학기술부장관, 행정안전부장관, 문화체육관광부장관, 지식경제부장관, 고용노동부장관, 여성가족부장관, 국토해양부장관, 국무총리실장, 법제처장, 국가보훈처장 및 위원회의 심의사항과 관련해 위원장이 지정하는 중앙행정기관의 장이 된다. 위촉위원은 장애인 관련 단체의 장이나 장애인문제에 관한 학식과 경험이 풍부한 자 중에서 위원장이 위촉하되, 위촉위원 중 1/2 이상은 장애인으로 한다. 장애인을 위한 종합정책을 수립하고, 관계 부처 간의 의견을 조정하며, 그 정책의 이행을 감독·평가하는 기능을 수행한다.

또한 위원회의 기능과 관련된 사항을 미리 검토하고 관계 기관 사이의 협조사항을 정리하기 위하여 위원회에 장애인정책조정실무위원회를 설치하였다. 장애인정책조정실무위원회는 위원장 1명과 부위원장 1명을 포함한 30명 이내의 위원으로 구성한다. 실무위원회의 위원장은 보건복지부차관이 되고, 부위원장은 보건복지부 소속 장애인 관련 업무를 담당하는 고위공무원단 소속 공무원으로 하며, 위원은 당연직 위원과 위촉위원으로 한다. 당연직 위원은 기획재정부, 교육과학기술부, 행정안전부, 문화체육관광부, 지식경제부, 고용노동부, 여성가족부, 국토해양부, 국무총리실, 법제처, 국가보훈처의 고위공무원단 소속 공무원 및 위원회의 심의사항과 관련된 중앙행정기관의 고위공무원단 소속 공무원 중에서 실무위원장이 지정하는 자가 된다. 위촉위원은 장애인 관련 단체의 장이나 장애인 문제에 관한 학식과 경험이 풍부한 자 중에서 실무위원장이 위촉하되, 위촉위원 중 1/2 이상은 장애인으로 한다.

둘째는 장애인정책책임관이다. 개별 중앙행정기관의 장은 해당 기관의 장애인 정책을 효율적으로 수립·시행하기 위하여 소속 공무원 중에서 장애인정책책임관을 지정할 수 있다. 그러나 이 직제는 실제로 마련되어 있지 않고 있다.

마지막은 지방장애인복지위원회다. 지방장애인복지위원회는 위원장 1명을 포함한 30명 이내의 위원으로 구성한다. 지방위원회의 위원장은 그 지방자치단체의 장이 되고, 위원은 장애인 관련 단체의 장, 장애인문제에 관한 학식과 경험이 풍부한 자, 해당 지방자치단체 소속 공무원으로서 장애인 정책 관련 업무를 수행하는 자 중에서 지방자치단체의 장이 위촉하거나 임명하는 자로 하되, 위촉위원 중 1/2 이상은 장애인으로 한다.

(2) 전달체계의 문제점과 개선 방안

장애인복지 전달체계의 문제점이나 그 개선 방안에 관한 선행 연구들은 주로 기능적인 면에 초점을 맞춘 아쉬움이 있다. 그래서 저자는 보다 근원적인 차원에서 이 문제에 접근하고자 한다. 다만 그렇게 했을 때 논의의 성격이 '복지' 전달체계가 아니라 '정책' 전달체계로 그 성격이 바뀌는 문제가 있다. 그러나 방법론적인 '언어상의 표현'에 얽매이기보다는 본질을 강조하는 것이 마땅하다고 여겨진다.

① 문제 제기와 전달체계의 중요성

장애인들의 삶의 질을 향상시키기 위해서는 장애인 정책이 총체적 성격을 띠어야 하며 또 관련된 사회적 서비스가 장애인의 권리성을 전제로 해야 한다. 그럼에도 현재의 상황에서는 교육과학기술부와 고용노동부 등이 주관 부서가 아니라 협의기관으로 한정되어 있기에, 장애인의 삶의 질 향상에 핵심적인 영역인 교육과 고용의 문제가 부차적인 문제로 격하되고 있는 문제가 있다. 또 제반 사회적 서비스가 권리성을 띠기 위해서는 「장애인복지법」 등 관계법에서 권리가 회복되지 못했을 때의 구체적인 회복 절차 등이 적시되어 있어야 함에도 관련 내용이 전혀 제시되지 않고 있다. 이상의 이야기는 최상위의 상설 전달체계인 보건복지부로서는 그 태생적 한계 때문에 대표적인 사회적 약자인 장애인들의 복지 · 교육 및 고용 등에 관한 욕구를 충족시키지 못하고 있다는 것이다. 또 보건복지부가 시행하는 시책은 사회 서비스의 성격이 강하며, 그 서비스의 성격은 전부가 그런 것은 아니지만 임의성이 짙은 특징이 있다. 결국 장애인 정책은 복지 욕구의 소관 부처인 보건복지부로서는 효과적으로 수립 · 시행될 수 없을 것으로 사료된다.

장애인복지는 노인복지, 아동복지 등과는 달리 장애 유형에 따라 충족되어야 할 욕구가 다양하고 또 장애인이 전 연령층에 분포되어 있음으로써 포괄적이고 다차원적인 특성을 띤다. 이러한 특성으로 인해 중앙정부의 전체 부처가 모두 연관되고 있다. 예컨대, 장애인들의 소득보장과 복지 서비스는 보건복지부가, 그 교육은 교육인적자원부가, 그 고용은 노동부가, 그리고 그 체육은 문화관광부가 담당하고 있다. 장애인복지 업무가 이처럼 포괄적이라는 특성으로 인해 제기되는 문제점은 무엇일까? 가장 근원적으로는 관련 부처들 간의 연계와 협력의 문제라고 사료된다. 그리고 이 연계와 협력이라는 과제는 중앙정부 내에서뿐 아니라 중앙과 지방 정부 사이에서도 해당한다. 그래서 먼저 전달체계의 현황과 문제점을 살펴본 다음 그 대안을 제시하고자 한다. 단, 논의의 영역을 장애인복지 서비스에 국한하고자 한다. 그러니 현재 시행되고 있는 장애인복지 정책의 저효율성은 관련 서비스에 내재해 있는 전달체계의 한계가 큰 비중을 차지하고 있다는 것이다.

② 개별 전달체계의 현황과 개선 방안

장애인복지 서비스는 보건복지부에서 담당하고 있다. 「심신장애자복지법」이 제정된 1981년에는 보건사회부 사회과에서, 「장애인복지법」이 제정된 1989년에는 보건복지부 재활과에서, 1997년에는 장애인복지심의관실에서, 2007년에는 사회복지정책본부 내의 장애인정책관실에서 담당하고 있었다. 그리고 2012년 현재는 장애인정책국에서 담당하고 있다. 계(系)에서 과 단위로, 그리고 국 단위로 조직과 인원이 확대되었다. 정책 내용도 선언적인 의미에서 소극적이나마 보호와 재활의 의미로, 더 나아가 장애인 차별금지와 권리구제를 총괄하는 핵심적인 위치로 기능이 확대 개편되어 왔다.

그러나 장애인들의 교육을 담당하는 교육인적자원부나 고용을 담당하는 고용노동부 등과는 달리 특별지방행정조직을 갖고 있지 못한 보건복지부로서는 일반지방행정조직인 시 · 도, 읍 · 면 · 동을 포함한 시 · 군 · 구를 통해 장애인복지 서비스를 집행해 온 아쉬움이 있다. 그러니 중앙부처인 보건복지부 차원에서 복지의 논리로 그리고 사회적 약자 우선보호의 원칙에 의해 장애인 정책을 수립하여 하부 기관으로 이송했지만, 정작 실제로 집행하고 있는 지자체 차원에서는 일반행정망이기에 효율과 생산성의 논리에 얼마든지 휘둘릴 수 있는 것이다.

그러므로 장애인복지 서비스의 효율적인 집행을 위해서는 먼저 독립된 지방행정조직으로서 '복지후생청'의 설립이 긴요한 과제가 된다. 또한 상위 전달체계인 보건복지부의 역할은 원칙적으로 복지 업무에 국한된다. 그러나 장애인들에게 고용과 교육은 삶의 질 향상에 핵심 영역이지 않은가? 그래서 복지 · 고용 및 교육 정책들을 조정하기 위해 '장애인정책조정위원회'가 운영되고 있다. 그러나 이 위원회는 전담 조직이 아니라는 치명적인 한계가 있다. 위원장은 국무총리, 위원들은 중앙부처의 장인 장관들인데 그들에게 장애인 업무란 고유 업무가 아닌 그저 '별첨' 업무에 불과한 것이다. 또한 과도하게 정무적인 성격이 짙은 직책이기에 단순한 행정적 과정인 장애인 정책을 조정하기 위해 부담 없이 회동하기가 결코 쉽지 않을 것이다. 그렇다고 하더라도 장애인 업무가 다중적인 성격을 띠고 있기 때문에 '위원회' 체제로 가는 것은 타당하다고 판단된다. 그렇다면 어떤 대안이 가능할까? 전면적인 개편이라고 할 수 있기에 대통령 직속위원회 체제를 조심스럽게 제안해 본다. 마치 '국가인권위원회'처럼 독립된 상설조직 체제가 바람직하다.

사업 재원 또한 목적세인 교육세나 기금 형태인 장애인고용촉진기금과는 달리 조세 방식에 의한 일반회계를 통해 조달 · 집행된다(김용득 외, 2007). 관련 재정의 안정을 도모케 해 줄 일종의 목적세 형태인 '복지후생세'의 신설이 필요하다.

2. 장애인고용촉진 및 직업재활법

한국 사회에서 장애인에 대한 고용 프로그램이 획기적으로 발전한 것은 「장애인고용촉진 등에 관한 법률」이 마련된 1990년 이후부터라고 할 수 있다. 먼저 이 법에 의해 장애인의 고용을 전담할 부서(한국장애인고용공단)가 마련된 점에서 그 의의를 찾을 수 있다. 이 '공단'이 설립되어 장애인 고용에 필요한 조직을 확충하고 장애인에게 취업 알선 등의 서비스를 체계적으로 제공할 수 있게 되었다. 그러나 보다 중요한 의의는 '장애인 고용의무제'의 실시를 들 수 있다. 이 제도를 계기로 장애인 정책이 시혜에서 권리로 그 성격이 전환되었기에, 이 제도는 장애인복지사의 변곡점이 되었다고 평가하고 싶다. 사실 피폐해진 장애인들의 삶의 질을 향상시키기 위해서는 장애인연금제도가 그 근본이 된다. 그러나 연금제도의 실시에는 막대한 비용이 소요되므로 급여 수준은 필연적으로 낮을 수밖에 없다. 그리하여 장애인에 대한 할당고용제와 보호고용제가 이러 문제를 다소 완화시키기 위한 한 방법으로 등장하게 된 것은 필연적인 결과라 하겠다.

이후 이 법률은 2009년에는 「장애인고용촉진및직업재활에관한법률」로, 2011년에는 「장애인고용촉진 및 직업재활법」으로 개정되어 지금에 이르고 있다. 이러한 법 개정에는 많은 우여곡절의 과정이 숨겨져 있다. 그래서 이 법의 연혁을 통해 그 이면의 배경을 살펴보기로 한다.

원래 장애인들을 위한 직업재활사업은 1970년대까지 아무런 법적 근거도 없이 민간시설을 중심으로 시행되어 오다가, 1981년 '세계장애인의 해'를 맞아 제정된 「심신장애자복지법」을 계기로 일반고용이 어려운 중증장애인을 위해 장애인 고용 전달체계가 보건사회부 산하에서 마련되었다. 이것이 장애인 고용에 관한 정부의 첫 공식적인 개입에 해당된다. 그러나 이 법은 장애인의 고용에 관한 규정이 선언적인 수준에 머물고 말았기에 장애인들의 직업재활에는 아무런 진척이 없었다. 그러던 차에 좀처럼 성과를 내지 못하고 있는 장애인들의 직업생활을 진작시키기 위한 의도에서 1990년 「장애인고용촉진등에관한법률」이 마련되고 또 이 법에 의해 '장애인고용촉진공단'이 마련됨으로써, 장애인들의 고용 업무는 1991년 이후부터 고용노동부로 이관되어 버리고 만다. 이 법에 의해 장애인 고용만을 특화된 업무로 취급하는 '공단'이 마련되었다는 점에서도 긍정적으로 평가할 만하지만, 근본적으로는 '장애인 고용의무제'를 규정했다는 점에서 획기적인 의의를 갖는 법이다.

이 '장애인 고용의무제'에 의해 그 고용정책은 획기적으로 발전하게 되는 그 법적 기틀을 마련하게 된다. 300인 이상의 근로자를 고용하는 사업장의 경우 근로자 2% 이상을 장애인으로 고용해야 한다는 것이다. 그 후 이 프로그램의 적용 범위를 점차 확대해 나가다가, 2011년 「장애인고용촉진 및 직업재활법」에서는 공공부문의 경우 국가 및 지방자치단체는 3% 이상, 민간부문의 경우 50명 이상의 사업장은 5% 범위에서 대통령령으로 정하는 비율 이상[2]에 해당하는 장애인을 고용하도록 규정하였다. 아울러 이 의무고용률을 초과 달성할 경우 초과한 만큼의 고용장려금을, 역으로 미달한 경우는 그만큼의 고용부담금을 지급·부과하도록 규정하였다.

그러나 이 고용의무제는 실제로 경증장애인을 대상으로 한 일반고용의 형태에서 적용되는 프로그램이다. 다시 말해, 보호고용이 필요한 중증장애인에게는 실제적으로 해당되지 않는 제도다. 그렇다면 중증장애인들의 고용 문제는 어떻게 이행되어 왔을까? 원래 「장애인고용촉진등에관한법률」이 제정된 이후에도 보건복지부는 보호작업장과 근로시설 등 장애인직업재활시설에 대한 지원을 통해 일반고용이 어려운 중증장애인의 직업재활을 활성화하기 위한 노력을 기울여 왔다. 그러나 이 법에 나타난 장애인에 대한 직업재활(보건복지부)과 고용(노동부)이라는 이원화된 정책 관리는 장애인고용사업의 부진을 초래하였고, 그 결과 장애인계로부터 '노동부에 의한 장애인고용정책의 무용론'이 등장하게 되었다. 즉, 이 법률은 소관 부처의 이원화라는 특성으로 인해 법 집행의 효율성 차원에서 심각한 문제점을 안고 있다는 것이다.

장애인들의 직업생활이 이제는 고용노동부의 논리와 가치에 휘둘리게 되었다

---

2) 민간 사업주의 장애인 고용 의무 비율을 '의무고용률'이라고 하는데, 이 비율은 고용부담금의 납부와 고용장려금의 수령에 따라 약간씩 차이가 있다. 먼저 고용부담금의 경우 2.3%에서 2.7%로 연차적으로 확대되어 왔다(2010.1.1~2011.12.31까지 2.3%, 2012.1.1~2013.12.31까지 2.5%, 2014년 이후 2.7%). 반면 고용장려금은 2.7%로 고정되어 왔다.

는 점이 우려스러운 일이다. 그렇다면 보건복지부와 노동부의 입장은 서로 어떻게 다를까? 보건복지부의 직업재활에서 장애인은 엄연히 그 주체가 되지만, 고용노동부의 고용에서 장애인은 객체로 몰리게 된다. 또한 직업재활에서는 복지의 논리가, 고용에서는 효율(관리)의 논리가 각기 강조되는 차이가 있다. 그리하여 1990년대 이후부터는 '장애인 고용업무의 보건복지부로의 이관'이 장애계의 숙원사업이 되었다. 그 결과 장애계의 끊임없는 요구를 바탕으로 이성재 국회의원의 주도하에 「장애인직업재활법」이 국회에 제출된다. 그러나 국회 환경노동위원회 소속 의원들이 주도한 「장애인고용촉진등에관한법률개정법률안」이 연달아 제안됨으로써 소위 '법률 충돌'이 일어나는 상황이 전개된다. 그리하여 법안심사소위원회는 실제 내용이 동일한 두 가지 법안이기에 정부부처 간의 조율을 요구하였는데, 국무조정실이 중재에 나서면서 2000년 「장애인고용촉진및직업재활법」으로 전부 개정에 이르게 된다. 법 소관 부처는 노동부로 하되, 장애인고용촉진및직업재활기금의 2/9를 보건복지부에서 장애인 직업재활을 위해 사용하는 것으로 절충되었다. 그 후 소폭 개정을 거쳐 2012년 현재 「장애인고용촉진 및 직업재활법」으로 자리 잡음으로써 소관 부처의 이원화는 영구 미제의 현안으로 남을 듯하다. 이 사실에 대해 김용득 등(2007)은 "이 법이 관할 부처의 이원화라는 현안을 기능적 일원화를 통해 극복하려는 의지를 담고 있다."고 마치 고용노동부의 대변인인 것처럼 너무 쉽게 평가하고 있다. 실제로 이 법의 취지는 장애인의 직업/고용 문제를 양 부처가 협의하는 데 있지만, 보건복지부장관은 '직업 지도' 등 사소한 서너 가지 규정에만, 그것도 공동 주체로 언급되고 있을 뿐이다. 그에 비해 '고용 의무' '장애인고용촉진 및 재활기금' 등 비중 있는 규정에서는 노동부장관이 단독 주체로 언급되고 있다. 무엇보다도 이 법이 사회 서비스를 규정하고 있는 법률이라는 점을 감안하여, 이 법의 적용 대상인 장애인들의 요구사항인 보건복지부로의 일원화라는 방향 전환이 마땅하다고 주장한다.

뿐만 아니라 저조한 장애인 고용촉진 실적, 중증장애인의 고용촉진을 위한 보호고용에 대한 규정 없이 경증장애인 위주의 장애인 고용정책, 성과가 수치적으로 잘 나타나는 고용촉진 및 고용알선에의 초점[3], 노동부와 공단이 장애인의 다양한 유형과 욕구를 고려하지 않고 근로 능력이 있는 장애인만을 정책 대상으로 하는 것 등 「장애인고용촉진법」에 대한 비판이 제기되었다(권도용, 1998; 장애우권익문제연구소, 1998).

3. 장애인차별금지 및 권리구제 등에 관한 법률

1) 제정 배경: 「장애인복지법」의 한계를 넘어

2011년 10월부터 시행되고 있는 「장애인복지법」은 5장 32조로 이루어진 「심신장애자복지법」(1981년)에 비해 9장 90조에 걸쳐 총칙 · 기본 정책 · 복지조치 · 자립생활 지원 등을 규정하고 있기에, 이전보다 한층 진일보한 모습을 갖추었다고 판단된다. 그러나 많은 관계자는 여전히 이 법의 적용 범위가 협소한 점을 그 문제점으로 지적하고 있다. 그 외에도 저자는 다음 두 가지를 들고 싶다.

먼저 장애인에 대한 전체 사회의 차별을 들 수 있다. 즉, 장애인이 인간다운 삶을 누릴 수 있는 자격을 시혜가 아닌 일종의 권리로 본다면, 그들의 피폐해진 삶의 배경을 차별로 설명하는 것이 가장 적절하다. 예컨대, 고용개발원의 『EDI 2011 장애인 통계』에 의하면 장애인 가구의 월평균 소득은 181.9만 원으로 전국 월평균 가구소득(337만 원)의 54.0% 수준으로 나타났다. 평균임금은 비장애인의 48%, 또 일용직 비율은 두 배나 많은 것으로 나타났다. 또 임금 수준을 결정짓는 선행 조건 중 하나인 학력의 경우도 유사한 상황이다. 장애인의 교육 정도는 '초등학교' 33.0%, '고등학교' 24.4%, '중학교' 15.9%, '무학' 16.5%, '대학 이상' 10.2% 등의 순으로 나타났으며, 무학을 포함한 중학교 이하의 학력은 65.4%로 과반수 이상을 차지하고 있는 반면, 전문대 이상의 고학력의 경우는 14.0% 대 28.5%로 장애인이 전체 국민의 절반 정도로 밝혀졌다(이상 2008년 기준). 2010년 기준 장애인구의 경제활동 참가율은 38.5%, 고용률은 36.0%, 실업률은 6.6%로 나타난 반면, 전체 인구의 경제활동 참가율 및 고용률, 실업률은 각각 61.9%, 60.0%, 3.2%로 나타나 전체인구에 비해 장애인구의 경제활동 상태는 현저히 낮은 수준

---

3) 고용과 관련한 프로그램은 그 성격을 기준으로 고용알선(고용촉진) 프로그램과 고용유지 프로그램으로 나눌 수 있다.

이며, 특히 실업률은 2배 이상 높게 나타났다. 또한 여성장애인의 경제활동 참가율과 고용률은 남성장애인의 절반 수준이나 실업률은 1.7%p 높은 것으로 나타났다(2010년 기준).

이상과 같은 일상생활의 주요 영역에서의 현저한 격차는 차별(당연히 간접 차별도 포함됨) 이외의 어떤 변수로도 설명이 불가하다. 그리하여 1999년의 「장애인복지법」 개정에서는 모든 생활 영역에서 장애인에 대한 차별을 금지하는 규정을 포함하고 있다(제8조). 그러나 차별해서는 안 된다고 했을 뿐이지 어떻게 대우하는 것이 차별인지 아닌지에 관해서는 일체 언급이 없었다. 뿐만 아니라 장애인의 실제 생활에서는 고의성이 없는 차별인 간접 차별이 갖는 비중이 상당한 정도인 것으로 알려져 있는데, 이를 포함하지 아니한 치명적인 문제점이 있다. 그리하여 장애차별이 무엇인가에 대한 명확한 기준이 없는 상황에서 대부분의 장애인은 다시 한 번 개인의 능력이 부족했다는 식으로 내몰리고 있는 셈이다.

다음 문제점으로는 관련된 권리구제 수단을 구체적으로 규정하지 않은 점을 들 수 있다. 두 가지 예를 들 수 있다. 먼저 위의 차별금지 조항을 위반했을 때 그에 대한 제재 규정이 전혀 마련되어 있지 않다. 또한 이 법의 2장 '복지조치'에서 보장구의 교부, 편의시설 마련, 부양수당의 지급 등 몇 가지를 제시하고 있지만, 복지 실시기관에서 이러한 조치를 이행하지 않았을 경우 대응할 수 있는 권리구제 수단은 전혀 규정하지 않고 있다.

이 두 문제 모두 법적 실효성과 관련된 문제들이다. 왜 이런 문제점이 발생하는 것일까? 바로 「장애인복지법」의 법적 성격에서 오는 한계 때문이라고 판단된다. 한국 사회에서 「장애인복지법」은 일종의 사회서비스법에 해당한다. 동법에 규정된 여러 복지조치는 일종의 권리가 아니라 임의성을 띤 서비스에 불과할 따름이다. 예컨대, 장애인의 사회통합을 권리로서 보장하기보다는 장애인을 단지 시혜의 대상으로 간주하여 그들의 삶의 질 향상을 위해 사회 각처의 협조를 구한다는 정도의 규정이다. 실제로 「장애인복지법」에서는 '장애'로 인한 차별금지를 명시하고 있지만, 그와 관련된 강력한 처벌 규정이나 구체적인 구제조치가 뒤따르지 않고 있기에 그 규정은 유야무야인 셈이다. 또 피해자가 전적으로 차별을 입증해야 하는 절차상의 어려움 때문에 차별임을 밝히기도 쉽지 않다. 그래서 결국 적극적으로 권리를 되찾기 위해 소송을 제기해도 검찰에서 기각당하기 일쑤이며, 승소는 사회적 여론과 공론화 과정 등 부수적인 힘이 뒷받침되지 않으면 일궈내기 쉽지 않았다. 이처럼 근거조항이 미흡하다는 것은 실제적 권리로 인정할 수 없다는 뜻에 다름 아니다. 장애인 관련 정책이 복지 서비스의 일환이기보다는 사회의 소수자로서 침해당할 수 있는 시민권, 자유권, 사회권을 보장하는 방향으로 집행되어야 하는 이유가 바로 여기에 있다. 그러한 정책을 뒷받침해 줄 수 있는 법이 바로 차별금지법이다. 요약한다면, 장애인문제란 대부분 직간접 차별에 의해 일어나므로 단순히 복지 서비스의 확대로만 해결될 수 없다는 것이다.

2) 입법과정

「장애인차별금지 및 권리구제 등에 관한 법률」(이하 장차법)의 제정과정은 필요성 제기 단계, '장애인차별금지법제정추진연대' (이하 장추련) 결성 단계, 장추련 통일 법안 마련 단계, 장차법 제정 단계의 총 네 단계로 나눌 수 있다(장애우권익문제연구소, 2008).

(1) 필요성 제기 단계(2001. 2~2002. 11)

2000년 하반기부터 부산을 중심으로 장애인문제가 동정이나 시혜가 아닌 권리로 보장되어야 한다는 취지로 장애인문제를 시민들과 함께 풀어 나가고자 했던 '열린네트워크'로부터 장애인차별금지법 제정의 필요성이 제기되었으며, 2001년 2월에는 장애인차별금지법의 기본 골격이 마련되었다. 그리고 2001년 7월 부산에서 서울까지의 국토순례행진을 통해 장애인차별금지법 제정의 필요성을 알렸으며, 2002년 7월에도 제2회 장애인차별금지법 제정을 위한 국토순례행진을 추진하면서 법안을 가장 먼저 마련해, 12월 장애인차별금지법안 설명회를 가졌다.

장애우권익문제연구소에서도 일본의 장애인차별금지법 제정 운동으로부터 영향을 받아 2002년 4월 장애인의 날에 즈음하여 장애인차별금지법을 제정해 줄 것을 국회에 입법 청원하였으며, 6월 연구소 내 장애인차별금지법제정위원회를 구성하여 구체적인 법안을 마련하는 작업을 시작하여 2002년 10월 '장애인차별금지법안'이라는 명칭으로 법안을 제시했다.

열린네트워크와 장애우권익문제연구소는 법안을 마련하는 과정 그리고 법안 마련 후의 지속적인 협의과정을 통해 장애인차별금지법이 범장애계 운동으로 확대되어야 한다는 공감대를 형성하고 확대하는 시발점을 마련하는 업적을 남겼다.

(2) '장애인차별금지법제정추진연대' 결성 단계(2002. 11~2003. 4)

2002년 11월 한국장애인단체총연맹(이하 한국장총)이 장애인차별금지법 제정을 위한 범연대기구 결성을 제안하게 되었고, 한국장총의 제안에 따라 35개 단체를 중심으로 '장애인차별금지법제정을위한공동대책위원회'가 결성되어 범장애계 연대체 구성이 본격적으로 추진되기 시작했다. 이윽고 장애인차별금지법 제정을 범장애계 운동으로 확산시켜야 한다는 취지에 공감해 장추련은 한국장총과는 서로 다른 조직들을 모두 포섭·확산시켜 2002년 2월에 총 58개의 단체가 결집하기에 이른다.

2003년 4월 15일 서울프레스센터에서 범장애계가 참여하는 출범식을 갖고 장애인차별금지법 제정을 위한 한 목소리를 내고, 장애인차별금지법 제정을 위한 '장애인차별금지법제정추진연대'를 출범시켰다.

이러한 와중에서 2002년 16대 대선이 있었고, 당시 대통령 후보자였던 노무현 전 대통령이 장애차별을 포함한 사회적 차별금지법 제정과 장애인 차별금지를 위한 기구 설치를 선거공약으로 제시하였다. 그리고 대통령 당선 후 사회적 차별금지법 제정이 10대 국정 과제로 선정되자 2003년 2월 국가인권위원회는 사회적 차별금지법 제정추진위원회를 구성하게 되었다.

(3) 장추련 통일법안 마련 단계(2003. 4~2004. 11)

장추련은 기존의 두 개 법안을 통일하고, 장추련에 의한 장애인차별금지법안을 마련하기 위해 2003년 4월 장추련 내 장애인, 현장 활동가, 법조인 등 30여 명으로 구성된 법제정위원회를 구성하여 법제정 활동을 시작했다.

특히 법안의 총칙, 차별금지, 기구, 권리구제 등의 구성안을 참작하여 총칙기구팀, 차별금지팀, 권리구제팀의 3개 팀과 장애여성의 차별과 권리 영역을 반영하기 위해 여성팀을 포함한 총 4개 팀으로 구성하여 법안을 마련하기 위한 활동을 전개하였다. 법제정위원회는 장애인차별금지법이 실질적으로 장애인 당사자의 목소리를 담아낼 수 있도록 2003년 6월 25일부터 10월 1일까지 9차례에 걸쳐 '이제, 장애인차별금지법이다'라는 주제로 장애인차별금지법에 담겨야 할 내용을 각 영역별로 짚어 나갔으며, 그 가운데 영역별 차별 실태 · 차별금지 내용 · 집행 절차 및 기구 등 각계의 의견을 수렴해 나갔다. 뿐만 아니라 지방의 장애인들의 의견을 수렴하기 위해 부산, 대구, 제주, 대전, 충북, 청주, 광주, 창원, 목포까지의 지역순회 공청회를 통해 장애인차별금지법 제정의 당위성 및 장추련의 법안 설명, 장애인들의 목소리를 담아내고자 했다.

(4) 장차법 제정 단계(2005. 3~2007. 3)

2005년 3월 장추련 내 법제정 투쟁을 본격적으로 추진하기 위한 법제정투쟁위원회를 구성함으로써 장차법 제정의 구체적인 운동 단계가 시작되었다. 이후 '420 장애인차별철폐투쟁단' 공동 결성, 촛불집회, 장애인차별금지법안을 국회에 발의하기 위한 국회의원 면담으로 이어졌다. 이어 민주노동당과의 공동 작업을 통해 2005년 9월 노회찬 의원을 대표발의자로 하여 장애인차별금지법을 발의하였다. 이후 청와대 앞 천막농성, 국회 앞 1인 시위, 삭발식 등을 통해 정부와 정치권을 압박하기 시작하였고, 2006년 3월 28일부터 60일간의 국가인권위원회 점거농성 돌입이 시작되었다. 이러한 과정을 거쳐 2006년 12월 18일 열린우리당과 한나라당이 동시에 장애인차별금지법을 당론 발의하였고, 2007년 2월 장애인차별금지법이 국회 보건복지위원회에 상정되어 3월 6일 국회 본의회를 통과하였다.

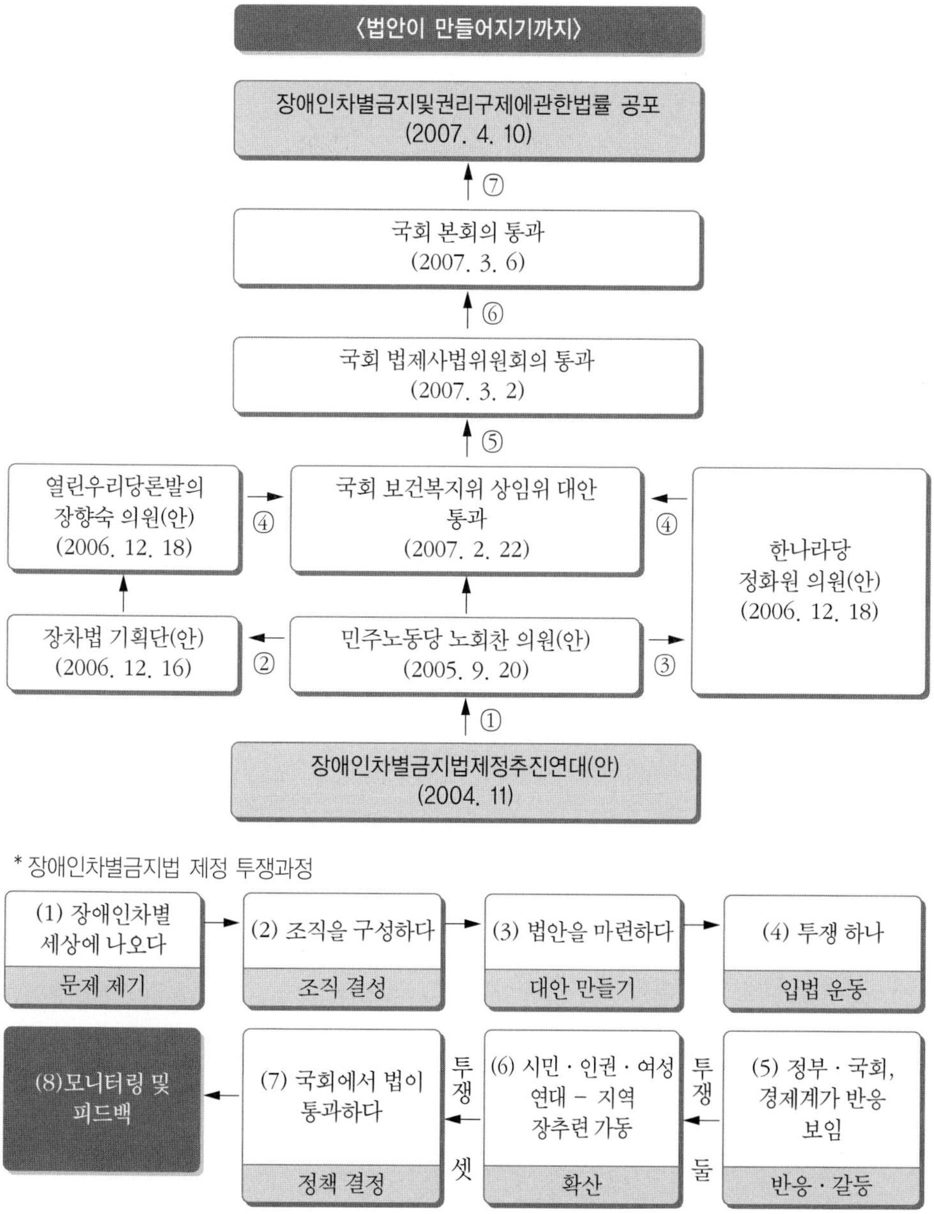

[그림 6-2] 장차법 제정 투쟁과정

출처: 장애우권익문제연구소(2008). 함께걸음, 5호.

3) 구성 내용

장차법의 시행은 우리 사회의 인권지수를 한 단계 높이는 계기가 되었으며, 고속으로 성장한 경제개발의 각종 과실물로부터 철저하게 소외되었던 사회적 약자에 대한 차별 철폐의 첫걸음이 되었다. 이러한 장차법은 6장 총 50개조로 구성된 '차별금지'를 기본으로 하는 장애인 인권법이다. 동법에는 교육과 노동, 재화와 용역, 이동 및 접근, 문화, 정보, 모·부성, 성, 사법·행정절차 및 서비스, 그리고 가정·가족 복지시설 등에서의 차별금지에 관한 내용이 구체적으로 명시되어 있으며 차별시정기구와 권리구제 수단, 벌칙 등이 여러 조항으로 구성되어 있다. 주요 사항 몇 가지만 살펴보기로 한다.

(1) 차별금지 대상의 확대

「장애인복지법」에서는 장애인을 비하·모욕하거나 차별해서는 안 된다고 규정하고 있다. 그러나 장애를 가진 사람이 차별을 받을 경우 해당 가족에게도 막대한 부정적 영향을 미치게 마련이다. 그리하여 장차법에서는 장애를 가진 사람뿐 아니라 장애아동의 보호자 또는 후견인, 장애인을 통상적으로 돕는 자 등을 '장애인 관련자'로 규정한 다음 그들까지도 차별금지의 대상에 포함시키고 있다. 그러므로 장애인의 배우자, 동거인, 보호자, 동행인 등도 해당한다는 것이 관계자들의 해석이다.

(2) 차별금지의 의미 확장

일반적으로 차별이란 불리한 대우를 의미한다. 이러한 사전적 의미에는 '고의성'이라는 의미가 함축되어 있다. 고의적인 불리한 대우를 의미한다. 그런데 장차법에서는 그런 고의성이 없더라도 장애라는 조건을 감안하지 않음으로써 결과적으로 불리해진 경우인 간접 차별도 금지 대상으로 규정하고 있다. 또한 정당한 사유 없이 정당한 편의 제공을 거부하는 경우도 차별로 간주하고 있다. 여기서 '정당한 편의(reasonable accommodation)'란 장애인이 비장애인과 동등하게 같은 활동에 참여하도록 하는 제반 수단과 조치를 말한다. 이전의 관계 규정에 비한다면 획기적인 발전이라 아니할 수 없다. 이러한 수단과 조치가 제공되어야 할 생활영역 중 주요한 것으로는 고용, 교육, 가정 및 복지시설 등을 들고 있다. 그중 고용과 교육의 경우 법 적용 대상은 연차별로 확대된다.

먼저 고용의 경우, 2011년 기준 100인 이상의 사업장에 대해 적용하고 있지만,

2013년부터는 30인 이상의 사업장으로 확대될 예정이다. 다음 교육의 경우, 2011년 기준 특수학교, 국·공립 유치원, 초·중·고 및 대학, 영유아 수 100명 이상인 국·공립 어린이집 등에 적용하고 있지만, 2013년부터는 사립 유치원, 모든 국·공립 어린이집 및 평생교육원 등으로 확대될 예정이다. 끝으로, 지금까지는 사적 영역으로만 인식된 채 방치되었던 가정 및 복지시설 등에서도 차별이 발생되어서는 안 된다고 분명히 규정하고 있다.

(3) 차별 시정기구 및 권리구제 수단

「장애인복지법」에서는 복지조치를 일종의 권리가 아닌 서비스로 간주하기 때문에 관련 규정이 장애수당을 제외하고는 모두 임의성을 띠고 있다. 이러한 한계를 극복하기 위한 취지에서 장차법에서는 효과적으로 권리를 회복할 수 있는 장치를 마련하고 있다.

차별 행위로 피해를 입은 사람은 국가인권위원회에 그 내용을 진정할 수 있는데, 동 위원회는 이러한 업무를 전담할 부서로 장애인차별시정소위원회를 두고 있다. 이 소위원회는 장차법 제38조, 제41조에 의해 장애를 사유로 한 차별의 예방·조사·시정조치 및 장애인 인권의 보호 향상 등의 직무를 맡는다. 이 위원회는 차별 행위가 일어났다고 판단될 경우 차별 행위자에게 시정권고를 할 수 있다. 이때 그 내용은 법무부장관에게 통보해야 한다. 또 법무부장관은 차별 행위자가 정당한 사유 없이 권고를 이행하지 아니할 경우 '시정명령'을 할 수 있다. 그리고 장애인(장애인 관련자)과 차별 행위자 모두에게 '입증책임의 분배'를 규정하였다. 그 외에 법원의 권리구제, 손해배상 제도 등도 규정하고 있다. 이 네 가지 주요 개념을 살펴보기로 한다.

시정명령은 시정권고나 합의·조정이 받아들여지지 않았을 경우 내려지며 시정명령을 따르지 않을 경우 이행강제금이나 과태료를 부과하는 제도다. 현재 국가인권위원회가 가진 최고의 시정권한은 시정권고다. 그러나 시정권고는 그 효력이 매우 제한적이다. 아무런 후속 제재가 없기 때문이다. 이럴 경우 피해장애인은 다시 지긋지긋한 행정소송이나 민사소송을 시작해야 한다. 그러나 시정명령은 다르다. 권고에 비해 가해당사자에게 미치는 심리적인 영향력과 법적 구속력이 훨씬 강하다. 그리고 명령에 불복하면 가해자가 볼복의 소송을 제기해야 하고, 불복의 소송을 제기하지 않으면 명령이 확정되고, 명령을 따르지 않으면 이행강제금이나 과태료가 부과된다. 또한 앞서 밝힌 바와 같이 시정권고가 받아들여지지 않으면 피해장애인이 소송을 제기해야 하지만, 시정명령에 불복하는 경우는 가해당사자가 소송을 제기해야 한다. 현재의 사회 여건상 장애인은 매우 열악한 위치에 있기 때문에 차별을 당한 장애인이 직접 자신의 비용으로 소송을 수행하는 것을 기대하기는 어렵다. 따라서 소송의 부담을 가해자 쪽으로 넘겨야 하며, 이렇게 될 경우에는 차별을 당한 피해자가 현실적으로 보호받을 수 있다. 이번에 제정된 「장애인차별금지법」에는 국가인권위원회가 시정권고를 한 경우 이를 법무부에 통보하고, 그것이 중대한 차별이라고 생각되는 경우 법무부장관이 시정명령을 내릴 수 있도록 하고 있다. 이는 국가인권위원회가 사법권을 갖지 않기 때문에 옴부즈맨 기능을 하고 있는 기구이므로, 시정명령권을 가지기가 어려운 상황에서 장애계의 요구를 거절할 수 없어 일부를 수용하는 과정에서 다소 어정쩡한 모습으로 나타난 결과다.

입증책임의 분배란 차별받았다는 것을 장애인이 일정한 근거를 들어 입증하면 상대방은 차별하지 않았다거나 차별에 합리적인 이유가 있었다는 것을 입증해야 한다는 원칙이다. 소송에 있어 가장 중요한 승패의 갈림길 중의 하나는 '누가 입증할 것인가'다. 일반적으로는 피해자가 가해자의 고의 · 과실이나 위법성 등을 입증해야 한다. 그러나 정보의 독점으로 인해 피해 당사자가 정보를 확보하기 어렵거나 당사자의 입증 능력이 현저히 떨어지는 경우 입증책임을 분배하거나 전환할 수 있도록 하고 있다. 장애인이 차별을 받았을 경우 차별에 관한 구체적인 정보를 얻기가 어려운 경우가 많고, 특히 지적장애인의 경우 차별을 입증하기가 매우 곤란하다. 이와 같은 이유로 입증책임의 상당 부분을 가해자에게 배분할 필요가 있는 것이다. 종전의 「장애인복지법」에서는 이러한 원칙이 명백하게 규정되어 있지 않았기 때문에, 실제 소송과정에서는 피해자인 관련자에게만 이 원칙이 적용되었으며 기각되기 일쑤였다고 보고되고 있다. 그런데 장차법에서는 차별 행위가 있었다는 사실은 관련자가 입증하고 차별 행위가 아니라는 사실은 그 상대방이 입증하여야 함을 규정하였다. 종전의 법률에 비해 약간의 진전이 엿보인다. 그러나 장애인들은 자신의 신체적 · 정신적 제약으로 인해 차별 입증에 필요한 정보를 수집하는 데에 많은 어려움을 가지고 있다. 특히 지적장애인의 경우 더욱 그러하다. 그러므로 사회적 약자 우선보호의 원칙에 의해 차별 행위자에게 입증책임을 부과하는 것이 마땅하다.

법원의 구제조치란 법원이 소송제기 전이나 소송제기 중에 피해자의 신청에 따라 차별로 인정되는 경우에 본안 판결 전에 임시조치를 명하는 것을 말한다. 임시조치를 이행하지 않으면 일정한 배상을 하도록 명하고 있다. 법원의 구제조치는 차별이 명백해 보이고 차별시정이 시급히 필요한 사안에 적용된다. 그리고 법률관계를 최종적으로 판단하는 법원에 의해 이루어진다는 면에서 차별 시정기구의 긴급 구제조치에 비해 훨씬 권위가 있는 조치라고 할 수 있다.

마지막으로 손해배상제도다. 애초에 장애인계에서는 전보적 손해배상에 추가하여 가해자나 제3자가 다시는 같은 행위를 되풀이하지 않도록 하기 위한 처벌적 성격이 가미된 징벌적 손해배상제를 요구하였다. 이에 의한 배상액은 전보적 손해배상액에 재산상의 큰 부담을 느낄 정도의 금액이 추가되는 것이 일반적이다. 징벌적 손해배상은 기본적으로 고의나 악의 또는 부주의한 잘못으로 손해를 입히는 경우나 공공의 안전을 고의로 또는 명백하게 무시하는 경우에 인정된다. 장애인 차별로 법원의 판결이 있은 경우 일반적으로 배상액은 기십만 원에서 200만 원의 범위 내에서 이루어진다. 그런데 이 금액은 일반적인 소송의 경우 변호사 비용에도 미치지 못한다. 결국 소송을 제기하는 경우 피해당사자의 금전적인 부담이 더 커지게 되는 것이다. 이런 상황에서는 대부분의 장애인이 소송을 제기하여 침해된 권리를 보상받으려 하지 않을 것이다. 그리고 현재 장애인을 위한 소송은 대부분 공익소송의 의미로 이루어지고 있다. 변호사들이 무료로 봉사하는 것이다. 이런 이유로 변호사들의 소송 참여도 매우 어려운 상황이다. 그렇지만 징벌적 손해배상이 도입되는 경우 장애인의 적극적인 권익구제 움직임이 활발해질 수 있고 변호사들도 적극적으로 나서게 될 것이다. 이런 이유로 장애계에서는 징벌적 손해배상제도 도입을 주장하였지만 끝내 성사되지는 못하였고, 이에 대한 부분조치로 제46조가 도입되었다.

4) 추후 과제

새로운 밀레니엄에 접어든 이후부터 약 7년 동안 계속된 장차법 제정 운동은 보수와 진보를 아우르는 장애계의 일치 단결된 노력과 희생, 양보가 일궈낸 성과물이라고 평가되고 있다. 장애인을 둘러싼 차별적인 사회환경에 일대 메스를 가한 이 차별금지법은 장애를 사회적 관계 속에서 정의하며 또 장애를 가진 사람의 권리 확보를 위해서는 제반 사회적 환경을 마련해야 할 책임이 국가와 사회에 있음을 규정하고 있다. 그러기에 이 법은 장애인들의 인권지수를 한 단계 더 높이는 계기가 되었으며 또 경쟁 지향적 자본주의 체제하에서 우리 사회의 공동체적 성격을 그나마 유지시켜 준 초석이 되고 있다.

이러한 의의를 가졌기에 서구의 경우 일찍부터 장애인차별금지법이 제정 · 운용되어 왔다. 초창기에는 미국의 ADA(1992), 호주의 DDA(1992), 영국의 DDA (1995) 등 주로 영미권 국가들이 장애인차별금지법을 시행하여 왔으나, 1990년대 말 이후 스웨덴(1999), 독일(2002), 스페인(2003), 벨기에(2003), 네덜란드(2003), 스위스(2004), 오스트리아(2005), 프랑스(2005) 등 대륙유럽 및 북유럽 국가들도 독자적인 장애인차별금지법을 제정 · 시행하거나 차별금지법 내에 장애차별을 금지하는 규정을 도입 · 강화하는 추세를 보이고 있다(유동철, 2009). 이러한 새로운 세계적 동향의 배경에는 지난 2006년 12월에 유엔 총회를 통과한 장애인권리협약이 실제적인 영향을 미쳤다고 판단된다.

이상과 같은 국내외에 걸친 새로운 개혁적 발걸음에 의해 마련된 장차법은 몇 가지 쟁점과 과제가 여전히 현안으로 남겨져 있다.

첫째, 장애 범주의 확대와 관련된 문제다. 사회적인 여건의 미비로 일상생활의 어려움을 겪게 되는 신체적 · 정신적 특징들 모두가 장애의 개념에 포함되어야 한다. 또한 현재 신체적 · 정신적 특징으로 인해 일상생활에 곤란을 겪는 경우뿐만 아니라, 과거의 기록 때문에 사회 참여를 배제당하고 있는 사람들도 장애인의 정의에 포함시켜야 한다. 시민권과 차별을 강조하는 기본권 모델에서는 이와 같이 차별의 가능성이 있는 대부분의 경우를 장애인으로 규정하고 있다. 그러나 최근 제정된 「장애인차별금지법」은 기존의 복지서비스 모델에서 크게 벗어나지 못하고 있다고 판단된다.

둘째, 이 법은 차별시정 업무는 국가인권위원회에, 시정명령권은 법무부에, 시행령 제정은 보건복지부에 나뉘어 있는데, 부처 간의 서로 다른 논리를 여하히 조정할 것인가라는 문제가 여전히 미해결로 남아 있다.

셋째, 이제 차별을 시정할 수 있는 하드웨어는 마련되었다고 할 수 있으나 그에 걸맞는 소프트웨어가 마련되어야 한다. 이 법에 의해 많은 장애인이 차별금지의 대상으로 주시받게 되었다. 그렇다고 해서 그들의 인권이 저절로 작동되는 것은 아니다. 각자의 생활 영역에서 끊임없이 검색 · 진정 · 화해 및 조정해야 한다. 그러나 유감스럽게도 우리 민족은 오랫동안 한(恨)의 의식 구조하에 자신의 불행한 일(장애)을 소위 운명과 개인사로 치부해 온 비합리적인 면이 있었다. 이제는 장애인의 인권에 대해 장애인을 포함한 전 국민의 인식 수준을 적극적으로 향상시켜야 한다.

끝으로, 장애인 관련 법 체계의 체계적인 정비가 시급하다.

4. 장애인 등에 대한 특수교육법

장애인에 대한 모든 개인적 및 사회적 지원의 궁극적인 목표는 다름 아닌 독립생활에 있으며, 이러한 지원의 주요 영역으로는 복지 · 의료 · 고용 및 교육 등을 들 수 있다. 이 중 가장 핵심 영역은 무엇일까? 저자의 식견으로는 교육을 들고 싶다. 실제로 「장애인 등에 대한 특수교육법」은 「장애인차별금지 및 권리구제 등에 관한 법률」과 더불어 장애인을 위한 2대 법안으로 평가받고 있다. 사회복지를 전공하는 이로서 인간적인 측면에서는 다소 아쉽지만, 복지 시책의 속성은 일종의 사후 대책에 해당한다. 의료도 마찬가지다. 이에 비해 교육은 예방적 속성이 가장 강할 뿐 아니라 삶의 질의 기초 토대가 된다.

우리나라에서 장애인 교육을 공적으로 보장한 최초의 법 체계로는 1977년 12월 31일 제정 · 공포된 「특수교육진흥법」을 들 수 있다. 이 법은 당시 이 땅의 모든 장애인에게 교육받을 수 있는 기회를 처음으로 보장하였고, 전국 시 · 도에 공립 특수학교 및 특수학급이 설치되는 등 특수교육 발전의 기틀을 마련하는 법적 근거가 되었다. 그러나 무엇보다 당시 장애학생의 특수교육 수혜율은 25%에 불과하였다(이 법이 폐지되기 직전인 2006년 기준). 이처럼 낮은 수혜율의 배경으로는 먼저 모든 교육과정 중 초 · 중등 교육에 초점을 둔 협소한 정책 범주를 들 수 있다. 이 법 체제하에서는 대학교육이나 평생교육은커녕 유아기의 조기교육이나 고등학교 교육조차 제대로 받을 수 없는 형편이었다. 둘째, 통합교육이 형식적으로는 어느 정도 진척을 이루었지만 실제적으로는 통합이 제대로 이뤄지지 않고 있었다. 장애학생들을 일반학교에서 특수학교로 단순히 편입시켰을 뿐 통합을 담아낼 수 있는 교육 프로그램이 제대로 실시되지 않았다. 이 외에도 전달체계상의 문제 등 많은 문제점을 안고 있는 부실한 법이었기에, 2000년대 중반 '전국장애인교육권연대'(이하 '교육권연대')가 중심이 되어 '특수교육진흥법 폐지, 장애인교육지원법 제정'을 목표로 삼은 치열한 장애인 운동을 전개하였다. 교육권연대의 이러한 노력에 힘입어 정부와 정치권은 2007년 「장애인 등에 대한 특수교육법」을 마련하였다.

장애자녀의 부모들, 현장의 특수교사들, 장애인 당사자 등 장애인 교육 주체들의 투쟁과 노력으로 일궈낸 소중한 성과인 이 법이 갖는 의의는 다음 몇 가지로 정리할 수 있다.

첫째, 생애 주기별 공교육 지원 체계가 마련되었다. 그동안 교육 기회로부터 배제되어 왔던 장애영유아, 장애대학생, 장애성인에게도 실질적인 교육 기회를 제공할 수 있게 되었다.

둘째, 무상 · 의무교육이 강화되고 특수교육기관이 확충됨으로써 지원 대상의 범위도 대폭 확대되었다. 기존의 「특수교육진흥법」에서는 8개 장애 유형에 제한되었고 또 특수교육적 요구가 있어야만 그 대상으로 선정되었는데, 「특수교육법」에서는 8개 장애 유형 이외에도 발달지체가 신설되고 또 건강장애 등과 같이 장애가 명확하게 드러나지 않은 아동에게도 교육 지원의 기회가 제공될 수 있도록 하고 있다. 또한 기존의 정서장애를 정서 · 행동장애 및 자폐성장애로 각각 독립시켜 개별 장애 유형의 특수성을 고려하여 교육 지원 계획을 차별적으로 수립할 수 있도록 하였고, 언어장애 역시 의사소통장애라는 개념으로 확대 정의하여 의사소통 전반에 걸쳐 장애를 갖고 있는 학생들도 특수교육 기회를 제공받을 수 있도록 조치하였다.

셋째, 교육의 질을 높이기 위한 다양한 교육복지 서비스(특수교육 관련 서비스로서 가족 지원, 치료 지원, 보조인력 지원, 보조기기 지원, 정보접근 지원 등)도 함께 제공할 수 있게 되었다.

넷째, 통합교육의 질을 개선하였다. 통합교육의 기회를 우선시하여 학급 설치 기준을 시행령이 아닌 법률로 명시하고(제27조), 학급당 학생 수를 기존과 비교해 두 배 이상 가까이 감축하도록 하여(유치원 4명, 중학교 6명, 고등학교 7명 이하 1개 학급 각기 편성) 보다 질 높은 교육 지원이 가능하도록 하였다. 더불어 학급당 학생 수 감축을 통해 현장의 특수교육 교사들이 장애학생들을 위한 개별화된 교육 지원 및 통합학급 지원 등의 업무도 수행할 수 있도록 함으로써 장애학생 개개인에게 필요로 하는 교육 지원이 학교 현장에서 원활하게 이루어지도록 하였다.

끝으로, 차별금지 조항을 강화하였다. 기존의 경우 차별을 해서는 안 된다는 등의 선언적 조항으로 반영되었던 것에 반해, 「특수교육법」에서는 구체적인 차별 행위의 대상을 법률에 명시하였다. 우선 현장학습 및 수련회 등 학교 외부 활동에서의 참여 배제, 수업 등 학교 내부 활동에서의 참여 배제, 개별화교육지원팀의 참여 배제, 특수교육 관련 서비스 제공과정에서의 차별 배제 등을 구체적 차별 행위로 명시하고 있다. 그리고 이러한 차별 행위를 한 자에 대해서 300만 원 이하의 벌칙금을 부과하도록 규정하여, 더 이상 교육 현장에서 장애를 이유로 차별하는 상황이 벌어지지 않도록 강제하고 있다.

이상과 같이 비약적으로 발전한 특수교육법은 나름대로의 의미에도 불구하고 일정 정도 한계를 지닌다. 우선 초·중등교육 중심으로 규정되어 있어 장애영유아 및 장애성인을 위한 교육 지원에 대한 규정이 미흡하며, 국가 및 지방자치단체의 특수교육 지원에 대한 구체적인 역할의 제시가 부족하여 법의 실효성 담보에 한계가 있다. 그리고 통합교육기관이 부족하다. 통합교육을 위해서는 특수학교가 아닌 특수학급의 지원을 받으면서 일반학교에서 교육을 받아야 한다. 그런데 초등학교에 특수학급이 설치된 학교의 비율은 약 50% 정도에 불과하다. 중학교는 25% 정도이고, 고등학교는 약 10% 정도다(한국장애인고용공단 고용개발원, 2012). 결국 어렵게 초등학교를 졸업한 장애인들 중 절반은 중학교에 진학하면서 다시 특수학교로 옮겨야 한다. 그러나 이런 구체적인 문제보다 관련법 체계가 비효율적인 점이 더 심각하다고 판단된다. 어렵게 마련된 특수교육법의 구체적인 적용에 길잡이가 될 그 시행령이 당사자들의 바람에 부합될 수준으로까지 마련되지 못하고 있다. 즉, 특수교육운영위원회나 특수교육지원센터 등의 관련 기구에 대한 구체적인 역할과 운영 규정이 생략되어 있고, 국가 수준에서 세워야 할 장애인 교육사업에 핵심적인 내용들을 각 시 · 도 교육청에 위임해 버려 법률에 담긴 많은 내용이 사실상 추진 불가능하게 되어 버렸다(파라다이스복지재단, 2008).

법률만 시행되면 모든 것이 달라질 것이라고 기대했지만, 시행령이 교육 주체들의 의견과 요구를 외면한 채 예산과 인력 확보 등과 같은 발전 지향적인 규정을 마련하기보다 성장 지향적 세력들(기획예산처, 행정자치부 등)의 압력으로 인해 현실과 타협해 버린 문제점이 있다.

제3절 정책적 모형

1. 소득보장

장애인 소득보장 프로그램은 일반적으로 사회보험(연금), 사회복지 서비스(사회수당), 공공부조 그리고 간접적 소득지원 프로그램 등으로 나눌 수 있다. 먼저 연금은 그 재정을 개인의 기여에 의존하는 반면 사회수당과 공공부조는 일반조세에 의존하는 것이 원칙이다. 한편 특정한 해당자가 관련된 자격이 있는지의 판정과 관련해서는 자산조사와 근로 능력이 주요 잣대가 된다. 먼저 연금과 수당의 경우 자산조사를 하지 않는 반면 공공부조는 자산조사가 매우 중요한 기준이 된다. 그리고 근로 능력이 없을 경우에는 각종 사회보험 내 장애급여의 수혜자가 되지만, 그렇지 아니할 경우에는 각종 고용지원 서비스의 대상이 된다. 또한 장애급여의 수준은 그 급여의 목적이 무엇이냐에 따라 확연한 차이가 난다. 즉, 그 목적이 소득보전이냐 혹은 장애로 인한 추가비용의 보전이냐 등에 따라 그 수준이 달라진다.

이처럼 장애인 소득보장 정책은 이론적 측면과 실제적 측면의 어느 측면에서 보느냐에 따라, 또한 국내외에 따라 그 용어 및 유형 등이 다르기 때문에 매우 복잡한 양상을 띤다. 대표적인 예로는 장애인연금을 들 수 있다. 그 명칭으로 본다면 마땅히 사회보험의 일종이지만, 실제적으로 장애인 당사자가 급여액에 대해 전혀 기여한 바가 없기 때문에 일종의 수당으로 볼 수도 있고 또 그 금액의 정도로 보아 공공부조로 볼 수도 있다. 이러한 어려움 때문에 여기서는 가능한 한 실제적 측면을 중심으로 살펴보고자 한다.

1) 사회보험

(1) 공적 연금

연금제도는 위험의 분산이라는 보험의 기법을 사회적 보호의 수단으로 사용하는 사회보험의 일종이다. 우리나라의 공적 연금은 크게 공무원연금 · 군인연금 · 사립학교교직원연금 및 국민연금의 네 가지가 있다. 특정한 직역의 연금이 아닌 일반적인 것으로는 국민연금을 들 수 있다. 국민연금은 노후의 소득을 안정적으로 보장하기 위하여 국가에 의해 시행되는 강제적 보험제도다. 일반 국민들이 가입기간 중에 산업재해가 아닌 다른 이유로 장애를 입은 경우 지급되는 급여로는 장애일시보상금과 장애연금의 두 가지가 있으며, 그 급여 수준은 다음과 같다.

- 장애 등급 1급: 기본연금액의 100%+부양가족연금액
- 장애 등급 2급: 기본연금액의 80%+부양가족연금액
- 장애 등급 3급: 기본연금액의 60%+부양가족연금액
- 장애 등급 4급: 기본연금액의 225%(일시보상금)

부양가족연금액은 수급권 취득 당시 가입자 또는 수급권자에 의하여 생계를 유지하던 배우자, 자녀(18세 미만 또는 장애 2급 이상) 또는 부모(60세 이상 또는 장애 2급 이상, 배우자의 부모 포함)가 있는 경우에 지급하는 일종의 가족수당 성격의 부가급여다. 부양가족연금액(2011년 기준)은 배우자에게 연 22만 870원, 18세 미만 또는 장애 등급 2급 이상에 해당하는 자녀와 60세 이상 또는 장애 등급 2급 이상[4)]에 해

당하는 부모에게 연 14만 7,230원이다.

이러한 장애연금 급여에는 다음과 같은 몇 가지 문제점이 오래전부터 제기되어 왔다.

첫째, 우리나라의 장애연금의 수준은 상당히 낮은 편이다. 가입기간 20년 미만의 평균소득자인 경우 장애연금의 소득 대체율은 18~30%에 불과하다. 이 수준은 노령연금과는 달리 ILO 최저 기준인 40%에 크게 미달한다.

둘째, 이 급여는 보험료를 납부한 사람들에게만 급여가 지급된다. 따라서 애초부터 소득이 없는 장애인의 경우 당연히 지급 대상에서 제외되어 왔다. 2004년 12월 말 기준 장애연금(국민연금)을 받고 있는 수급자는 5만 8천여 명으로, 등록장애인 161만여 명의 3.6%에 불과한 것으로 알려져 있다. 이런 이유로 장애계에서는 보험료를 내지 않은 장애인일지라도 일정한 연령에 도달하면 연금을 받을 수 있는 무기여 방식의 '기초장애연금'의 도입을 줄기차게 요구해 왔다. 그 결과, 2010년 「장애인연금법」이 제정되어 중증장애인의 생활안정 지원 등을 목적으로 하는 장애인연금이 생활이 어려운 중증장애인을 대상으로 2011년 7월부터 시행되고 있다.

(2) 산업재해보상보험

산업재해보상보험(이하 산재보험)은 대부분의 국가에서 가장 먼저 도입되어 다른 사회보험제도의 도입과 확대에 선구적인 역할을 해 왔다. 우리나라에서도 1964년에 도입된 최초의 사회보장제도에 해당한다. 또한 현대 산업사회에서 산업재해로 인한 장애인구가 매우 많다는 사실을 상기하면 산재보험의 중요성은 매우 크다고 하겠다(유동철). 급여의 종류로는 요양급여, 휴업급여, 장해급여, 간병급여, 유족급여, 상병보상연금, 장의비, 직업재활급여 등이 있으며, 다만 진폐근로자와 관련된 진폐보상연금과 진폐유족연금이 특례조항으로 추가되어 있다. 이 사업은 고용노동부 산하기관인 근로복지공단에서 수행한다.

---

4) 국민연금에서 장애 등급은 「장애인복지법」에서의 등급과 상이하다. 후자의 등급은 1~6급으로 되어 있으나, 국민연금에서는 1~4급으로 되어 있다.

① 요양급여

요양급여란 입원, 통원, 자가치료에 소요되는 비용 전부를 말한다. 원칙적으로는 공단이 설치한 보험시설 또는 공단이 지정한 의료기관에서 요양하여야 하므로 본인에게 진료비를 지급하지 않고 공단에서 의료기관에 진료비를 지급하지만, 부득이한 경우에는 산재 환자에게 요양비를 지급한다. 요양급여에는 진찰, 약제 또는 진료 재료와 의지(義肢), 기타 보철구의 지급, 처치, 수술, 기타의 치료, 의료시설에서의 수용, 간병료, 이송료 등이 포함된다.

② 휴업급여

휴업급여는 업무상 사유에 의하여 부상을 당하거나 질병에 걸린 근로자에게 요양으로 인하여 취업하지 못한 기간에 대해 1일당 평균임금의 70/100에 해당하는 금액을 지급하며 근로 형태가 특이한 경우에는 통상근로계수[5]를 적용한다. 재해자가 65세 이상이 되는 경우에는 휴업급여를 감액 지급하며, 평균임금의 65/100에 해당하는 금액을 지급한다. 산정한 재해자의 휴업급여가 최저임금에 미달하는 경우에는 고시된 처저임금을 1일당 휴업급여로 지급한다. 여기에 평균임금이란 산정사유 발생일로부터 3개월간 소급하여 그 기간 동안에 지급된 총임금을 총일수로 나눈 금액이다.

③ 상병보상연금

상병보상연금은 요양급여를 받는 근로자가 요양 개시 후 2년이 경과되어도 치유가 되지 않고 폐질 등급(1~3급)에 해당되는 경우와 장해보상연금을 받고 있던 근로자가 부상 또는 질병이 악화되어 재요양하고 있는 경우에 지급한다. 상병보상연금 청구에 의거해 폐질 등급을 결정하고, 등급(1~3급)에 따른 상병보상연금을 지급한다. 상병보상연금을 지급하게 되는 경우 휴업급여 또는 장해보상연금은 지급이 중단된다. 폐질 등급에 따라 지급 일수가 달라지는데, 폐질 등급별 지급 일수

5) 근로 형태가 특이한 경우에는 1일 단위로 고용되거나 근로일에 따라 일당 형식의 임금을 지급받는 근로자로 당해 사업의 동종 업무에 종사하는 다른 일용근로자의 근로관계 및 근로 일수 등을 고려하여 노동부장관이 고시하는 통상근로계수를 적용한다.

의 경우 1급은 연 329일분, 2급은 연 291일분, 3급은 연 257일분을 지급한다.

④ 장해급여

장해급여는 업무상의 사유에 의하여 부상을 당하거나 질병에 걸려서 치유 후 신체 등에 장해가 남아 있는 경우에 지급한다. 장해급여에는 장해보상일시금과 장해보상연금이 있다. 장해보상연금은 수급권자의 선택에 의하여 4급부터 7급까지는 일시금을 지급받을 수 있으나 1급부터 3급까지는 연금으로만 지급받는다. 일시금은 요양이 종결된 후 수급권자의 신청에 따라 해당 등급에 요양 종결 당시의 평균임금을 곱하여 계산한 금액을 지급한다. 연금은 등급별 연금에 해당하는 일수에 평균임금을 곱하여 산정한 금액을 12로 나누어 매월 1회 지급한다. 장해급여는 장해 등급 기준을 획일적으로 판정하고 있어서 노동 능력상의 손실과는 큰 관계가 없다.

⑤ 유족급여

유족급여(유족보상일시금 · 연금, 장의비)는 근로자가 업무상 사유에 의해 사망한 경우 그 유족에게 유족보상일시금 또는 유족보상연금을 지급하며, 수급권자가 원하는 경우 유족보상일시금의 50/100에 상당하는 금액을 일시금으로 지급하고 유족보상연금은 50/100을 감액하여 지급한다. 유족 중 유족보상연금 수급권자가 없는 경우, 유족급여를 연금의 형태로 지급하기 곤란한 경우, 근로자의 사망 당시 유족보상연금 수급권자가 외국에 거주하는 자일 경우, 내국인 수급권자가 국외로 이주하는 경우에는 일시금을 지급한다. 유족보상연금 수급자격자는 근로자의 사망 당시 그에 의하여 부양되고 있던 처, 18세 미만의 자녀 또는 손, 남편, 부모 또는 조부모로서 60세 이상, 근로자가 사망 당시 부양 중인 18세 미만이거나 60세 이상인 형제자매 등이다.

⑥ 유족보상연금

유족보상연금은 기본금액과 가산금액으로 구성된다. 기본금액은 급여기초연액(평균임금의 365일분을 곱하여 얻은 금액)의 47/100에 해당하는 금액이며, 가산

금액은 기본금액에 사망한 근로자에 의하여 부양되고 있는 연금 대상자 1인당 5/100씩 가산하되 20/100이 넘을 때는 20/100에 상당 금액을 합산하여 계산한 금액이다. 사망근로자의 평균임금이 노동부장관이 고시하는 최저보상기준금액에 미달하는 경우에는 최저보상기준금액으로 산정하고, 평균임금이 노동부장관이 고시하는 최고보상기준금액을 초과하는 경우에는 최고보상기준금액으로 산정한다.

⑦ 장의비

장의비는 근로자가 업무상 사유에 의하여 사망한 경우 사망자의 장제를 실행하는 자에게 지급하는 금액이다. 지급액은 전년도 지급된 평균임금액의 120일분이다.

⑧ 간병급여

간병급여는 요양이 종결된 자가 의학적으로 상시 또는 수시로 간병이 필요하여 실제로 간병을 받는 자에게 지급한다. 간병급여는 실제로 행해진 날에 대하여 월 단위로 지급하며, 간병급여 대상자가 재요양을 받는 경우에는 재요양한 날부터 재요양 종료 시까지는 간병급여 지급이 중지되나 간병급여 대신에 간병료를 지급받을 수 있다. 이상과 같은 산재보험급여에는 다음 두 가지 특징 및 문제점이 있다.

먼저 급여액을 개별 재해의 피해 규모에 상관없이 근로자가 받았던 임금의 일정 비율인 정률 보상을 한다는 것이다. 그러나 그 액수는 개별적인 피해 규모를 토대로 한 민사배상의 액수에 비해 엄청나게 낮은 경우가 일반적이다. 이러한 차이를 보완하기 위하여 산재보험은 특별급여를 두고 있다. 그러나 특별급여가 성립하기 위해서는 사용자가 스스로 고의 · 과실을 인정해야 하며 추후 노동부가 사용자로부터 급여액을 징수하도록 되어 있어, 특별한 사유가 없는 한 소송도 없었는데 자발적으로 기꺼이 이 제도를 활용하는 사용자는 거의 없다. 따라서 사업주의 과실에 의해 발생한 산재사고의 경우 많은 피해노동자가 민사소송을 제기하고 있다. 이는 산재노동자들이 그 소송으로 1~2년의 시간을 보내게 만들어 노동복귀율을 떨어뜨리며, 사업주는 사업주대로 산재보험료와 손해배상이라는 이중 부담을 가지게 된다. 그러므로 산재보험급여액의 현실화가 시급한 과제인 셈이다.

보다 근본적인 문제점으로는 국민연금과 마찬가지로 산재보험도 사업장 근로자를 대상으로 하고 있어서 선천적 장애인이거나 경제 활동 이전에 장애를 입어 취업하지 못하는 경우에는 보험의 혜택을 받을 수 없다. 따라서 경제 활동을 한 경험이 없는 장애인에게는 사회보험을 통해서 소득보장을 해 줄 수 없는 문제가 있다.

2) 공공부조

우리 사회의 대표적인 공공부조로는 국민기초생활보장제도를 들 수 있다. 그리하여 일부에서는 이 제도를 장애인을 위한 공적 부조의 유형으로 포함시키고 있으나, 이 제도는 특정한 인구계층을 초월한 모든 국민을 적용 대상으로 삼는 보편적인 성격을 띠는 제도다. 그러므로 장애인과 관련된 공적 부조제도로는 복지서비스법인 「장애인복지법」을 그 근거로 마련된 장애수당, 장애아동수당 및 보호수당 그리고 장애인연금을 들고자 한다.

먼저 장애수당은 장애 정도와 장애인의 경제적 생활 수준을 고려하여 장애로 인한 추가적 비용을 보전할 수 있도록 지급한다. 현재 지급 대상은 18세 이상인 「국민기초생활보장법」에 의한 수급자 및 차상위계층인 장애인으로 제한되어 있다. 장애수당은 기초수급자 및 차상위의 경증장애인 중 재가장애인에게는 월 3만 원을, 시설장애인에게는 월 2만 원을 지급한다. 이 금액은 장애로 인한 추가생활비 월평균 15만 8,700원(2008년)에도 미치지 못하는 실정이다. 뿐만 아니라 이 수당의 성격이 분명하지도 않은 문제점이 지적되고 있다. 이론적인 측면에서 볼 때 장애수당의 취지는 장애로 인해 추가되는 생활비를 보전해 주자는 것이 그 하나이고, 장애가 발생하면 떨어지게 마련인 소득을 일정한 수준으로 보장해 주자는 것이 다른 하나다. 그러므로 엄격히 말해 전자는 개별 장애인 당사자의 소득 수준과는 상관없이 장애인이라는 조건만으로 성립된다. 반면 후자는 장애인 중에서도 소득이 일정 수준 이하여야 한다. 장애인이라고 해서 모두 다 가난한 것은 아니라는 것이다. 즉 장애 정도와 경제 수준이 반드시 비례하지는 않음에도 우리나라 「장애인복지법」 제49조에서는 “장애 정도와 장애인의 경제적 생활 수준을 고려하여" 라고 명기함으로써 논리적 일관성을 잃어버리고 있다.

장애아동수당은 장애아동을 보호·양육하는 보호자의 경제적 생활 수준과 장애 정도 등을 고려하여 장애아동의 보호자에게 장애로 인한 추가적 비용보전을 위해 지급하는 수당이다. 현재 장애아동수당은 「국민기초생활보장법」상의 수급자와 차상위계층으로서 18세 미만의 장애아동에게 지급하고 있다. 먼저 재가아동의 경우 기초 중증 장애아동에게는 월 20만 원, 차상위 중증 장애아동에게는 월 15만 원, 기초 및 차상위 경증 장애아동에게는 월 10만 원을 지급하고 있다. 또한 시설아동의 경우 중증 기초 장애아동에게는 월 7만 원, 경증 기초 장애아동에게는 월 2만 원이 지급되고 있다.

일상생활이 곤란한 장애아동이 있는 가구는 해당 장애아동을 돌보기 위하여 다른 활동을 포기한 채 돌봄 활동에 전념해야 하는 사람이 필요하다. 이럴 경우 그 보호자는 다른 소득 활동을 할 수 없을 뿐더러 자신의 시간을 전혀 가질 수 없게 된다. 장애아동수당이나 보호수당이 적절한 수준에서 지급되면 개호자를 고용함으로써 항시적인 부양과 보호의 부담에서 벗어날 수 있을 뿐만 아니라 소득 활동을 할 수 있는 기회도 생긴다. 개호자를 고용하는 경우 장애인 당사자가 스스로에게 필요한 서비스를 요구할 수 있어 의존감에서 탈피할 수도 있다. 이런 의미에서 이와 같은 수당은 장애인의 자립생활과 밀접하게 연관되어 있다.

이와 같은 면을 감안했을 때 현행 장애아동수당의 급여 수준은 매우 낮다고 평가할 수밖에 없다. 개호자를 고용할 수 있는 정도의 금액으로 현실화되어야 한다. 장애수당이란 장애로 인해 받게 되는 수당이다. 기타의 인구학적 요건은 이 수당과 아무런 관련이 없다. 특정한 인구학적 요건만 충족되면 성별, 인종, 소득 수준 등에 상관없이 지급되는 것이 일반적이다. 즉, 인구학적 특징에 따라 발생하는 문제는 그 특징이 있는 모든 사람에게 공통적이므로 소득에 상관없이 국가에서 지원해 주는 것이다. 따라서 현재의 장애수당은 그 대상자를 저소득층에 국한할 것이 아니라 장애로 인해 발생하는 소득 기회의 감소와 추가비용의 보충이라는 일반적 성격에 비추어 장애인 모두에게 확대해야 한다.

보호수당은 장애인을 보호하는 보호자의 경제적 생활 수준, 장애 정도를 고려하여 장애인의 보호자에게 장애로 인한 추가적 비용보전을 위해 지급하도록 「장애인복지법」에 규정하고 있으나, 의무조항이 아니어서 아직까지 지급되지 않고 있다. 장애아동수당이 18세 미만의 중증 장애아동을 보호하는 보호자를 위한 수당이라면, 보호수당은 18세 이상의 중증장애인을 보호하는 보호자를 위한 수당이라고 할 수 있다. 따라서 보호수당은 중증장애인을 위해서 반드시 필요한 수당으로 시급히 지급되어야 할 것이다.

3) 장애인연금

장애인복지의 목표가 완전한 참여와 사회통합이라고 한다면, 그 전략은 자립생활이라고 할 수 있다. 또 이러한 자립생활을 가능케 해 주는 효과적인 전술 중 하나는 바로 장애인연금임을 모두들 주저 없이 동의하고 있다. 그러나 2011년부터 시행되고 있는 이 제도의 성격은 매우 혼란스러울 뿐만 아니라 모호하기도 하다. 우선 전체 명칭으로 본다면 일종의 사회보험이다. 그러나 급여의 명칭은 수당의 일종이다. 그럼에도 모든 장애인에게 급여를 지급하지 않기 때문에 사회수당이라고 규정할 수도 없다. 왜 이렇게 혼란스러울까? 본래 이 프로그램이 「장애인복지법」하에서 시행되어 왔던, 그러기에 일종의 사회수당이었던 '장애인수당'을 이 연금제도로 이전시켰기 때문이다. 또 지급 대상을 장애인 중에서도 기초수급자와 차상위계층으로 국한했기 때문에 일종의 공적 부조의 면모도 엿보인다. 뿐만 아니라 급여 수준으로 본다면 마땅히 기초연금이라고 표현해야 하지만 그렇지 않아 그 성격이 몹시도 혼란스럽다. 그 외에 이 제도는 장애인의 삶의 질에 다대한 영향을 미칠 뿐만 아니라, 전 장애인의 염원이 담긴 중요한 제도이기에 독립된 절에서 다루고자 한다.

(1) 제정 배경

사회적 취약계층인 장애인들의 소득을 보장해 줄 수 있는 방법으로는 사회보험, 공적 부조 및 수당 등의 제도를 들 수 있다.[6] 먼저 사회보험의 경우, 현재의

---

6) 그러나 사회보장제도는 이론적 측면에서 사회보험과 공적 부조로 나눌 수 있다. 이 중 공적 부조는 각 국가의 실정에 따라 각기 달리 실시되고 있기 때문에 흔히들 그 제도는 실제적 측면에서 세 가지로 분류되고 있다.

사회보험 체계에서는 업무상의 사고 등으로 장애를 입은 중도장애인을 위한 소득보장은 가능하지만, 장애로 인해 취업할 수 없거나 경제 활동을 하지 못하는 장애인은 국민연금이나 산재보험 등과 같은 사회보험에 가입할 수 있는 자격을 가지지 못한다. 실제로 『장애인백서』(2010년)에 따르면, 2000년대 이후 국민연금법상의 장애연금을 수급하는 장애인의 비율은 매년 2~3%에 불과한 것으로 나타났다. 국민연금제도는 우리 사회에서 대표적인 보편적 사회복지제도에 해당한다. 그럼에도 그 제도가 갖는 사회안전망으로서의 기능은 매우 취약하다고 볼 수밖에 없다. 또한 공무원연금과 산재보험 등의 공적 연금을 받는 장애인은 전체의 9.5%에 불과하다. 결론적으로 공적 연금에 가입하지 않은 장애인은 73.0%로, 장애인 4명 중 3명이 공적 연금에서 배제되어 있는 실정이다(장애우권익문제연구소, 2007). 또한 장애인연금제도가 실시되기 이전에는 장애로 인해 발생되는 추가비용을 보전해 주는 시스템이 전혀 마련되어 있지 않았다.

둘째, 공적 부조의 대표격인 「국민기초생활보장법」은 최저생계비 이하인 자를 국민기초생활수급권자로 지정해 생계급여를 지원하고 있지만, 2007년을 기준으로 전체 기초생활수급권자 80만 9천 가구 중 장애인세대 가구 수는 13만 5천 가구로, 전체 등록장애인 수의 7.9%에 불과하다.

끝으로, 장애 관련 수당제도에는 장애수당과 장애아동수당 등이 있다. 장애인연금제도가 시행되기 이전의 경우, 중증 기초수급자에게 월 13만 원, 중증 차상위계층에게는 월 12만 원, 기초 및 차상위 경증장애인에게는 월 3만 원을 지급해 왔다. 또 장애아동수당은 기초수급권자인 중증장애인에게는 월 20만 원, 차상위 중증장애인에게는 월 15만 원, 기초 및 차상위 경증장애인에게는 월 10만 원을 보호자들에게 지급해 왔다. 그러나 현 제도의 수당은 엄밀히 말해 수당 본래의 의미로 시행되지 않고 있다. 수당이란 일정한 인구학적 특성을 감안해 그 특성에 해당하는 사람에게 지급하는 것이다. 그래서 장애수당이라고 한다면 그 수당은 모든 장애인에게 지급되어야 하는 것이다. 그러나 이 수당은 일정 수준의 소득 기준을 감안하여 지급하기 때문에 공적 부조의 일환이라고 할 수 있다.

장애인들의 소득보장제도와 관련된 이상과 같은 세 가지 방법의 문제점 때문에 보편적 프로그램을 실시해야 할 필요성이 제기되었다. 이러한 방법론적 필요성을 배경으로 2000년을 전후로 장애인계에 자립생활 이념이 확산되기 시작하자, 장애계 스스로 장애인연금제도에 관한 활발한 움직임을 보였다. 그 대표적인 예가 '장애인연금법제정공동대책위원회'의 결성이었다. 관련 부처인 보건복지부도 보건사회연구원에 용역을 맡겨 이러한 상황에 부응하였다. 그 후 2005년에는 열린우리당 장향숙 의원이 장애수당을 확대 개편하는 내용을 골자로 한 '장애인소득보장법(안)'을 발의했으며, 이어 2007년에는 한나라당 정화원 의원이 기본급여와 생활급여로 구성된 '중증장애인기초연금법(안)'을 발의하였다.

이러한 사회적 분위기로부터 영향을 받은 나머지 정부에서도 2008년 「장애인정책발전 5개년 계획」에서 장애인을 대상으로 한 기초장애연금제도를 도입하여 장애로 인한 소득 상실과 추가 비용을 보전한다는 계획을 제시하였다. 장애인계의 요구로 인해 정부에서 도입을 추진하던 기초장애연금제도는 그 명칭을 중증장애인기초연금으로 변경하면서 수급 대상자를 중증장애인으로 제한하고자 하였다. 이에 대해 장애인계는 크게 반발하고 나섰고, 결과적으로 수급 대상자를 중증장애인으로 제한하되 명칭에서는 '중증장애인'을 삭제하고 장애인연금으로 변경하게 되었다. 이러한 내용을 담은 「장애인연금법」은 2010년 3월에 제정되어 같은 해 7월부터 장애인연금이 지급되기 시작했다.

(2) 지급 대상 및 급여 수준

18세 이상의 중증장애인(1급과 2급 및 3급 중복장애 등) 중 본인과 배우자의 소득과 재산을 합산한 금액이 선정 기준액(단독가구 50만 원, 부부가구 80만 원) 이하인 자를 지급 대상으로 한다. 장애인연금은 기초급여와 부가급여로 구성된다. 먼저 기초급여의 경우 9만 원이 지급되는데, 이 금액은 국민연금 가입자 전체 월평균 소득의 5%를 의미한다. 다만 부부가 모두 기초급여를 받는 경우 각각의 기초급여액에 20%를 감액한 7.2만 원을 지급한다. 또 부가급여의 경우 기초수급자가 월 6만 원, 차상위계층은 월 5만 원이 지급된다.

(3) 문제점과 추후 과제

첫째, 지급 대상을 '생활이 어려운 중증장애인'으로 제한하고 있다. 원칙적인 입장에서 장애수당이 장애로 인한 사회적 추가비용을 보전하기 위한 것이라면, 장애인연금은 소득의 보전을 위한 것이다. 소득의 보전이란 결국 노동시장에서 배제되어 있는 장애인의 생계대책을 의미하는 것이다. 애초 이 제도는 국민연금의 사각지대에 놓여 있는 장애인들을 구제하기 위한 취지에서 마련되었다. 그러므로 이 제도가 궁극적으로는 보편적 모형을 지향해야 하겠지만, 일단 그 출발은 보완적 모형의 성격을 띠고 있다. 이상적인 모습은 아니지만, 여러 가지 현실적인 제약을 감안해 볼 때 불가피한 것 같다. 그렇기에 이 제도는 명칭으로 보아서는 사회수당인 듯하지만 실제 내용은 사회부조에 가깝다. 어쨌든 이 연금제도의 성격은 가난이라는 경제적 문제에 대한 시책이다. 그렇다면 경증인가 중증인가 하는 장애의 속성은 아무런 관계가 없는 문제이지 않은가? 소득의 특정한 수준이 장애의 정도에 따라 그 의미가 달라지는 것은 아니다. 그러니 장애인연금을 장애 정도를 기준으로 지급하는 것은 비논리적이다. 어디까지나 대상을 결정하는 기준은 급여를 받아서 자립할 수 있느냐 없느냐, 즉 소득 수준에 초점을 두어야 한다. 또한 경증장애인을 배제하는 보편성 없는 제도는 현실사회에서도 큰 문제점을 야기하고 있다. 한국 사회에서는 중증장애인만 노동시장에서 배제되어 있는 것은 아니다. 장애인가구 소득은 일반가구 소득의 50%에 불과하였고, 경증장애인의 실업률은 7.7%로 국민 평균인 3.3%의 두 배가 넘었고, 경증과 중증 장애인의 빈곤율 차이는 10%에 불과했다(2008년 기준). 그러므로 이 연금제도는 보편적 모형을 좀 더 지향하기 위한 의도에서, 또한 논리적 타당성을 갖추기 위해서라도 그 대상을 '생활이 어려운 장애인'으로 규정해야 한다.

둘째, 지나치게 낮은 급여 수준을 들 수 있다. 기초노령연금과의 형평성을 맞춘다는 이유로, 기초급여를 국민연금 가입자 전체 월소득 평균액의 5%(2012년 9만 4,300원)라는 이해하기 어려운 낮은 금액으로 지급하고 있다. 또한 추가비용의 성격을 띠고 있는 부가급여는 현재의 장애수당을 명칭만 변경한 것에 불과하다. 하지만 정부는 마치 새로운 연금제도를 도입하고 있는 것처럼, 부가급여라는 명칭으로 장애인을 포함한 전체 국민을 현혹시키고 있다. 결국 월 12~13만 원 받던 중증장애수당이 14만 4천~15만 4천 원 받는 장애인연금으로 이름만 바뀐 것이다. 그래서 장애계에서는 이 연금제도를 기만적이라고 분노하고 있다. 사실 이러한 기만적인 정책은 2009년 한나라당(현 새누리당)이 날치기로 장애인연금과 관련된 예산을 3,185억 원에서 1,519억 원으로 반액 삭감했을 때 이미 예견된 것이었다. 이명박 정부는 이러한 삭감의 배경을 재정의 건전성을 확보하기 위해서라고 주장한다. 그러나 사회적 취약계층의 복지 욕구를 외면하려는 이러한 주장은 다분히 이율배반적이다. 부자 감세, 4대 강 사업 등을 통해 국가재정 규모를 줄인 정부가 빈약한 복지재정을 채우는 대신 재정의 건전성에 대한 위기감을 내세워 국민의 복지 욕구에 찬물을 끼얹고 있는 것이다. 실제로 한국에서 재정 건전성 문제가 발생하는 근본 원인은 복지에 지나치게 많은 재정을 투입했기 때문이 아니라 세수가 지나치게 적기 때문이다. 한국의 조세부담률은 2008년 기준으로 OECD 33개 회원국 중 26위에 불과하다. 특히 이명박 정권 들어 계속 줄어들고 있다. 2008년 20.7%였던 조세부담률은 2009년 19.7%, 2010년 19.3%로 더욱 줄어들고 있다. 이는 이 정부의 법인세율과 소득세율의 인하 등 부자 감세 조치로 연 20조 원에 가까운 재정수입을 부자들에게 돌려준 영향이 컸다. 또 이 정부는 22조여 원에 달하는 4대 강 사업 등 난개발사업을 강행함으로써 복지부문으로 지출할 수 있는 여력을 떨어뜨려 놓고선 재정 건전성만 부각시키고 있다. 실제로 한국의 국내총생산(GDP) 대비 사회복지 지출 비중은 2007년 기준 7.6%로 OECD 회원국 평균 19.2%에 크게 못 미치는 실정이다. 결국 복지 마인드가 중요하며 또 복지 친화적 국정이 아쉽다는 것이다. 새누리당은 묵묵부답이지만, 다행히 2012년 총선에 즈음하여 민주통합당에서는 '장애연금의 적용 대상을 소득 하위 56%에서 80%인 중증장애인으로 확대하고, 연금액도 15만 4천 원에서 39만 8천 원으로 인상하겠다'는 공약을 제시하고 있다.

끝으로, 장애의 등급 판정은 사회적 모형과 관련된 내용은 생략된 채 온전히 생물학적 모형에만 입각하고 있다. 즉, 장애의 등급 판정에도 일상생활이나 사회생활에서의 제약 정도가 반영되어야 한다는 것이다. 예컨대, 이주노동자나 안면장애인의 경우 신체 기능상으로는 아무런 장애가 없음에도 전체 사회의 편견과 선입견으로 인해 실제로 일상 및 사회 생활에 상당한 제약을 안고 있다. 또한 신체에 어떤 물리적 손상을 가진 사람일지라도 지적 업무에는 얼마든지 근무할 수 있음에도, 또한 편의시설만 제대로 마련되어 있다면 얼마든지 장애 없이 근무할 수 있음에도, 실제로는 일상 및 사회 생활에 상당한 제약을 안고 있는 사례가 많이 있다. 사실 장애의 등급 판정에 사회적 모형도 부분적으로 참작해야 한다는 주장과 관련해서는 일상 및 사회 생활이 제약받는 정도를 계량화하는 혹은 사회 참여가 제한되는 정도를 계량화하는 작업이 먼저 이루어져야 한다. 결코 쉽지 않은 과제이지만, 2001년 WHO가 제시한 『기능성, 장애 및 건강에 관한 국제분류(ICF)』를 토대로 일상 및 사회 생활의 제약 정도를 측정하는 도구를 개발해 볼 수 있다. 지금까지 학계에서는 ICF를 소개하는 논문들은 몇 편 있었으나, 측정 도구의 개발에 관한 연구는 김경미와 윤재영의 「ICF 모델에 기초한 장애인의 참여 척도 개발」(2010)이 유일한 실정이다.

4) 기타 복지사업

이상과 같은 법제 이외에도 장애인들의 삶의 질에 영향을 미치는 기타의 복지사업을 실시기관별로 살펴보면 다음과 같다.

(1) 보건복지부에서 시행하는 사업

〈표 6-1〉

주요 사업명	지원 대상	지원 내용	비고
장애인 자녀 교육비 지원	* 중증장애인: 1급, 2급 및 3급 중복장애 * 3급 중복장애: 주 장애가 3급이며 다른 유형의 장애가 하나 이상 있는 자 * 경증장애인: 장애 등급이 3~6급인 자 ○ 소득인정액 최저생계비 130% 이하인 가구의 1~3급 초 · 중 · 고등학생 자녀	○ 고등학생의 입학금 및 수업료 전액 ○ 고등학생의 교과서대 119,200원(연 1회) ○ 초 · 중학생의 부교재비 36,000원(연 1회) ○ 중학생, 고등학생의 학용품비 49,500원(1학기 24,750원, 2학기 24,750원으로 연 2회)	읍 · 면 · 동에 신청
장애아 무상 보육료 지원	○ 만 12세 이하 장애아동 –장애인등록증 소지자 또는 장애진단서(만 5세 이하) 제출자	○ 지원 단가 –종일반: 39만 4천 원/월 –방과후: 19만 7천 원/월 ※가구 소득 수준과 무관	

장애인 자립자금 대여	ㅇ성년 등록장애인 –소득 기준: 가구의 소득인정액이 최저생계비 250% 이하 –금융기관의 여신 규정상 결격 사유가 없는 자 ※「국민기초생활보장법」상의 수급자 및 차상위계층은 저소득층 생업자금을 대여하므로 대상에서 제외. 다만 저소득층 생업자금이 부족하여 못 받는 경우에 한해 가능	ㅇ대여 한도 –무보증대출: 가구당 1,200만 원 이내 –보증대출: 가구당 2,000만 원 이내 –담보대출: 5,000만 원 이하 ㅇ대여이자: 3% ㅇ상환방법: 5년 거치, 5년 분할상환	읍·면·동에 신청
장애인 근로자 자동차 구입자금 대여	ㅇ장애인근로자(등록장애인) –금융기관의 여신 규정상 결격 사유가 없는 자 –신용대출 및 담보대출 가능	ㅇ대여 한도: 가구당 1,000만 원 이내(단, 특수 설비 부착 시 1,500만 원 이내) ㅇ대여이자: 3% ㅇ상환방법: 5년 균등 분할상환 ※대여신청은 자금 배정 소진 때까지	읍·면·동에 신청
장애인 보조기구 교부	ㅇ등록장애인 중 「국민기초생활보장법」상의 수급자 및 차상위계층	ㅇ품목 –욕창 방지용 방석 및 커버: 1~2급 지체·뇌병변·심장장애인 –음향신호기의 리모컨, 음성시계, 인쇄물음성변환출력기, 시력 확대 및 각도 조절 용구: 시각장애인 –휴대용 무선신호기, 진동시계와 음성증폭기: 청각장애인 –자세보조 용구, 보행기, 식사보조 기구와 기립보조 기구: 뇌병변장애인, 근육병 등 지체장애인 1, 2급	읍·면·동에 신청

(2) 기타 중앙기관에서 시행하는 사업

〈표 6-2〉

주요 사업명	지원 대상	지원 내용	비고
승용자동차에 대한 개별소비세 면제	1~3급 장애인 본인 명의 또는 장애인과 주민등록표상 생계를 같이 하는 배우자·직계존속·직계비속·직계비속의 배우자·형제·자매 중 1인과 공동 명의로 등록한 승용자동차 1대	개별소비세 및 교육세 전액 면세	
승용자동차 LPG 연료 사용 허용			

차량 구입 시 도시철도 채권 구입 면제			
소득세 공제			
장애인 의료비 공제			
상속세 상속 공제			
증여세 면제			

(3) 지방이양사업

〈표 6-3〉

주요 사업명	지원 대상	지원 내용	비고
청각장애 아동 인공달팽이관 수술 지원	인공달팽이관 수술로 청력 회복이 가능한 만 55세 미만 저소득 청각장애인	인공달팽이관 수술비 및 재활치료비 지원	읍·면·동사무소(동주민자치센터)에 신청
장애인생활시설 운영	등록장애인 –「국민기초생활보장법」상의 수급자 우선 입소	생활시설 입소 보호 –의식주 제공 –재활 서비스 제공(사회심리재활, 교육재활, 직업재활, 의료재활) –재활 서비스 제공(상담치료, 사회적응 훈련 등)	시·군·구에 신청

(4) 지방자치단체에서 조례에 의거해서 시행하는 사업

〈표 6-4〉

주요 사업명	지원 대상	지원 내용	비고
장애인용 차량에 대한 등록세·취득세·자동차세 면제	차량 명의를 1~3급(시각은 4급 포함)의 장애인 본인이나 그 배우자 또는 주민등록표상 장애인과 함께 거주하는 직계존·비속, 직계비속의 배우자, 형제·자매 중 1인과 공동 명의 –배기량 2000cc 이하 승용차 –승차정원 7인승 이상, 10인승 이하인 승용자동차, 승차정원 15인승 이하 승합차, 적재정량 1톤 이하인 화	등록세·취득세·자동차세 면제	시·군·구청(세무과)에 신청

	물차, 이륜자동차 중 1대 * 차량 등록 후 1년 이내에 이전 또는 공동 등록자와의 세대 분리 시 취득세 등 추징 * 공동 명의로 등록 후 세대 분리 시는 세대 분리된 날로부터 과세 대상		
공영주차장 주차요금 감면	등록장애인 –장애인 자가운전 차량 –장애인이 승차한 차량	지방자치단체의 조례에 의거해 할인 혜택 부여 ※대부분 50% 할인 혜택이 부여되나 각 자치단체별로 상이	장애인등록증(복지카드) 제시

(5) 민간기관에서 자체 운영 규정에 의하여 실시하는 사업

〈표 6-5〉

주요 사업명	지원 대상	지원 내용	비고
철도 · 도시철도 요금 감면	ㅇ등록장애인	ㅇ등록장애인 중 중증장애인(1~3급)과 동행하는 보호자 1인 KTX, 새마을호, 무궁화, 통근열차: 50% 할인 ㅇ등록장애인 중 4~6급 –KTX, 새마을호: 30%(공휴일을 제외한 주중에 한하여) –무궁화, 통근열차: 50% 할인 ㅇ도시철도: 100%	장애인등록증(복지카드) 제시
유선전화 요금 할인	ㅇ장애인 명의의 전화 1대 ㅇ장애인단체, 복지시설 및 특수학교 전화 2대(청각 · 언어장애인 시설 및 학교는 FAX 전용전화 1대 추가 가능) ※ 미성년자인 경우 부모동의서 제출	ㅇ시내통화료 50% 할인 ㅇ시외통화는 월 3만 원의 사용 한도 내에서 50% 할인 ㅇ이동전화 요금: 월 1만 원의 사용 한도 이내에서 30% 할인 ㅇ114 안내요금 면제	관할 전신전화국에 신청
이동통신 및 인터넷요금 할인	ㅇ「장애인복지법」에 따른 장애인, 장애인복지시설, 장애인복지단체 ※모든 이동통신 사업자 중 개인은 1회선, 단체는 2회선에 한함(단, 청각장애인 단체에 대해서는 팩스용 1회선 추가) ㅇ「국민기초생활보장법」에 따른 수급	ㅇ이동전화 –가입비 면제 –기본료 및 통화료(음성 및 데이터에 한함) 35% 할인 ㅇ인터넷 이용요금: 월 이용요금의	해당 회사에 신청: 전 이동통신회사

	자 중 「장애인고용촉진 및 직업재활법」에 따른 중증장애인으로 구성된 가구원, 「장애인복지법」에 따른 장애수당, 장애아동수당 수급자가 속한 가구원 ○「국민기초생활보장법」에 따른 차상위계층 중 「장애인복지법」에 따른 장애수당, 장애아동수당 수급자가 속한 가구원	30% ※자세한 사항은 해당 이동통신사에서 안내	
시·청각장애인 TV 수신료 면제	○시각·청각장애인이 있는 가정 ○사회복지시설에 입소한 장애인을 위하여 설치한 TV 수상기	○TV 수신료 전액 면제 ※시·청각장애인 가정의 수신료 면제는 주거 전용의 주택 안에 설치된 수상기에 한함	주소지 관할 한전사업소, ☎ KBS콜센터 1588-1801, 인터넷(www.oklife.go.kr) 또는 읍·면·동 자치센터

간접적 소득 지원 중에서 특히 장애인차량 관련 지원은 장애인이 운전기사로 취업할 가능성을 높이는 효과도 있다. 또한 이용료나 조세감면 시책은 소득을 지원할 뿐 아니라 장애인들의 사회 참여를 촉진시키는 데도 중요한 기능을 담당하고 있다.

그러나 간접적 소득 지원은 형평성의 측면에서 문제가 제기되기도 한다. 예를 들어, 각종 면세 혜택은 상대적으로 소득 수준이 높은 장애인들에게 주어지며, 소득 수준이 낮은 장애인들에게는 주어지지 않는다. 즉, 자동차와 관련된 세금의 경우 자동차를 구입할 정도의 재정적 여유가 있는 장애인들에게만 면세의 혜택이 돌아가게 된다. 또한 상속세, 소득세, 증여세 등도 세금을 내지 않는 장애인들에게는 혜택이 주어지지 않기 때문에 상대적으로 세금을 낼 가능성이 낮은 저소득계층보다는 세금을 낼 가능성이 높은 고소득계층에게 유리하다. 따라서 각종 세금의 감면은 소득계층별 형평성에서 크게 어긋나는 것으로 보인다. 특히 세금감면은 저소득층보다는 중산층, 중산층보다는 고소득층에게 더 많은 혜택을 줌으로써 사회복지제도가 원칙적으로 추구하는 부의 재분배와는 전혀 다른 방향의 영향을 미치고, 소득의 역진적 분배를 조장할 가능성이 높다. 따라서 장애인 소득보장은 간접적 소득 지원보다는 직접적 소득 지원을 더 강화하는 방향으로 진행되어야 할 것이다.

2. 고용보장

1) 장애인 고용의 의미

과거로부터 현재에 이르기까지 직업은 각 개인에게 경제적 보상과 이에 상응하는 역할을 부여함으로써 안정된 직업을 보장하는 것이다. 이는 장애인의 완전한 사회 참여와 통합화로 요약되는 장애인복지의 기본 이념을 구현하는 데 가장 필수적인 사업으로 간주된다. 따라서 장애인의 고용정책은 장애인이 직업을 갖고 생산 활동에 참여함으로써 인간으로서의 존엄성을 갖게 되고 또한 자립의 기반을 확보할 수 있을 뿐만 아니라 장애인 스스로가 국가의 경제 및 사회 발전에 적극적으로 동참하고 기여할 수 있다는 자부심을 높여 주는 데 커다란 기여를 한다고 할 수 있다. 그리고 인간생활 전반에 걸친 정서적 만족의 근원으로 작용하여 왔다.

따라서 직업이 없이는 사회적 통합을 기대할 수 없고, 사회인으로서의 권리와 의무를 온전히 수행할 수 없다. 이에 장애인들의 능력을 최대한 개발하여 소득이 있는 직업에 종사케 하는 것이 핵심적인 사회통합이라 할 수 있으며, 폭넓은 고용기회와 안정된 직업생활을 원조하는 것이 장애인복지의 과제라 할 수 있다. 이와 같이 고용은 장애인의 사회통합과 경제적 자립을 위한 수단으로 이해될 수 있다.

2) 장애인 고용의 이념

첫째, 인간의 존엄성에 대한 이념은 「세계인권선언」에서 나타난 인간다운 생활을 할 권리와 평등권의 주장, 그리고 1975년 「장애인 권리선언」에서 나타난 생존권과 취업권으로 구체화된다. 이것은 장애인이 존엄을 지닌 인간으로서 당연한 권리와 의무를 가지고 있음을 강조한다.

둘째, 사회적 책임에 관한 이념에서는 장애인이 그가 가지고 있는 능력을 최대한으로 활용하여 사회 · 경제 활동에 참여하도록 노력할 것을 강조한다. 그리고 동시에 국가와 지방자치단체가 각각의 법에 명시된 이념과 책임에 부응하여 장애인을 지원함으로써, 장애인을 둘러싼 법 체계와 제도적 장치 등에서의 환경적인 제약을 최소화하도록 규정하고 있다.

셋째, 정상화의 이념에서는 장애인이 일상생활 환경 속에서 정상적인 생활을 영위할 수 있는 사회 현실을 추구한다. 일반적으로 정상화라는 것은 지역사회에 고령자나 장애인 등 사회적 불이익을 지닌 사람들이 일정한 규모로 존재하는 것이 정상적인 사회이기 때문에, 이런 점을 충분히 염두에 둔 사회적 시책을 구성하고 사회적 불이익을 가진 시민이 일상적인 생활을 영위할 수 있는 정신적 · 물리적 환경을 정비하고자 하는 것이다.

넷째, 평등의 추구다. 다른 사회 구성원과 동등하게 장애인에게도 취업 기회가 주어져야 함을 강조한다.

다섯째, 진정한 근로의 실현으로, 인위적인 노동환경과 보수 등 단순한 근로 조건 개선을 지양하고 참된 노동을 통해 자아를 실현하고 이에 상응하는 진정한 보수를 받음으로써 노동 경력을 쌓아가는 정상적인 삶을 이루도록 하여야 한다는 것이다.

3) 장애인 고용의 유형

학술적 차원에서 장애인에 대한 고용의 유형을 분류한 견해는 없고 다만 관계 법률에 의한 행정적 편의 차원에서 보호고용, 지원고용 및 의무고용 등의 용어가 사용되고 있을 따름이다. 이 중 의무고용은 일반 고용환경에서 활용되는 용어이기에 그 내용을 일반고용에 포함시켰다.

(1) 일반고용(의무고용)

장애인에 대한 의무고용은 비장애인과 같이 고용되는 형태이기에 일반고용 또 경쟁고용의 일종이라고 할 수 있다. 그러나 장애인의 신체적 제약 등으로 인해 공정한 경쟁이 불가하기 때문에 의무고용제(할당고용제)나 차별금지제도를 통하여 그 문제점을 보완하고 있는 제도다. 의무고용제는 일반적으로 비장애인에 비해 취약계층인 장애인의 고용 기회를 넓히기 위한 목적에서 일정 수 이상의 근로자를 고용하고 있는 사업주에게 의무적으로 장애인을 고용하도록 하는 제도다. 우리나라에서 장애인의무고용제도가 처음으로 시행된 것은 「장애인고용촉진등에관한법률」이 제정된 다음 해인 1991년 이후다. 의무고용제가 실시되면서 의무고용률을 채우지 못한 기업이 납부한 부담금을 재원으로 한 장애인고용촉진사업이 본격적으로 시작되었다. 이 법은 2000년 「장애인고용촉진및직업재활법」으로 개정되었으며, 이후 이 법률은 2005년 이후부터 「장애인고용촉진 및 직업재활법」으로 개칭되었다.

가장 핵심적인 내용은 '의무고용률'이라 할 수 있다. 먼저 공공부문의 경우 정원의 3% 이상을 장애인으로 고용해야 함을 규정하고 있다. 다만 장애인 공무원의 실제 수가 해당 정원의 3/100 미만일 경우, 6/100 이상을 채용하도록 규정하고 있다. 다음으로, 민간부문의 경우 상시 50명 이상의 근로자를 고용하는 사업주는 그 근로자 총수의 5/100 범위에서 대통령령으로 정하는 비율 이상에 해당하는 장애인을 고용하여야 한다고 규정하고 있다.

이러한 의무고용제를 제도적으로 뒷받침해 주기 위해 장애인고용부담금제와 장애인고용장려금제를 실시하고 있다. 3~5%라는 법정 비율을 기준으로 해서, 초과 달성한 업주에 대해서는 장려금을, 반면 미달한 경우에는 부담금을 각기 부과해 왔다. 선진국에 비한다면 그 법정 비율이 낮은 문제점이 있긴 하지만, 이러한 정책의 실시에도 불구하고 여전히 실제 고용 비율이 낮은 것은 근본적인 문제가 있음을 시사하는 것이다. 어떤 문제점이 있는 것일까?

2010년을 기준으로 이 제도의 적용 대상 인원은 651만 1,624명이지만 실제로 고용된 장애인 수는 12만 6,416명으로서 전체 의무고용률은 1.94%에 불과한 것으로 나타났다(한국장애인고용공단 고용개발원, 2011 참조). 이는 독일의 6.3%에 비한다면 매우 낮은 수치다. 민간부문은 말할 것도 없고, 정부 및 공공기관의 경우에도 전체의 50% 이상이 의무고용률을 지키지 않고 있고, 정부부처도 의무고용률을 넘긴 곳은 중앙행정기관 등 75%에 불과하다. 또한 민간부문에서는 장애인을 고용하는 것보다 차라리 부담금을 내겠다는 것이 지배적인 분위기다.

이러한 문제점을 개선하기 위해서는 장려금과 부담금을 인상하는 것도 한 방안이 될 수 있겠지만, 법제의 강화만으로는 실효를 거둘 수 없음을 위의 자료들이 시사해 주고 있다. 1990년에 「장애인고용촉진등에관한법률」이 제정되고 한국장애인고용촉진공단도 설립되었음에도, 1999년까지 어느 정도 고용률이 증가하다가 2000년부터는 둔화됐다. 현행 법제로 개정한 후에도 2002년 말에 비해 거의 늘지 않고 있음을 보아도 알 수 있다. 그렇다면 그 대안은 무엇일까?

의무고용제만으로는 장애인을 적극적으로 고용하는 데 한계가 있으므로 보호고용제나 지원고용제를 확대하는 것도 한 방안임을 시사하고 있다. 사실 장애인 의무고용제는 일정 비율의 장애인의 고용을 확보할 수 있는 장점이 있지만 중증장애인을 생산성과 관계없이 의무적으로 고용할 경우 기업의 생산성에 영향을 미칠 가능성이 높고, 장애인의 경우 고용이 되더라도 자신의 능력이 아닌 의무고용제 덕분에 취업을 하게 되었다는 낙인이 찍힐 위험이 있다. 한편 「장애인차별금지법」은 이론적으로는 장애의 정도와 관계없이 모든 장애인에게 도움을 줄 수 있지만, 현실적으로 고용을 원하는 모든 장애인이 자신의 직무 능력을 보여 주어야 하기 때문에 장애인 고용을 늘리는 데 어려움이 있다.

그러므로 더욱 근본적인 방안으로는 장애인에 대한 전체 사회의 의식 구조를 선진화해야 한다고 사료된다. 무엇보다 실제로 장애인을 고용하는 일에서 효율과 생산성의 논리로 접근할 것이 아니라 복지의 논리로 이해하려는 자세가 필요하다.

(2) 보호고용

보호고용은 경쟁노동시장에서 불리한 중증장애인을 위하여 근로의 욕구를 충족시켜 주기 위해 특별히 계획된 조건하에서 행해지는 훈련 및 고용을 말하며, 보수가 있는 근로의 기회를 제공하여 장애인의 직업적 욕구를 충족시켜 주는 고용정책의 일종이다. 보편적인 형태로는 보호작업장과 기업 내 집단고용, 재택고용 등이 있다.

보호고용과 같은 전통적인 직업재활 접근방법은 다음과 같은 문제점을 갖고 있다. 우선 시설에 기반을 둔 '선훈련 후배치'라는 직업재활 방법은 비용이 많이 소요되는 데 비하여 그 효과가 매우 낮고, 기술 수준이 경쟁노동시장에서 요구하는 기술 수준에 비하여 낮기 때문에 장애인들은 훈련을 받고 취업을 한 후 또다시 현장에서 기술을 배워야 하는 폐단을 낳고 있다. 그리고 시설에 기반을 둔 직업재활은 장애인에게만 초점을 두고 환경의 변화를 간과하고 있는 문제점 등이 있다.

(3) 지원고용

지원고용은 보호고용을 통해서는 정상화와 사회통합이 제대로 이루어지지 않는다는 문제의식에서 출발하여 보호나 분리를 조장하는 보호고용 체계로부터 탈피하고, 지역사회에 기반을 둔 통합을 추구하는 재활 체계라 할 수 있다. 기업에서는 장애인을 고용하여 급여를 지급하되 그로 인한 부족한 생산성만큼 정부가 지원해 주는 제도로서, 직무지도원에 의한 전문적인 지원 서비스가 필요하다. 지원고용은 방법적으로 장애인의 능력과 적성에 맞는 직업에 선배치하고 후훈련하는 방법을 취함으로써 장애인들에게 직업 선택의 기회를 확대시키는 데 효과가 있는 것으로 보인다.

지원고용의 모형은 ① 개별배치 모델(1:1 직업코치 배치), ② 소집단 모델(8명 이내의 장애인을 집단으로 지역사회의 기업에 배치), ③ 이동작업단 모델(3~8:1로 직업코치 배치, 고정된 작업장이 아니라 공공건물 청소대행, 빌딩이나 극장 관리 등 이동 하청 작업을 하는 형태), ④ 소기업 모델(소규모 사업체를 설립하여 운영하는 모델)로 구분된다.

3. 통합교육

장애인이 장애로 인해 안고 있는 각종 문제를 해결 · 예방하기 위해서는 교육이 가장 핵심 영역이다. 또 그 교육은 모든 연령층을 포괄하는 생애 주기별 교육이어야 한다. 그러므로 장애인 관련 교육정책을 논하기 위해서는 조기교육, 평생교육 등도 논의해야 함이 마땅하지만 저자의 역량 부족으로 청소년을 대상으로 한 공교육에 논의를 국한하고자 한다. 그리고 그 교육 형태는 특수학교, 일반학교의 일반학급 등이 아니라 일반학교의 특수학급이 가장 바람직하다고 생각하기 때문에 논제를 통합교육으로 설정한다.

1) 아동 · 청소년기 장애인의 특성과 욕구

일반적으로 아동 · 청소년기는 부모의 보호를 필요로 하는 시기며 치료와 교육이 병행되는 시기로서 생애 주기에 있어 매우 중요한 단계다. 즉, 성장과 발달을 통해 성인으로의 직업 및 사회 생활을 원활하게 할 수 있고 사회통합을 성공적으로 할 수 있는 기반이 다져지는 시기다. 발달과정의 장애를 가진 아동 및 청소년은 일반적으로 신체적, 정신적 장애로 인해 부정적인 자아개념과 열등감을 가지기 쉽다. 또한 이로 인해 정서적으로 불안정하고 또래 및 대인 관계도 원만하지 못한 경우 사회성 발달에도 어려움이 있다.

장애아동은 외부 세계에 대한 적극적인 탐색이 제한되며 다른 아동에 비해 활동이나 선택이 제한된다. 특히 신체적 장애를 가진 아동은 신체적 능력의 제한뿐만 아니라 치료 상황이 주는 제한에 직면하게 될 것이며, 다른 경험을 시도할 수 있는 기회를 박탈당하는 상황에 놓일 수 있다. 그리고 새로운 것을 시도하고 다소간의 위험을 감수하는 도전적인 행동이 차단되며, 자신의 장애를 부적절한 행동의 결과에 의한 벌이라는 부정적인 느낌을 가질 수 있다. 더구나 다른 아동들과 어울려 놀 수 있는 기회가 적고 친구들을 사귀는 데 어려움이 따르게 된다. 이런 문제들은 장애아동이 아동기의 발달 과업이나 역할들을 제대로 수행할 수 없게 하며, 장애에 대한 적응력도 현저히 감소시키고 그로 인해 자기개념의 형성에 부정적인 영향을 끼칠 수도 있다. 그 결과로 비장애아동과의 상호 교류가 적어지고 사회활동의 감소로 인해 사회에 재진입할 수 있는 기회를 상실하게 된다. 장애유아는 인지, 언어, 행동 면에서 비장애유아와의 발달 정도와 차이가 적으므로 조기에 통합교육이 이루어질수록 더 큰 효과를 기대할 수 있으며, 이러한 장애유아의 조기통합의 효과와 중요성은 이미 많은 연구에서 증명되고 있다.

최근 들어 통합교육(보육)이 점차 확대되고 있고, 저소득 장애아동 교육비 지원 등의 국가적 대책이 시행되기 시작하고 있다. 이와 함께 장애아동의 경우 학령 전이나 학령기 모두 장애에 관한 치료와 교육의 어려움을 갖고 있으며, 우리의 교육 여건도 그들에게 기본적으로 교육받을 수 있는 권리를 보장해 주지 못하고 있는 실정이다. 공교육의 부재는 교육 격차와 직결되며 사교육비의 증가를 야기한다. 장애아동에 대한 사교육은 공교육의 불완전성에서 비롯되는데, 공교육 체계 속에 장애아동을 통합할 수 있는 구조가 갖추어지지 않고 있기 때문에 사교육이 불가피한 실정이다. 사교육비의 부담이 높다는 것은 교육의 소득재분배 효과를 낮추게 되며, 교육비 부담 능력이 부족한 계층의 경우 빈곤의 악순환을 반복하게 하는 원인이 된다.

「특수교육진흥법」 제2조 제6항에서는 특수교육 대상자의 사회 적응력 발달을 위해 일반학교에서 교육하거나 특수교육기관의 재학생들을 일반학교의 교육과정에 참여시켜 교육하는 것으로 규정하고 있다. 결국 통합교육은 근본적으로 장애인이 사회에서 차별받지 않고 비장애인과 동일한 인간으로 존중받으며, 비장애인과 동일하게 모든 교육적 편의와 지원을 제공받아야 한다는 이념에 기초를 두고 있다. 이와 같이 장애아동을 일반아동과 분리하거나 배제하지 않고, 일반교육의 체계 속에서 동등한 시간과 공간에 참여시켜 함께 교육받게 하는 통합교육은 오늘날 정상화, 주류화, 최소 제한적 환경 등과 같은 여러 패러다임의 변화를 통하여 완전한 통합교육을 지향하고 있으며, 이에 따라 그들의 생활 만족도와 '삶의 질'을 제고하기 위한 기본적 토대를 조성하기 위한 노력이 요구되고 있다.

2) 통합교육 관련 과제

첫째, 공교육기관의 확충이다. 장애학생의 경우 「특수교육진흥법」에 근거하여 특수교육 대상자로 선정되어 교육적 지원을 받고 있다. 그러나 특수교육 대상자로 선정된 장애학생보다 선정되지 않은 장애학생들이 더 많이 존재하는 것이 현실이다. 조사 결과, 공교육기관의 절대 부족으로 인하여 많은 부모는 사교육을 시킬 수밖에 없다. 특히 심각한 것은 조기 특수교육기관의 부족으로 인하여 많은 취학 전 아동과 유치원 과정의 장애아동이 사교육을 받고 있다는 것이다. 이는 장애유아를 교육할 수 있는 공교육기관이 절대 부족하다는 것을 말해 준다. 「특수교육진흥법」에 명시된 의무교육과 무상교육 규정이 아니라 하더라도 장애 아동 및 청소년의 교육 기회를 확충하고 교육에서의 차별을 해소하는 가장 주된 방법은 공교육기관의 대폭적인 증설과 장애학생들이 교육받을 수 있는 조건을 만들어 주는 것이 국가 및 지방자치단체가 해야 할 가장 기본적인 의무다.

둘째, 치료교육의 강화다. 장애 아동 및 청소년의 사교육은 대체로 언어치료와 물리치료, 작업치료 등의 치료 · 교육 부분이 가장 큰 비중을 차지하고 있다. 「특수교육진흥법」에 치료교육을 장애아동 교육의 중요한 부분으로 규정짓고 있음에도 불구하고, 현재 공교육기관에서 제공되는 치료교육이 절대 부족함을 보여 주고 있다. 교육비에 대한 추가지출이 크고 또한 각급 교육기관에 치료교육 교사가 배치되어 있지 않아 많은 수요의 장애아동을 교육하고 있는 현실과 함께 그 비용 부담도 크다는 점이다. 특히 치료교육이 필요한 취학 전과 유치원, 초등학교 저학년 과정에 집중되지 못한 점은 사교육을 통하여 해결할 수밖에 없는 어려움을 초래하고 있다. 따라서 중증의 저소득 장애아동에 대한 치료 · 교육 확충을 위한 기관 및 인력 지원 시스템을 갖추어야 할 것이며, 단계적으로 공교육기관에서도 치료교육을 강화함으로써 사교육에 대한 부담을 줄여 가야 할 것이다.

셋째, 통합교육 실천을 위한 프로그램의 확대다. 제도적으로 장애학생에 대한 통합교육을 지향하고 있고, 조사 결과에서도 보육시설이나 초 · 중등학교별로 통합교육에 대한 만족도가 높으므로 통합교육을 위한 기반을 확충해야 할 것이다. 그렇지만 통합교육의 장이 마련되어 있다 할지라도 친구, 교사, 학부모로부터의 차별이 존재하는 한 통합교육의 실효성을 기대하기는 어렵다. 일반적으로 장애학생에 대한 차별은 장애에 대한 몰이해로부터 비롯되는 경우가 대부분인데, 이는 장애를 잘 이해하도록 함으로써 해소할 수 있다. 이런 점에서 장애아동에 대한 이해 증진을 위한 교육 등의 프로그램을 개발해야 할 것이다. 사회적 인식 개선이 뒷받침되지 않으면 통합교육은 구호에 그칠 수 있다. 그러므로 교사, 학부모를 포함한 다양한 교육, 장애아동의 차별이나 인권의 중요성 등을 묘사한 영화, 비디오 등 매체의 개발 및 보급을 통해 교육을 확대해야 한다.

끝으로, 장애 아동 · 청소년에 대한 종합적인 지원이다. 장애를 가진 아동 · 청소년 및 가족을 위하여 통학 지원, 외출도우미 서비스 확대 등 종합적인 지원이 필요하다. 장애청소년의 성장을 돕기 위해 다양한 문화 · 여가 활동도 필요하다. 대부분의 장애아동이 방과 후 집에서 보내는 경우가 많은 실정이므로, 기존의 장애인복지관이나 관련 기관에서 방과 후 프로그램을 확대하고 거동이 불편할 경우 개별 방문을 통한 프로그램이 이루어지도록 할 필요가 있다. 또한 가족의 사회적 부담을 줄일 수 있는 주간 또는 단기 보호 서비스가 확충되어야 할 것이며, 성년 전환기 장애인을 위해서는 졸업과 함께 직업으로 연계될 수 있도록 전환교육이 강화되어야 할 것이다. 더불어 특수학교 및 일반학교 맞춤형 진로교육과 취업을 위한 직업훈련 강화가 요구된다.

참고문헌

권도용(1998). 현대장애인복지개론. 서울: 홍익재.

김경미, 윤재영(2010). ICF 모델에 기초한 장애인의 참여 척도 개발. 재활복지, 14(3), 95-119.

김용득, 김진우, 유동철(2007). 한국장애인복지의 이해. 서울: 인간과 복지.

유동철(2009). 인권관점에서 보는 장애인복지. 서울: 집문당.

장애우권익문제연구소(1998). 함께걸음, 5.

장애우권익문제연구소(2007). 함께걸음, 7.

장애우권익문제연구소(2008). 함께걸음, 5.

파라다이스복지재단(2008). 함께웃는날, 2.

한국장애인고용공단 고용개발원(2012). EDI 2011 장애인 통계.

DiNitto, D. M., & Dye, T. R. (1987). *Social Welfare: Politics & Public Policy*. Englewood Cliffs: P/H.

Rawls, J. (1971). *The Theory of Social Justice*. 황경식 역(1985). 사회정의론. 서울: 서광사.

Saleeby, D. (2002). *The Strengths Perspective in Social Work Practice*. Boston: Allyn Bacon.

Smart, J. (2001). *Disability, Society, and the Individual* (pp. 121-127). Gaithersburg: AN ASPEN PUB.

WHO(2001). *ICF: International Classification of Functioning, Disability and Health*. Geneva: Author.

제3부

장애인복지와 실천:
적응과 연대

1부의 총론에서는 장애의 이념, 개념과 범주 등 장애인복지의 이해와 관련된 기초 사항을 다루었으며, 이은 2부에서는 장애인의 삶의 질 향상을 위한 정책적 접근법을 논의하였다. 이 접근법은 소위 '사회 변화'라는 방법을 통해 장애인들이 겪고 있는 삶의 질곡과 애환을 검토하고 또 그 대안을 제시함으로써 결국 그들을 사회 안으로 통합시키자는 것이었다. 하지만 이와 같이 제도와 환경 등을 강조하는 입장은 장애인이 가진 문제의 성격과 그 대안을 거시적 틀로 단순화함으로써 문제와 상황의 '개별성'을 간과해 버리는 오류를 범하게 된다. 이는 비단 장애인복지만이 아닌 사회복지 전체에서 동일하게 나타나는 중요한 내용이지만, 어쨌든 콩트(Comte) 이후 실증성과 객관성을 강조한 서구 사회과학으로부터 받은 영향이 컸다고 할 수 있다.

그리하여 근자에 이르러서는 장애인복지학계에서도 문제와 대안의 전체성과 동질성 못지않게 개별성과 이질성이 갖는 의의를 인식하고서, 개인 변화를 통한 장애인의 삶의 질 향상을 도모하기에 이르렀다. 그런데 정작 중요한 것은 과연 이러한 개인 변화의 본질은 무엇일까라는 물음이라고 사료된다. 이러한 물음에 대한 답을 찾기 위해 '실천' 쪽의 자료들을 검토하다 보면 '적응력'이 가장 근접한 답임을 짐작할 수 있게 된다. 유사한 원조과학인 의학에서 추구하고자 하는 개인 변화의 본질이 '치료'이듯이, 사회복지실천에서 그 관점이 어떠하든 또 실천 모형이 무엇이든 모두가 적응력 강화를 실천의 본질적 속성으로 삼고 있다는 이야기다. 그런데 이러한 경향에는 문제가 없는 것일까?

원론적으로 특정한 사회가 구성해 낸 사회복지의 모습과 그 내용물은 그 문화권이 지닌 소위 '세상을 바라보는 안목'에 달려 있다. 그간 거의 무비판적으로 국내에 도입되어 왔던 미국 사회에서의 사회복지는 어떤 안목에 의해 구성된 것일까? 미국 문명과 과학의 이념적 토대 중 하나는 바로 개인주의이기 때문에, 그들이 구성해 낸 사회복지의 주요 이념 중 하나는 바로 개인주의라고 봐야 한다. 그래서 전 국민을 대상으로 삼는, 전국적으로 통일된 의료보험제도가 없는 정황이 이러한 주장을 잘 뒷받침해 주고 있다. 그렇기에 바로 이러한 안목이 자신들이 구성해 낸 사회복지실천에도 잘 반영되어 있을 것이다. 그런데 바로 이러한 개인주의를 토대로 한 실천의 본질적 속성은 무엇일까? 바로 '적응력'이라고 사료된다. 그러니 적응력 앞에는 개인이라는 관형사가 자동적으로 전제된다는 것이다.

소위 지구촌이라는 말에서 짐작할 수 있듯이, 오늘날 한국 사회의 문명과 과학도 각종 이념의 집산장이 되어 가고 있다. 그렇기에 개인주의의 이념이 각종 정책이나 법제에 어느 정도 반영되고 있음을 그리고 그 타당성도 부정할 수 없는 사실이지만, 그 이념이 반영 · 강조되어야 하는 정도는 미국과 일정한 차이를 지녀야 마땅하다. 그렇다면 이러한 이념적 차이를 반영한 사회복지실천의 본질적 속성은 무엇일까? 바로 '사회적 연대'라고 주장하고 싶다. 그러므로 사회복지실천의 본질적 속성으로 적응력 외에 사회적 연대를 추가함으로써 민주사회의 정치적 가치인 자유와 평등을 함께 강조하는 장애인복지를 구상하고 싶다. 그러나 이 연대와 관련된 연구 성과물이 관련 학계에 제대로 축적되어 있지 않았기에, 이와 관련된 소주제로는 그저 '장애인복지운동론'을 제시할 따름인 것처럼 단지 문제 제기의 수준에 그치고 있음이 부끄러울 따름이다.

제7장

장애인문제의 성격: 취약한 기능

원론적으로 모든 사회복지문제는 환경 문제와 내부자 문제라는 두 가지 성격을 지닌다. 그러므로 특정한 개별 장애인이 안고 있는 문제는 외부 환경상의 문제와 내부 당사자의 문제라는 두 가지 성격을 함께 지닌다고 보아야 한다. 이때 이 두 가지 성격 간의 관계는 어떻게 정리해야 할까? 배타와 부정의 관계로 간주하는 이원론적 시각이 아니라, 현상학적 차원에서는 대립관계이지만 근원적으로는 보완관계로 보는 일원론적 시각이 타당하다. 즉, 이 두 가지 성격은 어떤 형태로든 연계되어 있다는 것이다. 구체적으로 환경 문제의 일부는 일종의 법제상의 문제이기에 객관성을 그 패러다임으로 삼는다. 그러므로 환경 문제란 문제의 해결과 관련하여 잠재력에 해당하기에 일종의 하드웨어인 셈이다. 반면 내부자 문제란 장애인 당사자의 자유의지와 밀접하게 관련되어 있기에 주관성을 그 패러다임으로 삼는다. 그러므로 당사자 문제란 일종의 소프트웨어인 셈이다.

3부에 속하는 7장에서는 장애인이 안고 있는 문제의 성격을 내부자 문제로 전제한 다음, 그 구체적인 의미를 '취약한 기능'으로 규정한다. 이러한 의미 규정은 '차별과 배제'와는 달리 다음과 같은 입장과 친화적인 관계에 있다.

- 인간 행동은 주관적인 특성이 있다.[1)]
- 장애인문제 해결방법은 주로 개별적 모형을 지향한다.
- 인간의 사고 능력 중 정서적 측면을 상대적으로 더 강조한다.
- 이성적인 특성을 강조하는 전문가주의보다는 당사자주의가 더욱 효과적임을 강조한다. 장애인문제의 성격을 취약한 기능으로 규정하는 한, 문제의 근본적인 해결에는 당사자의 자유의지가 관건이 된다고 판단한다.

제1절 취약한 기능의 의미

취약한 기능이란 일반적으로 일상생활상의 기능이 적절한 수준에 미달된 것을 의미한다. 이러한 상식적인 의미를 좀 더 정교하게 분석해 보기로 한다. '취약한 기능'의 본질은 무엇일까? 그것은 바로 자율성의 부족이라고 사료된다. 이때 자율

1) 과연 인간 행동을 결정짓는 동력은 뭘까? 이에 대한 답변은 잠시 유보해 둔다. 그러나 이 화두는 사회발전의 동력이 무엇인가라는 물음과 맥을 같이한다. 이 물음에는 제도론과 심성론이라는 두 유형의 답변이 있는데, 오늘날에는 양극단의 입장을 취하지 않는 게 일반적이다. 또한 처해 있는 상황과 사례(과제)의 성격에 따라 달라진다는 것이 원론적인 입장이다. 이러한 원론적 입장과는 달리, 제도는 발전의 조건에 해당하기에 일종의 잠재력인 반면 인간(개인)의 자질은 최종 동력이 아닐까 여겨진다. 예컨대, 성매매 문제와 관련하여 먹여 주고 재워 줄 뿐 아니라 수당까지 준다(제도론)고 했는데도 호응하지 않는 일부 윤락여성들이 있다. 왜 그럴까? 아마도 지배계급에 대한 분노, 전체 사회에 대한 공격심과 같은 부정적 정서가 큰 요인 중 하나라고 판단된다. 또한 호응하는 여성들도 궁극에는 이런저런 긍정적인 마인드가 작용해서 호응한 게 아닌가? 그렇다면 「성매매알선 등 행위의 처벌에 관한 특별법」은 성매매 문제의 해결에 관해 자발적인 동력이 아닌 일종의 잠재력에 불과하지 않은가? 요약한다면, 사회 발전의 동력이란 궁극에 있어서는 인간(개인)이 아닐까 하는 게 본 저자의 의견이다. 이제는 이야기를 좀 더 좁혀 보기로 한다. 인간 존재의 영역은 신체와 정신(마음)으로 나누어지는데, 신체란 일종의 물질이다. 그렇다면 물질은 스스로 구동하는 자유의지가 없기 때문에 결국 사회 발전의 동력은 마음이 아닐까? 또 다른 예로서 2012년 시즌 프로야구 선수들의 타격 능력을 들기로 한다. A선수가 4~6월까지 3할 5푼대의 가공할 실력을 자랑했지만, 7~8월 두 달 동안에는 겨우 1할 7~8푼대라는 바닥을 헤매고 있었다. 왜 이렇게나 기복이 심할까? 흔히들 타력이란 신체의 역량에 좌우되는 것처럼 이해하고 있지만, 지구력 · 순발력 · 유연성 등 신체의 근력이란 것이 불과 2~3개월 만에 이렇게나 기복이 심한 걸까? 아니지 않은가? 근력이란 규칙성이 그 본성이다. 그렇다면 타격의 기복이라는 불규칙성은 과연 무엇에 연유한 것일까? 불규칙적인 그 무엇에 기반한다는 말이다. 그게 뭘까? 바로 마음이다. 그리하여 인간 행동은 마음에 의해 최종 결정되기 때문에 '주관적인 특징이 있다' 고 진술했다. 그렇다고 일종의 잠재력에 해당하는 제도, 신체 등을 경시해서는 안 된다고 본다. 잠재력이 크면 클수록 실제로 가동되는 역량도 덩달아 커지기 때문이다.

성이란 바로 자기회복 능력과 자기갱신 능력을 의미한다. 그러므로 취약한 기능이란 교육 · 고용 및 복지의 영역에서 인간다운 삶을 살아가는 데 필요한 인적 및 물적 자원들을 스스로 확보하지 못하는 것이라고 정의한다. 그리고 이 정의에는 다음 두 가지 질문이 내포되어 있다. 무슨 기능이 취약한가? 취약하다고 했을 때 그 개념적 함의는 구체적으로 무엇인가?

먼저 일상생활의 모든 영역에서의 취약함을 말하기에 원칙적으로 위의 세 가지 외에 보건의료, 문화 및 종교 등의 영역이 추가되어야 마땅하다. 그러나 그중 보건의료는 사회복지와 직접 관련되지 않는다는 점에서 제외했으며 또 교육 · 고용 및 복지가 장애인의 기본권을 확보하는 데 핵심 영역이라는 판단에서 그렇게 국한했다. 다음으로, 취약의 구체적 함의는 무엇인가? 이는 취약함으로써 나타나는 결과를 검토해 봄으로써 알 수 있다. 위의 세 영역에서 취약했을 때 나타나는 궁극적인 결과는 다름 아닌 가난이다. 가난은 다양한 함의를 내포하고 있다. 예컨대 절제심 부족, 지나친 음주, 게으름, 저축심 결여, 소극적인 태도 및 운명론적 인생관 등을 들 수 있다.

구체적인 장애 유형에 따라 차이가 있지만, 그 결과 장애인들은 연민, 자선, 위협(menace), 질병, 비인간(subhuman), 조소(ridicule), 공포(dread), 유치(幼稚) 및 죽음(holly/innocent) 등과 같은 일탈적인 역할에 직면하게 된다(Wolfensberger & Tullman, 1982).

제2절 취약한 기능의 배경: 취약한 인적 자본

장애인들이 가진 취약한 기능을 알아보기 위해 장애인에 관련된 전반적인 실태를 살펴보고자 한다. 지금까지 국내에서 그 실태에 관한 대표적인 조사로는 한국보건사회연구원의 『장애인 실태조사』(2011), 한국장애인개발원의 『장애인백서』(2010) 그리고 한국장애인고용공단 고용개발원의 『EDI 2011 장애인 통계』를 들 수 있다. 대부분의 보고서들이 5년, 3년, 2년 등을 주기로 발간되어 왔던 점에 비해, 『EDI 2011 장애인 통계』는 매년 발간되고 있다. 또 이 보고서는 『장애인 실태조사』가 표본집단을 조사 대상으로 삼았던 점에 비해 등록장애인 전부를 대상으로 전수 조사한 장점이 있다. 그래서 장애인에 관한 실제 자료들은 거의 대부분이 보고서에 의존하였다. 그리고 취약한 자본을 소득 및 고용·교육·주거 및 보건의료 등의 영역에 걸쳐 살펴보기로 한다.

1. 소득 및 고용

1) 소득 수준

2008년 지난 1개월간 장애인가구의 총소득은 평균 179만 1천 원인 것으로 나타났다. 특히 정신장애는 자폐성장애의 약 1/3 정도에 불과한 것으로 나타났다.

〈표 7-1〉 장애 유형별 소득 수준 (단위: 만 원)

구 분	평균임금
전 체	179.1
지 체	180.6
뇌 병 변	189.1
시 각	179.8
청 각	171.4
언 어	173.4
지 적	186.0
자 폐 성	303.2
정 신	110.9
신 장	202.4
심 장	179.7
호 흡 기	150.5
간	267.9
안 면	210.4
장루·요루	168.3
간 질	145.2

주: 2008년 지난 1개월간 장애인 개인의 월평균 소득의 금액임.
자료: 보건복지부, 한국보건사회연구원(2009). 2008 장애인 실태조사.

2) 장애로 인한 추가 소요비용

〈표 7-2〉 장애로 인한 추가 소요비용 (단위: 천 원)

구 분	2005년	2008년	2011년
전 체	155.4	158.7	160.7
교통비	22.9	17.8	22.8
의료비	90.2	57.3	56.8
교육비	6.1	6.2	6.0
보호 · 간병인	11.8	9.9	14.1
재활기관 이용료	2.1	2.0	1.9
통신비	1.2	1.4	9.6
재활보조 기구 구입 유지비	6.4	36.8	31.7
부모 사후 대비비	8.8	6.2	5.4
기타	6.0	21.2	12.3

자료: 보건복지부, 한국보건사회연구원(2006), 2005 장애인실태조사.
보건복지부, 한국보건사회연구원(2009), 2008 장애인실태조사.
보건복지부, 한국보건사회연구원(2012), 2011 장애인실태조사.

2008년을 기준으로 장애로 인해 추가된 비용은 15만 8,700원으로 나타났다. 월평균 소득 179만 1천 원의 약 8.68%로 나타났다. 그중 의료비, 재활보조 기구 구입 · 유지비의 순으로 지출이 많은 것으로 나타났다.

3) 경제활동 상태

2010년 5월 기준 장애인구의 경제활동 참가율은 38.5%, 고용률은 36.0%, 실업률은 6.6%로 나타난 반면, 전체인구의 경제활동 참가율 및 고용률, 실업률은 각각 61.9%, 60.0%, 3.2%로 나타났다. 또한 전체인구에 비해 장애인구의 경제활동 상태는 현저히 낮은 수준이며, 특히 실업률은 2배 이상 높게 나타났다. 여성장애인의 경제활동 참가율과 고용률은 남성장애인의 절반 수준이나 실업률은 1.7% 높은 것으로 나타났다.

〈표 7-3〉 경제활동 상태*

(단위: 명, %)

구 분	15세 이상 인구	경제활동인구			비경제 활동인구	경제활동 참가율	실업률	고용률
		계	취업자	실업자				
장 애 인 구	2,376,431	915,217	855,158	60,059	1,461,214	38.5	6.6	36.0
남 성	1,391,839	673,231	631,960	41,271	718,608	48.4	6.1	45.4
여 성	984,592	241,985	223,197	18,788	742,607	24.6	7.8	22.7

주: 2010년 5월 기준임.

* 경제활동참가율(%) = (경제활동인구/15세 이상 인구)×100
  실업률(%) = (실업자/경제활동인구)×100
  고용률(%) = (취업자/15세 이상 인구)×100

자료: 한국장애인고용공단(2010). 2010 장애인 경제활동 실태조사.
통계청(2010). 경제활동인구조사(2010년 5월).

2. 교육

1) 장애 유형별로 본 교육 수준

저학력에 해당하는 중학교 이하가 63.0%인 반면 고학력에 해당하는 대학 이상은 12.0%에 불과한 것으로 나타났다. 학력이 낮으면 생산성이 낮은 단순노동에 종사할 수밖에 없고, 단순노동에 종사할 경우 임금 수준이 낮을 수밖에 없다. 그러므로 장애인들의 취약한 인적 자본을 강화할 수 있는 가장 강력한 방안은 바로 교육 기회의 확대라고 할 수 있다.

2) 특수교육 규모

2002년을 기준으로 할 때 2011년에는 특수학교, 특수학급이 상당한 정도로 증설되었고 또 교원 수도 증가하였지만, 대상학생 수의 증가율을 감안한다면 더욱 개선의 여지가 많다고 할 수 있다.

〈표 7-4〉 장애 유형별로 본 교육 수준 (단위: %)

구 분	전 체	무학	초등학교	중학교	고등학교	대학 이상
전 체	100.0	11.8	32.9	18.3	25.0	12.0
지 체	100.0	11.0	32.9	19.1	25.0	12.2
뇌 병 변	100.0	13.3	37.6	17.3	20.2	11.6
시 각	100.0	12.5	30.9	18.8	23.3	14.6
청 각	100.0	19.7	37.4	17.1	15.5	10.4
언 어	100.0	8.7	31.6	15.9	28.3	15.6
지 적	100.0	12.4	27.8	18.4	38.1	3.3
자 폐 성	100.0	10.3	49.0	8.2	27.5	4.9
정 신	100.0	3.4	18.5	18.5	46.2	13.5
신 장	100.0	4.9	21.3	21.1	34.2	18.4
심 장	100.0	4.2	43.6	15.6	16.3	20.2
호 흡 기	100.0	11.7	45.5	8.9	24.9	9.0
간	100.0	0.0	29.5	6.9	10.8	52.8
안 면	100.0	0.0	30.8	35.2	19.9	14.1
장루 · 요루	100.0	12.6	42.4	15.1	16.3	13.6
간 질	100.0	4.0	27.1	11.9	41.2	15.8

주: 2008년 기준임.
자료: 보건복지부, 한국보건사회연구원(2012). 2011 장애인 실태조사.

〈표 7-5〉 특수교육 규모 (단위: 명, %)

구 분	특수 학교 수	특수 학급 수	특수교육 대상학생 수							교원 수
			소계	장애영아	유치원	초등학교	중학교	고등학교	전공과	
2002년	136	3,393	54,470	−	1,809	32,006	11,356	8,491	808	8,695
2003년	137	4,102	53,404	−	1,932	30,838	11,055	8,779	800	9,175
2004년	141	4,366	55,374	−	2,677	30,329	11,326	10,207	835	9,846
2005년	142	4,697	58,362	−	3,057	31,064	12,493	10,756	992	10,429
2006년	143	5,204	62,538	−	3,243	32,263	13,972	11,851	1,209	11,259
2007년	144	5,753	65,940	−	3,125	32,752	15,267	13,349	1,447	12,249
2008년	149	6,352	71,484	−	3,236	33,974	16,833	15,686	1,755	13,165
2009년	150	6,924	75,187	288	3,303	34,035	17,946	17,553	2,062	13,997
2010년(A)	150	7,792	79,711	290	3,225	35,294	19,375	19,111	2,416	15,244
2011년(B)	155	8,415	82,665	356	3,367	35,124	20,508	20,439	2,871	15,934
B−A	5	623	2,954	66	142	−170	1,133	1,328	455	690

자료: 교육과학기술부(2011). 2011 특수교육 연차보고서.

3. 보건의료

1) 주된 장애의 치료 여부

장애란 질병과는 달리 원래의 상태로 복귀하는 것이 불가하지만, 정신 · 신장 · 심장 · 호흡기 · 간 및 간질 등의 유형은 더 이상 방치할 경우 일상생활을 유지하는 것이 어렵게 되거나 생존이 위협받을 수 있기 때문에 치료를 받고 있는 비율이 90%를 상회하고 있는 것으로 나타났다.

〈표 7-6〉 주된 장애의 치료 여부 (단위: 명, %)

구 분				
2005년	2,100,721	100.0	45.3	54.7
2008년	2,137,226	100.0	50.5	49.5
지 체	1,132,116	100.0	46.6	53.4
뇌 병 변	219,156	100.0	82.0	18.0
시 각	220,061	100.0	40.3	59.7
청 각	207,383	100.0	19.9	80.1
언 어	15,103	100.0	27.2	72.8
지 적	140,079	100.0	35.1	64.9
자 폐 성	12,329	100.0	75.3	24.7
정 신	84,780	100.0	93.8	6.2
신 장	48,284	100.0	99.8	0.2
심 장	14,606	100.0	97.3	2.7
호 흡 기	14,393	100.0	95.4	4.6
간	6,514	100.0	98.9	1.1
안 면	2,185	100.0	17.3	82.7
장루 · 요루	11,356	100.0	78.3	21.7
간 질	8,881	100.0	98.4	1.6

자료: 보건복지부, 한국보건사회연구원(2006). 2005 장애인실태조사.
보건복지부, 한국보건사회연구원(2009). 2008 장애인실태조사.

2) 건강보험 가입 여부

우리 사회가 대외적으로 자랑할 만한 법제로는 의료보장제도를 들 수 있다. 그래서 모든 유형의 장애인들이 거의 100%에 가까운 비율로 공공의료보험의 혜택을 받고 있는 것으로 나타났다.

〈표 7-7〉 건강보험 가입 여부 (단위: 명, %)

구 분	전국 추정 수	전체	직장건강 보험	지역건강 보험	의료급여		기타
					1종	2종	
2005년	2,100,721	100.0	43.1	38.5	12.2	5.8	0.4
2008년	2,137,226	100.0	44.9	33.3	15.7	5.6	0.5
지 체	1,132,116	100.0	46.2	37.4	10.9	5.2	0.3
뇌 병 변	219,156	100.0	49.7	27.5	15.0	6.4	1.4
시 각	220,061	100.0	43.6	38.3	13.9	3.8	0.4
청 각	207,383	100.0	54.2	31.0	11.3	2.8	0.6
언 어	15,103	100.0	43.5	33.1	15.7	6.3	1.3
지 적	140,079	100.0	35.4	18.7	35.1	10.9	0.0
자 폐 성	12,329	100.0	56.1	28.2	9.1	6.5	0.1
정 신	84,780	100.0	13.6	17.4	59.3	9.6	0.1
신 장	48,284	100.0	38.7	26.8	25.9	7.9	0.7
심 장	14,606	100.0	50.4	29.7	14.1	4.7	1.1
호 흡 기	14,393	100.0	44.2	31.0	17.9	6.7	0.2
간	6,514	100.0	47.6	25.2	14.9	11.4	1.0
안 면	2,185	100.0	42.4	35.1	16.8	5.8	0.0
장루 · 요루	11,356	100.0	52.8	32.0	11.1	2.0	2.1
간 질	8,881	100.0	24.3	24.5	36.6	14.7	0.0

자료: 보건복지부, 한국보건사회연구원(2006). 2005 장애인실태조사.
보건복지부, 한국보건사회연구원(2009). 2008 장애인실태조사.

참고문헌

교육과학기술부(2011). 2011 특수교육 연차보고서.

보건복지부, 한국보건사회연구원(2006), 2005 장애인실태조사.

보건복지부, 한국보건사회연구원(2009). 2008 장애인 실태조사.

보건복지부, 한국보건사회연구원(2012). 2011년 장애인 실태조사.

통계청(2010). 경제활동인구조사(2010년 5월).

한국장애인고용공단(2010). 2010 장애인 경제활동 실태조사.

한국장애인고용공단 고용개발원(2012). EDI 2011 장애인 통계.

Wolfensberger, W., & Tullman, S. (1982). *A Brief Outline of the Principle of Normalization*. New York: Syracuse University.

제8장

장애인복지의 전략: 적응력 강화와 사회적 연대

새삼스러운 이야기일지 모르지만, 엄격히 말해 사회복지의 관심은 장애가 아닌 장애인이다. 3부에서는 그 장애인이 안고 있는 사회복지문제의 성격을 바로 취약한 기능으로 규정한다. 그런 다음 취약한 기능을 해소할 수 있는 방안으로는 적응력 강화와 사회적 연대의 두 가지를 들고자 한다.

제1절 적응력 강화

사회복지를 무언가 변화를 의도하는 전문 직업 내지 영역이라고 규정한다면, 이 적응력 강화란 소위 개인 변화에 해당한다. 이 전략의 핵심 주제어인 적응의 의미에 대해서는 개별 분과과학에 따라 약간씩 차이가 있다. 그래서 심리학의 개별 성격 이론에서 규정하고 있는 그 의미와 사회복지실천에서의 그 의미 등을 소개하기로 한다. 그러나 정작 중요한 사실은 어떠한 영역에서의 개념 규정이든지 모든 개념은 환경의 선한 속성을 전제하고 있다는 사실이다. 장애인에게 부족한 사회기술을 학습시키는 방법이든 혹은 취약한 인적 자본을 보강해 주는 방법이든 간에 모두는 '환경이란 선(善)한 것이다.'라는 사실을 전제로 한다는 것이다. 또한 당연한 이야기겠지만, 이 전략은 소위 사회 발전의 모델을 설명하는 입장 중 자유주의 모델에 속하기 때문에 원칙적으로 취약한 기능이라는 문제를 개인의 자유 · 책임이라는 시각에서 접근하는 셈이 된다.

1. 적응의 의미

1) 성격 이론에서 본 적응의 의미

여러 성격 이론은 개인을 자유의지를 가진 존재로 보느냐 어떠하냐를 기준으로 자유론과 결정론의 두 입장으로 나눌 수 있다. 또한 철학의 인식론과 관련된 분류로서 객관성을 해당 패러다임으로 삼는 이론과 주관성을 패러다임으로 삼는 이론으로 나눌 수 있다. 그러나 성격 이론들을 분류하는 것이 주된 관심이 아니기에, 여기에서는 단지 그 차별적인 의미만을 기술하고자 한다.

(1) 정신분석 이론

프로이트(Freud)의 업적은 그 이전까지 상식적인 수준에 머물러 있던 인간 행동에 대한 설명을 과학의 세계로까지 끌어올렸다는 데에서 찾을 수 있다.[1] 그러한 업적 중 구체적인 예로는 '무의식'이라는 용어의 사용을 들 수 있다. 그는 왜 이 용어를 만들었을까? 그는 사실 자연과학의 정밀한 수준을 몹시 부러워했을 것

1) 그럼에도 인간 존재를 '욕망의 포로'로 간주하는 편협된 인간관 등의 일반적인 오류가 있지만, '동양적 패러다임'에서 조망할 경우 그의 '성격발달단계설'에서 다음과 같은 근본적인 오류를 또한 발견할 수 있다. 주지하다시피 그는 성격의 발달단계를 구강기 · 항문기 · 남근기 · 잠복기 · 생식기 등으로 나누고 있는데, 이러한 구분의 잣대는 바로 성감대의 위치다. 이러한 논지의 설정과정에서 그는 아주 근본적인 오류를 범하고 있다. 우리 인간이 갖고 있는 아주 중요한 성감대를 누락시키고 있다. 누락된 그게 무엇일까? 바로 '마음'이다. 사랑하는 사람이 전하는 달콤한 한마디에 우리는……. 중언부언할 필요 없지 않은가? 그럼, 프로이트만한 대가가 왜 이런 오류를 범했을까? 원론적으로 서양의 과학은 물질주의를 그 이념적 토대로 삼는다. 근대 정신과학에 큰 족적을 남긴 서양의 대표 지성 중 한 명이지만, 그런 그도 물질주의라는 서양 과학의 큰 파고를 뛰어넘지는 못했던 것이다. 그리하여 인간 존재의 두 영역 중 신체(물질)만을 그 전부로 오인하는, 분석적 패러다임이 갖는 근본적인 오류를 범하고 있는 것이다.

으로 짐작된다. 그래서 과학의 본질인 '원인-결과'라는 엄정한 구도에 의해 인간 행동을 설명하고 또 성격을 이해하려고 노력했을 것이다. 그러나 마음, 즉 의식이란 것은 변덕스럽고 불규칙한 속성을 지니고 있다. 이러한 불규칙한 대상을 규칙성의 구도로 재단한다는 것이 불가하다고 판단했기에, 마음의 규칙적인 부면을 설명해 줄 수 있는 '무의식'이라는 용어를 창안해 냈다고 사료된다.

이러한 무의식의 영역에 관여하는 인자(因子)를 원초아(id)라고 전제한 다음, 성격의 구성 요소로서 원초아, 자아(ego) 및 초자아(superego)의 세 가지를 제시한다. 사람은 누구나 태어난 즉시 성격의 전부는 원초아 덩어리인데, 그 후 항문기를 경험하면서 그 일부가 자아로 변모하게 되고 또 남근기를 거치면서 그 일부가 초자아로 변모한다고 설명한다. 그런데 이 세 요소는 각기 그 논리가 서로 다른 것으로 설명된다. 쾌락 · 현실 및 도덕성 등이 각 요소들의 키워드들이다. 또한 성격은 일종의 에너지 체계인데, 이 에너지는 세 요소(영역) 사이로 끊임없이 이동한다. 바로 이 이동이 성격의 전체 체계에서 볼 때 조정에 해당한다. 이런 조정의 결과로 적응/부적응이 나타난다는 것이다.

그러므로 특정한 시점에서 원초아, 자아 및 초자아 등에 할당된 에너지의 양이 특정한 시점에서의 구체적인 성격의 내용을 결정짓는다는 것이다. 에너지는 어떤 정도로 배당되는 것이 바람직할까? 관념적으로 표현될 수밖에 없는데, 세 구성 요소 간의 균형적인 관계가 바로 적응이라고 주장하고 있다(최순남, 2005).

(2) 심리사회적 이론

프로이트는 성격의 구성 요소 중 원초아를 강조하는 입장이었으며, 적응이란 그 요소들 간의 균형적인 관계라고 성격의 내부적 측면을 강조하였다. 그러나 이에 비해 에릭슨(Erikson)은 인간의 자아 기능에 관심을 가지고서, 가족 상황 내에서 개인과 부모의 가족관계뿐 아니라 가족이 위치한 역사적, 문화적 상황 속에서의 사회적 관계에 관심을 가졌다(이인정, 최해경, 2003). 그의 이론은 개인의 전 생애를 통한 심리사회적 발달이라는 전제하에 자아의 중요성을 강조하였다. 또 자아는 인간관계에서의 경험을 통해 형성되는 것으로서 사회화 과정을 중시하였다. 따라서 적응의 개념에서 프로이트가 심리적 측면에 방점을 두었다면, 에릭슨은 사회적 측면을 강조했다고 정리할 수 있다. 또 에릭슨에 의해 적응의 개념적 범주가 확장되었다고 할 수 있다.

그러므로 이 이론에서의 적응 개념은 심리적 적응과 사회적 적응으로 나눌 수 있다. 먼저 전자는 전 생애에 걸쳐 일어나는 자아의 발달로 이해할 수 있다. 이러한 적응은 자아를 설명하는 개념인 자아정체감과 자아존중감 등으로 연결된다. 다음으로, 자아가 가족 및 사회 내에서의 사회화 과정을 거쳐 형성되는 것임을 감안한다면, 사회적 적응은 개인이 지니는 사회에 대한 소속감과 사회화 욕구를 반영한다. 또한 사회규범, 역할 인식 및 윤리적 가치 등과 연관되어 있기에 사회 활동의 회복과 활성화, 어떠한 스트레스 상황에서도 자신의 다양한 역할을 충분히 인식하고 또 일상적인 발달 과업을 관리하는 능력에 대한 개념이라고 할 수 있다.

결론적으로 적응이란 바로 심리사회적 적응을 말한다. 그렇기에 그 의미도 개인의 행동이 사회적 기준에 어느 정도 부응하고 있느냐라는 척도뿐 아니라 내적인 자아실현의 과정도 포함하고 있다. 이러한 개념은 에릭슨 이론의 핵심 개념인 자아정체감도 동일한 의미라고 평가할 수 있다.

(3) 개인심리 이론

현대의 성격 이론들은 어쩌면 프로이트 이론에 대한 반동이라고 평할 수 있다. 프로이트가 기계론적 우주관에 입각하여 인간을 일종의 '포로'라고 규정했던 데 비해, 아들러(Adler)는 유기체적 우주관에 입각하여 자유의지를 바탕을 한 개인의 자기갱신 능력과 자기초월 능력을 확신하였다. 이러한 주장은 인간 행동을 설명하기 위해 그가 구성해 낸 열등감과 보상, 우월에 대한 추구, 생활양식, 가상적 목표, 창조적 자아, 사회적 관심 등과 같은 용어에서 그 근거를 찾을 수 있다.

인간은 누구나 신체적 및 정신적 측면에서 나름대로의 약점을 가지고 있는데, 대개 이러한 약점을 보상하기 위한 노력을 하기 마련이다. 그러므로 이러한 보상 노력이 바로 발달과 성장의 근원이라고 아들러는 주장하고 있다. 그렇다면 우리는 단지 어떤 열등감을 극복하기 위한 의도에서만 행동을 전개하는가라는 의문이 제기될 수 있다. 이에 대해 아들러는 열등감과 보상 노력은 행동의 동기를 제공해 줄 뿐이라고 설명한다. 즉, 열등감은 행동 전개의 필요조건일 따름이지 충분조건은 아니라는 설명이다. 그 열등감이 사회적 관심과 연결되어야만 성장의 원천이 될 수 있다는 것이다.

그러므로 개인심리 이론에서는 타인에 대한 동일시 감정과 감정이입이 개인의 심리적 건강을 측정하는 유용한 척도이자 적응의 요체라고 설명하고 있다. 정서적으로 문제가 있는 사람들은 잘못된 생활양식과 이기적인 인생 목표를 지니고 있으며 사회적 관심이 부족한 사람들이라는 것이다.

(4) 행동주의 이론

역시 행동주의도 프로이트 이론에 대한 반동으로 출발한다. '마음'이든 '의식'이든 소위 관념적인 것을 연구의 대상으로 삼는 한, 비록 그 방법이 실험적이라 한들 심리학은 보편성 있는 과학으로 성립하기 어렵다는 것이 그들의 입장이다. 그래서 심리학의 대상은 추상적 · 관념적인 것이 아니라 객관적 · 구체적 및 물리적인 것이어야 한다고 주장하였다. 즉, 실제로 취급할 수 있어야 하며 또 측정 가능한 것이어야 한다는 것이다. 이것이 성격이 아닌 행동이 심리학의 새로운 연구대상이 된 배경에 해당한다.

행동주의에서는 부적응적 행동을 내면적 갈등의 산물이 아니라 단순히 특정 자극에 대해 적절한 반응을 하지 못한 것일 뿐이라고 해석한다. 그러므로 이 입장에서는 치료의 초점을 성격 혹은 마음이 아니라 증상이 나타나는 행동에 두는 특징이 있다. 왜 그랬을까? 인간 존재가 합리적인지 어떠한지를 논의하는 것 자체를 거부하고 있을 정도로 기계론적인 우주관의 입장이기에, 적응이란 개인의 자유의지와는 무관하다고 주장한다.

결론적으로 행동주의 이론에서는 부적응을 특정한 상황에서 부적절한 반응을 하도록 학습되었거나 바람직하게 반응을 하는 것을 전혀 학습하지 못했기 때문인 것으로 주장한다. 그래서 인간의 부적응 문제는 행동 결여, 행동 과다, 환경적 자극의 부적절한 통제, 자극에 대한 부적절한 자기 규제, 부적절한 강화 상황 등의 문제라고 해석한다.

(5) 인지 이론

20세기 중반에 접어들면서 인간 행동에 대한 이해에 커다란 전환이 있게 된다. 인간은 객관적인 존재라는 지금까지의 확고한 믿음이 흔들리기 시작한 것이다. 그러한 흔들림이 독립된 이론의 차원으로 표명된 것이 인지 이론이다. 그러나 그 동요의 소용돌이는 결코 인지 이론가들 독자적으로 만든 건 아니다. 예컨대, 인간의 자유의지를 전제로 창조적 자아 등과 같은 개념들을 제시한 아들러, 또 자아를 핵심 개념으로 전제한 에릭슨, 자아실현 등을 강조했던 로저스(Rogers), 그리고 비교적 최근에 자아효능감 등을 제시했던 반두라(Bandura) 등이 인간의 지능, 문제해결 능력, 의사결정 및 자유로운 사고 능력을 강조한 대표적인 학자들이다.

인지 이론가들 중에서도 인간이 합리적인 존재인지에 관해서는 의견이 엇갈리고 있지만, 합리적 존재를 지지하는 관계자들 모두는 합리적 사고를 할 수 있는지 여부를 적응의 관건으로 이해하고 있다. 즉, 자신의 정서와 행동을 통제하고 사회적 기능 수행과 적응에 방해받지 않아야 건강한 삶을 유지할 수 있다고 본다.

이상과 같은 적응의 의미에 대한 개별 성격 이론들의 입장을 정리하면 〈표 8-1〉과 같다.

〈표 8-1〉 개별 성격 이론에서 이해하고 있는 적응의 의미

정신분석 이론	성격의 구성 요소들(원초아 · 자아 및 초자아) 간의 균형적인 관계
심리사회적 이론	개인과 인적(주요 인물) 및 인위적(사회적 역할, 사회규범과 윤리 등) 환경 간의 조화
개인심리 이론	타인에 대한 동일시 감정과 감정이입 등 사회적 관심의 정도
행동주의 이론	바람직한 행동을 유발할 수 있는 적절한 자극의 존재 여부
인지 이론	합리적인 사고를 할 수 있는지의 여부

2) 사회복지실천에서 본 적응의 의미

앞선 성격 이론에 비해, 사회복지실천에서의 그 의미는 환경을 강조하는 특징이 있다. 그러므로 다원적인 특징이 있는데, 실제로 적응의 유형도 심리적 적응, 사회적 적응 및 문화적 적응 등 다양하게 분류되고 있다. 우리 사회에서는 다문화

복지의 영역에서 활발하게 적용되고 있고, 그리하여 그 유형 중 문화적 개념의 중요성이 매우 증폭될 것으로 사료된다. 그래서 여기에서는 문화적 적응에 초점을 두어 기술하고자 한다.

사회복지실천에서 사용되고 있는 적응과 관련된 원어로는 adaptation, adjustment, acculturation, assimilation 및 cross-cultural adaption 등이 있다(구차순, 2007). 먼저 문화 변용으로 번역되는 acculturation은 둘 이상의 문화 집단과 구성원이 접촉하면서 나타난 문화적, 심리적 변화의 이원적인 과정을 말한다. 이에 비해 동화(assimilation)는 개인이나 집단이 자신들의 문화적 정체성을 포기하고 주류사회에 합류하는 것을 의미한다. 이문화 간 적응(cross-cultural adaption)은 개인이 문화적으로 변화된 환경에서 겪는 역동적인 과정에서 비교적 안정되고 기능적인 관계를 유지하는 것을 말한다.

그러므로 사회복지실천에서 적응은 심리적 적응과 문화적 적응으로 구분된다. 먼저 심리적 적응은 내적 심리적 결과로서, 개인적 문화 정체성, 양호한 정신건강, 새로운 문화 내에서의 개인적인 만족감의 성취 등을 말한다. 문화적 적응은 외적 심리적 결과로서, 가정 · 직장 및 학교에서의 일상적인 과업을 성공적으로 처리할 수 있는 능력을 말한다. 또한 문화적 적응은 일종의 변화과정을 의미한다. 이때 변화란 개인적 수준과 집단적 수준에서 그 의미를 각기 살펴볼 수 있다. 전자가 심리상의 변화와 행동상의 변화를 말하는 반면, 후자는 사회의 구조 및 제도의 변화 그리고 문화적 관습에서의 변화를 의미한다.

2. 장애에 대한 개인의 반응

1) 장애에 대한 반응

장애에 대한 반응은 개인에 따라 다양한 모습을 띠게 마련이다. 장애에 어떻게 대처할 것인가, 어떤 방법으로 방어할 것인가 등은 당사자의 성격과 이전 경험으로부터 많은 영향을 받는 것으로 알려져 있다. 장애에 대한 반응에 영향을 미치는 성격적 특성은 다음과 같이 정리할 수 있다(김규수, 1993).

- 심계병적 경향(hypochondrical tendency): 질병이나 장애를 입게 되면 지나치게 염려한 나머지 장애와는 아무런 상관이 없는 증상이나 생리적 변화까지도 나타나는 경우를 말한다.
- 불안과 공포: 장애에 대한 과도한 상상, 가족관계 등에 대한 불안감 등이 나타난다.
- 의혹성: 심한 불안에서 벗어나지 못해 장애의 결과에 대해 마음대로 상상하는 경향이 있다.
- 부정: 과도한 불안을 방어하기 위해 그 장애 자체를 부정하거나 왜곡하기 일쑤다.
- 피(被)암시성: 일반인들에게서도 보이는 특성이지만, 특히 장애를 입은 경우에는 이 특성이 더욱 빈번해진다. 상대방, 예컨대 전문가의 우연하고도 의도적이지 않은 행동으로부터 과도한 의미를 스스로 만들어 내는 것을 말한다.
- 과도한 애정 욕구와 퇴행 현상: 의료진으로부터 관심과 애정을 끌기 위해 장애를 과장하는 것을 말한다.
- 공격성: 평소 자기애적 성향이 강한 사람의 경우 장애 후에 의료진 등 주위 인물들에 대한 공격적 태도가 나타난다고 알려져 있다.

2) 장애에 대한 수용

(1) 장애 수용의 의의

장애란 불가역적 현상이므로 장애라는 현실을 있는 그대로 받아들이는 자세가 매우 중요하다. 그리하여 장애 수용과정은 심리사회적 적응이나 신체적 건강 유지를 위한 필수적인 단계로 재활상담 과정에서 중요한 개입 대상으로 고려되어 왔다(박수경, 2008). 선행 연구들을 보면 신체적 손상 자체만큼이나 장애에 대한 인식 수준이나 수용 정도는 장애인의 적응이나 사회통합에 막대한 영향을 미치는 것으로 나타났다. 즉, 장애 수용 또는 장애에 대한 반응은 장애인의 적응, 나아가 사회통합에 중요한 영향 요인임이 틀림없다는 것이다.

그러나 최근 장애 개념에 환경적 요소들이 포함됨에 따라 장애 수용 개념 역시 손상 자체보다는 가족이나 사회의 반응 등과 같은 인적 및 인위적 환경과 관련된 경험에 의해 더 많은 영향을 받게 된다는 주장이 힘을 얻고 있다. 일반적으로 대부분의 사람에게 장애를 갖는다는 것, 특히 심각한 장애나 중복장애를 갖는다는 것은 매우 새롭고 특별한 경험이다. 이러한 상황에서 장애에 대해 상대적으로 긍정적인 반응을 하는 개인은 장애에 대한 현실적인 관점을 토대로 그 제한성을 인식하면서도 그것을 과장하지 않기 때문에 적응이 상대적으로 용이하다는 장점을 갖는다(Smart, 2001). 따라서 개인이 장애 발생 이전의 생활로 다시 돌아가는 정도는 장애인이 자신의 장애에 대해 반응하거나 수용하는 수준과 밀접한 관련이 있으며 그만큼 재활과정에서 중요하다고 할 수 있다.

장애인이라는 정체성은 개인적 신념에 의해 형성될 뿐만 아니라 가족, 친구, 고용주의 믿음에 의해, 또 공공 및 민간 프로그램과 장애 서비스 제공자 등으로부터 영향을 받기도 한다. 이러한 포괄적 이해는 장애를 손상(impairment)이나 기능 제약(disability) 등으로 이해하는 관점에서 벗어나 환경에서 비롯되거나 상호작용의 결과 나타난 현상으로 보는 장애의 사회적 모형과도 밀접한 관련이 있다. 또한 지금까지 재활과정에서 장애 수용에 대한 개입이 장애인 자신의 심리적 변화를 유도하려고 시도했던 것에서 벗어나 환경의 개선을 통해 이루도록 한다는 점에서 기존의 접근과는 궤도를 달리한다는 점에 의미를 둘 수 있다.

(2) 장애 수용의 요인

① 장애에 대한 심리적 부적응 요인

지금까지 질병과 장애 자체가 심리적 부적응의 배경이 된다는 설명이 주류를 이루었으나, 장애인의 물리적 · 사회적 환경이 그들의 심리적 반응을 형성하는 데 결정적인 요인으로 작용한다는 설명이 점차 부각되고 있다. 주로 초기에는 장애인들이 경험하는 정신적 고통의 주요 원인을 손상으로 간주한 다음 해결책은 장애로 인한 신체 기능의 회복에 초점을 두었다. 그러나 이러한 접근은 장애를 극복한 사람, 취업에 성공한 장애인에게서도 여전히 심리적 부적응이 나타나게 됨에 따라 그 논리와 단순성을 비판받게 되었다. 즉, 장애 자체의 제거만으로는 성공적인 심리적 적응이 보장되지 않는다는 것이다. 그 이후 장애인이 적응에 실패하는 이유를 장애인이 갖는 낮은 수준의 동기 문제나 혹은 정신건강상의 문제로 설명하기도 하였으나, 이러한 접근들 역시 심리적 측면에 국한하여 설명하는 그 한계를 넘지 못하고 있다.

이러한 심리학적 접근들과 달리 사회학적 틀 내에서는 질병이나 장애는 단순한 신체 상태라기보다는 사회적으로 규정된 역할과 지위에 다름 아니라고 보고 있다. 따라서 장애인의 행동이란 장애인이라고 낙인화된 사람들에게 특정한 방식으로 행동하도록 요구하는 사회적 규범에 대한 순응으로 보았다. 이러한 접근은 장애의 문제를 개인 외부로 확대했다는 점에서 의미가 있지만, 동일한 사회 내에서 나타나는 장애인의 차이를 설명하는 데에는 역시 한계를 보였다.

왜 이와 같이 심리학적 접근과 사회학적 접근 모두 일장일단을 갖는 것일까? 원론적으로 장애인 개개인은 다른 장애인들과 비교해 볼 때 같은 점과 다른 점을 함께 가지고 있다고 보아야 한다. 그리하여 심리학적 접근에 의해 다른 점이 더욱 잘 규명되는 반면 사회학적 접근에 의해 같은 점이 보다 효율적으로 파악되는 것이다. 그리하여 오늘날에 와서는 기존의 다양한 접근을 토대로 장애에 대한 적응 문제를 설명함에 있어 내면적 측면과 환경적 측면을 통합하려는 시도가 나타나게 되었다. 결국 장애에 대한 부적응은 장애인에게 부여한 사회의 부정적인 반응 및 여건과 상당한 연관성을 갖는다는 것을 알 수 있다.

현재 부적응에 대한 접근들은 부적응의 원인에 대해 개인적인 원인에서 출발하여 환경적 원인에 이르기까지 발전되어 왔지만, 결국 장애 부적응의 원인을 개인과 환경 모두의 측면에서 바라보는 통합적 사회심리 모형으로 수렴되고 있다. 따라서 장애에 대한 적응의 한 과정으로서 장애 수용에 대한 이해와 분석에 있어서도 개인적 원인과 환경적 원인을 동시에 고려하는 접근이 필요하다.

② 장애 수용과 관련된 요인

다른 소수 집단과 마찬가지로 장애인들도 사회에 수용되고 통합되기를 원한다. 그러나 오늘날의 갖가지 제도적 노력에도 불구하고 사회에 적응 또는 통합되는 과정에서 장애인들은 여전히 사회의 낙인과 편견에 직면하고 있다. 장애에 대한

〈표 8-2〉 장애 수용의 정도에 영향을 미치는 변수

개인적 특성	환경적 특성
장애 관련 특성	개인의 환경 자원
자존감(self-esteem)	가족의 지원과 사회적 지원
장애인의 사회경제적인 위치와 경험	

전체 사회의 수용은 개인이 자신의 장애를 어느 정도 수용하는가라는 사실과도 밀접한 관련이 있다. 장애 수용은 장애에 대해 적응하는 것과 밀접한 관련이 있으며, 상실에 대한 수용이라고 볼 수 있다. 그러나 상실에 대한 수용은 일종의 가치 변화의 과정으로서, 장애 수용의 범위는 개인이 장애와 이로 인해 발생되는 직접적인 갈등보다 다른 가치들을 인정하는 정도, 자신의 장애 조건과 상반되는 신체 능력과 외모 등을 강조하지 않는 것, 자신의 제한점 내에서 다른 사람들과 비교하지 않는 대신에 자신의 자산과 능력을 강조할 수 있는 정도, 그리고 실제 자신의 어려움을 손상을 넘어 기능 제약으로까지 확대하지 않는 정도와 관련이 있다고 보아야 한다(박수경, 2008).

물론 개인차가 있겠으나, 일반적으로 대부분의 사람이 장애를 수용(장애에 대한 심리적 반응)하는 정도에 영향을 미치는 변수는 개인적 특성과 환경적 특성의 두 가지로 나누어 알아볼 수 있다. 이를 정리하면 〈표 8-2〉와 같다.

이상의 내용들을 통해 장애에 대한 반응으로서 장애에 대한 수용이나 인식 등은 개인적 특성뿐만 아니라 사회환경과의 상호작용 결과로 나타나는 복합적인 결과물로 이해할 필요가 있음을 알 수 있다.

(3) 장애에 대한 적응 단계

장애에 대한 적응 단계를 설명하는 이론들은 개인적인 반응의 과정과 결과들을 이해하고 예측하는 데 도움을 준다. 이 과정은 바로 변경된 정체성을 향한 점진적인 동화의 과정이다(Livneh & Antonak, 1997). 그러나 모든 장애가 한순간 발생하는 사건이 아니기 때문에 장애의 정확한 시작을 알기는 어렵다. 어쨌든 이러한 적응/반응에 관한 단계 이론은 죽음 혹은 장애 등 그 적응 대상이 무엇이냐에 따라 다음과 같은 차이를 보이고 있다. 첫째, 개인은 죽음에 임박했을 때 행동적 및 정서적으로 상실을 준비할 시간이 있게 마련이지만 장애의 발생은 대부분 그렇지 않다. 둘째, 죽음 같은 상실의 경험은 사회로부터 편견 · 낙인 및 차별을 받지 않지만, 장애 발생 이후에 개인은 사회적 편견과 차별에 직면하게 된다. 그러나 이러한 단계 이론은 점진적으로 악화된 노인들의 경우에는 적용되지 않는다. 그들은 대체로 초기의 충격 단계를 경험하지도 않으며 장기간의 우울이나 슬픔도 겪지 않기 때문이다. 스마트(Smart, 2001)는 장애에 대한 적응 단계를 다음의 여섯 단계로 정리하고 있다.[2)]

첫째, 충격과 초기 영향 단계다. 이 단계에서는 개인의 사고는 해체되고 감정은 자주 폭발적이거나 의기소침해진다. 또한 그들이 이해할 수 있는 수준보다 훨씬 더 많은 것이 그들에게 일어날 것으로 생각하게 된다. 장애의 진단이나 시작뿐만 아니라 치료 또는 재활 과정에서도 이러한 충격이 종종 발생하게 된다.

둘째, 방어적 퇴출(defensive retreat) 혹은 부정 단계다. 방어적 퇴출로 인한 대표적인 현상은 부정이다. 부정은 다음 세 가지 형태로 구성된다. 먼저 장애의 출현에 대한 부정, 장애가 주는 함의(implications)에 대한 부정, 그리고 장애의 이행(performance)에 대한 부정으로 구분된다. 우선 부정은 개인이 자신의 정체성을 유지할 수 있도록 해 준다. 부정은 소위 '정서적 홍수(emotional flooding)'를 막고 장애의 이행이나 함의 모두를 점진적으로 받아들일 수 있도록 한다. 그러나 부정이라는 방어 행동에 몰입하게 되면 장애를 가진 채 살아가는 데 필요한 것들을 배우려는 어떠한 동기도 갖지 않게 하기 때문에 너무 오래 지속되지 않도록 적절한 시기에 정보를 제공하는 것이 필요하다.

셋째, 우울 또는 비탄 단계다. 부정은 개인이 이전의 정체성을 유지하려고 하기 때문에 종종 과거 지향적이다. 반면 우울은 개인이 현재 불확실한 미래와 정체성에 대한 의문점과도 싸우기 때문에 미래 지향적이라고 볼 수 있다. 종종 신체장애인은 자신이 없으면 가족이 더 나아질 것이라고 생각한다. 따라서 이 단계에서 신체장애인은 종종 재활 프로그램에 참여할 에너지나 동기가 없고, 희망의 상실, 무

---

2) 이에 비해 리브네와 안토낙(Livneh & Antonak, 1997) 등은 그 단계를 충격(shock), 불안(anxiety), 부정(denial), 우울(depression), 불안의 내면화(internalized anxiety), 적개심의 표출(externalized hostility), 용인(acknowledgment) 및 적응(adjustment)으로 나누고 있다.

관심 및 깊은 우울 등을 경험하게 된다. 이는 이 단계에서 나타나는 전형적인 형태라고 할 수 있다.

넷째, 퇴행 단계다. 퇴행은 신체장애인이 단순히 포기해 버리거나 덜 성숙했던 인생의 초기로 되돌아가려 할 때 일어난다. 퇴행의 또 다른 형태는 개인이 '정상성(normality)'이나 장애 발생 이전의 정체성을 낭만적으로 묘사하거나 이상화할 때 발생한다.

다섯째, 개인적 의문과 분노 단계다. 이 단계에서 개인은 '나에게 왜 이런 일이 일어나게 되었을까' 하는 의문을 갖게 되며, 흔히 장애의 발생은 자신에게 불공평한 일로 느껴진다. 분노는 종종 무력감, 좌절, 공포, 성급함 등이 혼합된 감정으로 표출된다. 개인이 갖게 되는 또 다른 의문으로는 어쩌면 장애를 피할 수 있는 길이 있었을지도 모른다는 생각을 반복적으로 하는 형태다. 이러한 의문은 일부 사람에게 개인을 외롭고 무익하게 만든다. 사람들은 장애에 대한 책임이나 원인을 종종 개인 자신에게 돌리곤 한다.

끝으로, 통합과 성장 단계다. 장애가 가져온 실제 상황과 함의를 이해하고 수용하게 되거나, 장애와 상충되지 않는 새로운 가치나 목표를 세우거나, 자신의 강점과 능력을 탐색 · 활용할 수 있게 되면 개인은 이 단계에 도달했다고 할 수 있다. 종종 통합과 성장은 보조기 기술과 같은 환경에서의 변화나 역할 기능상의 변화를 요구한다.

3. 장애 후 문제

스마트는 『장애: 사회 및 개인(Disability, Society, and the Individual)』의 마지막 장인 '장애의 기타 변인들'에서 스무 가지 소주제를 다루고 있다. 그런데 이들 소주제가 장 제목과 일치되지 않는 문제점이 있고, 또 그가 교육심리학자이기 때문이라고 여겨지지만 우리로서는 지나치게 심리학적인 논제들을 다루고 있다. 그래서 이 많은 소주제 중 사회과학적 성격이 강한 몇 가지만을 장애 후 문제로 소개해 본다.

1) 의사소통

의사소통은 개인이 다른 사람과의 사회생활을 유지하는 데 필수적인 소통 수단이다. 언어 이외에도 의사소통이 가능한 다른 수단이 있지만 대부분의 사람은 언어를 통해서만 의사소통이 가능하다고 생각한다. 따라서 장애인과의 의사소통이 언어로 이루어지지 않는 경우 비장애인은 상당히 불편해하며, 이로 인해 장애에 대한 편견을 갖게 된다.

비장애인은 장애인이 의사소통이 원활하지 않아 경험하는 어려움에 대해 민감하지 못한 편이다. 사실 의사소통이 안 될 때, 장애인은 자신이 사람으로 대우받지 못하고 있다는 생각을 하게 된다. 그러므로 다른 수단을 동원해서라도 의사소통을 할 수 있도록 만드는 것이 중요하다. 장애인을 포함한 모든 인간은 의사소통이 될 때 비로소 존재감을 느낄 수 있기 때문이다.

첨단과학의 발달로 현대사회에서 청각장애나 뇌성마비와 같은 장애인은 의사소통의 가능성이 더 높아졌다. 그러나 문제는 의사소통의 기회가 많아졌지만 장애인과 비장애인의 만남 자체가 현저하게 떨어지는 사회에서는 이러한 보조기구조차 제한된 역할만을 할 수 있을 것이라는 점을 간과해서는 안 될 것이다. 결국 단순한 소리와 문자와 그 의미를 전달하는 것뿐만 아니라 인간 간의 상호작용을 위한 사회의 태도가 전제될 때 장애인과 비장애인의 원활한 의사소통이 가능하다 (박수경, 2008).

2) 삶의 질

삶의 질이란 신체적 · 물리적 · 사회적 및 정서적 안녕뿐 아니라 개인적 발달과 행동 정도에 대한 객관적, 주관적 평가에 입각한 일반적이고 전반적인 안녕감으로 정의 내릴 수 있다. 객관적인 평가란 건강, 소득, 주거의 질, 친구관계, 활동, 사회적 역할 등과 같은 삶의 조건에 대한 기술을 의미하는 반면, 주관적 평가는 삶의 조건에 대한 만족감을 의미한다.

장애란 특정 장애 유형을 가진 장애인이 삶의 질을 얼마나 누릴 수 있는지에 따라 범주화될 수도 있지만, 삶의 질 개념은 매우 주관적이고 다차원적이다. 장애인에게 삶의 질은 사회적 · 경제적 자립을 의미하며 높은 수준의 기능, 가족생활을 포함한 사회적 지원, 의료적 · 심리적 보호를 받을 권리 등을 의미한다.

현재까지 장애인 재활 분야에서의 삶의 질에 대한 접근법은 크게 두 가지로 구분된다. 첫째는 장애인의 삶의 질을 역할 수행 상태로 보는 접근이다. 여기에서는 삶의 다양한 영역 내에서 개인이 차지하고 있는 기능적 지위(functional status)를 평가한다. 둘째는 건강상의 지위(health status)로 보는 접근이다. 여기에서는 주로 특정 인구 집단의 인지된 건강 상태를 평가하거나 집단 사이에서 일어나는, 시간에 따라 일어나는 혹은 개입에 따른 그 변화들을 포함한 건강상의 차이나 변화를 측정한다.

장애인에게 있어 삶의 질은 객관적이든 주관적이든 장애 자체에서 시작되지만, 그 주요한 변인으로는 결국 사회환경을 들지 않을 수 없다. 장애인의 삶의 질을 저하시키는 것은 장애 자체보다 편의시설의 부족에서 기인하는 경우가 많다. 자동차나 휠체어, 시각장애인용 확대경 등은 장애인들의 삶의 질을 유지하는 데 도움이 된다. 사실 비장애인이 장애인의 기회를 제한하거나 편견으로 대하거나 차별을 하는 것은 장애인의 삶의 질을 저하시킨다. 비장애인에게 별 의미 없는 일들이 장애인에게는 첫 번째 중요한 일일 수도 있다. 또한 장애인의 삶의 질은 장애 자체로 제한되기도 하지만, 비장애인에 의해 제한되는 경우도 흔히 있다. 남녀 간의 성적 관계는 성인 장애인의 삶의 질에 있어 중요한 부분이다. 그러나 장애가 생기면 배우자가 변하거나 떠나는 경우가 많고, 남아 있다 하더라도 성적 관계를 유지하는 것에 대해서 주저하는 경우가 많다.

3) 장애의 고통과 트라우마

장애의 정도를 정확하게 평가하는 것은 적절한 의료적 치료, 교육, 생활환경을 조성하는 데 필수적이다. 그러나 일부 장애 유형을 제외하고는 장애의 정도를 경증, 중간, 중증 등으로 명확하게 구별하기란 어렵다. 이러한 장애 정도의 구분은 객관적이고 표준화된 측정 도구가 있을 경우 가능하지만 많은 장애 유형은 장애 정도를 정확하게 진단할 만한 도구들이 없다. 그리하여 스마트는 경증, 중간, 중증 등으로 구분할 수 있는 기준들을 다음과 같이 제시하였다.

- 개인이 갖고 있는 장애의 수는 중증장애를 판단하는 데 도움을 준다.
- 기능할 수 있는 영역의 수 역시 장애의 정도를 파악하는 데 도움이 된다.
- 간접적인 방법으로 필요한 치료에 따라 장애 정도를 결정할 수 있다.
- 장애의 발생과 관련된 일부 특성 때문에 종종 개인의 기능이 심하게 손상되었다는 가정하에서 심각한 장애로 진단하게 만들기도 한다.

그가 제시한 이 네 가지 기준은 나름대로 의의를 갖는다고 평가할 수 있지만, 몇 가지 한계가 엿보인다. 먼저 신체적 손상에 지나치게 초점을 두고 있다. 또한 구체성이 다소 결여된 느낌을 준다. 예컨대, 장애의 수가 그 판정의 변인이 된다고 했지만 구체적인 수에 대해서는 언급이 없으며, 또 '기능'의 의미가 생활상의 기능인지 혹은 사회 기능인지 확실한 언급이 없는 문제가 있다. 국내에서도 장애의 정도를 의료적 기준을 넘어 총체적인 시각에서 판정하는 기준이 마련되어 있지 않다. 역시 이런 한계를 뛰어넘기 위해서는 신체의 기능성, 활동 및 참여 등을 함께 강조하고 있는 『ICF 보고서』에 입각한 판정 체계가 만들어져야 한다.

장애가 발생하면 치료하고 관리하는 데 많은 시간과 비용을 들이게 된다. 보통 장애가 발생하면 이로 인한 추가적인 증상들이 나타나기 마련인데, 장애 때문에 수면에 방해를 받는 것 등은 흔한 예다. 따라서 이와 같은 상황에 의해 자신의 일을 포기하거나 생활 방식을 바꾸게 되는데, 이러한 사실이 결국은 장애인이 사회적으로 참여할 기회나 즐거운 시간을 보낼 수 있는 기회를 줄이거나 포기하게 만드는 것이다.

4) 신체 이미지

장애인의 신체 이미지는 신체적 자아, 신체적 모습, 성적 매력, 건강, 신체적 기술 등을 포함한 자신을 표현하는 일종의 그림이다. 또한 신체 이미지는 개인의 신체가 자신에게 어떻게 보이는지를 알려 준다. 신체 이미지를 형성하는 데 중요한 요인 중의 하나는 자신의 몸에 대해 다른 사람들이 어떻게 생각하는가다. 따라서 신체 이미지를 형성하는 데는 다른 사람과의 상호작용이 중요한 것이다.

장애인이 자신에게 갖는 신체 이미지 역시 사회에서 구성된 틀을 기준으로 판단하게 되므로 개인적 결과라 할 수 없다. 아름다움, 건강함, 성적 매력 등을 중요한 가치로 생각하는 사회에서는 자신에 대한 신체 이미지가 사회에서 정한 기준에 의해 판단된다. 이러한 이유로 현대사회에서 장애인은 자신의 신체 이미지에 대해 부정적으로 반응할 수밖에 없다.

5) 만성 통증

통증은 장애의 일부임에도 그것이 갖는 비가시적인 특징, 주관적인 경험이라는 사실, 객관적인 측정이 불가한 점 등으로 인해 관련된 의료 지식이 제한되어 있는 특징이 있다. 통증에는 급성과 만성의 두 가지 유형이 있다. 급성통증에 비해 만성통증은 3~6개월간 지속되기도 하며, 또 월 혹은 연 단위로 반복되기도 한다. 급성통증은 대개 일시적인 현상으로 이해되며, 치유되기 시작할 때부터 그 통증이 진정되는 기미가 나타나며, 대개 약물치료에 의해 통증이 제어되는 특징이 있다. 그러나 만성통증은 개인의 생활, 활동, 가정생활, 사회 활동 등을 박탈한다. 장애로부터 자신을 방어하고 또 그 고통을 타인에게 설명하는 데 힘들어한다. 또한 만성통증은 수면장애, 피로, 우울, 빈약한 집중력 등을 유발하기도 한다. 그러므로 통증이란 생리적 경험이기도 하지만 정서적 경험이기도 한 것이다.

4. 장애에 대한 적응과 그 변인으로서 정서

1) 정서와 인간 행동

인간의 정신 활동은 무엇을 매개로 전개되고 있는가? 우리는 이 물음을 통해 지금까지 상대적으로 소홀하게 다뤄진 용어 하나를 만나게 될 것이다. 그것은 바로 '정서'다. 서구 과학에서는 행동의 주요 변인으로서 이성의 중요성을 주장하면서도 정서에 대해서는 관심이 없거나 부정적으로 다루는 등 정서를 바라보는 시각이 그렇게 긍정적이지는 않았다. 하지만 지금까지 이성을 무조건 맹신하여 왔던 서구 과학은 이제 한계를 보이고 있기에 이에 대한 새로운 접근이 요청되고 있다. 서구 과학이 추종해 왔던 이성주의에 대한 재검토가 필요하다는 것이다.

인간의 활동이란 육체적인 활동이라는 유물론적 상황과 정신적인 활동이라는 유심론적 상황이 공존하는 모습이라고 할 수 있다. 하지만 모든 행동에 있어 선행되는 활동은 정신적 활동이라고 할 수 있으며, 이 정신적 활동을 구성하는 두 가지 개념은 이성과 정서다. 정서는 일상생활에서 어떻게 작용할까? 이를 위해 다음 예를 살펴볼 필요가 있다. 헌혈을 싫어하는 한 남학생이 있다. 이 학생이 가진 기본적인 생각은 헌혈이 자신에게 맞지 않으며 자신의 건강에도 좋지 않다는 이성적인 판단에 근거한 것이다. 하지만 그 상황에서 자신이 마음에 들어하는 이성이 헌혈을 권유할 경우 그 이성적 판단은 그 여학생을 좋아한다는 정서적 배경에 압도당하는 것이 일반적이다. 이와 같은 일상생활 이외에 학술 활동을 통해서도 정서의 중요성을 확인할 수 있다. 예컨대, 노숙인이나 성매매 여성 중 일부는 숙식제공과 훈련비 지급이라는 조건에도 쉼터 등에 입소하기를 거부하는데, 이러한 거부 행동의 이면에는 지배계급과 전체 사회에 대한 강한 적개심 등 부정적 정서가 깔려 있음을 확인할 수 있다.

이와 같은 정서의 개념은 성격 이론에서도 미약하나마 논의가 이루어졌다. 먼저 프로이트는 정서심리학의 개척자와 같은 역할을 한 것으로 평가하고 싶다. 프로이트 이론에서는 인간의 가장 기본적 성향으로, 쾌를 추구하고 불쾌는 회피하는 성향을 들고 있다. 쾌를 추구하는 원초아의 충동은 자아에 의해서 조절되고 타협되지만 여전히 본질은 그대로 존재한다는 것이다. 불쾌한 경험을 회피하려는 욕구는 억압이나 합리화 등 자아방어기제에 의해서 주로 성취된다. 프로이트 이론에서는 가까운 인물과의 인간관계는 강렬한 감정이 부하된 관계로서, 적절히 처리되지 못할 때 정신병리의 발생 원인이 된다고 보고 있다. 그러므로 정신분석에서 정신장애인은 원조 전문가와의 관계를 통해서 과거의 주요 인물과의 정서경험을 재현하는 전이(轉移)를 가짐으로써 치료 효과를 얻게 된다. 즉, 정신분석요법에서는 병리와 치료 모두 감정적 측면이 핵심 요소인 것이다. 프로이트 이론에서는 정서의 모호함, 무의식성 및 파괴성 등을 특히 강조하였고, 이러한 정서의 속성들이 증상의 이해와 치료를 어렵게 만든다고 보았다. 그러나 그는 다양한 정서에 관심을 두기보다 그 일부인 병리적 정서에만 관심을 가졌다. 또한 정서 자체에 대한 연구를 수행하거나 이론을 발전시킨 것이 아니라 정서적 병리의 발생과 치료에만 연구를 집중함으로써 정서심리학의 발전에 직접 기여하지는 못하였다.

그러나 다른 성격 이론들과 비교해 볼 때 정신분석 이론은 가장 '정서적인' 이론이라 불릴 만하다.

반두라의 경우는 '자아효능감'이라는 개념을 통해 인간이 가진 긍정적 정서를 처음으로 언급하였다. 하지만 학술적 위상이 그리 높지 않아 그의 이론이 실천 현장에서 적극 활용되지 않고 있다. 하지만 앞서 밝혔듯이 이와 같은 사실이 정서에 대한 무관심에서 비롯된 것이지, 정서라는 개념이 무의미하다는 것을 의미하는 것은 아니다.

사회복지조사방법론에서도 정서라는 개념이 등장하고 있는데, 이것이 바로 질적 조사다. 선행 연구의 일종인 이론을 토대로 가설을 설정한 다음 그 가설의 진위를 검토하는 양적 조사의 개념이 수십 년간 사회복지조사방법론의 중심을 이룬 것은 사실이다. 하지만 최근 들어 실천 분야를 중심으로 주관적 경험을 진술하는 질적 조사가 이루어지고 있다. 여기서 주관적 경험이란 반(反)이론적이며, 다시 말해 이는 대체적으로 정서적이라 할 수 있을 것이다. 즉, 질적 조사는 개인이 가진 정서적 주관적 경험을 추출하는 것이 그 특성이라 할 수 있는 것이다. 이러한 정서적 주관적 경험의 구체적인 예로는 분노 · 공포 · 적개심 · 기쁨 · 안도감 및 자신감 등을 들 수 있다.

그렇다면 사회복지실천에서 나타난 두 가지 관점(병리적 관점, 강점 관점)을 통해 정서의 의미를 살펴보면 어떨까? 병리적 관점을 기반으로 개인의 정서를 연구하고자 할 때는 '부정적 정서와 특정 행동 간의 인과관계를 규명하는 것'이 그 주제로 제시될 수 있을 것이다. 이와 같은 주제를 통해 정신장애인의 직업재활, 비행청소년의 사회기술 훈련 등에 적용해 볼 수 있을 것이다. 다음으로, 강점 관점을 기반으로 개인의 정서에 대해 논의하고자 할 때는 '긍정적 자아와 특정 행동 간의 인과관계를 규명하는 것'이 그 주제로 제시될 수 있을 것이다.

이러한 다양한 논의를 통해 알 수 있는 것은 인간 간의 모든 공식적 기능의 효율성은 당사자 간의 신뢰감의 수준에 달려 있다는 사실이다. 또한 신뢰감이 정서의 일종이라고 한다면, 결국 장애인들이 가진 정서를 제대로 이해하고 접근해야 최종적 목표인 '적응력 강화'를 이룰 수 있을 것이다.

2) 정서의 기능

정서 혹은 감정은 이성과 대비되어 그 역기능적인 면이 강조되어 왔다. 그러나 진화론적 관점에서 인류가 정서를 가지고 있다는 것은 정서가 인류의 생존에 중요한 기능을 수행하고 있다는 사실을 시사한다. 그래서 정서에 대한 부정적인 편견을 떨쳐 버리는 것이 마땅할 뿐 아니라, 원론적으로는 정서가 행동을 유발하는 주요 변인이라는 사실을 인식하는 것이 중요하다. 동시에 우리는 정서가 가진 여러 순기능적인 측면을 살펴볼 필요가 있다.

첫째, 정서는 기본적인 생물학적 요구에 대해 효과적으로 대처하도록 돕는다. 정서의 핵심 요소 중 하나는 행동 준비성에서의 변화라고 할 수 있다. 예컨대, 분노는 전투와, 사랑은 접근과, 그리고 공포는 도피와 연결되어 관련 행동을 효율적으로 수행할 수 있도록 도와준다.

둘째, 정서는 이성과 보완적 관계를 구성한다. 인간의 이성은 완전치 못하다. 인간의 지식과 지적 능력은 매우 제한되어 있고, 끊임없이 새로운 경험과 부딪히며, 많은 목표가 서로 갈등관계에 있다. 정서는 이성을 인도하며 미지의 세계를 헤쳐 나가고 목표 간의 위계를 결정할 수 있도록 해 준다. 엡스타인(Epstein)은 인지-경험적 자기 이론(cognitive-experiential self theory)에서 합리적 체계와 경험적 체계를 구분한 다음, 합리적 체계가 의식 수준에서 합리적인 의사결정을 관장하는 데 비해 경험적 체계는 전의식 수준에서 처리되는 정서적이며 자동적인 반응을 관장한다고 지적하였다.

끝으로, 정서는 사회적 삶을 위한 기초구조(infrastructure)를 제공한다. 인간은 협동의 정서(사랑 · 호감 및 행복)와 경쟁의 정서(분노 · 공포 · 경멸 및 혐오 등)를 통하여 타인과 교류하고 상호작용한다. 인간관계란 사실상 정서의 교환이다. 자신의 슬픔과 분노와 애정을 상대방에게 전달하고 그로부터 위로나 사과를 받고 애정을 확인하는 것이 친밀한 인간관계의 본질인 것이다. 정서는 인간이라는 모래알들을 서로 끌어당기게 하기도 하고 배척하게도 하는 마술적인 힘이다. 아마도 현대사회에서 정서가 갖는 가장 중요한 기능이 바로 이 사회적 기능일 것이다.

그러나 정서는 빈번히 역기능적인 면도 드러낸다.

첫째, 정서는 종종 합리적인 적응을 방해한다. 강한 정서, 예컨대 극도의 분노나 슬픔은 종종 이성을 마비시킨다. 우리는 강력한 분노가 얼마나 파괴적인지를 역사에서 배웠고 또 많은 폭력범죄에서도 목격한다. 스트레스 상황에서 정서는 종종 합리적인 대처를 어렵게 한다. 심리학자들은 정서적 대처를 인지적 대처와 대비하여 비적응적 대처로 분류한다.

둘째, 정서 반응은 사회규범과 종종 갈등을 빚는다. 대부분의 문화에서는 정서에 관한 표현 규칙을 만들어서 정서 관리를 한다. 예컨대, 분노를 직접적인 신체적 행동으로 표현하는 것은 대부분의 사회에서 금지되어 있다.

끝으로, 우리의 몸속에 장치된 정서 기제는 수만 년 전에 반(半) 유목의 사냥/채집 집단이 살았던 환경에 적합하도록 진화된 것으로, 이러한 진화과정상의 적응 환경은 현대인의 환경과 크게 괴리되어 있다. 사회적 진화가 몸의 진화보다 훨씬 빠르게 진행된 결과다. 그러므로 인간의 자연스러운 정서 반응은 오늘날의 삶의 환경과 끊임없이 충돌할 수밖에 없는 것이다.

제2절 사회적 연대

1. 사회적 연대의 필요성

사회 발전을 설명해 주는 모델은 자유주의 모델과 사회적 모델로 나눌 수 있다. 전자는 앵글로색슨 모델로도 칭하며 주로 영 · 미 등에서 취하고 있는 반면, 후자는 유럽 대륙 모델이라는 별칭으로 대개 동구와 북구에서 채택하고 있다. 이 모델 간의 차이는 이념적 측면에서 확연히 드러난다. 전자는 상대적으로 자유를 강조하는 반면, 후자는 평등을 강조한다. 그러기에 "영 · 미식이 개인에게 우선적 가치를 부여하는 개인주의의 흐름이라면, 흔히 사회민주주의로 대변되는 유럽 대륙의 사조는 개인의 욕구와 공동체의 이익을 연계 · 조절하려는 시도다." (최연구, 2003) 우리의 귀에 익숙한 영국의 대처리즘과 미국의 레이거노믹스 등이 바로 앵글로색슨 모델에 해당하는 반면, 라인강 모델과 국가주의 모델(프랑스) 및 사회민주주의 모델(스웨덴과 오스트리아) 등은 상위 범주인 유럽 대륙 모델에 속한다.

이 두 가지 모델 중 어느 것이 더 우월한가? 접근 관점 등의 차이로 여전히 논란이 분분한 상태일 뿐더러, 그러한 비교 논의는 이 절의 의도가 아니다. 다만 자유주의 모델은 복지의 정신과 논리에 반한다는 사실이 우리에게 중요하다. 자유란 시민사회의 길을 연 이념적 토대였으며, 개인의 자기 결정과 선택 및 자율성 등이 인류사회의 근대화에 상당 부분 기여했음도 인정되고 있다. 그러나 개인의 발전이 곧 전체 사회의 발전을 의미하지는 않는다. 또한 개인의 이익과 사회의 이익이 항상 비례하지도 않는다. 뿐만 아니라 이 모델에서는 빈곤 · 노령 및 장애 등 모든 사회복지문제를 개인의 선택과 결정 등의 결과로 전제한 나머지 사회복지 관련 국가의 개입을 최소화한다. 그러므로 영 · 미 앵글로색슨 모델의 자유주의에서는 빈부 격차의 심화 등으로 경제적 평등이 파괴되고 있다는 점도 문제이지만, 그보다는 개인주의를 이념적 토대로 삼고 있기 때문에 사회적 연대가 들어설 자리가 없다는 점이 특히 문제가 된다.

개인주의와 자유주의를 주된 이념으로 삼고 있는 사회에서는 모든 사회복지문제를 개인의 결함, 실패와 책임이라는 시각에서 이해하고 접근해 들어간다. 그 결과 빈민 · 비행청소년 및 장애인 등을 부적응자로 전제하고는 그들에게 환경에 잘 적응할 것을 요구한다. 환경은 정상이라고 한다. 비정상인이라면 정상인 환경에 잘 맞추라는 것이다. 그러나 「장애인차별금지 및 권리구제에 관한 법」이 마련되었음에도 여전히 관련 편의시설이 마련되지 않고 있는 인위적 환경의 열악함, 장애인을 마치 이방인이라도 되는 양 극심하게 차별하는 인적 환경 등을 정상이라고 간주할 수 있겠는가? 그러므로 장애인복지 서비스는 인권 중심의 서비스여야 한다.[3] 장애인복지 서비스를 일종의 권리로 본다면, '적응력 강화'는 윤리적으로 합당한 전략이 될 수 없는 것이다. 그러므로 장애인복지 문제의 해결에는 사회적 연대라는 방식이 더욱 강조되어야 한다. 또한 적응력 강화란 개인 잠재력의 극대화일 뿐이므로, 이 전략으로는 사회복지의 궁극적인 목표인 공동체사회의 건설이 요원해 보인다.[4]

---

3) 욕구 중심이라는 특징은 미국 사회복지 서비스에서 엿볼 수 있는데, 그 서비스는 적용 대상이 중산층으로까지 확대되었기에 임의성과 상업성이라는 문제점을 띠고 있다.

2. 사회적 연대의 개념과 의의

오늘날 연대라는 단어는 프랑스에서 처음으로 사용되기 시작했고 법률용어에 그 기원을 두고 있다. 원래 연대보증을 의미하는 것으로서 프랑스 법에서 유래한다. 애초 '공동체의 책임'이라는 로마법의 전문 용어가 프랑스 법에서 '연대(solidarit)'로 바뀌었지만, 원래의 법적 의미가 계속 유지되었다. '연대보증'이라는 원래의 의미가 법률적인 차원을 넘어서게 된 것은 프랑스혁명 이후부터였다. 근대사회의 등장과 함께 새로운 시민사회의 질서를 창조하자고 외쳤던 1789년 프랑스대혁명에서는 자유와 평등이라는 근대적 권리이념과 함께 박애라는 도덕적 의무가 강조되기 시작했다. 프랑스혁명 이후에는 연대라는 용어가 박애라는 용어와 함께 사용되다가 점차 이를 대체하기 시작했는데, 당시에 새로이 등장한 근대사회의 결속의 중요성을 깊이 인식한 콩트(Comte)와 뒤르켐(Durkheim)에 의해 이 용어는 일찍부터 사회학의 기본 개념으로 자리 잡게 되었다(강수택, 2004).

이러한 어원을 갖는 연대의 의미는 역사적으로 끊임없이 확장되어 왔기 때문에, 오늘날 명백하고 엄밀하게 한정된 개념으로는 규정되지 않는다. 우선 연대의 개념적 유형들이 다양한 측면에서 제시되고 있다. 예컨대, 기계적/유기적(사회적) 연대, 오래된/새로운 사회적 연대, 이타주의적/이기주의적 연대, 규범적/실체적 의미의 연대 등이 그것이다. 뿐만 아니라 개별 입장과 논지에 따라 '적대자'를 인정하는지의 여부에서 차이가 있으며, 사회적 연대를 윤리적 · 도덕적 차원에서 이해하려는지 혹은 정치적 · 법률적 차원에서 해석하는지 등에서도 차이가 있다. 심지어 오늘날에는 국제적 연대라는 용어까지도 사용되고 있다. 그래서 여기에서는 '장애인복지와 실천'이라는 측면과 차원에 국한하여 논하기로 한다. 사실 사회적 연대가 일종의 사회시책으로 표출된 것이 바로 사회보험 등 사회보장 프로그램이다. 즉, 사회적 연대란 정책의 핵심어이기도 하다. 그래서 여기에서는 '사회적 결집'을 그 특징으로 전제한 채 도덕적 · 윤리적 차원에서 사회적 연대를 논의한 콩트와 뒤르켐의 입장에서 진술하기로 한다.

---

4) 미국 사회복지실천(social work)은 적응력 강화를 그 주요 목표로 삼고 있기 때문에, 스스로 social이라는 관형사를 붙였음에도 그 활동은 지극히 anti-social(반사회적인)한 성향을 지닌 치명적인 오류가 있다.

'하나로 굳게 뭉침'이라는 사전적 의미를 갖는 사회적 연대의 의미를 여기에서는 '공동체사회의 결성을 목표로 각자의 이해관계를 초월한 채 사회적으로 결집하는 것'으로 규정하고자 한다. 이러한 의미를 갖는 연대는 인간의 일상과 어떤 관련을 가질까? 원시사회에서 인간의 욕구는 대부분 생리적 욕구로서 사냥과 수렵을 통해 충족되었다. 그러다가 차츰 그 사냥 등은 개별적인 방법보다는 집합적인 방법이 더 효과적임을 자연스럽게 터득했을 것이다. 그러므로 인간 세계가 공동체의 성격을 띠는 한, 연대란 불변의 상수(常數)로서 모든 인간적 활동의 기초와 지향점으로 작용하고 있다. 그러니 연대와 협동은 인간 삶의 가장 본능적인 차원인 생존을 위한 불가피한 선택인 동시에 자신의 개별적 한계를 극복할 수 있는 계기가 된다.

그러나 이러한 집합성 외에 개별성도 인간 본성의 일부이기에, 그 개별성이 이기심으로 포장되어 무임승차라는 문제가 우리 삶의 또 다른 일상적인 모습으로 자연스럽게 나타나고 있다. 특정한 공동체에서 무임승차자로 행동하려는 유혹은 개인에게 본능적인 것이다. 그러니 개인주의야말로 사회적 결합의 상위 형식인 연대를 만들어 내는 전제 조건에 해당하는 셈이다. 그러므로 개인주의와 사회주의를 화해시키려는 게 연대주의의 입장이기에, 이 삼자는 변증법적 관계에 있다고 보아야 한다. 개별성과 사회성(집합성)은 인간 존재의 본질적인 속성이기에 마치 자연현상의 원심력과 구심력으로 비유될 수 있지 않을까? 모임이 사회성이라 한다면 원심력에 해당할 것이며, 흩어짐이 개별성이라 한다면 구심력에 해당할 것이다. 모든 물질은 원심력과 구심력이라는 이중성을 갖는다. 그러기에 개별 물질의 기능은 원심력과 구심력이 균형을 갖춰야 한다. 원심력이 약한 구심력도, 구심력이 약한 원심력도 지속될 수 없는 것이다.

이러한 관계를 민주주의의 두 가지 이념으로 설명할 수도 있다. 자유와 평등은 사회 체제 면에서 대칭되는 개념인데, 이 자유와 평등을 어떻게 조화하느냐가 오늘날의 숙제다. 자유와 평등 중 어느 한 부분이 균형을 잃을 때는 필연적으로 민주주의가 위협받게 된다. 민주사회를 민중이 주인이 되는 사회라고 한다면, 자유와 평등이 결핍될 때는 민중이 정치, 경제로부터 소외되기 때문이다. 그래서 일부에서는 '자유와 평등을 넘어 사회적 연대로'를 주장하기도 한다. 자유와 평등이 사회통합의 두 가지 대원칙이라면, 이 원칙을 보조하면서도 자유와 평등보다 한층 고차원적인 개념이 바로 '연대'의 원칙이다. 연대란 구성원 간의 상호 책임감, 서로에게 관심을 갖도록 강제하는 우의적인 연결의식을 말한다. 상호 책임과 공동체 의식을 강조하는 이 연대의 구호는 특히 사회적 위기의 시기에 빈번히 제기된다. 불황, 빈곤, 소외가 만연하는 상황에서 절실하게 요구되는 것은 이성에 기초한 사회적 연결의식인 '사회적 연대'다.

3. 사회적 연대론: 인격적 연대론을 중심으로

강수택(2004)은 '근대적 사회연대론'을 뒤르켐과 파슨스(Parsons)가 중심이 된 사회 중심적 시각, 셸러(M. Scheler)와 헥터(Hechter)로 대변되는 개인 중심의 시각, 그리고 하버마스(Habermas)가 그 대표인 개인 간 상호작용의 시각의 세 가지로 나누고 있다. 장애인복지운동이 탈이성적, 반제도적, 탈정치적 성향이 바람직하며, 또한 사회복지가 꿈꾸는 이상 사회는 바로 공동체사회라는 사실을 전제로 삼아, 셸러의 '인격적 연대론'을 중심으로 논의하기로 한다.

셸러는 '인격 공동체'를 주요 개념으로 설정한 것에 대해 종전의 사회학에서 널리 확산된 게마인샤프트와 게젤샤프트라는 이분법을 극복하기 위함이라고 다음과 같이 설명하고 있다. 게젤샤프트하에서의 인간관계는 인위적 결합이며, 그 결합의 특성은 소위 계약이다. 그러므로 이익사회에서는 실질적인 연대가 존재하지 않는다. 왜냐하면 개별 구성원들은 기본적으로 자기 이익을 지향하고 있으며 타인에 대한 책임 또는 공동 책임성보다는 결국 일방적인 자기 책임성에 기초해 있기 때문이다. 여기에서는 만인에 대한 만인의 불신이 기본 태도를 이루며, 만약 이익사회가 구성원들에게 공통된 어떤 것을 하려면 다수결 원리에 근거한 권력에 의존해야만 한다.

셸러는 연대를 인격적 사회 구성원들 사이의 상호관계로 파악하는 인격론적 관점을 제시하였다. 인격적 연대는 다음의 세 가지 특징을 갖는다. 첫째, 다른 인격체에 대해 선의로서 관여하며, 인격 공동체가 추구하고자 하는 선을 인격적 사랑의 태도에 기초하여 실현시키고자 한다. 개인이 갖는 이타주의적인 심성이 행동의 동기라고 보았기 때문에 연대에 영향을 미치는 요인으로 제도적 법규와 분업 등 소위 사회적 맥락을 강조하지는 않았다. 둘째, 개별 인격체는 자신에 대해 책임을 지는 동시에 다른 인격체와 인격 공동체에 대해서도 공동 책임을 진다. 역으로 인격 공동체도 그 구성원 각자에게 공동 책임을 진다. 끝으로, 인격적 연대는 '대체 불가능한 연대'다. 개별 인격체는 다른 모든 개별 인격체에 대해 오직 인격 공동체 속에서 그리고 그 구성원으로서만 공동 책임을 진다.

셸러는 이익사회에 대조되는 공동체를 '삶의 공동체'라고 불렀다. 이 공동체에는 구성원들이 자연스럽게 결합되어 있으며 사실상의 유대가 존재한다고 주장한다. 그러니 그는 이익사회를 공동체보다 상위의 사회 형태로 간주하는 합리주의자/자유주의자의 관점이나 그 반대로 공동체를 상위에 두는 낭만주의자의 관점 모두를 반대한다. 셸러의 접근은 사회 중심적인 접근에서 소홀히 취급했던 인격이라는 측면을 부각시킨 점에서 큰 의의를 갖는다. 이러한 인격적 전통론은 프랑스에서 무니에(E. Mounier)와 같은 인물에게 이어졌으며, 무엇보다 '가톨릭 사회론'에 심대한 영향을 미쳤다는 점에서 크게 주목받고 있다.

참고문헌

강수택(2004). 근대, 탈근대, 사회적 연대. **한국사회학, 38**(5), 1-29.

강수택(2006). 사회적 연대 담론의 구조와 시민문화. **한국사회학, 40**(6), 25-55.

구차순(2007). 결혼이주여성의 적응에 관한 근거이론 연구. 부산대학교 대학원 박사학위논문.

김규수(1993). **醫療社會事業論**. 서울: 형설출판사.

박수경(2008). **장애의 사회적 의미와 사회통합**. 파주: 집문당.

이인정, 최해경(2003). **인간행동과 사회환경**. 서울: 나남출판사.

최순남(2005). **인간행동과 사회환경**. 서울: 법문사.

최연구(2003). 자유주의 한계와 사회적 연대의 모색. **한겨레 21**, 호수 미상, 90-101.

Livneh, H., & Antonak, R. F. (1997). *Psychosocial adaptation to cronic illness and disability*. Gaithersburg, MD: Asen Publishers, Inc.

Smart, J. (2001). *Disability, Society, and the Individual*. Gaithersburg: Aspen Publication.

제9장

장애인의 복지 욕구

도얄(Doyal)과 고프(Gough)에 의하면, 인간복지의 중심에는 욕구의 개념이 존재해야 한다(Oliver, 1996). 즉, 장애인복지 서비스의 일부 내용은 장애인들의 욕구에 기반을 두어야 함이 불가피하다. 따라서 이 장에서는 장애인 복지 욕구에 대한 분석을 근거로 장애인 복지 욕구의 해결 방안을 살펴보고자 한다.

제1절 욕구의 개념과 매슬로의 욕구단계설

욕구의 개념은 개별 학문에 따라 그리고 논하는 학자에 따라 다양하게 정의되고 있다. 욕구의 개념을 논의할 때, 사회복지학은 매슬로(Maslow)의 욕구 이론에서 시작하는 것이 일반적이다. 매슬로는 욕구를 두 가지 유형으로 파악하고 있다. 하나는 유기체 안에 무언가 결핍되어 있는 것을 보충하기 위해 외부로부터 무언가를 받아들인다는 이른바 결핍이라는 차원에서의 욕구이고, 다른 하나는 이미 충분히 충족된 유기체가 축적된 에너지를 외부에 방출함으로써 자기를 표현하려는 성장이라는 차원에서의 욕구다. 전자는 인간의 기본 욕구와 관련되는 것으로, 생리적 욕구, 안전의 욕구, 사랑과 소속의 욕구 및 자존의 욕구를 들 수 있다. 반면 후자는 인간의 성장 욕구와 관련되는 것으로, 예술작품의 완성과 후학의 양성 등이 해당되며 자신의 잠재능력을 발휘하려는 욕구를 말한다. 매슬로는 자신의 이론을 이렇게 설명하면서, 첫째, 인간의 욕구는 그 중요성과 강도에 따라 위계적으로 배열되어 있으며, 둘째, 하위 단계의 욕구가 어느 정도 충족된 연후에야 상위 단계의 욕구를 충족시키기 위해 노력한다는 두 가지 특기 사실을 제시하고 있다. 이러한 매슬로의 욕구단계설은 다음과 같은 한계를 엿볼 수 있다(김동국, 2008).

첫째, 식사 등과 같은 행동에는 생리적 욕구의 충족 외에 다양한 의의가 있다고 보아야 한다. 예컨대, 식사를 하는 행동은 표면적으로는 생리적 욕구를 충족하는 것처럼 보일지라도, 그 이면적 배경에는 공동체의식의 고양 등과 같은 보다 고차원적인 욕구의 충족의 의미가 담겨져 있다.

둘째, 단계설을 주장하고 있는데, 식욕 등과 같은 욕구에는 완전한 충족이 있을 수 없다. 즉, 욕구 중 다수는 단 한 번의 충족에 의해 그 욕구가 소멸되는 것이 아니다.

셋째, 실현의 욕구는 하위 욕구의 충족 없이도 발현되고 충족되기도 한다. 저차원의 욕구 충족 없이도 자아실현 등과 같은 고차원적 욕구를 얼마든지 희구할 수 있는 법이다.

넷째, 욕구의 속성을 생득적, 자연적 성향으로 풀이하고 있다. 특히 오늘날의 자본제 사회는 그 체제의 유지를 위해 새로운 욕구를 끊임없이 만들어 가고 있는 특징을 지니고 있기에, 현대인들이 갖는 대부분의 욕구는 외부의 자극에 의해 유발되는 등 사실상 후천적인 속성을 가진다.

다섯째, 어떠한 경우에도 욕구 충족의 절대적 크기가 클수록 행복하다고 전제하고 있다. 그러나 때로는 절제된 충족이 행복을 가능케 해 준다는 역설이 성립할 수 있다.

끝으로, 서구의 욕구론에는 과정을 무시한 채 결과만을 중시하는 문제점이 있다. 실제로 특정한 시간에 욕구가 충족되지 않음으로써 다음 기회에 충족된 욕구가 충족되었을 때 더 많은 행복을 느낄 수 있다.

제2절 욕구론과 사회복지

원래 서구의 개념인 욕구에 관한 위와 같은 의미를 받아들인 국내의 사회복지 관계자들은 욕구 개념을 단순히 어떤 것을 원한다는 의미의 바람(want), 희망(hope), 소원(wish) 등과는 상이한 개념으로 이해하고 있다. 이어 욕구를 물질적인 어떤 것이 결핍된 것으로 규정했기 때문에, 욕구란 많이 충족할수록 좋다는 관점을 유지하고 있다. 이러한 유물론적 입장에서 욕구론은 경제적 · 사회적 평등의 실현에 실증적으로 기여하며, 또한 욕구에 기초를 둔 분배야말로 평등의 원리를 실제적으로 구현시키는 것이라고 이해하고 있다. 또한 그 개념에는 객관적으로 파악할 수 있는 목표와 충족 방법이 마땅히 포함되어야 한다고 주장하고 있다. 이와 같이 욕구란 구체적인 어떤 것을 소유하고자 하는 상태로서, 욕구의 불충족은 그 무언가의 결핍이 존재하는 상태인 반면 욕구의 충족은 이러한 결핍이 채워진 상태로서 규정하기도 한다. 혹은 욕구란 보호와 원조를 필요로 하는 상태로 보기도 하는데, 그것은 장애를 당한 결과로 자력으로 생활을 유지할 수 없는 상태를 말하거나 혹은 가족 또는 시장 체제를 통해서 해결할 수 없는 것으로 이해되기도 한다. 이처럼 사회복지에서 욕구란 결핍을 동반한 개념이며, 이때의 결핍은 충족되지 않는 고통의 상태이자 행복을 얻기 위해서는 반드시 충족되어야 할 것으로 파악되고 있다. 더구나 욕구란 많이 충족할수록 좋다는 관점을 유지하고 있다(임해영, 2004).

이상의 논의를 통해 서구의 욕구론에는 욕구의 적용 범주를 물질적인 범주로 제한하고 있는 문제점이 있으며, 또한 '욕구란 많이 충족할수록 좋다'는 잘못된 사실을 가정하고 있음을 알 수 있다.

먼저 전자의 문제점이다. 매슬로는 원래 비물질적 욕구까지도 망라하고 있으나 사회복지에서는 물질적 욕구에 국한하고 있다는 것이다. 비물질까지도 포함해야 한다는 건 매슬로 개인의 견해에 불과하지만, 서구 사회가 만들어 낸 문명의 일부인 사회복지에서는 욕구의 적용 범주를 물질에 제한하고 있는 셈이다. 왜 그럴까? 서구의 과학과 문명이 물질주의를 그 이념적 토대로 삼고 있기 때문이다. 원래 과학이란 자연과학을 의미한다. 물질을 연구 대상으로 삼는 과학을 태동시킨 문명이기에 물질주의가 그 이념적 토대인 건 너무나 당연한 귀결이지 않겠는가? 이처럼 물질을 강조하는 가치관을 배경으로 물질을 강조하는 자본주의 체제라는 문명을 태동시킨 것이다. 결국 자연계를 관통하는 법칙들을 찾아냄으로써 과학이 신학으로부터 독립하게 되었고, 그 이후를 그들은 '근대'라고 이름 짓고 있다. 이와 관련된 극명한 예로는 베이컨의 "아는 것이 힘이다."라는 호언장담을 들 수 있다. 뭘 안다는 것인가? 바로 자연계를 관통하고 있는 법칙을 말한다. 그리하여 결국 자연은 개척과 정복의 대상으로 전락하고 만 것이다. 이것을 일러 근대적 세계관이라 한다.

다음은 욕망 충족적인 잘못된 가정에 관한 논의다. 중세적 세계관에서는 행복한 삶이란 절대자에게 의지함으로써 향유될 수 있다고 생각하였다. 그래서 인간의 행복은 절대자의 의지에 따라 양산된다고 믿었다. 반면 근대적 세계관은 인간을 욕망의 생산 담당자 및 주체자로 인식한다. 이 때문에 행복한 삶이란 개인의 욕망 충족적인 삶을 의미하며, 좋은 사회란 욕망 충족적인 사회를 의미한다. 이러한 욕망[1] 지향적 성향이 경쟁을 그 핵심으로 삼는 자본주의 체제와 조우하게 되면서 더욱 기승을 부리게 된다. 자본가의 지향점은 다름 아닌 이윤 추구에 있다. 이윤을 안정적 수준에서 계속 추구하든 혹은 더 높은 이윤을 추구하든, 자본가는 이윤을 확보하기 위해 타인의 과소비와 무절제함을 불러일으키는 데 꾸준히 관심을 가지며, 이를 위해 가공의 욕망과 병적인 욕구를 자극하고 부추긴다. 자본주의 사회에 만연하는 선정적인 쾌락주의적 삶은 여기서 비롯된 것이다. 자본주의 사회에 살고 있는 사람들이 갖고 있는 욕망은 자연적인 욕구라기보다는 인위적으로 조장되고 자극된 것이다.

이러한 욕망 충족적인 성향이 개인의 행복을 담보할 수 있으며 또 사회를 성숙

---

1) 일반적으로 '욕구'란 일상생활에 필요한 기본적인 바람, '욕망'이란 꼭 필요하지 않은 바람으로 구별하고 있다. 그래서 흔히들 양자를 서로 별개의 용어로 이해하고 있지만, 겉으로 드러난 현상적인 측면이 아니라 본질적인 측면으로 깊이 들어가면 양 용어는 그 뿌리를 같이하고 있다고 판단된다. 각 용어가 별개의 축으로 구성되어 있는 것이 아니라 하나의 연속선상의 다른 방향이라는 게 저자의 학문적 입장이다. 즉, 정도의 문제라는 것이며, 정도의 문제이기에 주관적인 뉘앙스가 강한 용어로 이해하고 있다. 그래서 여기에서는 문장의 맥락에 따라 혼용하고 있다.

시킬 수 있을까? 홍승표(2005)는 다음 네 가지를 근거로 삼아 부정적인 견해를 표하고 있다.

첫째, 현대인이 추구하는 욕망은 무한한 욕망이다. 인간이 추구하는 욕망에는 자연적인 욕망과 인위적인 욕망이 있다. 전자는 식욕과 배설욕과 같이 모든 인간이 선천적으로 갖고 있는 자연스러운 욕망이다. 자연적인 욕망의 추구에는 일정한 한도가 있으며 적절한 선에서의 멈춤이 있다. 반면 후자는 돈이나 권력, 지위나 명예 등과 같이 문명에 의해 만들어진 욕망이다. 인위적인 욕망에는 한도가 없으며 만족을 모른다.

둘째, 욕망 충족의 대상물은 희소하다. 이 때문에 부족한 대상물을 차지하기 위해서 처절한 경쟁과 갈등이 필연적이다. 격심한 경쟁과 갈등은 그에 참여한 모든 이에게 고통을 안겨 준다. 또 서로의 인간관계는 적대적인 것으로 변모된다. 그래서 우리는 모두 불행해진다. 아마도 현대인의 삶에서 가장 고통스러운 부분은 적대적인 인간관계에서 초래되는 괴로움일 것이다. 현대적인 삶은 끊임없이 생존과 승리를 위한 경쟁으로 내몰린다. 내가 행복해지기 위해서는 다른 사람을 불행하게 만들어야 한다. 그 결과, 우리의 내면에는 불안과 초조가 증가하게 된다. 마음은 점점 더 메말라가고 진정한 친구관계는 사라진다. 우리는 모든 경쟁과 갈등에서 이길 수만은 없고, 경쟁과 갈등에서의 패배는 많은 고통과 상처를 남긴다.

셋째, 무한한 욕망을 추구하게 되면 필연적으로 자연에 대한 착취와 파괴가 가속화된다. 그에 따라 생태계는 급속하게 붕괴하고 만다. 자원이 고갈되고, 대기와 수질의 오염을 포함해서 환경 오염은 심화되며, 모든 생명체는 병들고 죽어 가게 된다. 이렇듯 자연이 격심한 고통을 겪게 되면 자연 속에서 살아가는 인간도 고통을 겪게 마련이다.

끝으로, 우리가 무한한 욕망 추구에 매진하는 동안 '참된 자기'는 방치된다. 외물에 대한 추구는 자신에 대해 진지한 관심을 기울이는 것을 불가능케 한다. 결과적으로 우리 내면의 '참된 자기'는 억압당하게 된다. 그러므로 우리는 진정으로 아름답고 행복한 삶에 이를 수 없으며 추악하고 불행한 존재로 전락하게 된다.

뿐만 아니라 욕구라는 용어의 적용 범주를 물질에 국한하는 입장은 사회복지의 정책과 실천 모두에서 사회복지를 왜곡시키고 있다. 먼저 정책의 영역에서는 사회공학적인 접근을 강조하고 있다. 첫째, 욕구를 객관화할 수 있다고 전제한다. 둘째, 모든 관련 정책과 프로그램을 유물론적 특징으로 일관하고 있다. 다음으로, 실천과 관련해서는 인권 중심의 서비스가 아닌 욕구 중심의 서비스인 문제점이 있다.

인간의 기본 욕구를 객관화하여 인간다운 생활을 영위할 수 있다고 가정하고, 이 가정을 사회복지 수혜자들에게 어떻게 적용할 것인가라는 문제로 '사회적 최저 기준'의 개념을 도입하고 있다. 나아가 사회정책 이론가들은 사회정책의 목표가 욕구를 충족하는 것이라고 전제한 다음 사회정책은 욕구에 대한 현실주의적인 입장을 유지해야 하고, 욕구의 성격과 범위 및 강도 등을 정의함으로써 인간이 살아가는 데 필요한 자원을 우선적으로 규명할 수 있다고 보았다. 따라서 보편성을 띤 '기본 욕구'라는 것이 존재하며, 이는 과다한 자원 사용으로 인해 충족되는 부차적인 비기본적 욕구와는 구별된다고 언급하고 있다.

그러나 이러한 개념은 실제에서는 개별 사회정책이 지향하는 이념적 유형에 따라 상당한 진폭을 갖기도 한다. 예컨대, 기본 욕구를 생존에 필요한 최소 생계 수준에 국한할 것인지, 아니면 사회 전체의 평균 생활 정도에 필적할 만한 생활 수준까지 확대할 것인지가 중요한 쟁점이 될 수 있는 것이다. 여하튼 현재까지 사회복지 욕구론은 복지 수혜자의 욕구 충족에 모든 관심을 두어, 욕구 충족을 어떠한 목표와 수단에 의해 합리적으로 강구할 것인가에 그 정향성을 맞추고 있다. 그리고 대중의 복지 욕구를 '기본 욕구' '사회적 최저선' '기초생활 보장'의 개념으로 보편화하는 데 주력하고 있다.

그러나 인간의 욕구에는 다분히 가치론적 함의가 내재되어 있어 국가적 · 사회적 · 문화적 특성에 따라 각기 다를 수 있으며, 보는 사람과 본인이 느끼는 정도에 따라 상대적일 수 있다. 또한 욕구는 비록 한 욕구가 채워진다고 해도 또 다른 욕구가 생성되어 불충족의 상태로 돌아가기 쉬우며, 욕구 충족의 대상도 한 대상에서 무수히 다른 대상으로 옮겨 갈 수 있다. 더욱이 고도로 다원화된 현대사회에서는 개별화된 하나의 욕구가 존재하는 것이 아니라 사회환경과 밀접하게 관련되어 있는 다양한 욕구가 동시 다발적으로 발생한다는 점을 고려하여 볼 때, 욕구 충족을 인간 행복의 유일한 수단으로 보는 선행 사회복지 욕구론의 사유 방식에는 많은 한계점이 내포되어 있다. 따라서 욕구 충족에 경도되어 그것만을 행복의 절대적 조건으로 규정하고 있는 사회복지 욕구론의 지배적 사고의 틀은 재검토되어야 할 것이다.

제3절 사회복지 욕구론의 전개 방향

동아시아의 전통적 사유 방식 속에서는 상반되는 두 속성이 하나의 전체를 이루고 있다고 본다. 그래서 가령 고(苦)와 낙(樂), 선과 악 및 자율과 타율 등과 같은 모순적 상황이 함께 고려되는 것처럼, 진정한 인간의 행복을 위해서는 욕구를 잘 충족시키는 것이 중요하지만 생활 속에서 적당한 불편과 고통을 만들어 내는 것도 행복의 중요한 조건으로 간주한다. 그럼에도 시장의 크기와 수요의 양이 무한정 확대되기를 기도하는 자본주의의 상품사회는 결국 욕구의 종류와 크기를 무한정 확대해 왔다고 할 수 있다. 그러므로 욕구의 최대 충족을 신성시하는 서구 중심의 사회복지 정책도 이제는 다음과 같은 방향으로 코페르니쿠스적 전환을 기해야 한다고 사료된다(김동국, 2008).

첫째, 욕구가 지닌 함의에 대한 재인식이 필요하다. 지금까지 사회복지 욕구론은 인간의 욕구를 '무언가의 결핍'으로 파악한 나머지 당연히 채워져야 할 어떤 것으로 이해해 왔다.[2] 그런데 욕구는 본질적으로 음과 양이라는 이중적인 속성을 가지고 있어 필연적으로 가치 문제가 수반된다. 즉, 인간은 대상을 통해 욕구를 채우기도 하지만 애정 · 지식 등과 같은 욕구를 외부로 발산하기도 한다. 그러므로 욕구와 행복의 상호 관련성을 다차원적으로 이해해야 할 필요성이 있다. 다시 말해, 욕구의 충족 상태뿐 아니라 미충족 상태도 행복의 조건이 될 수 있음을 새롭게 인식해야 한다. 즉, 욕구의 미충족 혹은 덜 충족된 상태가 무조건적인 고통의 상태는 아니며 오히려 행복감을 생성하기 위한 선행 조건이 되기도 한다. 이런 점에서 행복감을 유발하기 위한 고통이라면 그것은 오로지 제거의 대상이 아니라

2) 그러나 예컨대 국민소득이 2만 불을 넘어서게 되면 국민소득과 행복지수는 정비례하지 않는다고 한다.

오히려 권장해야 할 수단인 것이다.

둘째, 욕구의 선택적 축소를 강조해야 한다. 욕구에는 성장 욕구와 결핍 욕구의 두 가지가 있는데, 그중 결핍 욕구에 대해서는 자발적 관리가 필요하다는 의미다. 예컨대, 욕구가 지나치게 과잉되거나 결핍되지 않고 그 적절성을 어떻게 유지할 것인지가 사회적 담론으로 형성되어야 한다는 것이다. 게다가 오늘날은 소비 지상주의가 지배하는 자본주의 사회이며, 대량의 생산과 소비가 경제 활동의 원동력이 되면서 물질과 소비에 대한 과잉 집착이 난무하는 시대다. 이로 인해 쇼핑 중독, 할부제도, 일회용품 등과 같은 다양한 소비 문화 현상이 생겨나고 있다. 이러한 상황에서 사회복지 욕구론이 결핍성에 기초한 욕구들의 자발적 축소를 강조하는 것은 자본주의 사회의 역기능을 성찰할 수 있는 좋은 기회를 제공해 준다. 예컨대, 인간의 사회적 생존을 위한 기본 욕구가 어느 정도 충족되고 나면, 한없이 채우고자 하는 더 이상의 욕구들은 선택적으로 관리함으로써 인간과 인간, 자연과 인간 간의 조화로운 관계를 모색하는 것이 사회복지 욕구론의 중요한 관심 영역이 되어야 한다는 것이다. 이러한 점에서 욕구의 선택적 축소는 절제의 덕을 수반하며, 절제는 욕구의 다원적 접근을 위한 주요 주제가 되는 것이다. 또한 욕구의 두 가지 속성 중 결핍성의 욕구라는 측면에서 본다면, 욕구란 완전하게 채울 수 없는 것이기에 절대적 만족이란 가능하지 않고 오직 절제된 욕구 충족을 통해서만 완전한 행복이 가능하다는 결론이 나온다. 이때 절제된 욕구 충족이란 이성에 의해 통제되고, 자연적이고 필수적인 욕구와 인위적이고 불필요한 욕구를 구분한 다음의 통제된 욕구를 의미한다. 따라서 개인의 자율적 노력과 개인과 사회 간의 활발한 상호작용을 통해 자발적으로 줄여 나가는 것이 이상적인 방법이 된다.

끝으로, 건강한 욕구의 확대를 강조해야 한다. 인간은 자신에게 내재되어 있는 에너지를 방출하여 타인을 배려하거나 원조하며 혹은 사회적으로 가치 있는 것을 생산하려는 욕구가 존재한다. 그러나 현실에 있어서 사회복지 욕구론은 욕구를 결핍 상태로 파악하기 때문에 욕구가 지닌 건강성, 즉 건강한 욕구에 대해서는 별다른 관심을 갖지 않는다. 허나 인간은 자신의 고귀한 가치를 최대한 발휘하고자 하는 욕구가 존재하며, 이것은 결핍성 욕구가 완전하게 충족되지 않아도 얼마든지 실현할 수 있다. 따라서 사회복지 욕구론은 인간의 정신적 · 육체적 건강성을 발휘할 수 있는 욕구를 최대한 강조해야 한다. 이를 통해 개인의 이기적 욕구는 될 수 있는 대로 축소하고 이타적 욕구는 더욱 확장하여 인간과 인간, 인간과 자연 간의 공존이 가능토록 해야 한다. 그럼에도 사회복지 욕구론이 전적으로 결핍 욕구에만 관심을 둔다면, 인간의 욕구는 자신의 경제적 이익이나 이해관계를 중심으로 사고의 틀을 형성하게 된다. 결국 이기적인 욕구들이 외형화된 사회 구조 속에서는 타인이 공존의 대상으로 인식되기보다는 경쟁과 적대감의 표적으로 간주되기 마련이다. 이런 점에서 사회복지 욕구론은 이타적 동기에 기초한 욕구를 최대한 발휘할 수 있도록 사유의 지평을 넓혀야 한다. 더구나 인간의 행복과 고통, 유쾌와 불쾌, 선과 악 등은 적대적 대립관계에 있는 것이 아니라 마치 동전의 양면처럼 동일한 실체의 양면으로 존재한다. 이러한 견지에서 보면 욕구의 모순적 속성이 하나의 협력 체계 안에서 이해되기 위해서는 욕구에 내재된 가치가 어떠한 의미를 부여하느냐에 따라 달라질 수 있다. 그러므로 사회복지 욕구론은 인간과 전체 사회가 건강성을 발휘할 수 있는 이타적 욕구에 대해서도 관심을 가져야 할 것이다.

제4절 장애인 복지 욕구의 분석

장애 등록 이후에 받은 혜택의 정도를 알아보았다(〈표 9-1〉 참조).

장애인으로 등록한 후 받은 혜택의 정도는 2008년 기준으로 '받고 있다'가 전체의 36.9%, '받지 못하고 있다'가 54.0%로 나타나 등록 이후의 혜택에 불만족스러운 장애인의 비율이 약간 더 높게 나타났다. 또 2005년 조사에 비해 등록 이후의 혜택에 긍정적으로 답변한 비율은 6.2%p 늘어났는데, 이는 지난 3년간 장애수당 지급 대상 확대 및 지급액 인상, 활동보조 서비스 도입 등 장애인복지사업이 확대된 데 따른 결과로 보인다.

다음으로 사회나 국가에 대한 장애인들의 요구사항을 알아보았다.

〈표 9-1〉 장애 등록 이후의 혜택 정도

(단위: 명, %)

구 분	전국 추정 수	전체	매우 많이 받고 있다	약간 받고 있다	보통이다	별로 받지 못하고 있다	전혀 받지 못하고 있다
2005년	1,666,505	100.0	2.0	28.7	-	26.2	43.1
2008년	2,137,224	100.0	3.1	33.8	9.0	48.0	6.0
지 체	1,132,116	100.0	2.5	32.3	8.2	51.1	6.0
뇌 병 변	219,155	100.0	2.5	37.2	10.3	44.2	5.8
시 각	220,062	100.0	1.3	32.9	8.3	47.8	9.8
청 각	207,384	100.0	2.3	30.6	8.7	52.4	6.1
언 어	15,104	100.0	4.9	31.1	10.0	49.1	4.9
지 적	140,078	100.0	6.4	39.5	13.2	35.8	5.1
자 폐 성	12,328	100.0	3.4	41.4	13.2	38.0	4.0
정 신	84,780	100.0	10.2	37.3	10.1	40.4	2.0
신 장	48,284	100.0	9.0	45.1	9.6	33.3	3.0
심 장	14,606	100.0	4.0	41.8	10.4	39.7	4.1
호 흡 기	14,393	100.0	3.4	42.8	11.3	38.8	3.7
간	6,514	100.0	4.4	36.8	15.8	41.2	1.8
안 면	2,185	100.0	4.3	42.2	7.5	43.0	3.0
장루 · 요루	11,356	100.0	2.7	27.1	8.6	52.3	9.2
간 질	8,881	100.0	4.6	35.9	10.0	43.5	6.0

주: 2005년 4점 척도, 2008년 5점 척도.

자료: 보건복지부, 한국보건사회연구원(2006). 2005 장애인 실태조사.
보건복지부, 한국보건사회연구원(2009). 2008 장애인 실태조사.

먼저 장애인의 사회 및 국가에 대한 복지 욕구를 살펴보면, 〈표 9-2〉에서 보듯이 장애인들이 첫 번째 요구로 꼽은 것은 소득보장으로서 38.2%의 장애인이 요구하였다. 다음으로는 의료보장으로 전체의 31.5%가 희망하였다. 2000년 및 2005년 조사와 비교해 볼 때, 소득보장과 의료보장이 다른 복지 욕구에 비해 압도적으로 높은 비중을 차지한 것은 동일한 결과라고 할 수 있으나, 소득보장이 의료보장보다 더 높은 욕구를 보인 것은 2011년 조사의 특기할 만한 사항이라고 할 수 있다. 이어서 주거보장이 8.0%로서 지난 2005년 조사에 비해 급증하였는데, 이는 장애인들이 주거를 자립생활을 실현하는 데 필수적인 요소라고 인식한 데 따른 결과로 볼 수 있다. 그 외에 고용보장(8.6%)과 장애인 인권보장(3.3%)에 대한 욕구도 적지 않은 비중을 나타냈다.

〈표 9-2〉 사회 및 국가에 대한 요구사항(1순위) (단위: 명, %)

구 분	지체 장애	뇌병변 장애	시각 장애	청각 장애	언어 장애	지적 장애	자폐성 장애	정신 장애	신장 장애	심장 장애	호흡기 장애	간 장애	안면 장애	장루·요루 장애	간질 장애	전체
소득보장	39.5	32.9	38.5	35.9	24.6	43.4	12.5	45.3	44.6	21.4	33.3	35.3	40.9	27.1	43.6	38.2
의료보장	30.5	41.0	28.8	35.3	28.9	17.4	11.7	24.4	34.9	48.2	35.8	52.7	32.2	51.6	30.6	31.5
고용보장	9.2	5.6	8.6	8.7	20.6	10.5	8.2	7.6	4.0	7.4	4.8	6.8	11.2	7.9	11.1	8.6
주거보장	8.1	7.2	9.1	6.8	8.3	7.4	5.2	11.9	7.3	2.8	20.8	0.0	0.0	9.1	6.7	8.0
아동권 보장	2.0	3.6	1.9	0.6	0.0	2.0	5.0	1.3	2.5	5.8	0.0	0.0	0.0	0.0	0.0	2.0
보육·교육 보장	1.6	1.2	2.2	2.5	5.4	9.5	29.7	0.4	0.0	13.3	0.0	2.4	2.9	1.1	2.9	2.4
문화·여가생활 및 체육활동 보장	2.0	1.1	0.9	1.4	6.4	1.4	2.8	0.9	0.6	0.0	0.0	0.0	0.0	0.0	0.0	1.6
장애인 인권보장	2.9	2.3	4.6	3.2	5.8	5.7	16.4	3.2	4.6	0.0	1.9	0.0	10.8	1.5	0.9	3.3
장애인 인식 개선	1.4	1.2	2.9	2.8	0.0	2.1	7.8	2.5	0.8	1.1	0.0	2.7	2.0	0.0	0.0	1.8
장애 예방	1.1	1.2	1.1	0.9	0.0	0.1	0.6	1.7	0.2	0.0	1.3	0.0	0.0	0.7	0.0	1.0
기타	0.4	0.8	0.3	0.0	0.0	0.5	0.0	0.0	0.0	0.0	0.0	0.0	0.0	0.0	4.0	0.4
없음	1.1	1.9	1.2	2.0	0.0	0.0	0.0	0.9	0.4	0.0	2.1	0.0	0.0	1.0	0.0	1.2
계	100.0	100.0	100.0	100.0	100.0	100.0	100.0	100.0	100.0	100.0	100.0	100.0	100.0	100.0	100.0	100.0
전국 추정 수	1,325,009	316,309	256,840	278,337	21,048	153,331	16,237	103,894	58,499	18,508	19,249	9,287	2,426	16,705	14,572	2,610,251

자료: 한국보건사회연구원(2012). 2011년 장애인 실태조사.

다음으로 장애인들의 장애인복지기관 향후 이용 희망 정도를 살펴보면, 〈표 9-3〉에서 보듯이 18개 장애인복지기관 중 장애인들이 가장 많이 이용하기를 희망하는 기관은 장애인복지관으로서 전체의 31.2%의 장애인이 이용하고 싶어 하는 것으로 조사되었다. 이어서 장애인 재활 병·의원과 이동지원서비스센터가 각각 26.3%와 30.0%로서 거의 비슷한 수준의 이용 희망률을 기록하였다. 또한 장애인체육관(16.5%)과 장애인심부름센터(18.8%)의 이용 희망률도 타 기관에 비해 상대적으로 높았다. 이들 기관이 주로 의료재활 서비스와 이동지원 서비스를 제공하는 기관임을 볼 때, 장애의 효과적인 치료 및 관리와 원활한 이동을 통해 적극적인 사회 참여를 원하는 장애인들의 욕구가 매우 크다는 것을 알 수 있다.

반면에 이용 희망률이 낮은 하위 기관을 살펴보면, 점자도서관(0.6%), 장애아동보육시설(0.7%), 수화통역센터(0.9%), 정신질환자 사회복귀시설(1.4%)의 순으로 나타났다. 이러한 결과는 이들 기관이 주로 특정 연령대(아동기) 및 특정 장애 유형

〈표 9-3〉 장애인복지 관련 사업 (단위: 명, %)

구 분	지체 장애	뇌병변 장애	시각 장애	청각 장애	언어 장애	지적 장애	자폐성 장애	정신 장애	신장 장애	심장 장애	호흡기 장애	간 장애	안면 장애	장루·요루 장애	간질 장애	전체
직업재활시설	10.1	9.4	10.2	8.5	25.2	33.3	56.5	18.9	10.8	4.2	5.3	23.9	27.3	0.0	17.4	12.0
장애인복지관	29.7	28.8	27.7	29.2	53.3	55.2	71.9	30.7	22.0	13.7	35.3	42.7	45.9	23.1	51.8	31.2
장애인 재활병·의원	27.7	35.4	16.8	20.3	28.7	29.8	42.5	22.3	21.6	12.8	19.4	19.0	29.0	17.3	20.7	26.3
주간·단기 보호시설	7.5	15.1	7.1	7.3	16.7	22.8	45.8	14.2	8.6	0.0	13.3	10.6	16.2	16.6	8.4	10.0
장애인체육관	16.2	13.2	14.4	15.5	28.6	32.3	68.3	9.4	14.1	8.2	10.9	23.2	17.9	8.8	14.9	16.5
장애인심부름센터	16.8	22.3	25.5	15.9	33.7	20.4	37.2	11.9	25.8	11.0	22.4	25.8	16.2	26.2	18.0	18.8
수화통역센터	0.0	0.0	0.0	7.5	0.0	0.9	1.7	0.0	0.0	0.0	0.0	0.0	0.0	0.0	0.0	0.9
정신의료기관	0.1	0.0	0.0	0.3	0.0	1.2	0.0	64.9	0.0	0.0	0.0	0.0	0.0	0.0	1.6	2.7
정신질환자 사회복귀시설	0.1	0.0	0.3	0.0	0.0	0.6	0.0	32.8	0.0	0.0	0.0	0.0	0.0	0.0	0.0	1.4
이동지원 서비스 센터	27.0	47.1	28.4	24.5	34.6	30.7	43.3	21.5	35.5	34.9	46.8	27.9	27.3	38.2	29.5	30.0
장애인 정보화 교육기관	15.1	12.1	14.1	11.6	29.4	33.6	61.0	12.1	22.6	6.7	13.9	7.4	39.8	10.5	21.9	15.7
장애인자립 생활센터	10.7	14.7	8.6	9.2	25.1	38.0	68.6	22.1	13.3	0.0	12.6	12.7	10.5	6.2	30.1	13.5
점자도서관	0.1	0.0	5.0	0.6	0.0	0.0	0.0	0.0	0.0	0.0	0.0	0.0	6.2	0.0	0.0	0.6
정신보건센터	0.1	0.1	0.0	0.0	0.0	0.1	0.0	40.3	0.0	0.0	0.0	0.0	0.0	0.0	0.0	1.7
특수학교 또는 특수학급	0.3	2.6	1.0	0.3	8.6	24.3	70.0	0.0	0.0	0.0	0.0	0.0	0.0	0.0	0.0	2.6
특수교육지원센터	0.3	3.0	0.7	0.6	8.6	18.5	69.9	0.0	0.0	0.0	0.0	0.0	0.0	0.0	0.0	2.2
성인장애인을 위한 교육시설	11.3	11.8	10.5	11.7	18.9	40.0	68.7	19.4	8.3	4.5	12.1	20.0	24.9	7.5	20.1	13.7
장애아동 보육시설	0.1	1.3	0.2	0.2	4.6	3.7	31.8	0.0	0.0	0.0	0.0	0.0	0.0	0.0	0.0	0.7

을 대상으로 한 전문적인 기관임을 고려해 볼 때 어느 정도 예견된 것이라고 할 수 있기 때문에, 타 기관에 비해 상대적으로 이용 희망이 저조한 기관이라고 볼 수는 없다.

이상에서 검토한 바에 따르면, 장애인이 갖고 있는 근본적인 문제인 손상에 대한 의료적 처치, 치료에 대한 욕구와 소득보장에 대한 욕구는 모든 장애인에게 공통적으로 존재한다. 그 외에 장애를 최소화할 수 있는 각종 치료와 아울러 사회적응력을 고양할 수 있는 교육에 대한 욕구, 그리고 장애인에 대한 인식 개선에 대한 욕구가 매우 크다.

참고문헌

김동국(2008). 동양적 패러다임에 입각한 한국 사회복지의 성격 전환. 韓國民族文化 32, 부산대학교 한국민족문화연구소, 425-454.

보건복지부, 한국보건사회연구원(2006). 2005 장애인 실태조사.

보건복지부, 한국보건사회연구원(2009). 2008 장애인 실태조사.

임해영(2004). 사회복지 욕구이론과 중도사상 一考察. 불교연구, 21, 95-140.

한국보건사회연구원(2012). 2011년 장애인 실태조사.

한국장애인고용공단 고용개발원(2012). EDI 2011 장애인 통계.

홍승표(2005). 동양사상과 탈현대. 서울: 예문서원.

Oliver, M. (1996). *Understanding Disability: from theory to practice*. Basingstoke: Macmillan.

제10장

장애복지 실천 모형과 실천과정

사회복지 서비스는 사회적 환경의 변화로부터 영향을 받는다. 그러니 장애와 장애인복지를 바라보는 그 시대의 패러다임 변화로 인해 장애인복지 서비스의 성격과 역할뿐만 아니라 개입 방식에서도 이전과는 다른 접근방법이 요청되게 마련이다. 지난날에 지배적이었던 개별적 · 의료적 모형에서는 장애의 의미를 주로 손상(impairment)과 이로 인한 기능 제약(disability)이라고 간주한 다음, 개인에 초점을 맞춘 개입이 이루어졌다. 이로 인해 장애인들이 가진 개인적 · 환경적 강점은 간과되는 반면 손상에만 과도하게 초점을 맞춤으로써 장애와 장애인을 바라보는 관점에 부정적인 영향을 미치게 되었다.

그러나 최근 장애 개념은 손상이나 기능 제약과 같은 개인의 문제를 넘어 사회환경 간의 상호작용 결과로 나타나는 차별이나 박탈 등 사회적 배제(social exclusion)의 측면에서 정의되고 있다. 이 사회적 모형에서는 장애를 개인의 특정 상황 속에서 직면하게 되는 매우 역동적이고 가변적인 현상으로 보며, 장애를 둘러싼 사회적 맥락(social context)이 반드시 고려되어야 함을 주장한다(Oliver, 1996).

이러한 패러다임의 변화로 우리 사회에서도 현재 장애에 대한 이론적 접근이 개별적 모형에서 사회적 모형으로 전환되고 있다. 이에 따라 장애인복지의 초점도 장애인 개인의 문제에서 장애인을 둘러싼 환경의 문제로 옮겨져야 하며, 장애인복지 현장도 개별적 모형에서 사회적 모형으로 전환되어야 할 필요성이 제기되고 있다.

그러나 개별적 모형의 유용성을 완전히 배제할 수는 없다. 장애인문제란 전적으로 개인적 불행이기만 한 것도 아니고 또한 오로지 사회적 문제이기만 한 것도 아니다. 따라서 장애인에 대한 사회복지실천은 개별적 모형이나 사회적 모형 중 어떤 한 모형에만 기초한 접근보다는 다양한 접근을 필요로 한다. 이러한 입장에서 장애인복지 실천에 대한 전략과 모형을 살펴보기로 한다.

제1절 실천 모형 변화의 배경

1960년대 이후부터 사회복지실천의 관점이 코페르니쿠스적 전환을 가하게 된 배경에는 인류 과학계의 인간관 변화가 그 배경에 자리하고 있음도 주지해야 한다. 20세기에 접어들면서 과학계는 엄청난 지각 변동을 경험하게 된다. 구체적으로 고전물리학이 현대물리학으로 대체되는 학술적 사실(史實)을 계기로 세상을 바라보는 안목인 우주관은 종전의 기계론적 우주관에서 유기체적 우주관으로 바뀌게 된다. 이 두 가지 우주관은 어떻게 다를까?

기계는 활성이 없는 물질로 구성되어 있으며 각 부분의 구조가 기계 전체의 기능을 결정하므로, 부분들을 연구하기 위해서는 그것들을 가능한 한 최소의 구성단위까지 분할하여 그 작동의 인과관계를 관찰해야 한다. 그러니 이 기계론적 가치관은 요소 환원주의라는 연구 성향을 배태하게 된다. 반면 유기체는 생동하는 전체의 시스템으로서, 전체와 부분이 상호작용하여 협력하면서 스스로의 조직을 유지하고 발전하는 창조적인 것이다. 유기체에서는 전체에서의 필요가 부분의 기능을 결정한다. 또한 유기체는 순환적이며 동시적인 작용으로 그 기능을 발휘하는 것이다. 그러므로 유기체적 견해란 모든 것을 전체적인 입장에서 시스템적으로 보고 또 부단히 변화하는 역동적인 것으로 보는 것이다. 살아 있는 유기체는 그 내부 구조가 고정된 것이 아니며 또 환경과도 유연하면서도 역동적인 관계를 맺는다. 즉, 유기체는 그 구조와 작용의 질서가 환경에 의하여 일방적으로 주어지는 것이 아니라 유기체 자체의 과정에 의하여 만들어진다는 '자기조직의 원리'를 갖는다. 이 원리에 의해 유기체는 그 구성 요소들을 끊임없이 갱생하고 재순환시키면서도 전체적인 구조를 유지한다는 '자기갱신 능력' 그리고 배우고 발전시키며 진화하는 과정에서 자신의 한계를 창조적으로 초월한다는 '자기초월 능력'을 가진다(김종심, 1985). 이러한 우주관은 인본주의라는 사상과 이념을 통해 인간 세계의 모습을 차츰 변화시켜 나간다.

이에 비해 근대과학의 환원주의적 방법론은 인간의 심리 현상까지 행동의 형태로 환원한다. 그리고 그 행동 형태는 다시 물리학과 화학법칙에 지배되는 생리학적 과정으로 환원된다. 그들은 동물의 행동에 대한 관찰에서 얻어진 결론을 인간의 행동에까지 비약시켜 인간 역시 환경의 자극에 조건반사를 보이는 하나의 기계라고 주장한다. 그들은 자신과 사회를 위해 최선의 방법으로(합리적으로) 행동하도록 조건 지어진 새로운 형태의 인간을 창조하려는 공학적 시도까지 제창한다. 이러한 환원론과 기계론은 경제학에서 미시경제학이 출현되는 바탕이 된다.

이러한 기계론과 유기체론 간의 관계를 사회복지실천의 두 가지 관점과 모형에도 적용해 볼 수 있다. 실천에는 전통적인 병리적 관점과 새로운 강점 관점이 있다. 전자의 관점을 지향하는 모형으로는 의료적 모형을 들 수 있고, 후자의 관점으로는 탄력성 모형이라든지 역량부여 모형 등을 들 수 있다. 먼저 의료적 모형은 근원적으로 환원론과 기계론 및 결정론 등에서 그 이념적 입장을 찾아볼 수 있다. 그래서 질병을 치료하는 과정에서 의사들은 환자를 전체적인 인간으로 보지 않는다. 환자를 치료하는 것이 아니라 질병을 치료하는 데 몰두한다. 물질의 일종인 신체에 초점을 맞춘다는 이야기다. 그러니 다소 생뚱한 이야기이지만, 인간의 심성에 대해서는 일차적 관심을 두지 않기 때문에 고도의 전문직화를 추진해 올 수 있었다고 여겨진다. 그러나 인간이란 존재는 신체와 정신이라는 이중성을 지니고 있고 이 이중성을 모두 이해해야 온전한 이해라고 할 수 있지 않은가? 의료적 모형이 자연과학적 입장을 원용하여 인간 이해의 두 가지 트랙 중 신체에 초점을 맞춘(인과론적 이해) 반면, 강점 관점을 지향하는 모형들은 모두 자유론의 입

〈표 10-1〉 사회복지 패러다임의 변화와 실천 모형의 변천

모형	정신분석 모형 행동수정 모형	→	역량강화 모형 적응유연성 모형 강점 모형 사례관리 모형
이론	정신분석 이론 행동주의 이론	→	인본주의 성격 이론
관점	병리적 관점 전문가주의	→	강점 관점 당사자주의
인간관	기계(필연) - 타력 생성 - 요소환원론 - 결정론, 양적 연구	→	유기체(필연+우연) - 자기조직 원리 ─ 자기갱신 능력, 자기초월 능력 - 생태체계론 - 자유론, 질적 연구
과학의 흐름	고전물리학 인과론 절대성	→	현대물리학 상대성 이론 상보성 이론

장에서 개인을 유기체로 이해한다. 개인에게 자기갱신 능력과 자기초월 능력이 있다고 보았기 때문에, 탄력성 모형과 역량부여 모형 등이 등장했으며 또 인본주의 성격 이론과 '가치 있는 사회적 역할부여 이론'(SRV 이론) 등이 나올 수 있게 된 것이다.

제2절 장애인복지 실천 모형의 유형

1. 강점 모형(strength approach)

1) 강점의 개념

강점 모형이란 클라이언트를 독특한 존재로서 다양성을 인정하고 존중하면서 클라이언트의 결점, 즉 장애 현상보다는 강점에 초점을 두어 가능한 모든 자원을 활용하여 역량을 실현해 나가도록 돕는 것이다. 강점 모형은 장애인들의 과거 병력과 현재의 장애 그리고 그로 인한 다양한 문제가 걸림돌이 되지 않고 오히려 발

전과 성장을 위한 기반이 되도록 돕는 실천 관점이라고 할 수 있다.

2) 강점 모형의 내용

지구촌의 과학 · 문화 · 예술 및 건축 등 모든 분야로 확대 보급된 인본주의 이념으로 인해 사회과학에서는 인본주의적 성격 이론이 태동되었다. 그리하여 사회복지실천에서도 인간은 합리적인 존재라는 전제하에 인간의 자유의지와 자율성 그리고 자기 결정을 강조하는 실천 모형이 등장하기 시작하였다. 인간 존재에 대한 이러한 긍정적인 가치관은 장애인을 긍정적 측면에서 조망하는 입장으로 자연스럽게 바뀌게끔 만들었다. 어떤 약점을 가지고 있고 또 어떤 문제에 처해 있느냐가 아니라, 일정한 제약하에서도 그럭저럭 일상생활을 이끌어 나갈 수 있게 해 주는 강점이 무엇인지를 강조하게 되었다. 특정한 개인의 약점보다는 강점을 강조하게 되었으니, 장애인의 문제해결 역량도 긍정적으로 보게 된다. 이러한 결과로 실천 모형이 전문가주의에서 당사자주의로 탈바꿈하게 된 것은 자연스러운 이치라 할 수 있다. 이상과 같은 인간관의 변화를 전제로 강점 모형은 다음 몇 가지 사실을 전제하고 있다(Miley et al., 2007).

- 클라이언트의 강점, 관심과 열망, 욕구에 초점을 둔다.
- 클라이언트는 배우고 성장하며 변화할 수 있는 잠재력을 갖고 있다고 본다.
- 원조과정의 주체는 클라이언트라고 믿는다.
- 클라이언트와 사회복지 전문가 간의 인간관계를 원조과정의 가장 중요한 요소로 이해한다.
- 원칙적으로 원조과정에서는 전문적 판단에 입각한 적극적인 현장 접근(out-reach)이 필요하다.
- 지역사회는 원조과정에서 잠재적인 협력 체계 자원이다.

강점 모형에는 다섯 가지 원칙이 있다(Timberlake et al., 2008).

- 모든 개인, 집단, 가족, 지역사회는 강점을 갖고 있다. 이 원칙은 원조 전문

가가 강점 모형에서 일하기 위해 반드시 가져야 하는 신념 또는 태도에 해당한다.

- 정신적 외상과 학대, 질병과 투쟁은 인간에게 해를 끼칠 수 있지만 또한 도전과 기회의 원천이 될 수도 있다. 문제 자체보다 그것을 어떻게 인식하고 처리하는지에 영향을 미치는 것으로 보이는, 문제를 둘러싼 요인에 더 초점을 둘 필요가 있다.
- 이미 파악된 개인의 긍정적 능력을 강조함으로써 개인은 강점을 따라 발전을 계속할 가능성이 높아진다.
- 개인이나 집단, 지역사회의 능력에는 성장과 변화의 한계가 없으며, 또 개인 · 집단 및 지역사회의 그러한 열망을 중요하게 여긴다. 원조 전문가는 실제로 각 개인의 성장에는 한계가 없다고 믿고 또 클라이언트의 성장 잠재력을 믿는 것이 중요하다.
- 원조 전문가는 클라이언트와 협력함으로써 클라이언트를 가장 잘 도울 수 있다.

3) 장애인과 강점 모형

종전의 병리적 모형에서는 신체적 장애 현상 자체에 초점을 맞추었기 때문에, 의료 전문직이 본질적으로는 치료(cure)를 강조한 것처럼 장애인복지는 개호(care)에 집중하여 왔다. 그러나 장애란 질병과는 달리 원래의 상태로 복귀하는 것이 불가능하다. 이제는 그 문제가 영속성을 띠게 되었다는 것이다. 이처럼 영속성을 띠게 된 손상에 대해 더 이상 병리 현상에 초점을 맞추는 것보다는 신체 일부의 손상이라는 제약 속에서도 일상생활을 보다 잘 수행할 수 있도록 원조하는 것이 현실적이고 지혜로운 접근이라고 할 수 있다. 또한 이것이 바로 장애인복지 실천의 목표 중 하나인 적응력 강화에 부합되는 방향이기도 하다.

강점 모형은 장애인이 갖고 있는 제약보다는 장애인이 갖고 있는 능력 및 갖가지 가능성에 초점을 둔다. 따라서 원조 전문가는 장애인들의 수행 능력과 잠재력에 초점을 둔다. 원조 전문가는 장애인문제 그 자체를 해결하는 데 초점을 둘 것이 아니라, 개인의 능력을 강화하고 삶을 스스로 조절할 수 있도록 북돋아 주고 추진의 동력을 확인시켜 주어야 한다. 즉, 장애인이 모든 사회 구성원과 동등하게 의사소통을 할 수 있도록 도와주는 역할을 수행하는 것이다.

강점을 통하여 잠재적인 역량 및 자원이 인정될 때, 그리고 스스로 삶을 결정할 수 있도록 권한이 부여될 때 개인 변화가 일어나는 것이다. 그러므로 장애인들은 그들이 가지고 있는 문제, 즉 어떤 서비스를 받을 것인지, 누구를 도우미로 선택할 것인지 등에 대한 결정을 지역사회의 자원을 이용하여 스스로 내릴 수 있는 능력을 갖추어야 한다. 이러한 과정을 통해 장애인들은 자신들이 느끼는 무력감과 자기혐오, 좌절감과 소외감 등의 심리적인 문제에서 벗어나기 시작하고 자신의 가치에 대한 재인식을 통하여 자신의 부정적인 인식을 변화시킬 수 있다.

또한 필요한 지식과 기술을 증가시킴으로써 자신의 문제가 자신과 같은 장애를 가지고 있는 사람들의 문제와 유사하다는 것을 깨닫게 되고, 이를 토대로 비판적 사고와 사회 변화에 대한 참여와 책임의식이 증가될 것이다. 이에 따라 다양한 방안을 모색하기 시작하면서 타인과의 관계망을 조직하고 또 이를 바탕으로 조직적인 정치력을 형성하여 사회 변화를 시도하는 행동으로 발전하게 되며, 장애인 자신이 문제 해결의 주체자인 옹호자의 역할로서 활동하게 된다.

2. 역량강화 모형(empowerment approach)

역량강화 모형은 원조 전문가로 하여금 클라이언트가 자신들의 경험을 개인적 차원에서만 아니라 정치적 차원에서도 구성하도록 돕는 것을 전제로 삼는다. 이때 원조 전문가가 지녀야 할 핵심 가치는 바로 인격 존중과 인간 존엄성의 인식에 있으며, 또 이러한 가치를 구현하는 방법은 자기 결정의 원칙이다. 바로 클라이언트 중심적 실천을 말한다(Kemp, 1995).

1) 역량강화의 개념

역량이란 심리적 · 경제적인 자원들을 소유하고 효과적으로 활용하는 것을 말한다(Hartman, 1994). 역량강화란 개인이나 집단이 상대적으로 무기력한 상태에서 힘을 가진 상태로 이동하는 것이며, 스스로 권력을 얻고 발전시켜 스스로 할 수 있게 하는 것, 그리고 자신의 주체적 행동을 통해 성취한다는 능동적 의미를 갖는다(Boehm & Staples, 2002). 즉, 역량강화는 개인적인 측면에서는 각 개인들이 자존감과 통제감을 높이고, 권리의식을 증가시킴으로써 자신의 인식을 변화시키고 대인관계를 개선하는 한편, 지역사회의 일원으로서 사회 변화에 대한 참여와 책임의식을 증강시키는 것이다. 예컨대 민족 · 나이 · 계급 · 국적 · 종교 및 성적 지향 등과 관련하여 차별적 처우를 조장해 내는 사회환경을 검토하는 것이다. 그리하여 이 접근법에서는 '개인이 사회에서 어떻게 취급되고 있는가?' '개인이 권력이나 자원에 얼마나 근접해 있는가?' 등에 초점을 맞추며, 불공평한 권력 구조를 타파하는 것을 본질로 삼는다(Simon, 1994).

사회복지에서 역량강화 모형의 대상은 주로 요보호 계층이나 권리와 혜택을 상실하여 무력감(powerless)을 경험하고 있는 사람들이다. 또 이 모형은 클라이언트로 하여금 개인과 집단, 나아가 지역사회 등의 수준에서 자신과 상황에 대한 통제력을 회복하도록 도와주는 개입 · 기술 및 과정을 포함하는 실천 모형이다.

2) 역량강화 모형의 특징

역량강화 모형은 사회복지 역사에서 새로운 것이 아니며 '강점' 혹은 '역량'의 의미를 현대사회의 특성에 맞게 재강조한 것이다. 이러한 역량강화 모형의 '기본 전제'는 세 가지로 제시할 수 있다(Cowger, 1994).

첫째, 클라이언트의 강점을 사정하고 활용한다. 역량강화 모형에서는 현재 클라이언트가 처해 있는 상황에서 무력감의 정도를 파악하고 이를 극복하는 데 필요한 힘을 정확히 사정하는 일이 중요하다. 사정과정에서 사회복지사는 클라이언트를 병리적으로 보지 않으며, 그가 비록 상황적인 압력과 고통으로 인해 지금은 무능력을 경험하고 있다고 하더라도 여전히 능력과 가능성 · 가치 · 희망을 갖고 있는 존재로 인식한다(Saleebey, 2008).

둘째, 자기결정권을 존중하고 개별화의 원칙을 지킨다. 클라이언트가 자발적이고 주도적으로 문제를 정의하도록 하며, 클라이언트 스스로 자신의 상황을 이해하고 해결책을 결정하도록 돕는 과정에서 중요하다.

끝으로, 상호 협력적 원조관계를 유지한다. 상호 협력관계에서는 진단보다는 사정에 기초한 개입을 선호하며, 문제 발생의 요인을 병리나 일탈, 심리적 결함에서보다는 클라이언트의 통제력을 방해하는 상황의 역동성과 통제력 상실로 인한 부정적인 결과에서 찾는다(Cowger, 1994).

이러한 전제하에 역량강화 모형에서 실천은 두 가지 수준에서 이루어진다.

첫째, 개인적이고 대인적인 수준에서의 실천이다. 그 목적은 클라이언트가 필요한 자원에 쉽게 접근하도록 돕고, 통제력을 회복할 수 있는 자기효능감을 증가시키고, 타인과의 관계에서 영향력을 행사할 수 있는 문제해결 능력을 높이는 데 있다.

둘째, 사회복지사와 소속 기관 수준의 실천이다. 그 목적은 클라이언트의 이익을 대변하기 위해 사회복지사들이 기관정책에 영향을 줄 수 있는 방법들을 집단적으로 채택하며, 기관이 통제하고 관리하는 서비스와 자원의 전달 · 활용에 클라이언트가 최대한 참여하도록 하는 데 있다.

이와 같이 역량강화 모형은 클라이언트에게 필요한 자원 획득과 자신과 환경에 대한 새로운 통제력을 심어 주기 위한 교육, 훈련, 정보 제공 등과 같은 개별적이고 대인적인 서비스 제공 및 조직적 수준에서 클라이언트의 자원 획득을 돕는 사회복지사의 전문성 발휘와 클라이언트를 위한 대변인 활동 등을 통해 이루어진다고 하겠다.

리(Lee, 1996)는 장애를 뛰어넘고자 하는 활동에서 사용될 수 있는 역량강화 모형의 여덟 가지 원칙을 제시하였다.

첫째, 대처 · 적응 및 사회 변화 등을 촉진하는 과정과 관련 기술을 활용할 수 있기 위해서는 반성적 고찰과 문제 해결 등의 역량이 요청된다. 클라이언트가 자신의 문제나 욕구를 스스로 탐색하는 것뿐 아니라 문제의 해결을 막는, 억압적이고 무력화시키는 상황까지도 탐구하도록 격려받아야 한다.

둘째, 역량강화와 관련된 기술을 사용함으로써, 또 음식 · 주거 · 의복 · 재정적 및 정서적 지원 등과 같은 클라이언트의 기본 욕구가 충족될 수 있다는 점을 보증함으로써 그들의 동기를 강화시킨다. 그리고 클라이언트 스스로 문제의 성격을 규정하도록 하고 또 억압과 차이에 관한 클라이언트의 경험을 공유하는 것은 동기를 증가시킬 수 있는 방법이 된다. 강점 사정을 활용하는 것은 동기부여의 도구로서 도움이 된다.

셋째, 억압의 근원을 외재화할 수 있게 도와주고 자기비난을 줄이는 것을 가능케 하는 심리적 편안함과 자존감을 유지하도록 한다.

넷째, 관련 기술을 가르치고 경험적 기회들을 쌓도록 함으로써 문제 해결을 향상시키고 자기 지향성을 촉진시킨다.

다섯째, 의식 고양 · 교육 등과 같은 특성화된 전문가의 기술(special worker skills)을 활용하고, 또한 원조 전문가와 클라이언트 간의 평등 · 균형 및 동등 등을 지지한다.

여섯째, 사회 변화를 촉진시키기 위해 집단 및 지역사회 차원의 역량강화 기술을 사용한다.

일곱째, 한편에서는 자각을 포함하고 다른 한편에서는 억압의 경험을 강조하는 전문적 입장을 취한다. 억압의 경험이 클라이언트, 가족 그리고 다른 대인관계에 미치는 영향 등이 사정되고 문제로 제기되도록 한다.

끝으로, 임상의 과정과 방법뿐 아니라 정치적 과정을 아는 것도 본질에 해당한다.

3) 장애인과 역량강화 모형

지금까지 사회는 장애를 가진 이들을 '비극의 희생자'로 묘사해 왔다. 이러한 입장은 다음과 같은 문제점이 있다. 첫째, 장애가 항상 비참한 조건만은 아니다. 둘째, 장애를 야기한 신체적 조건이 아닌 사회의 반응이 장애인들을 힘들게 하고 희생자로 만든다. 물론 장애인에게는 기능 제약이 있지만, 그것만이 유일한 제약은 아니다. 실제로 그들의 경우 사회적 낙인 · 억압 · 배제 및 편견 등으로 인한 사회적 제약이 발생하여 취약한 집단으로 전락하고 만다. 더 나아가 개인적 요인과 사회적 요인 간의 악순환으로 인해 사회적 제약은 내재화되고, 그 결과 장애인은 자존감이 더욱 낮아지고 무기력하게 되며 의지처가 없다고 느낀다.

그리하여 장애를 사회적 기능과 관련된 장애인의 가능성을 제약하는 것에 초점을 두는 것으로 재정의함으로써, 이제는 의료 모형에서 탈피하여 활동 모형으로 전환하는 경향이 있다. 이 모형은 개인과 환경 양자에 대한 사정을 모두 강조한다. 이 모형에 입각한 사회복지실천의 과업은 장애인에게 더 이상 개인적 재난에 대한 적응을 강요할 것이 아니라 장애인들이 행복한 삶을 충분히 누릴 수 있도록 개인적 자원과 지역사회 내의 사회적, 경제적 자원을 찾아내도록 돕는 것이다. 원조 전문가는 장애인들이 자신들의 역량을 강화하는 과정에서 동맹자로서의 역할을 수행해야 하며, 장애를 억압의 일종으로 분명히 이해해야 할 뿐 아니라 사정 내용을 역량을 강화하는 방향으로 잡아야 한다.

역량강화 모형은 클라이언트들이 사회정의를 증진시킬 수 있는 사회정책과 자신들을 둘러싼 환경의 변화를 촉진하고 또 자신들의 능력을 성취하도록 돕는다(Lee, 1996). 특히 역량강화 모형의 실천에서는 강점 사정이 유용한 도구로 활용될 수 있다. 원조 전문가는 클라이언트가 동기를 스스로 부여하고 자신을 피동적이 아니라 능동적 존재로 볼 수 있도록 돕는다. 또한 원조 전문가가 클라이언트의 이익을 위해 행동하는 것보다 클라이언트가 직접 행동하도록 돕는 것을 강조한다. 이러한 특징과 의의를 갖는 이 모형도 명백히 서구적인 준거틀에 의해 발전해 왔음을 간과해서는 안 된다. 협동 · 조화 · 연대 등을 강조해 온 동양에 비해 그들의 전통적 가치 체계인 독립심과 자아 실현의 개발, 개인 지지망의 우월함 등을 지지한다. 그러므로 역량강화가 특정한 클라이언트에게 문화적으로 적합한지를 검토해야 한다(Rothman, 2003).

3. 탄력성 모형(resilience model)

1) 탄력성의 개념

웹스터 사전에서는 탄력성(resilience)을 "극도로 긴장되거나 압박을 받은 후 되돌아오거나 회복되는 행동, 힘, 활기, 좋은 기분을 회복하는 행위"로 정의 내리고 있다. 또한 다수의 연구자들은 탄력성을 역경을 통해 더 강해지고 더 많은 자원을 보유할 수 있는 능력이자 위기나 도전에 반응하여 이를 감당하고 스스로를 바로 세우며 성장하는 적극적 과정으로 이해하고 있다. 프레이저와 갈린스키(Fraser & Galinsky, 1997)는 탄력성 개념의 핵심적인 요소로 다음 세 가지를 제시하고 있다.

- 높은 위험에 노출되어 있음에도 불구하고 성공적인 상태를 유지하는 것
- 어려움 속에서 자기효능감을 유지하는 것, 즉 위험한 상황에 성공적으로 적응하는 것
- 정신적 외상으로부터 회복하는 것, 즉 부정적인 사건을 성공적으로 조절하는 것

이상의 사실은 탄력성을 위험한 상황에서 성공적으로 기능하는 능력으로 이해한다는 것이며, 또한 성공적 경험을 통한 배움과 자원의 확보라는 요소가 더해지는 과정을 의미한다.

2) 탄력성 모형의 내용

개인 탄력성은 1970년대와 1980년대 아동발달 및 정신건강 전문가들이 조기개입과 예방에 대한 관심에서 비롯되었는데, 탄력적인 개인에게는 위험 및 장애에 대한 취약성을 극복하도록 하는 보호 요인이 있음을 알게 되었다. 즉, 개인 탄력성은 역경이나 위험한 상황을 회복해 나갈 수 있는 개인의 능력에 초점을 두고 있으며, 탄력적인 개인은 문제 상황에 부딪힐 때 적응적으로 대처하는 뛰어난 능력이 있다는 것이다. 이러한 개인 탄력성의 개념이 가족에게 확장되어 적용된 것이 가족 탄력성(family resilience)이다.

가족을 연구하는 학자들은 고위험 상황에서도 적응적인 가족을 발견하고, 이들 가족이 고위험 상황에서도 얼마든지 생존하는 개인 탄력성 개념과 유사하다고 간주하여 가족 탄력성이라 명명하게 되었다. 가족 탄력성은 가족 성원들이 삶의 도전에 긍정적으로 직면하여 가족 내의 힘을 강화하는 능력을 말하며, 역경에 대응하려는 가족의 대처와 적응을 토대로 가족의 잠재적인 회복과 성장을 확신하고, 또한 가족이 혼란스러운 도전을 견디고 원래의 상태로 돌아갈 수 있게 하는 상호작용적인 과정을 의미한다. 하지만 가족 탄력성은 가족 내의 개인에 초점을 두는 것이 아니라 가족을 하나의 전체적인 기능 단위로 보고자 한다. 특히 강점 관점이 가족 탄력성의 주요 관점으로 제기되면서 고위험 혹은 스트레스 상황에서 잘 적응하는 가족의 자질 혹은 가족의 적응적 능력이 무엇인지에 대한 관심이

높아지게 되었다.

이러한 정의의 몇 가지 공통점을 살펴보면 다음과 같다(김미옥 외, 2005).

- 탄력성은 곤경에 직면해서 표면화된다. 즉, 가족 탄력성은 가족이 위기를 경험할 때 가족의 평형 상태를 유지하려는 자질이다. 이것은 '체계 변화(morphogenesis)' 개념[1]과 유사하다.
- 탄력성은 탄성(buoyancy)의 특성을 갖는다. 실패로부터 회복할 수 있는 능력 혹은 이전의 기능 상태로 되돌아가는 능력은 가족이 일시적으로 스트레스 상황에 있어도 기본 구조의 변화에 저항하면서 이전 기능과 유사한 상태로 되돌아가는 것을 의미한다. 즉, 탄력적인 가족은 위기 이전 수준으로 되돌아가서 다시 시작할 수 있다는 것을 의미한다.
- 탄력성은 병리보다는 건강으로 보는 경향이 있다. 따라서 탄력성에 근거한 접근은 가족이 왜 실패하는지가 아니라 어떻게 성공하는지를 보려고 한다.

3) 장애인과 탄력성 모형

장애는 탄력성 개념의 적용 가능성이 매우 큰 분야다. 장애인은 선천적이든 후천적이든 장애인으로서의 정체성을 획득하고 사회를 통합하는 과정에서 여러 가지 심각한 도전에 직면하게 된다. 이는 탄력성 모형에서 논의하는 고위험 상황과 매우 유사한 상황이다(Rothman, 2003).

탄력성 모형에 기초한 연구들은 장애라는 고위험에 직면한 개인이 어떻게 생존하며, 고위험에도 불구하고 어떻게 성공적으로 적응하는지를 탐색한다. 탄력성 접근은 장애인으로서 정체성을 확립해야 할 아동기 및 청소년기 중 갑작스러운 장애를 맞게 된 중도장애인들에게 적응을 지원하는 전략이 될 뿐 아니라 발생 가능한 문제를 예방하는 데도 유효한 전략이 될 수 있다(김미옥 외, 2005).

그리고 장애인 가족의 경우, 장애의 유형과 장애에 따른 가족의 스트레스 및 경제적 부담 등으로 인해 탄력적인 가족으로 성장하기 어려운 점이 있다. 따라서 원

1) 모든 사회 체계의 본질은 '에너지의 흐름'이라고 할 수 있는데, 이 흐름에는 체계 유지와 체계 변화의 두 유형이 있다.

조 전문가는 장애인과 그 가족의 탄력성 및 적응력 향상의 중요성을 인식하고, 장애인 가족들에게 직접적이고 실천 가능한 가족지원 프로그램을 개발 · 보급함으로써 장애인 개인과 그 가족이 위기 상황을 잘 대처할 수 있도록 가족지원 대책을 마련해야 할 것이다.

4. 옹호 모형(advocacy model)

간혹 클라이언트들에게 제공되는 서비스들은 그들의 욕구를 충족시키는 데에 부적합하고 비효과적인 경우도 있다. 예컨대, 프로그램의 다소 폐쇄적인 승인 기준은 일부 클라이언트를 배제시키곤 한다. 또 길고 긴 대기 명단으로 인해 클라이언트들의 욕구가 채워지지 않은 채 방치되기도 한다. 뿐만 아니라 여러 가지 환경적 장벽은 필요한 자원으로의 접근을 결과적으로 불허하는 셈이 된다. 옹호 모형은 이러한 경우 선택할 수 있는 모형이다. 옹호란 자기존중감을 고양시키고 클라이언트에게 자신의 삶의 환경들을 통제하는 감각을 제공하기 때문이다. 다만 아쉬운 점은 이 모형이 모든 클라이언트에게 항상 사용될 수 있는 것은 아니라는 사실이다.

헵워스 등(Hepworth et al., 1997)은 옹호 모형과 관련된 사정과정을 다음과 같이 정의하였다. 첫째, 필요한 서비스와 자원들을 획득하는 것, 둘째, 클라이언트들에게 부정적으로 영향을 끼치는 정책, 절차 및 실천들을 변경시키는 것, 셋째, 클라이언트의 욕구을 충족시키기 위해 새로운 법률과 정책들을 조성하는 것 등이다. 이상과 같은 정의들이 실천 현장에서는 때때로 서로 맞물리기도 하지만, 어디까지나 여기서의 초점은 클라이언트 개인에게 있다.

1) 옹호 모형에 알맞은 기준

옹호 모형은 클라이언트가 직면하고 있는 문제의 특성으로 인해 지역사회 내의 자원으로서는 쉽게 충족될 수 없는 욕구들을 충족시키고자 할 때 활용된다. 그리고 자신들이 필요로 하는 것들을 스스로 충족시킬 수 없는 클라이언트들을 위해 활용된다. 예컨대, 중증의 발달장애 · 정신이상 · 중증 치매 및 알츠하이머의 경우와 같이 의식은 있으나 거동할 수 없는 클라이언트, 욕구 충족과 관련하여 타인과 효과적으로 소통할 수 없는 중증 장애를 지닌 클라이언트는 스스로를 옹호할 수 없기 마련이다. 이 모형을 사용하는 원조 전문가는 클라이언트들을 옹호하기 위해 다른 기관들, 각종 지역사회 프로그램들, 복지기금들 및 지역사회계획 기관들과 밀착된 관계를 유지함으로써 옹호자 역할을 책임지게 된다.

옹호 모형을 기반으로 한 실천과정에서 무엇보다 욕구를 표현하지 못하는 클라이언트와 욕구 충족을 위해 필요한 것을 획득하지 못하는 클라이언트를 구분하는 것이 중요하다. 욕구를 표현하고 또 관련된 선택과 결정을 하는 데에는 적어도 다음과 같은 능력이 클라이언트에게 요구된다(Rothman, 2003). 첫째, 이해・성찰하고 자신을 사정할 수 있는 정신적 능력, 둘째, 대안을 고려하고 활동과정을 결정할 수 있는 능력, 셋째, 선택된 행동을 수행할 수 있는 능력이다.

신체적으로 취약할 뿐 아니라 언어로 소통할 수 없으며, 전화 걸기와 정부기관 방문 및 관련 서류의 작성 등과 같은 기능들을 수행할 수 없는 클라이언트일지라도, 때로는 유능하고 욕구를 표현할 수 있고 행동의 과정들을 결정할 수 있다. 이러한 클라이언트들과 함께 함에 있어 욕구를 명확하게 규명하고 또 행동의 과정을 탐색함에 있어 원조 전문가가 클라이언트를 돕는 것은 필수적이다. 클라이언트의 승락을 얻어 낸 원조 전문가는 클라이언트를 대신해 혜택과 서비스를 얻어내기 위한 옹호를 개시한다.

2) 윤리적인 문제

원조 전문가가 도움이 된다고 믿었던 서비스나 자원들을 클라이언트가 거부할 때, 사회복지의 윤리적 실제는 역시 클라이언트들의 바람에 충실하라고 지시한다. 클라이언트는 옹호 활동의 내용을 결정할 권리를 갖는다(Hepworth et al., 1997). 실천과정에서는 클라이언트가 스스로 옹호를 하지 않거나 옹호를 거절하는 것을 무능력으로 오인함으로써, 클라이언트에게 최상의 이익일 것이라는 전문가의 믿음을 추구하기 위해 클라이언트의 참된 바람을 짓밟아서는 안 된다. 이러한 사례들에 비추어 보아 항상 클라이언트의 자기결정 원칙이 옹호 노력을 이끌어 가야 함을 잊어서는 안 된다.

정신장애 혹은 인지적 · 발달적 장애 때문에 욕구를 표현할 수 없거나 선택권을 성찰할 수 없는 클라이언트들은 원조 전문가에게 활동의 목표와 행동 전개과정을 구체적으로 제시하지 못하거나 자신들의 이익을 위한 행동 자체를 허락하지 못하기도 한다. 이러한 상황에서는 원조 전문가가 클라이언트를 위한 옹호 활동을 시작하기에 앞서 가족, 후견인, 재판 법정 혹은 정부기관과의 접촉을 통해 실현 가능성이 높은 잠재적인 행동들이 무엇인지를 토의하고 또 대리인으로부터 승인을 얻어 내는 것이 필수적이다.

3) 실천방법

옹호자들은 클라이언트의 복리와 최상의 기능에 필요한 자원들과 서비스들을 얻기 위해 인적 및 인위적 환경과 논쟁 · 토론 · 거래 · 협상 · 조종(Compton & Galway, 1994) 등을 해야 한다. 즉, 옹호 활동의 구체적 내용은 일종의 상호작용이라고 해석할 수 있다. 옹호는 클라이언트에게 권리는 분명히 있음에도 아직 얻어 내지 못하고 있는 급여와 서비스를 얻어 내는 쪽으로 방향을 잡아야 하는 경우가 많다.

일종의 실천방법으로서 옹호는 그 과정에 클라이언트의 직접적 참여 없이도 사용될 수 있다. 바로 이러한 사실 때문에 사회복지사는 활동을 허락했던 클라이언트들로부터 이해를 구하고 또 계약을 맺는 것이 매우 중요한 과제가 된다(Compton & Galway, 1994). 만약 이런 것들이 불가할 경우, 원조 전문가는 책임 있는 대리인으로부터 승인을 구해야만 한다.

5. 위기개입 모형(crisis intervention model)

사회복지실천 모형으로서 위기개입 모형은 어떤 사건과 위기의 결과로서 심각한 급성 고통을 겪고 있는 사람들에 대한 관심으로부터 발전하였다. 사람들은 위기에 처했을 때 적응적 방식이든 부적응적 방식이든 그에 대처할 능력이 있다고 알려져 있다(Hepworth et al., 1997). 위기개입 모형은 즉각적이고 집중적인 개입이라는 특성을 가지며, 이러한 개입은 건강을 지키고 기능적 문제를 해결함에 있어 효과적인 것으로 알려져 있다. 비교적 최근에 장애가 되었거나 진단된 사람들에게 위기개입 모형은 클라이언트가 갑작스러운 상황 변화로 인한 심각한 압박에 효과적으로 대처할 수 있도록 도와주는 모형이다. 위기개입 모형을 효과적으로 사용하기 위해서는 다음과 같은 개념과 전략들을 이해하는 것이 중요하다.

1) 위기의 정의

기릴랜드와 제임스(Gilliland & James, 1997)는 위기를 다음과 같이 정의하고 있다. "특정한 사건 혹은 상황을 개인의 자원과 대처 기제를 뛰어넘는 용납할 수 없는 어려움으로 인지한다. 고통이 경감되었음에도 불구하고 위기는 격심한 감정적 · 인지적 및 행동적 역기능에 영향을 끼치는 힘을 갖고 있다."

2) 위기 상황을 촉진하는 사건과 특징적 징표

위기 상황을 촉진하는 사건은 두 가지 종류로 나눌 수 있다. 첫째는 급성적인 상황적 사건이다. 관련 예는 심각한 질병이나 장애의 발생, 대형 자동차 사고로 인한 외상성 장애, 사랑하는 사람과의 사별, 지진 · 홍수 · 화재 및 전쟁 등과 같은 재난, 개인과 가족이 폭력범죄의 희생자가 되는 것 등이다. 둘째는 발달 단계 중 과도기다. 이 시기에도 흔히 위기가 빈번하게 촉발된다. 은퇴, 요양센터로의 입소, 임신, 결혼 혹은 이혼, 폐경, 학업과 취업을 위해 가정을 떠나는 아동 혹은 사춘기의 시작 등은 발달 과도기와 관련된 사례들이다(Ell, 1995). 그 외에 다른 사건들도 특정한 대인적 및 상황적 환경에서는 위기를 발생시킬 수 있는데, 실직, 이주 및 친밀한 관계나 가까운 친구 혹은 가족의 상실, 사회경제적 환경의 급작스러운 변화 등이 그것이다.

이상과 같은 상황적 위기와 발달 단계상의 위기에 덧붙여서, 기릴랜드와 제임스(1997)는 세 번째 종류의 위기를 제안했다. 그들은 이 위기를 "목적, 책임, 자립, 자유, 의무 등과 같은 본질적인 인간적 쟁점으로부터 나오는 내적 혼란과 분노 등과 관련된" 실존적 위기라 부르고 있다. 이 위기들은, 예컨대 불가역적인 삶에 있어 어떤 그릇된 선택을 한 것을 깨닫는다든가, 우리가 타인에게는 물론 심지어 자신에게까지도 무가치하다고 느낀다든가, 자동차 사고로 누군가를 다치게 하거나 사망하게 하는 것과 같이 고의가 아니더라도 타인에게 중대한 손해를 끼쳤다는 것을 깨닫는 등의 경우에 발생한다.

위기는 반드시 문화적 맥락 안에서 이해되어야 한다. 어떤 문화에서는 위기의 원인이 되는 사건들이 다른 문화에서는 자연스러운 사건들로 선뜻 받아들여진다. 위기에는 항상 문화적 의미가 부착되어 있다. 따라서 어떠한 사정 혹은 계획일지라도 관련된 적절한 요소들이 문화적으로 융해되어야 한다. 여러 가지 접근법과 계획이 클라이언트의 문화에 적절하지 않을 때 위기들은 더욱더 악화될 수도 있다.

위기에 처한 사람들은 집중하기, 의사결정, 문제 해결 및 행동 개시 등에서 무능력, 높은 수준의 취약성과 기억 상실, 낮은 수준의 방어력, 수면과 식사 패턴의 혼란, 더위와 추위를 감지함에 있어서의 동요, 그리고 다른 신체적 · 인지적 · 감정적 및 관계적 어려움 때문에 심각한 감정 기복, 근심, 우울, 혼란, 분노 등을 경험하게 된다(Ell, 1995; Gilliland & James, 1997).

3) 도전과 기회는 만들어진다

개인은 일종의 유기체이기 때문에 일반적으로 항상성의 상태에 가깝도록 기능하려는 경향이 있다. 그러므로 위기로 인한 일상적이지 못한 압박은 개인을 뒤흔들어 놓고, 통상적이지 못한 극단적 반응과 행동이 나타날 가능성을 높인다. 극단적인 사건들은 다음과 같은 위험을 야기한다. 살인, 자살 혹은 다른 위해한 행동의 가능성은 견딜 수 없는 압박을 다루기 위한 유일한 방법이라고 스스로 해석할 수도 있다(Gilliland & James, 1997). 그리고 위기 중에 있는 개인의 행동은 흔히 예측 불가능하고 변덕스럽기 일쑤다. 그러나 위기에 처한 사람에 대해 인지 · 개입 및 의뢰하도록 훈련된 의사 · 간호사 · 사법경찰관 · 성직자 · 사회복지실천가 · 심리학자 등과 같은 전문가들이 즉각적으로 관여하기 때문에 흔히들 조치는 곧 가동되기 마련이다. 도움이 필요한 그들의 욕구를 즉각적으로 인지함으로써 위기에 있는 사람들을 원조망에 쉽게 포착할 수 있게 된다.

위기에 처한 사람들이 도움을 받지 못할 경우 어떤 결과가 나타날까? 다음 세 가지 결과 중 하나일 것이다. 첫째, 그 경험으로 인해 성장하고 또 새로운 강점을 획득함으로써 스스로 위기에 대응할 것이다. 둘째, 단지 모든 고통스러운 감정들을 차단함으로써 위기에서 생존하려고 할 것이다. 그 결과로 다루지 않았고 해결되지도 않은 감정들은 사라지지 않고 표면 아래에 여전히 남게 된다. 또한 위기로 인해 나타난 변화에 적극적으로 적응하는 것을 방해한다. 끝으로, 대응하는 데 있어 완전히 무능력해지고 또 심각한 좌절 때문에 고통을 당한다(Gilliland & James, 1997).

위기의 사건으로 인한 압박과 불균형은 어쩌면 좋은 성장과 변화를 위한 기회들을 제공할지도 모른다. 개인이 상처받기 쉬울 때, 그리고 방어력이 저하되었을 때 오히려 반성 · 통찰 · 성장 및 변화의 가능성이 있다. 위기에 대응하기, 더 나은 기술과 새로운 기술을 개발하기, 기회를 새롭게 모색하기, 구체적으로 선택하기 등은 개인의 성장을 위한 풍부한 기회를 제공하고 또 신뢰와 자아존중감을 쌓게 만든다. 위기의 상황이 요구하는 바들이 점차 감소함에 따라 그리고 고통이 어느 정도 감소됨에 따라 클라이언트는 이러한 기회들을 점점 알아차리게 될 것이다.

최근 새롭게 장애로 진단받았거나 혹은 기대하지 않았던 상황으로의 변화라는 위기에 처해 있는 사람들을 부정적이고 역기능적인 해결책이 아닌 긍정적인 해결책으로 도울 수 있을까? 정말 그렇게 할 수 있을까? 위기 상황은 결코 장기간 지속되지 않는다. 개인이 위기 상황에 머물 수 있는 최대한의 기간은 6~8주간이라는 것이 일반적인 견해다. 그다음에는 긍정적이고 기능적이든 혹은 역기능적이고 유해하든 간에 새로운 균형 상태가 뒤따른다. 위기개입 실천 모형들은 이러한 새로운 상황에의 대처에 도움이 되는 지침들을 제공한다.

4) 실천방법

위기 개입은 일반적으로 위기 사건 이후 6~8주의 기간 동안 발생하기 때문에 단기 형태의 치료가 일반적이다. 위기 개입의 목표는 개인에게 위기 사건과 관련하여 의미 있는 그리고 긍정적인 해결책과 기능적 적응이 가능하도록 돕는 것이다. 6~8주의 기간을 지나더라도 위기의 결과들이 상당한 정도까지 지속되는 경향이 있지만, 그동안 개인은 문제에 적합한 대처기술을 사용할 수 있는 능력과 통제 감각을 되찾게 될 것이다.

기릴랜드와 제임스(1997)는 사회복지실천가들 사이에서 널리 활용되는 위기개입 모형을 아래와 같이 제시하였다. 그리고 그 모형은 개입의 모든 국면에서 클라이언트에 대해 지속적이고도 사려 깊은 사정을 요구하고 있다.

- 〈1단계: 문제의 규명〉 언어적 · 비언어적 단서에 주의하면서 클라이언트가 말하고 있는 것을 주의 깊게 경청할 것. 클라이언트의 관점에서 문제를 규명할 것
- 〈2단계: 클라이언트의 안전 확보〉 내적 상태와 외적 상황을 모두 탐색함으로써 클라이언트를 사정할 경우에도 신체적 혹은 정신적 위해와 관련하여 사정할 것. 위협으로부터 클라이언트와 다른 이들의 안전을 확보하기 위해 필요한 예방책을 취할 것
- 〈3단계: 지지의 제공〉 사려 깊고 감정이입적인 방식으로 클라이언트를 경청할 것. 클라이언트가 원조 전문가에게 진정한 지지자로 의지할 수 있도록 하는 것이 유용함
- 〈4단계: 대안의 모색〉 클라이언트가 효과적인 대응 기제를 스스로 개발할 수 있고 또 대안과 선택권(options)을 탐색할 수 있도록 도울 것
- 〈5단계: 계획 수립〉 클라이언트가 효과적으로 실천할 수 있는 단계들을 포함한 단기계획을 스스로 수립하도록 도울 것
- 〈6단계: 계약〉 클라이언트가 계획과 그 계획안에서 스스로 발전시켜 나갈 행동들에 관한 계약을 맺도록 도울 것

5) 장애인과 위기개입 모형

위기개입 모형은 최근에 장애를 당했거나 진단받은 위기의 사례에 효과적으로 적용될 수 있다. 막 태어난 아이의 발달장애를 받아들여야 하는 부모, 척수 손상으로 심각한 삶의 변화를 직면해야 하는 성인, 80년 동안 자신이 의지해 왔던 시력을 상실한 채 살아야 할 노인 등을 도울 필요가 있을 때 위기개입 모형 실천이 적절하게 사용될 수 있다.

장애를 야기한 신체적 조건들은 독립적으로 기능하려는 클라이언트의 능력에

영구적인 변화를 불러일으키게 마련이다. 그리고 사회복지의 개입은 위기의 기간이 지나서도 필요할지 모른다. 클라이언트와 함께 발전시켜야 할 계획의 중요한 부분은 사례 관리를 개시한다는 것 혹은 독립적 생활이나 직업재활에 관여하는 것이 될 것이다.

클라이언트의 삶에 있어 장애 자체가 위기의 유일하고도 강력한 원인이 아니라는 것을 기억하는 것이 중요하다. 장애가 된 클라이언트들도 결혼하고 이혼하며, 또한 사랑하던 가족을 잃으며, 홍수 등 이상 기후를 경험할 수 있고, 여러 가지 실존적 질문에 직면하게 된다. 또 장애를 일으키는 조건이 위기의 본질적 요소라고 가정하지 않는 것이 매우 중요하다. 만약 장애가 클라이언트의 사회적 역할의 변경을 강제했다면 그 위기의 성격과 관련하여 적절한 역할을 결정하도록 원조하여야 한다.

6. 사례관리 모형(case management model)

1) 사례관리 모형의 발달 배경

사례관리는 1970년대 전반까지 미국에서 거의 주목받지 못한 방법이었으나, 이후 대인서비스의 조정과 체계화의 필요성이 부각됨에 따라 사례관리에 대한 관심이 높아지게 되었다. 그처럼 관심이 높아진 배경은 크게 네 가지로 정리해 볼 수 있다.

첫째, 탈시설화에 대한 대응방법으로 사례관리의 출현을 들 수 있다. 1960년대 말에 접어들면서 서비스의 효과성, 장애인에 대한 비인간적인 처우 등 정신장애인에 대한 수용시설의 문제가 제기되면서 지역사회 중심의 서비스 제공을 표방하는 이른바 탈시설화의 움직임이 강하게 일어났다. 하지만 시설로부터 해방된 많은 장애인에 대한 체계적인 케어와 지원에 대한 책임은 지역사회의 상이한 기관들과 정부 조직 등으로 분산되어 버렸다. 즉, 지역사회 중심의 재활 서비스는 수용시설에서의 서비스 체계와는 달리 지역사회 내에서 분산되어 버렸고 서비스들 간의 연계성 부족으로 서비스의 중복과 탈루 현상이 심각한 문제로 대두되었다. 이에 대한 대응책으로 사례관리 기법이 도입되었다.

둘째, 사례관리는 장기적으로 복합적인 문제를 가진 클라이언트의 증가에 대응하기 위해 도입되었다. 산업화의 발달과 인구의 고령화 등은 각종 질병과 사고로 인한 노인과 장애 인구를 대규모로 증가시킨 반면, 가족 형태의 변화로 인해 그들에 대한 가족 차원의 보호가 한계에 부딪히게 되었다. 이러한 시대적 변화는 그들에 대한 가족 차원의 보호를 넘어 사회적인 보호를 요청하게 되었고, 장기적이고 복합적인 문제에 대해 새로운 실천방법을 필요로 하게 되었다.

셋째, 다양한 복지 서비스의 단편화 경향에 대한 비판과 대안으로 사례관리 방법이 나타나게 되었다. 장기적이고 복합적인 문제를 갖는 집단의 경우, 다양한 주체로부터 제공되는 서비스를 통합하지 못할 경우 서비스의 효과성 저하를 가져오게 되므로 이에 대한 서비스 조정과 연계를 위한 실천방법으로 사례관리가 필요하게 되었다.

끝으로, 개인의 공식적 지원과 비공식적 지원을 충분하게 조정하고 연계함으로써 클라이언트의 역량을 강화할 수 있다. 현대에 와서도 개인의 비공식적 지원은 여전히 중요한 자원이므로 이를 최대한 효과적으로 활용할 수 있는 사례관리 방법이 필요하게 되었다.

2) 사례관리의 개념

사례관리 모형은 장애인들의 포괄적인 욕구를 다루기 위한 의도에서 개발된 방법인데, 특히 정신적 병력을 가진 클라이언트, 발달상의 장애, 면역결핍바이러스(HIV) 및 장기간에 걸쳐 충족되어야 할 욕구를 가진 클라이언트들과 활동함에 있어서 유용하다(Rose & Moore, 1995). 장애의 특성과 심각성 등이 클라이언트의 전반적인 사회 기능에 심각한 영향을 미칠 때 사례관리 모형이 적합하다. 그러므로 장애이기는 하지만 대인관계상의 문제, 교육적 목적들을 계획하고, 아동을 입양하거나 혹은 배우자나 동료의 죽음과 관련하여 어떤 지지를 얻으려는 클라이언트, 즉 급성적이고 일시적인 문제나 위기를 겪고 있는 클라이언트에게는 적합한 모형이 아니다.

장애가 있는 클라이언트들은 대부분 연계된 서비스들을 요구하는 것이 일반적이다. 그 서비스로는 의료적 개호, 개별적 보살핌, 이동, 교육, 직업, 자활, 레크리에이션, 주거, 영양 등과 같은 지원이 포함된다. 만약 장애인들을 위한 서비스가 단편적으로 제공된다면, 장애인들의 문제와 서비스 사이의 간극은 인지되지 않은 셈이 되며, 각각의 서비스는 다른 서비스들과는 별개로 기능한다. 그러므로 사례관리 감독은 그러한 단편화를 다루고 지역사회와의 협력을 제공함으로써 클라이언트의 욕구를 충족시키는 데 관심을 둔다.

사례관리 모형들은 클라이언트의 욕구와 기관 혹은 프로그램 구성에 따라 두 유형으로 나누어진다. 먼저 클라이언트 주도적 모형은 클라이언트가 가진 강점에 기반하며 또 대개 그 기획과정에서 옹호와 역량강화 등과 관련된 목표들을 포함한다. 반면 공급자 주도적 모형은 서비스를 위한 기획의 중요성을 강조하고 그 기획에 대한 클라이언트의 충실한 위임에 많은 가치를 둔다. 서비스 공급자들은 욕구들을 규정하고 결과들을 평가한다(Rose & Moore, 1995).

사례관리자는 욕구의 사정과정에서 클라이언트의 참여를 독려하며, 클라이언트와 함께 욕구 충족을 위한 계획을 진전시킨다. 지역사회의 자원들은 욕구 충족을 위해 동원되며, 클라이언트들은 개별 서비스에 연계되기 마련이다. 전형적인 사례관리자는 직접적으로 서비스를 공급하기보다는 서비스의 관리와 협력을 제공한다. 그러나 이 모형을 실천하는 개별 기관의 성격과 프로그램은 다양하다. 어떤 기관에서는 사례관리자가 상담을 하고, 서비스를 제공하며, 위기 개입을 하고, 클라이언트의 가족들에게 서비스를 직접 제공하기도 한다. 다른 기관의 경우 여러 기관들로부터 제공되는 모든 서비스들의 연계, 협력, 전반적 감독 등에 한정되어 있다. 사례관리자는 어떤 욕구들이 충족되었는지 혹은 어떤 다른 서비스와 자원들이 필요한지를 규칙적으로 사정하면서 클라이언트의 욕구를 충족시키기 위한 계획을 재검토한다. 사례관리자는 흔히 클라이언트들을 옹호하기 위한 책임을 떠맡는다.

3) 사례관리 모형에 적합한 기준

사례관리 서비스를 적용하기에 적합한 장애 클라이언트의 상황은 다음과 같이 정리할 수 있다(Rothman & Sagar, 1998).

- 클라이언트는 심각한 장애를 가지고 있으며, 그들이 처해 있는 상황으로 인해 전통적인 사회복지 방법으로서는 해결될 여지가 없다.
- 장애와 그에 수반된 기능의 손상들은 오랜 기간과 해결 불능일 것으로 추정된다.
- 클라이언트 욕구가 가족, 친구 그리고 클라이언트의 개인적 지지망 안의 다른 인적 자원을 통해서는 충족되지 않으며, 클라이언트가 이용 가능한 사회적 지지체계조차 클라이언트 욕구 충족에는 부적당하다.
- 클라이언트들은 자원과 서비스에 대한 정보가 빈약하며, 낮은 자아존중감과 대처기술의 부족 때문에 욕구를 스스로 충족시키지 못한다.

사례관리 기법에서는 클라이언트들이 서비스를 계획하고 관리하는 데 필요한 많은 강점과 생존 및 대처 기술을 클라이언트가 가지고 있다는 것을 인식하는 것이 중요하다. 당사자 주도적 모형들은 클라이언트의 자기 결정을 고무시키고, 서비스 계획에 있어 클라이언트의 투입(input)에 가치를 둔다.

4) 사례관리 서비스의 구성 요소

로스먼과 새가(Rothman & Sagar, 1998)는 사례관리 모형을 활용하는 개입의 네 가지 구성 요소를 제시하였다.

- 목표
  - 최대한의 독립성을 가능케 하는 지역사회 내에서의 삶
  - 최상의 기능성
- 개입 구조
  - 장기적인 서비스
  - (서비스 범위에 있어) 다양한 원조 전문직의 참여
  - 지역사회에 기반을 둔 서비스
- 실천의 초점
  - 지지적 기술의 발전

–외적/환경적 개입

–미시에서 거시에 걸친 실천의 범위

• 실천 양상

–높은 수준의 클라이언트 참여

–문제들이 발생한 경우 기꺼이 수용함

–클라이언트에게 진실되고 적극적인 관심을 표현함

5) 사회복지실천의 기능과 방법

사례관리 기법을 활용하는 사회복지실천가는 클라이언트의 욕구들을 충족시키기 위해 융통성, 창조성, 인내심 등의 덕목을 몸에 익혀야 하며 클라이언트와 지역사회의 자원들에 대한 포괄적 지식을 갖추어야 한다. 필요한 자원이 결핍되어 있거나 그에 접근할 수 없을 경우, 사례관리자들은 이처럼 스스로를 옹호할 수 없는 클라이언트들을 위해 옹호를 한다.

대부분의 사례관리 클라이언트들의 장기간에 걸친 욕구 때문에 원조 전문가의 관여는 흔히 주간 단위보다는 연 단위로 측정된다. 사례의 종결은 불가능하지도 모른다. 따라서 사회복지사 개입의 초점은 확실한 해결책을 마련하는 것이라기보다는 클라이언트의 상황을 최적화시키고 실질적인 위협과 상실들을 최소화하는 것으로 합의된다.

사례관리에 대한 개념 정의는 정신보건 영역, 재활 영역, 그리고 노인복지, 아동·가정복지 등 다양한 분야에서, 또 다양한 실천모형에 의해 각기 다르게 규정되고 있기 때문에 통일되고 명백한 개념적 정의는 없다. 따라서 사회복지실천에서 정의되고 있는 주요한 관점은 다음과 같다.

로스먼은 사례관리가 정신보건, 노인, 아동복지, 보건 및 발달 장애 등과 같은 대인 서비스 분야에 영향을 미치는 실천 양식이며, 다음 두 가지 기능을 총괄하는 특징이 있다고 하였다. 첫째, 지역사회 내에서 클라이언트에 대한 개별화된 조언·상담 및 치료를 제공하는 것, 둘째, 클라이언트를 지역사회 기관 및 비공식적인 원조 관계망을 통해 필요한 서비스와 지지에 연결시키는 것이다. 그리고 오코너(O'Connor, 1998)는 사례관리가 사회복지실천의 핵심 기술 중 하나로 인정될 수 있으며, 사례관리자는 클라이언트의 실제적인 문제에 초점을 두면서 체계적으로 접근하여 해결책을 찾거나 혹은 클라이언트가 자신의 문제를 스스로 해결하도록 돕는 것이라고 하였다. 이것은 사례관리가 종전의 사회복지실천을 기반으로 하면서 지역사회 자원의 활용도를 높이기 위한 또 본인이 직접 참여하려는 욕구를 증진시키기 위한 것이라 할 수 있다.

이러한 정의들을 토대로 사례관리의 특성을 정리해 보면 다음과 같다(O'Connor, 1998).

- 지역사회를 기반으로 하는 각종 사회적 서비스나 지지를 활용하는 하나의 체계적인 지원방법이다.
- 각종 사회 자원의 동원과 원조 관계망의 효율적인 연계와 조정에 관심을 두는 활동이다.
- 복합적인 욕구를 가진 클라이언트에 대한 지속적인 책임과 효과성을 강조하는 활동이다.
- 연속적인 기능들을 시간 순서대로 수행하는 문제해결 과정이다.
- 클라이언트에 대한 포괄적 · 총체적 · 장기적 보호 서비스를 제공하는 전문적인 활동이다.

요약한다면, 사례관리는 지역사회 내의 클라이언트에게 개별화된 조언, 상담치료를 제공하고 지역사회 기관과 비공식적인 원조망들에 의해서 제공될 수 있는 자원들과 필요한 서비스들을 클라이언트에게 연결시켜 주는 미시적이고도 거시적인 실천방법이다. 따라서 지역사회로부터 넓은 범위에 걸친 조정과 함께 장기적 관리를 가능케 하는 이 사례관리 기법은 한 사례관리자가 개별 장애인의 현 상태와 욕구 및 자원을 지속적으로 관리해 줌으로써 장기적인 계획이 될 수 있으며, 전환과정에서도 적절한 연계가 가능하도록 돕는 데 적절한 방법이다.

6) 장애인과 사례관리 모형

장애로 인해 불가피하게 개인적, 사회적, 경제적, 정신 및 정서적 측면 등에서 많은 제약을 받고 있는 장애인들은 자신의 욕구와 그 충족에도 여전히 많은 불리한 상황에 놓여 있다. 특히 지역사회 내 장애인의 생활은 물리적으로나 사회적, 경제적, 제도적 차원 등에서 합리적인 배려와 제도적 장치가 마련되지 못함으로써 심각한 위기를 경험하기 마련이다. 더욱이 재활을 통해 전인적 존재로서의 다양한 기능과 사회적 역할을 수행해야 함을 이상으로 간주하는 사회적 분위기 하에서 장애의 재활과정과 목표를 제대로 인식하지 못하고, 또한 당사자들의 복합적 문제와 욕구를 더욱 체계적으로 관리할 수 있는 재활 접근법에 대해 이해하지 못한다면, 어떠한 원조 체계나 정책도 지역사회 내 장애 당사자들의 삶을 개선시킬 수 없을 것이다.

제3절 장애인복지 실천과정

1. 장애인문제의 사정

1) 사정으로의 전환 배경과 그 의의

사회복지실천의 초창기에는 진단이라는 용어를 즐겨 사용하였다. 이는 문제의 원인을 발견하여 치료한다는 의료 모형의 인과론적 시각을 반영한 것이다. 이 모형은 프로이트 이론으로부터 영향을 받은 나머지 클라이언트 내부에서 문제의 원인을 찾았다. 그러나 1960년대 이후 인간의 자유의지를 강조하는 유기체적 인간관 등의 영향으로 인해 생태체계적 모형의 용어인 사정으로 대체되기 시작하였다(Kirst-Ashment et al., 1993). 그러므로 진단에서 사정으로의 전환은 다음과 같은 의의를 갖는다.

첫째, 클라이언트 문제의 심리내적 요인 외에 환경적 요인에 대해서도 관심을 갖게 되었다. 1900년대 전반기 동안 프로이트 이론의 막대한 영향으로 사회복지실천은 심리학적 성향을 강하게 띠고 있었지만, 원래부터 사회복지실천의 원조인 리치먼드(Richmond)는 사회복지실천의 성격을 '환경 속의 개인'이라고 선언하였다.

둘째, 문제를 환경에서도 찾았다는 사실은 그 환경도 변화의 대상이라는 점을 암시한다. 전통적인 의료 모형에서는 문제의 원인을 개인 내부에서 찾았기 때문에 오로지 개인만이 변화의 대상이었다. 그러한 모형이 사회복지의 적절한 모형이 될 수 없었던 이유로는 두 가지를 들 수 있다. 먼저 사회복지문제란 단지 존재의 속성과 관련된 문제라기보다는 상호작용상의 문제이기 때문이다. 다음으로, 의료의 본질적 대상은 단지 신체이지만, 사회복지는 어디까지나 총체적 인간이 그 대상이 된다.

셋째, 개인이 변화의 대상이 된다는 사실은 변화의 과정에 클라이언트의 적극적인 참여가 효과적인 문제 해결의 관건이 된다는 점을 암시한다.

넷째, 클라이언트의 적극적인 참여에는 긍정적인 인간관이 전제된다. 전통적으로 실천과정에서 일종의 전범으로 이해해 왔던 의료 모형에서 핵심 주제어는 치료다. 치료의 대상인 개인은 오로지 병리와 문제의 표적일 따름이다. 이와는 달리 긍정적 인간관에서는 자신의 문제가 정확히 어떤 성격인지, 자신의 강점이 무엇인지, 위기를 극복하는 데 어떠한 인적 및 물적 자원이 필요한지 등을 당사자가 가장 잘 알고 있다고 전제한다.

끝으로, 개인의 총체적인 부면 모두가 그 대상이기에 그 개인이 갖고 있는 긍정적 · 부정적 정서 모두를 문제 해결의 중요한 변수로 인정한 셈이 된다. 문제를 안고 있는 당사자가 전부는 아닐지라도 일정 정도 문제 해결의 주체가 된다는 것이다. 이것이 사회복지가 전문가주의를 지향할 경우 봉착하게 될 한계가 된다.

2) 사정과정의 특징과 사정 단계

사정은 잠재적이면서 한정되지 않은 과정이다. 그 사정과정은 클라이언트와 워커 사이의 상호작용이 이어지는 한 계속 진행된다. 그러나 워커와 클라이언트 간의 만남이 갖는 일차적인 기능으로서 사정은 그 과정이 개입과 문제 해결을 향해 계속 진행되기 위해서는 반드시 구조화되어야 한다. 그러므로 사정기간 동안 기관의 서비스와 자원, 시간 제약, 클라이언트 문제의 성격 등과 관련하여 클라이언트를 이해하는 데 필요한 각종 정보를 이끌어 내야 한다(Meyer, 1995).

사정과정에서 원조 전문가는 다음과 같은 원칙을 지켜야 한다.

- 클라이언트의 참여가 절대적으로 필요하다.
- 클라이언트의 장점을 사정한다.
- 클라이언트의 문제가 갖는 성격을 다양하게 규정할 수 있어야 한다.
- 개입방법도 다양해야 하며, 또 실현 가능성과 효과성 등을 기준으로 그 방법의 우선순위가 결정되어야 한다.

메이어(Meyer, 1995)는 사정과정에 다섯 가지 단계가 있다고 주장하였다. 첫째, 자료의 수집 및 그 이해를 가능케 해주는 시스템으로의 조직화, 둘째, 워커가 앞의 단계에서 모았던 자료를 이해하기 위해 지식과 판단을 사용하는 과정을 말하는 추론, 셋째, 클라이언트가 갖는 일상적 및 사회적 기능에 대한 평가, 넷째, 협의의 대상에 대한 클라이언트와 워커 간의 동의, 다섯째, 개입계획의 진행이다.

3) 사정의 방법

사정의 방법은 양적인 방법과 질적인 방법으로 나눌 수 있다. 양적인 방법으로는 표준화된 척도나 체크리스트 혹은 목록을 사용하는 것을 들 수 있다. 원조 전문가는 사정과정에 일종의 광각 렌즈를 사용하는 셈이 되는데, 그 렌즈로는 개인과 그 생애 경험을 이해하는 데 필요한 이론적 준거틀에 대한 지식, 예를 들면 인간 발달에 대한 지식, 문화의 역할과 민족성, 신념 체계, 억압 경험에 대한 이해, 생심리사회적인 발달과 관련된 평생에 걸친 경험과 사건으로부터의 충격에 대한 이해, 지역사회 자원과 지지망에 대한 이해 등을 담을 수 있다(Rothman, 2003).

다음으로 질적인 방법으로는 인터뷰, 그래픽을 사용하는 방법, 육안으로 클라리언트를 관찰하는 방법 등을 들 수 있다. 원조 전문가는 또한 망원 렌즈를 사용하는 셈이다. 망원 렌즈는 클라이언트의 특별한 생애 경험, 클라이언트에게 충격을 준 세계와 사건들에 대한 이해, 문제를 해결하려고 시도해 왔던 것들에 대한 지식 등에 초점을 맞춘다. 클라이언트 또한 사회복지실천 과정에서 필수적인 두 가지 심리적 조건을 충족시켜야 하는데, 바로 변화하고자 하는 동기와 실천과정에 참여하고자 하는 의지를 말한다. 만약 그 클라이언트가 이러한 두 가지 필수적인 조건을 충족시키지 못한다면, 원조 전문가의 첫 번째 과제는 부족한 이유를 알아내는 것이고, 그리고 두 번째 과제는 그 과정에 클라이언트를 참여시키는 것이며 또 클라이언트가 현재의 상태에서도 변화가 가능하다는 것을 이해하게끔 도와주는 것이다.

이러한 두 가지 방법 중 주로 후자의 방법과 관련하여 원조 전문가는 클라이언트의 개별적 정보에 많은 관심을 두어야 한다. 사정의 과정을 통해 워커와 클라이언트는 객관적인 사실을 이해하게 된다. 그러나 객관적인 현실(objective reality)보다 더 많은 것이 실제로 존재한다. 그러므로 주관적인 현실(subjective reality)에 대한 이해 또한 이루어져야 한다. 그들의 내면과 외부 세계를 바라보는 관련 인물들의 관점은 그들이 적응하고 대처해 나가는 데 영향을 미친다. 개인의 반응, 사건과 과정이 가지는 의미, 그리고 그들에 대한 감정 또한 모두 영향을 미치고 있는 사실에 해당한다(Germain & Gitterman, 1980).

장애인에게 개입하는 원조 전문가는 변화를 위한 참여과정에서 클라이언트의 분노, 좌절, 절망, 뚜렷한 저항 등을 직면할 수도 있다. 이것은 장애 상황 자체에 대한 클라이언트의 반응일지도 모른다. 그러나 중요한 것은 사회와 환경이 가진 장벽이 클라이언트의 능력을 매우 제한한다는 점을 인지하는 것이다. 또한 저메인(Germain)과 지터먼(Gitterman)이 언급했던 '객관적인 현실', 즉 팔다리의 기능 상실, 시각 상실, 복합적인 마비 등과 같은 것들이 워커와 클라이언트에게 의미하는 바가 서로 다르다는 점도 알아야 한다. 즉, '주관적인 현실'은 세계관, 경험 그리고 대처 능력에 따라 다를 수도 있다. 그리고 장애란 클라이언트의 경험이지 워커의 경험이 아니라는 점도 알아야 한다. 워커는 클라이언트의 '주관적인 현실'을 이해하는 데 주의를 기울여야 하고, 주관적인 현실과 그것이 잉태해 내는 여러 가정적인 사고의 숨겨진 차이를 알아야 한다. 구체적으로 워커에게 비교적 중요하지 않을 것 같은 장애도 클라이언트에게는 중요한 장애물일 수 있다. 실천의 주요 기법 중 하나인 공감은 워커가 클라이언트의 주관적인 경험을 이해하는 데 도움이 된다.

사정이란 일종의 상호 과정이다. 즉, 정보, 경험, 사고 그리고 접근방법 등을 워커와 클라이언트가 공유하는 데 큰 역할을 한다. 상호적인 사정과정에는 클라이언트의 참여가 필수적인 사안이므로, 클라이언트의 역량강화와 자기 결정에 관한 그의 감정을 강화시키는 것이 선결과제에 해당한다. 장애가 있는 클라이언트는 흔히 무력감을 느끼고, 또는 장애 상황으로 인해 자신의 선택이 제한받는다고 믿기 때문에, 이러한 클라이언트와 함께 활동할 때는 상호성이 훨씬 더 필요하다. 효과적인 사정을 위한 필수 전제조건으로는 의사소통의 개발, 신뢰적인 관계 형성 등을 들 수 있다.

2. 사정의 관점

장애인을 대상으로 한 사회복지실천은 강점 관점을 토대로 한 생태체계적인 방법이 일반적이다. 먼저 사회복지실천에서의 사정은 '환경 속의 개인'이라는 틀(framwork)로 진행되어야 한다. 이것이 개인과 그들의 환경 사이의 적합성[2)]을 이해하고 사정하는 생태학적 접근방법이다(Meyer, 1995). 게다가 강점 관점은 개인의 긍정적인 강점과 환경의 긍정적인 강점에 초점을 두고 있다. 강점 관점은 장애 상황과 빈번하게 관련되어 있는 클라이언트의 문제나 욕구에 우선적으로 초점을 두기보다는 클라이언트와 워커의 강점을 찾아내고 확인하는 것을 강조하기 때문에 특히 장애인에게 개입할 때 유용하다.

이 두 가지 관점이 기본이긴 하지만, 다른 관점을 통해 클라이언트의 문제를 탐색하는 것도 부가적인 정보와 자원들을 제공해 준다. 사정과정 동안 종종 사용되는 몇 가지 관점으로, 생심리사회적인 관점 · 장애특화(disability-specific) 관점 · 삶의 질 관점 등은 모두 사정에 도움이 된다. 삶의 질 문제에 초점을 맞추는 것은 질병이 있거나 장애가 있는 클라이언트를 다룰 때 주로 사용되는 접근방법이다. 장애란 원래 상태로 복귀하는 것이 불가하기 때문에, 이제는 현실적으로 장애가

2) 적합성(goodness of fit)이란 개인의 적응적 욕구와 환경의 속성 간의 조화를 이루는 정도를 의미한다. 다시 말해, 개인의 욕구나 집단의 욕구, 권리, 목표, 능력과 특정한 문화적, 역사적 맥락 속의 환경 간에 작용하는 실제적인 적합성을 말한다. 그 상호 교류는 적응적일 수도 있고 부적응적일 수도 있다. 인간에게 환경은 호의적일 수도 있고 비호의적일 수도 있다는 말이다. 이것이 호의적일 때 지속적 발전을 도모하고 사회적 기능을 만족시키고 환경을 유지하거나 강화하므로 나름대로 적합성의 상태를 나타낸다고 할 수 있다. 적합성은 인간-환경의 계속적 교류를 반영하며 고정되어 있지 않고 상호 교육의 변화에 따라 바뀐다. 따라서 부정적 교류가 거듭되면 인간 발달과 건강, 사회적 기능은 손상된다.

아니라 삶의 질에 초점을 두는 것이다. 삶의 질은 환경적인 요소 등에 의해 큰 영향을 받을 수 있다. 또한 삶의 질을 사정하는 것은 항상 주관적인 과정이며, 워커의 주관적인 경험이나 이해가 그러한 사정에 강렬한 영향을 주는 잠재력이 된다.

생태학적인 관점이나 강점 관점 모두 개인뿐 아니라 지역사회와 클라이언트 집단을 사정하는 데에도 사용될 수 있다. 지역사회가 갖는 욕구를 사정하는 것은 지역사회를 사정하는 부가적인 방법이 될 수 있다. 클라이언트 집단이나 지역사회는 넓은 범위의 시야, 경험 그리고 관점들을 가지고 있을 것이다. 사정과정과 접근방법들은 클라이언트 체계의 규모와 이론적 준거틀에 따라 매우 다르다(Hartman, 1994).

1) 생태학적 준거틀

생태체계적 관점은 원래 자연과학에서 발전한 것으로, 사회복지실천에서 체계이론과 생태학적 방법론을 발생시켰다. 이 관점은 개인의 문제를 지역사회의 문제로, 또 폐쇄적인 개인을 지역사회 내 개인의 위치로 그 초점을 이동시켰다(Meyer, 1995). 개인과 지역사회는 어느 한쪽이 영향을 주거나 받기도 하지만, 대개 서로 동시에 영향을 주고받는다(Germain & Gitterman, 1980).

개인과 환경 간의 상호 균형이 사건 · 경험 혹은 상황 등에 의해 깨어졌을 때, 욕구와 능력 간의 불일치 혹은 욕구와 환경 간의 불일치 등으로 인해 스트레스가 발생한다(Germain & Gitterman, 1980). 장애는 그러한 불일치를 야기하기도 한다. 즉, 욕구와 의존감이 증가하는 반면 그것을 충족할 수 있는 능력은 감소한다. 환경이 이처럼 증가된 욕구를 충족시킬 수 없을 때, 인간과 환경 간의 '적합성(fit)'이 떨어지고 스트레스가 발생한다.

저메인과 지터먼(1980)은 스트레스가 다음의 세 가지 영역에서 발생한다고 한다. 첫째, 생애 전환기와 그 위기들, 둘째, 둔감한 조직 · 사회 구조 등과 같은 환경적 압박, 셋째, 부적응적인 대인관계 과정이다. 이러한 점에서 선천적으로 혹은 어릴 때 장애인이 된 사람과 만년에 장애인이 된 사람은 차이가 있다. 장애가 오래된 사람은 보통 어떤 위기를 극복해 왔으며, 사회 구조물 및 제도 등과 기능적인 관계를 발전시켜 왔고 상호작용해 왔다. 그러나 장애의 발생이나 그 상태의 갑작스러운 악화 · 변화는 많은 스트레스를 발생시킨다. 유기체와 환경 사이에 균형을 맞추고, 새로운 대처기술을 가르치거나, 새로운 욕구를 충족시키기 위한 관계망과 자원들을 개발하는 전문적인 개입 그리고 클라이언트의 가족 성원들 · 다른 관련 인물들과 함께 하는 개입은 균형을 회복하고 스트레스를 해결하는 데 도움이 된다.

앨런-미어스와 로(Allen-Mears & Law, 1993)는 사정의 여섯 가지 원칙을 다음과 같이 제시하였다.

- 사정은 클라이언트가 상호작용하는 다양한 생태 체계, 즉 가정, 학교, 직장 등으로부터 수집된 정보를 포함해야 한다.
- 정보 자원은 클라이언트 개인, 클라이언트 체계 내의 중요한 타인들 · 워커의 관찰 등을 포함해야 한다.
- 클라이언트와 클라이언트 상황과 관련된 모든 변수는 개인체계(성격, 행동, 신체 상태) 안에서 그리고 환경 속에서 모두 사정되어야 한다.
- 정보는 가능한 한 포괄적이어야 한다.
- 자료는 알기 쉬운 방식으로 구성되어야 한다.
- 사정은 개별적이고 환경적인 개입 모두와 관련되어야 한다.

생태학적 준거틀은 클라이언트와 다양한 환경적인 실체들 간의 관계를 명료화하기 위해서 시각적인 도구를 이용한다. 생태체계 관점의 기본적인 도식 도구는 바로 '에코맵(eco-map, 생태도)'이다. 클라이언트 세계에 대한 이 그림은 클라이언트와 연관된 환경하에 각 요소를 고려하도록 개발되었다. 에코맵의 많은 변수가 개발되어 왔다. 현재까지 에코맵에는 고전적 에코맵(The Classic Eco-Map, The PIE Map) 및 환경맵(The 'Environment' Map)의 세 유형이 개발되어 있다(Rothman, 2003: 190-193 참조).

2) 강점 관점

강점 관점에 입각한 사회복지실천은 실천의 모든 단계에서 클라이언트의 강점을 활용한다. 그리하여 사정의 준거틀, 이론적인 관점, 실천 모형 등은 모두 클라이언트의 강점을 일종의 중요한 차원으로 이해하고 있다. 강점 관점이란 역량을 부여하는 것이다. 즉, 기본적이고 전문 직업적인 가치인 클라이언트의 자기 결정을 촉진하고 클라이언트 스스로의 자존감을 지지한다.

흔히들 장애인들은 강점이 거의 없는 것으로 인식하고 있다. 예컨대, 그들은 대인보호 서비스에 의존하고, 고용에서 특수한 편의시설을 요구하며 그리고 감정을 언어로 표현하거나 스포츠에 참여하거나 운전하거나 혼자서 옷을 입거나 음악회에 참여하는 일 등을 할 수도 없고, 혹은 꽃을 못 볼 수도 있다는 것이다. 일반적으로 우리는 타인이 우리를 보는 방식으로 자신을 바라보곤 한다. 그래서 장애인은 타인의 인식 그리고 넓게는 사회의 인식을 내면화하는 것이 일반적이다. 이것은 자존감을 떨어뜨리고, 무력하고 절망적인 감정을 갖게 만들 수도 있으며, 그들로 하여금 자신의 삶을 통제하지 못하게 만들 수도 있다.

카우거(Cowger)는 클라이언트의 강점을 평가하고 이해하는 데 적합한 사정 도구를 제시하고 있다. 사정의 강점 접근은 원조 전문가의 도움과 격려를 통해 클라이언트가 자신들의 이야기를 말하도록 함으로써 시작된다(Cowger, 1991). 자신의 문제를 설명하고 묘사하는 과정과 또 관련된 환경을 선정하는 과정 자체가 바로 하나의 역량을 부여하는 셈이 된다. 워커로부터의 약간의 도움만으로도 클라이언트는 새로운 통찰로서 문제점의 본질을 구체화하거나 발견할 수도 있고 또 분명하게 표현할 수도 있다. 이러한 잠재력의 발굴은 워커가 클라이언트를 믿고 클라이언트의 판단을 신뢰하고 또 그들의 능력을 강화시키는 실천 모형에 기초하고 있다(Cowger, 1991).

이 관점에서는 "문제점(problem)이란 오로지 클라이언트의 욕구, 환경적인 요구 및 자원들 간의 불균형 관계로만 추정된다"(Cowger, 1991). 이러한 가정에는 장애인에게 부정적으로 영향을 미칠 만한 어떠한 가치판단도 없고, 또 그 문제점이 환경보다는 클라이언트에게 책임이 있을 것이라는 어떠한 암시도 없다. 그런 다음 클라이언트와 워커는 그 문제를 해결하기 위해 동원할 수 있는 클라이언트와 환경 속의 강점들을 탐색하여 간다.

그 강점 관점은 사정 도구로서 간단한 준거틀을 사용한다([그림 10-1] 참조). 두

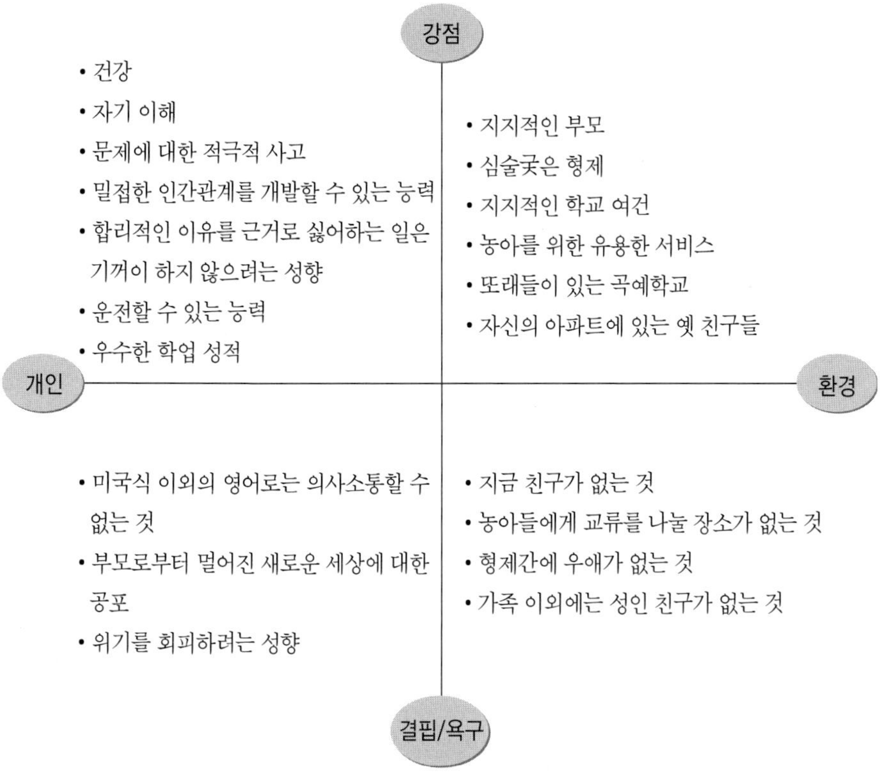

[그림 10-1] 강점 관점의 사정

선이 교차되고 사분면을 만든다. 한 축에는 개인적이고 환경적인 요인들을 기술하는 반면, 다른 축에는 강점과 욕구 또는 결핍을 기술한다(Cowger, 1991).

각각의 축은 그 선의 끝에 표시된 두 가지 요인을 설명하고 있다. 첫째, 환경적인 강점, 둘째, 개인적인 강점, 셋째, 환경적인 결핍, 넷째, 개인적인 결핍이다. 원조 전문가와 클라이언트는 함께 그 각각의 분면에 관련 정보들을 기재한다.

사분면 모두가 폭넓은 사정을 발전시키기 위해서 필요하지만, 클라이언트 강점 분면에 초점을 두는 것이 가장 중요할 것이다. 왜냐하면 자신의 강점에 대한 클라이언트의 지각을 발달시키는 것이 그들에게 역량을 부여하는 것이고 또 문제를 해결하고 그 상황에 대처하려는 클라이언트의 능력에 대한 원조 전문가의 확신을 지지해 주기 때문이다. 포함되어야 할 강점에는 인지적 강점, 정서적 강점, 동기부여 강점, 대처기제 강점 그리고 대인관계 강점이 있다(Cowger, 1991). 이러한 유형의 강점들은 장애가 신체적 · 정신적 기능의 일부를 제한하든 그렇지 않든 간에 각 개인에게 있게 마련이다.

강점 관점은 여러 가지 가정이 있다. 첫째, 모든 인적 및 인위적 환경은 클라이언트의 삶의 질을 향상시킬 수 있는 능력이 있다. 둘째, 강점에 초점을 맞추는 것은 문제에 대처하고 해결하려는 클라이언트의 동기부여를 증가시킨다. 셋째, 클라이언트와 워커의 상호작용으로 클라이언트의 강점을 발견할 수 있다. 넷째, 클라이언트의 강점에 초점을 맞추는 것은 '비난받는 희생자'의 가능성을 줄여 주며, 클라이언트의 생존기술을 이해하는 쪽으로 관심을 집중시켜 준다. 끝으로, 모든 환경은 클라이언트의 문제를 해결하는 데 동원될 수 있는 자원들을 내포하고 있다(De Jong & Miller, 1995).

클라이언트 강점에 초점을 맞춤으로써 원조 전문가와 장애인 모두 클라이언트의 장애 상황이 (사회적) 자원과 해결 가능성을 억제해 왔던 반면, 역설적으로 클라이언트를 생존시켜 왔으며 또 그의 기능을 현 수준까지 유지시켜 왔던 내적 강점들을 불러일으킬 수도 있게 되었음을 인지할 수 있게 된다. 애플비 등(Appleby et al., 2001)은 장애인에게 가장 가치 있는 강점 중의 하나는 인간으로서의 탄력성이라고 주장한다. 탄력성은 장애 상황에 적응하고 대처하며 순응하도록 도와준다. 대부분의 장애인은 그동안 동료에 의해 조롱과 학대를 받은 경험이 있다. 억압, 차별, 배제, 무시도 마찬가지로 장애에 동반되기 마련이다. 개인의 내적 자원에 대한 인지 그리고 그것이 필요할 때 집결시킬 수 있는 능력에 대한 인지는 장애인에 대한 강점 사정에서 중요한 부분을 차지한다.

클라이언트가 도움을 구하고자 하는 문제가 클라이언트의 장애와 직접적으로 연관되어 있을 때, 강점 관점은 특히 사회적 구성주의 이론과 훌륭한 조화를 이룬다. 장애 상황에 의해 발생한 문제들은 클라이언트의 한계점 안에가 아니라 사회와 환경의 한계점 안에 자리하고 있다. 그리고 클라이언트의 기능적인 결핍에 중점을 두기보다는 그의 강점을 활용하는 것이 여러 가지 계획의 초점이 될 때, 클라이언트의 역량강화로 인해 클라이언트 삶의 선택권들이 필요할 경우 통제되는 것과 마찬가지로 변화를 지향하는 동기도 증가된다.

강점 관점의 중요한 개념 중 하나는 내부로부터의 갱생(regeneration)과 치유(healing)의 개념이다. '갱생'과 '치유'라는 단어는 질병보다는 건강을 강조한다.

건강과 갱생은 신체적 질병이나 장애 상황의 현실을 부인하지 않는다. 오히려 '치유'할 수 있는 클라이언트의 능력을 강조한다. '갱생'은 클라이언트를 장애가 없는 상태로 다시 만들어야 한다는 것을 의미하는 것이 아니다. 오히려 장애를 개인의 결점이 아닌 강점 중의 일부로 만듦으로써 장애를 자기 안으로 편입시키는 전체성(a wholeness)의 가능성을 암시한다. 이것이 장애의 맥락 안에서 '건강(wellness)'의 참 의미다.

3) 생심리사회적 관점

생심리사회적 사정은 문제와 욕구를 이해함에 있어서 클라이언트의 생물학적, 심리적, 사회적 측면을 다룬다. 럼(Lum, 1999)은 특히 다문화가정의 클라이언트와 함께 활동할 때 문화적 · 종교적 측면을 다루는 것이 중요하다고 지적했다. 문화적 · 종교적 사정은 모든 클라이언트에게 중요하지만, 특히 장애인에게 중요하다. 이러한 측면에서의 사정은 장애의 원인 · 결과 등과 장애인의 신념 체계 · 문화 등과의 관계라는 차원에서 장애를 어떤 관점으로 보는지에 관한 본질적인 정보를 제공해 줄 수 있다. 장애 개념의 특성은 문화의 유형과 특성 등에 의존적이기 때문에 일종의 사회 구성물(a social construct)인 장애는 그 문화에 의해 만들어진다고 보아야 한다. 즉, 특정한 문화 안에서의 장애는 다른 문화 안에서 정상적인 삶의 일부가 될 수도 있고 또 다른 문화 안에서 가치 있는 특질일 수도 있다. 그래서 이 준거틀에서 사정의 변수들은 다음과 같다.

- 생물학적: 신체 기능
- 심리적: 내적, 정신적, 정서적
- 사회적: 외적, 관계적, 환경적
- 문화적: 외적, 윤리적, 인종적, 분파적
- 종교적: 초월적, 종교적, 신념 체계

생심리사회적 준거틀은 특히 장애인에게 사정할 때 유용하다. 왜냐하면 클라이언트의 기능을 제한해 왔던 환경적 조건들에 대한 논의를 피해 왔던 클라이언트에게 생물학적 기능의 사정과 관련한 총체적 입장을 제공해 주고 또한 신체 기능이나 발달지체를 논의하고 사정하기 위한 기회를 제공해 주기 때문이다. 심리학적 사정은 또한 정신건강과 관련된 문제들, 정신질환의 경과과정이나 인지 능력의 손상과정 등을 포함한다.

심리사회적 사정은 클라이언트 대처기술과 스트레스 요인에 초점을 둔다. 게다가 클라이언트의 환경적 상황과 그에 대한 클라이언트의 심리적인 반응 모두를 포함한다(Lum, 1999). 대처 능력을 갖춘 클라이언트는 자신들이 경험한 스트레스 요인을 충분히 관리할 수 있다. 갑작스럽게 닥친 장애는 클라이언트의 대처기술을 압도할 수 있고 높은 수준의 스트레스를 유발시키게 마련이다. 위기개입 모형은 클라이언트가 새로운 대처기술과 과도기적 대처기술을 개발하고 또 오래된 기술을 새로운 상황에 활용할 수 있도록 지원해 준다. 원조 전문가는 클라이언트가 갑작스럽게 얻은 장애에 대한 자신의 반응을 심각한 스트레스 요인이라는 점에서 볼 수 있도록 도와준다. 또한 장애가 극복할 수 없을 정도의 개인적 결함 때문이라기보다는 스트레스 요인과 대처기술 간의 균형을 깨는 일시적인 무능력(예컨대 절망감 · 분노 및 도피 등)이며, 또 그것은 적절한 개입이 있으면 회복될 수 있다는 사실을 클라이언트가 받아들이도록 도와준다.

심리사회적인 사정은 그 문제뿐 아니라 클라이언트의 기타 문제를 해결하게끔 해 주는 등 변화의 가능성까지도 탐색한다(Woods, 1996). 장애인과의 실천에서 장애 자체는 보통 변화시킬 수 없다. 현실적으로 가능함직한 동기, 자원 그리고 노력 등도 심각한 척수질환를 고치지 못할 것이고, 시각장애인에게 시력을 줄 수도 없을 것이며, 알츠하이머병에 걸린 사람에게 인지 능력을 회복시킬 수도 없고, 발달지체의 결과물들을 없앨 수도 없다. 가능한 변화라는 것은 생물학적 때로는 심리적인 변수보다는 클라이언트의 대인관계, 클라이언트 환경 내에서 타인들의 태도 혹은 클라이언트 욕구에 대한 사회적 조직적인 제도의 반응을 말한다.

4) 장애특화 사정틀

장애 상황은 특별한 적응과 대처 기제의 발달을 요구한다. 개인의 생활환경이 독특하고 개인의 장애 경험이 특이하기 때문에 적응 유형과 정도에 있어서 관련 변수들은 무한하다. 애플비 등(2001)은 신체장애가 있는 사람을 사정하는 데 사용될 일련의 변수를 개발해 왔다.

- 장애 조건의 특성
- 장애 발병 시기
- 장애인의 특성과 성격
- 장애인 가족의 특성
- 장애인 환경의 특성
- 사회경제적 상태
- 인종
- 문화적 · 사회적 상호작용

이 모든 변수는 장애 자체뿐 아니라 장애에 대한 타인의 인식에 의해서도 만들어지고 또 만들어지면서 상호작용한다. 장애인이 경험하는 차별 · 억압 · 낙인의 정도 때문에 거의 모든 장애인은 부정적인 자아개념을 어느 정도 내면화하고 있다. 애플비 등은 사정과정의 한 부분으로서 클라이언트 측의 두 가지 변수인 장애와 발생 시기 등을 탐색할 것을 제안했다.

(1) 장애

첫째는 기능적 장애다. 이 용어는 장애의 유형과 그 범위뿐 아니라 클라이언트에게 미친 영향까지도 포함한다(Appleby et al., 2001).

둘째는 사회적으로 부여된 장애다. 기능적 장애는 인적 및 인위적 환경이 갖는 장애에 대한 인식 내용에 의해서도 영향을 받을 수 있다. 사회적으로 부여된 장애를 사정하기 위해서 원조 전문가와 클라이언트는 클라이언트의 감정, 억압과 낙인, 소외와 차별을 받은 경험 등을 고려해야 한다. 환경 자체가 일종의 장벽이라면 환경과 관련한 경험들 또 환경의 구조와 제도 등을 통해서 장애인은 무가치함, 자기연민, 절망의 감정 등을 경험하기도 한다.

(2) 발병 시기

먼저 어릴 때 발병한 경우다. 선천적으로 장애를 갖고 태어났거나 어릴 때 장애인이 된 아이의 장애에 적응하고 대처하는 능력은 부모나 다른 가족 성원들의 장애에 대한 반응에 달려 있다. 가족의 반응은 윤리적 · 문화적 요인, 그리고 종교적 · 영적인 신념과 사회경제적 문제로부터 영향을 받는다. 동료로부터 혹은 학교에서 배제되거나 조롱당하는 장애아의 경험은 역시 가족의 문제가 된다. 부모와 가족 성원들이 아동의 장애를 하나의 도전으로 생각할 때, 부모와 장애아는 환경의 억압적이고 차별적인 요소들을 변화시킬 수 있는 역량을 부여받게 된다. 반면 일종의 상실이나 위협으로 생각할 경우, 가족 성원과 아동 모두의 자존감은 부정적인 영향을 받을 것이다(Appleby et al., 2001: 186). 장애아는 가족 체계의 일부이기 때문에, 사정은 다음과 같은 내용의 개인 강점뿐 아니라 그 가족에 대한 이해도 포함해야 한다. 가족 성원 각자의 강점, 기능적 장애의 수준, 장애로 인한 가족 기능의 한계, 장애 조건에 대한 개인과 가족의 주관적인 설명, 그리고 기능적 · 사회적 · 주관적인 장애에 대한 인식의 차이, 가족에게 활용 가능한 자원들(Appleby et al., 2001: 187).

다음으로 나이 들어 발병한 경우다. 장애가 된다는 것은 당사자에게 큰 위기가 된다. 사정되어야 할 주요한 내용은 장애가 개인의 정체성에 미친 영향이다. 대개의 경우 정체성은 기능 손상과 새로운 상황을 받아들이기 위해 재정립되어야 한다. 자아개념에서 재적응의 수준은 장애의 유형 및 등급 심각성과 관련되지만 발병의 시기와 사회적 환경적인 요인들에 의해서도 영향을 받는다. 에이즈에 걸린 사람은 류머티스 관절염에 걸린 사람과 상당히 다른 장애 경험을 한다. 사지와 척추 기형인 사람은 만성피로 증상과 마찬가지이지만 시각장애인과는 매우 다른 경험을 한다. 사회적 · 환경적 문제는 개별 장애 유형에 대해 매우 상이하게 영향을 미친다. 특정한 개인이 나이 들어 발병한 장애에 적응하고 대처하는 능력은 개인의 성격 및 특성과 관련성이 높다(Appleby et al., 2001).

5) 삶의 질 문제 다루기

개인이 자신의 삶의 질을 구조화하는 방식은 반드시 주관적이어야 하며 또 삶의 질 문제가 클라이언트 개인의 관점에서 최대한 이해되어야 한다. 높은 수준의 삶의 질을 얻기 위해서는 세 가지 전제조건이 있다. 즉, 사람은 어떤 것을 원할 수 있어야 하고, 그것이 무엇인지를 알 수 있어야 하며, 원하는 것을 다른 사람에게 이야기할 수 있어야 한다(Rosenberg, 1994).

1987~1988년에 '장애인을 위한 삶의 질(National Quality of Life for Persons with Disabilities)' 프로젝트가 실시되었는데, 그것은 탈시설화 · 정상화 · 옹호와 자기 옹호 그리고 장애인을 주류에 편입시키기 등을 실천하기 위한 움직임을 말한다. 삶의 질 개념의 발달로, 그 프로젝트는 스스로를 지키게끔 장애인을 바꾸었다. 삶의 질 차원을 탐색하는 과정은 모든 사람에게 적용되고 장애인에게도 제한이 없다. 그 모형은 삶의 질 문제를 이해하고 논의하려는 장애인, 가족 성원, 전문가에 의해 활용되었다(Goode, 1994: 143).

제4절 사회적 · 정치적 행동: 장애인복지운동론

사회복지의 현대적 개념은 무엇인가라는 물음에는 '산업자본주의 체제가 야기한 사회복지문제에 대응한 사회적 시책'라고 답할 수 있다. 즉, 빈곤 · 노령 및 장애 등과 같은 모든 사회복지문제는 개인적 측면과 동시에 사회적 측면도 지니고 있다는 것이다. 그리하여 사회사업 실천은 개인 변화를 통한 환경에의 적응력 강화라는 목표를 설정함과 동시에 사회 변화를 통한 사회통합도 달성해야 할 목표로 설정하고 있는 것이며, 이러한 실천의 이중 초점을 전제로 한 원조 전문가의 책무를 클라크(Clarke)는 이중 책무(dual obligation)라고 명명하고 있다. 그리하여 사회복지실천이 이러한 양면성을 지녔기에 전통적 실천과 진보적 실천이라는 두 가지 큰 흐름으로 존재하고 있는 것이다.

그러나 개별 사회가 이 두 가지 목표(혹은 기능) 중 어느 하나를 더욱 강조하는 정도는 개별 사회의 경제적 · 정치적 · 심리적 및 문화적 변인들에 따라 달라지게 마련이다. 한국의 경우는 여러 가지 복합적인 요인에 의해 사회사업 실천의 양면성을 간과하고 개인 변화에만 치우친 채 사회 변화에는 적극적으로 대처하지 못하고 있다는 자성의 소리가 일각에서 일고 있다. 과연 개인 변화에 초점을 맞추게 되면 어떤 역기능적 문제가 야기될까? 주지하다시피, 전통적 실천은 개인의 계몽과 해방에 초점을 맞추는 특징이 있다. 사회의 개혁이 아니라는 것이다. 즉, 현존하는 불평등한 사회 구조를 재생산할 뿐이며 대안적인 사회 변화를 발전시키거나 인간과 사회의 변화를 동시에 가져올 수는 없는 접근법이라는 게 진보론자들의 주장이다.

그러므로 한국사회복지학계가 빈곤 등 사회복지문제의 사회적 맥락을 묻지 않은 채 그 발생 원인을 개인의 기능적 · 도덕적 결함으로만 이해한다면, 사회복지문제의 효과적인 해결에 실패하고 말 것이라는 우려가 앞선다. 그리하여 개인의 적응력 강화와 사회 개혁이라는 이중 책무에 대한 균형적인 감각을 유지해야 한다는 취지에서, 진보적 사회복지실천의 개입 전략 중 하나인 사회복지 운동의 접근법과 이론(모형)에 대해 논의하고자 한다.

1. 집합 행동의 개념과 모형(접근법)

진보적 사회사업의 개입 전략은 집합 행동과 개인적 실천이라는 두 가지 행동으로 나눌 수 있으며, 또 집합 행동은 사회 행동(social action)과 사회 운동(social movement)으로 구분된다. 이 중 집합 행동에 논의의 초점을 맞추기로 한다.

사회 행동과 사회 운동은 일정 부분 차이를 보이고 있다. 간략히 살펴보면, 전자는 정책의 변화에 초점을 두는 사회정의를 위한 행동인 반면 후자는 특정 대상 집단의 사회정의를 위한 행동이라는 차이가 있다. 또한 사회정의의 확보를 위한 집합적 행동이라는 점에서 공통적이지만, 사회 행동이 정치 권력이나 제도의 변화를 위해서 대체로 합법적인 틀 내에서 전개되는 반면, 사회 운동은 합법적으로 전개되기도 하지만 비합법적인 투쟁 방식을 또한 사용한다는 차이가 있다. 그리고 사회 운동이 이슈 중심이기 때문에 지역사회와 구체적으로 연계되는 점이 취약한 반면, 사회 행동은 지역성을 근거로 전개되는 특징이 있다. 그래서 사회 행동을 일종의 지역사회 운동으로 파악하기도 한다.

두 가지 유형으로 세분화되는 집합 행동이란 용어는 어떤 의미를 갖는 것일까?

집합행동 이론을 처음으로 체계화한 스멜서(Smelser, 1962)의 견해를 대표적인 것으로 다음과 같이 제시한다. "현존의 사회규범, 제도 및 가치 체계에 무언가의 변화를 추구하려는 다수 개인들의 적극적인 공동 행동."

이상에서 살펴본 것처럼, 합법적이냐, 누구에 의해 전개되느냐 등의 문제에서 양자는 뚜렷한 차이를 보이고 있지만, 현실에서의 집합 행동은 이처럼 명확하게 구분되지 않는다. 그러므로 우리가 논의하고자 하는 사회복지운동이란 이 양자의 성격을 모두 가진 용어이며 또 집합 행동은 사회복지운동의 일반적 및 고전적 개념으로 이해하고자 한다.

1) 구조기능주의적 접근

구조기능론은 사회를 그 구성 부분들의 상호 의존적인 체계로 규정하면서, 그와 같은 사회 체계는 균형과 통합을 유지하려는 안정된 체계라고 가정한다. 또한 사회 체계는 그 구성 부분의 변화에 의해 체계에 불균형과 긴장이 발생하게 되면 체계의 적응적 변동에 의해 다시 균형을 회복해 나가는 자기 규제적인 체계로 간주한다. 따라서 구조기능주의자들은 집합 행동을 체계의 구성 요소(규범, 가치 및 제도 등)의 불일치나 괴리 등으로 인한 구조적 긴장 혹은 불균형에서 비롯되는 변동 지향적인 사회적 행동으로 본다.

집합 행동의 원인이라고 보는 구조적 긴장이나 불균형은 사실상 측정이 매우 어려운 지나치게 포괄적인 용어다. 틸리(Tilly)가 지적한 것처럼, 오늘날 어떤 구조기능주의자들도 사회 체계의 긴장과 불균형에 대한 신뢰할 만한 척도를 개발하지 못하고 있다. 또한 구조적 긴장과 불균형이 전혀 없는 사회 체계는 현실적으로 존재할 수 없다고 한다면, 어느 정도의 긴장과 불균형이 집합 행동의 원인이 되는지에 대한 명확한 규정도 제시되지 않고 있다(임희섭, 1999).

2) 사회심리학적 접근

사회를 충족되거나 좌절된 욕구와 기대를 가진 개인들의 집합으로 개념화하면서, 원칙적으로는 사회 체계보다는 개인을 분석 단위로 설정한다. 이 접근법은 집합 행동이나 혁명에 참여하는 사람들의 심리적 동기에 관심을 집중시키면서 다른 모든 사회현상과 마찬가지로 집합 행동 역시 인간의 마음속에서 비롯된다고 전제한다. 즉, 개인적 특징이나 불만스러운 마음의 상태와 같은 개인적인 수준에서의 요인을 집합 행동의 설명 요인으로 설정하고 있다.

이 접근법의 치명적인 오류는 소위 '심리학적 환원론(psychological reductionism)'으로 설명될 수 있다. 집합 행동은 일종의 사회적으로 이루어진 행동이라 할 수 있으므로 그 원인에 대한 설명도 사회적 원인론이어야 한다. 그럼에도 개인적 불만이라는 개인주의적 전제를 내세우고 있는 것이다.

3) 구조적-역사적 접근

집합 행동, 특히 혁명을 설명하는 데 있어 역사적 조건의 중요성을 강조하면서 혁명의 주요 변인으로 계급과 국가 등의 구조적 요인을 강조하고 한편으로 비교-역사적 방법론을 채택하는 이론적 관점이라고 할 수 있다. 지금까지의 부분적인 요인들을 설명하는 데 치우쳐 왔던 기존 이론들을 비판하면서, 체계 내적 요인뿐 아니라 체계 외적 요인까지 통합하여 하나의 이론틀을 구성하려고 시도했다는 점에서 획기적이라고 평가받고 있다.

그러나 이 관점이 강조하고 있는 소위 구조적 관점은 인간의 의도적이고 능동적인 행위의 중요성을 간과하고 있다는 점이 비판의 핵심이다. 그 결과 혁명에 관한 논의에 있어 구조적인 원인과 객관적인 결과에 매몰된 나머지 혁명과정에 대해서는 제대로 된 설명을 못하고 있다.

4) 합리적 선택 이론

집합 행동에 참여하는 개인이나 집합체의 비합리적인 특성을 강조했던 구조기능주의적 접근이나 사회심리학적 접근에 대한 대안으로서 집합 행동 참여자들의 주체적이고 합리적 선택의 측면을 강조하는 대안적 이론으로 등장하였다. 즉, 합리적 선택 이론은 집합 행동에 참여하는 개인들이 참여에 따르는 비용(cost)과 이득(benefit)에 대해 합리적인 계산을 한다는 전제에서 출발하고 있다. 개인 행위는 자기 이해(self-interest)에 의해 동기 지어진다는 공리주의적 가정과 경제학적 인식틀에 기초한 합리적 선택 이론은 사회학적 문제 제기와 경제학적 분석방법의 결합에 의한 집합 행동 연구의 새로운 지평을 열었다고 평가받고 있다. 물론 그와 같은 경제학적 모형은 사회적인 일반 행동에서보다는 이기적인 경제 행위라는 특수한 사회적 행동의 분석에서 보다 적절하게 적용될 수 있다는 한계를 지니고 있으나, 이 이론의 기본 논리는 그 이후 자원동원론을 비롯한 여러 이론의 발달에 적지 않은 영향을 미쳤다.

대표적인 학자로는 올슨(Mancur Olson)을 들 수 있다. 그는 집합 행동에 참여하는 개인들은 죄수의 딜레마(prisoner's dilemma)와 무임승차 딜레마(free rider's dilemma)에 봉착하게 된다고 설명한다. 죄수의 딜레마는 규모가 큰 집합체일수록 개인들은 다른 개인들과 충분한 의사소통을 할 수 없기 때문에 개별적인 이익을 추구하는 다른 개인들의 행동을 예측하기 어려워 자신의 참여 여부를 쉽게 결정하지 못한다고 한다. 그리고 무임승차 딜레마는 공공재(public goods)의 산출을 목적으로 하는 집합 행동에 있어 합리적이고 자기 이해적인 개인은 비용이 뒤따르는 집합 행동에 참여하지 않아도 다른 참여자들에 의한 집합 행동의 결과로 산출되는 공공재의 혜택을 받을 수 있기 때문에 집합 행동에 참여하지 않을 수도 있다는 딜레마다. 공공재란 특정한 개인이 그것을 소비할 때 다른 사람도 소비를 못하게 되는 그런 성격의 재화가 아니기 때문이다. 따라서 합리적인 개인들을 집합 행동에 동원하기 위해서는 참여와 비참여, 또는 참여의 정도에 따른 선택적 유인물(selective incentives)을 주거나 비참여에 대한 처벌과 같은 강제가 필요하다고 올슨(1971)은 주장하고 있다.

올슨의 집합 행동에 관한 논의의 두 번째 명제는 집합 행동에의 참여와 동원에 규모가 작은 집단이 큰 집단보다 훨씬 성공적이라는 것이다. 집단의 규모가 작을수록 집합 행동에 참여하는 개인들에게 돌아가는 집합재의 몫이 커지고, 또한 자발적이고 이기적인 행동에 의해 집합재가 공급될 가능성이 커지기 때문이다. 이와 반대로 규모가 큰 집단에서는 개인의 공헌이 상대적으로 비가시적이고 또한 공헌에 관계없이 공공재를 향유할 가능성이 높아지기 때문에 무임승차 문제가 더욱 두드러진다는 것이다. 결국 공동 이해를 갖는 사람들이 많을수록 그리고 집단의 규모가 커질수록 집합 행동을 유발할 유인물이 감소하며, 따라서 대규모 집단은 소규모 집단보다 성원들이 공동 이익을 위해 단합된 행동을 취할 가능성이 적어진다는 것이다.

이 이론은 집합 행동 참여자들이 자신의 처지나 사회경제적 조건에 대한 단순한 불만 때문에 참여한다기보다는 합리적인 동기와 합리적인 의사결정에 기초해서 행동한다는 측면을 부각시키는 데 성공했다고 할 수 있다. 그러나 먼저 집단의 이익과 집단의 연대라든지, 집합 행동에 참여케 하는 도덕적 구속력 그리고 여러 가지 비합리적인 동기가 개인의 이해를 넘어서서 개인들을 집합 행동에 참여시키기도 한다는 측면을 완전히 배제하고 있다. 그런 의미에서 이 이론은 미시적 이론이라는 한계를 갖고 있다. 또한 이 이론은 집합 행동의 동원 조건으로 선택적 유인물을 제시하고 있지만, 그것만으로는 실제로 발생하는 행동의 다양성이나 강도를 설명하기에 충분치 못하다. 특히 구성원을 위한 물질적 이득을 직접 산출하지 않는 비경제적 조직의 경우에는 더욱 그러하다.

더 나아가 이 이론이 안고 있는 보다 근본적인 문제는 개인적인 자기 이해의 개념에 있다고 할 수 있다. 사회생활이란 '단 한 번의 죄수 딜레마 게임(a single play of prisoner's dilemma game)' 이라기보다는 반복적인 게임(iterated games)에 의해 이루어진다고 보는 것이 옳을 것이기 때문이다. 비록 개인들이 처음에는 합리적인 판단에 의해 집합 행동을 성사시키지 못한다 하더라도, 반복적인 접촉은 상대방의 선택 경향을 파악할 수 있게 함으로써 이른바 죄수의 딜레마를 극복하고 집합 행동을 출현시킬 수 있을 것이다.

5) 자원동원 이론

자원동원 이론은 사회 운동을 사회 해체의 결과로 보기보다는 사회조직의 산물로 이해함으로써 집합 행동을 제도화된 행동으로 규정하고, 또 논의의 초점을 개인의 차원에서 조직의 차원으로 옮김으로써 또 하나의 분석 지평을 열었다고 평가받고 있다. 이 이론의 기본 가정은 사회 운동의 필요조건이라고 할 수 있는 사회적 불만 등은 어느 사회에나 항상 존재하며, 따라서 사회 운동의 발생과 전개과정은 사회적 불만의 축적된 양보다 자원 동원의 가능성 여부와 그 정도에 의해 결정된다는 것이다. 이 이론의 핵심적인 과제는 다음 세 가지로 정리할 수 있다(임희섭, 1999).

- 사회 운동 참여에 있어서 비용과 이득의 문제에 대한 규명이다. 그리하여 올슨은 유인물을 집합적 유인물과 선택적 유인물(selective incentives)로 구분한 다음 집합 운동의 참여 여부와 그 정도에 따라 이득이 달리 분배되지 않으면 사람들은 집합 행동에 참여하지 않는다고 주장하고 있다.
- 조직의 연구는 핵심적인 과제다. 기존의 조직들은 사회 운동 참여자들의 비용을 줄일 수 있고, 충원 활동에 동원될 수 있으며, 또 운동이 성공할 가능성을 높이는 데 기여한다는 것이다.
- 참여자들이 갖는 성공의 가능성에 대한 기대다.

이 이론은 오늘날 사회 운동을 분석하는 가장 정교한 시도 중 하나로 평가되고 있지만 동시에 다음과 같은 한계도 지적되고 있다(임희섭, 1999).

- 사회운동 조직이 수행하는 자원 동원의 과정이라는 중간 수준의 사회운동 연구에 중점을 두고 있다.
- 사회운동 연구에 있어서 전통적으로 중요하게 다루어져 왔던 불만 등과 같은 심리적 요소들을 과소평가하고 있다.
- 이 이론은 대규모적이고 분업 체계가 철저하게 공식적인 형태가 효율적이라고 주장하고 있지만, 현대의 사회 운동에서는 비공식적인 사회적 연결망이 매우 중요한 역할을 하고 있다고 지적하고 있다.

6) 신사회운동론

신사회운동론은 1970년대 이후 서구 후기산업사회를 배경으로 급속하게 확산된 민권 운동, 환경 운동, 여성 운동, 학생 운동 및 종교 운동 등과 같은 새로운 사회 운동들이 운동의 목표와 주제, 사회적 기반과 주체, 대상과 전략 등에서 이전의 사회 운동들과 현격한 차이를 보임에 따라, 기존의 사회운동 이론을 재개념화할 필요성에 의해 주로 유럽의 사회학자들에 의해 전개되어 온 사회운동 연구의 새로운 접근이다.

종래의 사회 운동들이 대부분 계급관계를 배경으로 한 주로 경제적 이익을 추구하기 위한 정치적인 운동으로 개념화될 수 있었다면, 1970년대 이후 서구 사회의 사회 운동들은 대부분 경제적 이익보다는 집합적 정체성의 추구를 목표로 하고, 운동의 사회적 기반도 중간계급이거나 범계급적인 사회적 범주로 바뀌고 있었다.

그와 같은 '새로운' 형태의 사회 운동에 대해서 미국의 사회운동 연구자들은 주로 자원 동원 능력의 증대와 정치적 기회 구조의 확대에 의해 설명하려는 자원 동원 이론을 발전시켰다. 그에 비해 유럽의 연구자들은 후기산업사회의 구조적 특성과 모순에 의해 설명하면서, 새로운 사회 운동들의 독자적인 특성들을 분석하려는 '신사회운동론'을 전개하였다. 그리하여 신사회운동론자들은 구사회운동과 구별되는 다음과 같은 다양한 특성들을 도출해 내었다(임희섭, 1999).

- 이 운동의 목표는 근대화 과정에서 발생한 초계급적인 문제에 대응하는 것이기 때문에 참가자들의 사회적 배경이 초계급적이다.
- 이데올로기적 성격은 종래의 노동 운동과는 달리 실용적이고 다원적이다.
- 가치지향은 경제성장의 논리를 거부하는 반근대 또는 탈근대 지향적인 것이다.
- 이 운동은 동원된 집단으로서가 아니라 개인적 활동으로 행동화되기도 하기 때문에 개인적 활동과 집합적 활동의 경계가 분명치 않은 경우가 많다.

그러나 많은 신사회운동론자는 '새로운' 사회 운동들을 이전의 운동들과는 질적으로 다르다고 보는 '불연속성'을 지나치게 강조함으로써 이 운동을 특수한 사회 운동에 대한 '특수한 이론'으로 한정시켰다는 비판을 받고 있다. 그들은 '새로움'에 집착한 나머지 신사회운동론을 다른 모든 사회운동론을 포괄하는 일반 이론으로 발전시키는 데 미치지 못하였다는 것이다. 또한 그 운동의 분석 범주를 '새로움'에 국한시키고 나면, 이 운동이 과거의 운동들과 갖는 연속성을 잃게 될 뿐 아니라 유사한 운동들 간의 중요한 차이점도 발견할 수 없게 되는 인식론적 오류를 범하게 된다. 이러한 비판에도 불구하고, 이 이론은 사회운동 연구에 있어서 집합적 정체성의 문제 등이 지니는 중요성을 '재발견'함으로써 보다 일반적인 이론인 구성주의 이론의 형성과 발전에 초석을 놓았다고 평가받고 있다.

7) 구성주의 이론

구성주의 이론은 사회 운동이 구조적인 조건에 의해 자동적으로 발생하기보다는 그와 같은 구조적 조건에 대한 사회 성원들의 집합적인 정의, 즉 불만스러운 상황에 대해 해석하고 상황을 개선하기 위한 행동의 의미를 해석하는 주관적인 과정을 거친다는 기본 가정에 입각하고 있다.

종전의 사회 운동은 사회 구성원들의 개인적 또는 사회적 불만(초기의 집합행동론 및 사회심리학적 접근), 구조적 긴장 혹은 구조적 불균형(구조기능주의적 접근), 사회 체계 수준에서의 구조적 모순(구조적-역사적 접근 및 신사회운동론), 정치적 기회의 확대(정치과정론), 이용 가능한 자원의 증가(자원동원론) 등과 같은 구조적 조건에서 발생하는 것으로 설명되어 왔다. 그러나 구성주의 이론가에 의하면 그와 같은 구조적 조건들은 사회 운동이 발생할 수 있는 잠재적인 조건을 제공할 뿐이라는 것이다. 실제로 사회 운동이 발생하기 위해서는 먼저 그와 같은 구조적 조건을 행위자들이 자신들에게 의미 있는 상황으로 해석하고 정의하지 않으면 안 된다는 것이다.

그러므로 사회 운동의 발생과 전개가 참여자들과 다른 행위자들(예: 정부, 대중 및 반대자들) 간의 상호작용을 통해 구성되는 집합 행동의 틀에 의해 매개된다는 구성주의적 접근은 사회운동 연구의 새로운 영역을 개척했다는 평가를 받고 있다. 그러나 이 이론 역시 다음과 같은 점에서 비판의 여지가 많다고 지적되고 있다(임희섭, 1999).

- 지금까지의 대부분의 경험적 연구가 사례 연구에 치중함으로써 사회 운동에 대한 체계적인 경험적 연구를 진행하지 못해 왔다.
- 구성주의적 사회운동 연구들 대부분이 분석적이지 못한 기술적(descritive) 편향성을 갖고 있다.
- 틀 구성에 관한 대부분의 연구가 틀 구성의 과정보다 틀의 내용에 집중하였기 때문에 정태적 연구라는 한계를 지니고 있다.

- 집합 행동의 틀을 실제적인 것으로 간주하는 물화의 오류(reification problem)를 범하고 있다.
- 심리학적 환원론에 기반을 두고 있다.
- 엘리트 편향성을 지니고 있다.
- 단원론적(monolithic) 경향을 띠고 있다.

2. 한국 장애인복지운동의 특성과 전개과정

원조 전문가인 사회사업 실천가는 개인 변화(적응력 강화)와 사회 변화(사회통합)를 함께 도모해야 하는 이중 책무를 지니고 있다. 그럼에도 국내에서는 다소 관심이 소홀한 사회 변화를 강조하기 위한 의도에서 그 주요한 실천 전략인 사회복지운동의 이론적 모형을 소개하였다. 그러나 이 이론들은 원래 사회복지학 내에서 개발 · 정립된 것이 아니라 사회학에서 축적된 이론들이다. 뿐만 아니라 갖가지 영역에서의 '운동'에 관한 풍부하고도 오랜 현장 경험과 자료들을 토대로 정립된 이론이기에, 다양한 욕구라기보다는 장애인의 생존이라는 일차적 욕구에 집중된 현장이 갖는 단순한 특성을 설명하는 데에는 한계가 있을 수밖에 없다. 이러한 한계를 전제로 국내에서 장애인복지운동이 전개되어 왔던 과정과 그 특성들을 기술하고자 한다.

1988년은 우리나라에서 대중적인 장애인운동이 막 시작된 시기로 인식되고 있는데, 그 성격은 인권 차원의 운동이고, 이익집단 차원의 운동이며, 사회변혁 운동의 성격도 지니고 있다(장애우인권문제연구소, 2008). 또한 장애인운동의 원칙으로 다음 세 가지를 제시할 수 있다. 첫째, 장애인운동의 주인공은 가능한 한 장애인 자신이어야 한다는 것, 둘째, 장애인들이 해방된다고 했을 때 그 대상은 장애가 아닌 차별이라는 것, 셋째, 지역사회에서 비장애인들과 같이 살아가야 한다는 것이다.

장애인운동은 1990년대 후반부터 본격적으로 전개되었는데, 그 운동의 목표 중 하나로는 탈시설화를 들 수 있다. 이러한 탈시설화의 배경은 다름 아니라 자립생활 내지 독립생활이라고 할 수 있다. 자립생활이 주요한 목표가 되는 장애인운동에서 가장 중요한 것은 자신의 경험을 계기로 주변에서 지지자를 만나고 그들과 함께 사회에 문제를 제기하는 자세다. 자신이 차별받은 경험을 이야기하면서 그에 공감하는 사람들을 만나는 것이다. 장애인 당사자뿐 아니라 차별을 반대하고 차별을 줄이는 데 힘을 합치려는 모든 사람과 함께 하는 것이다. 이런 자립생활 운동이 구체화되면서 필연적으로 경증이 아닌 중증 장애인들이 장애인운동의 전면에 나서게 되고, 한국의 장애인운동은 급격한 변화를 맞게 된다. 그 변화의 과정을 『함께 걸음』에서는 다음과 같이 묘사하고 있다.

> 1980년대는 경증의 지체장애를 가진 당사자들이 운동의 중심 세력으로 등장하였다. 그들이 장애인문제를 국가가 책임져야 하는 구조적인 문제로 인식하면서 장애인운동은 획기적인 전환점을 맞는다. 1980년대 장애인운동은 대정부 투쟁으로 나타나며 법과 제도를 만드는 것에 힘을 쏟는다. 그러다가 1990년대 후반부터는 차별 및 인권에 대한 다양한 논의가 진행되면서 장애인운동에도 새로운 바람이 불기 시작했다. 바로 중증장애인 중심의 당사자주의 운동이 시작되었다. 현재(2003) 한국 장애인운동은 다시 한 번 새로운 변화의 갈림길에 놓여 있다. 장애인운동의 더 진보된 운동 방식을 요구하고 있다. 중증장애인의 인권 운동은 세계적인 추세이며 당분간 장애 운동의 중요한 흐름이 될 것이다.
>
> 장애인운동은 법 · 제도화 투쟁에서 생존과 밀접한 생활 문제 해결로, 사회복지 관련 종사자나 전문가 · 경증장애인 중심에서 중증장애인 당사자 주도로, 재활 패러다임에서 자립생활 패러다임으로 무게중심이 옮겨지고 있다. 이러한 움직임의 배경에는 중증장애인들이 있는데, 그동안 경증장애인들은 「특수교육진흥법」이나 「장애인고용촉진법」 등이 제 · 개정되면서 교육과 취업에 대한 욕구를 조금이나마 해결할 수 있었던 반면, 학교나 직장에 접근조차 불가능한 중증장애인들은 여전히 소외의 짙은 그늘을 벗어나지 못하고 있다. 자기 선택권(혹은 결정권)을 바탕으로 이런 중증장애인에게도 비장애인과 똑같은 인간적인 생활을 누릴 권리가 있다는 자립생활 이념은 중증장애인들이 사회에 진출하는 데 중요한 이념적 발판이 되고 있다.

흥미로운 사실로는 중증장애인들이 사회로 나올 수 있었던 배경의 또 하나로 전동휠체어의 보급을 들 수 있다. 『함께 걸음』에서는 "전동휠체어는 장애인 이동권 확보 운동의 결정적인 수단이 되었다."고 증언하고 있다. 중증장애인이 그 주역으로 등장하기 시작한 이후부터 장애인운동의 지향점이 「장애인차별금지법」으로 모아지기 시작했는데, 장애인차별금지실천연대의 박옥순은 다음과 같이 역설하였다.

> 장애계는 이제 추상적인 인권이라는 말을 당분간 접고 대신 차별금지를 사용해야 한다. 아니, 구체적인 차별을 드러내고, 이를 금지할 수 있는 제도를 통해 인권을 말해야 한다. 과거에 인권을 화두로 한 여러 제도가 진정한 의미의 인권을 보장하지 못하고, 나아가 다양한 영역에서의 장애차별을 아우르지 못하는 한계를 「장애인차별금지법」을 통해 풀어 내야 하는 것이다. 「장애인차별금지법」은 그 이름 자체가 우리 사회에 장애인차별 금지라는 명백한 선언적 의미를 부여하고 있다. 어줍잖게 인권 또는 권리라는 단어로 혼란을 야기하기보다는 차별금지로 분명한 인권의 출발점을 지정하는 효과를 갖는다는 점에서 그 의미는 남다르다.

지금 현재 국내에서 장애인복지운동의 핵심적 화두는 바로 '차별금지'라는 것이다. 이는 무엇을 의미할까? 장애인들이 겪고 있는 많은 문제는 바로 차별에 그 뿌리를 두고 있기에 개인적 문제가 아닌 사회적 문제이며, 그 해결의 궁극적 책임은 전체 사회에 있다는 것이다. 만약 장애인들이 안고 있는 문제의 성격을 개인적 문제로 인식한다면 장애인복지운동은 성립되지도 않고 그 전개 가능성도 없다고 보아야 한다. 왜 그런가? 개인적 문제라고 표현되었지만 구체적으로는 그 내용이 각기 다르기 때문이다. 차별을 장애인들의 공통된 문제로 상정했기 때문에 '운동'이라는 집합적 행동이 가능한 것이며, 또한 차별을 받고 있는 또 다른 사회적 약자들과의 소위 연대의 가능성도 확보하게 되었다고 평가하고 싶다.

참고문헌

김미옥, 김희성, 이민영(2005). 장애인의 임파워먼트 과정에 관한 연구. 한국사회복지학, 57(1), 31-60. 한국사회복지학회.

김종심(1985). 신과학운동, 세계관의 전환인가? 신동아, 9, 514-523.

임희섭(1999). 집합 행동과 사회운동의 이론. 고려대학교 출판부.

장애우인권문제연구소(2008). 함께 걸음, 5호.

Allen-Mears, P., & Law, B. A. (1993). Grounding Social Work Practice in Theory: Eco-system. In J. B. Rauch (Ed.), *Assessment*. Milwaukee: Family International.

Appleby, G. A., Colon, E., & Hamilton, J. (2001). *Diversity, Oppression, and Social Function: Person-in-Environment Assessment and Intervention*. Boston: Allyn and Bacon.

Boehm, A., & Staples, L. H. (2002). The Functions of the Social Worker in Empowering: The Voices of Consumers and Professionals. *Social Work, 47*(4), 449-461.

Compton, B. & Galway, B. (1994). *Social Work Processes*. Pacific Grove, CA: Brooks Cole.

Cowger, C. D. (1991). Assessment of Client Strength. In D. Saleeby (Ed.), *The Strengths Perspective in Social Work Practice*. New York: Addison Welsley Longman Publishers.

Cowger, C. D. (1994). Assessing Client Strengths: Clinical assessment for Client Empowerment. *Social Work, 39*, 262-268.

De Jong, P., & Miller, S. D. (1995). How to interview for client strengths. *Social Work, 40*, 729-736.

Ell, K. (1995). Crisis Intervention: Reseach Needs. In R. Edwards (Ed.), *Encyclopedia of Social Work*. Washington, DC: NASW Press.

Fraser, M., & Galinsky, M. (1997). Toward a resilience-based model of practice. In M. Fraser (Ed.), *Risk and resilience in childhood: An ecological perspective*. Washington: NASW.

Germain, C. B., & Gitterman, A. (1980). *The Life Model of Social Work Practice*. New York: Columbia University Press.

Gilliland, B., & James, R. (1997). *Crisis Intervention Strategies*. Pacific Grove, CA:

Brooks/Cole.

Goode, D. (Ed.). (1994). *Quality of Life for Persons with Disabilities*. Cambridge, MA: Brookline Books.

Hartman, A. (1994). Social Work Practice. In F. Reamer (Ed.), *Foundation Social Work Knowledge*. New York: Columbia University Press.

Hepworth, D., Rooney, R., & Larsen, J. (1997). *Direct Social Work Practice: Theory and Skills*. Pacific Grove, CA: Brooks/Cole.

Kemp, S. P. (1995). Practice with Communities. In C. H. Meyer & M. A. Mattaini (Eds.), *The Foundations of Social Work Practice*. Washington: NASW Press.

Kirst-Ashment, K. Hull, K. Jr., & Grafton, H. (1993). *Understanding Generalist Practice*. Chicago: Nelson-Hall Publishers.

Lee, J. B. (1996). The Empowerment Approach to Social Work Approach. In F. Turner (Ed.), *Social Work Treatment: Interlockering Theoretical Approachs*. New York: The Free Press.

Lum, D. (1999). *Culturally Competence Practice: A Framework for Growth and Action*. Pacific Grove, CA: Brooks/Cole.

Meyer, C. H. (1995). Assessment. In R. Edwards (Ed.), *Encyclopedia of Social Work*. Washington, DC: NASW Press.

Miley, K. K., O'Melia, M., & Dubois, B. (2007). *Generalist Social Work Practice*. Boston: Pearson.

O'Connor, G. G. (1998). Case Management System and Practice. *The Jour. of Contemporary Social Work, 69*(2), 97-764.

Oliver, M. (1996). *Understanding Disability: from theory to practice*. Basingstoke: Macmillan.

Olson, M. (1971). *The Logic of Collective Action*. Cambridge: Harvard Univ. Press.

Rose, S. M., & Moore, V. L. (1995). Case Management. In R. Edwards (Ed.), *Encyclopedia of Social Work*. Washington, DC: NASW Press.

Rosenberg, R. R. (1994). Capitol People First: Self-Advocacy and Quality-of-Life Issue. In D. Goode (Ed.), *Quality of Life for Persons with Disabilities* (p. 176). Cambridge, MA: Brooklines Books.

Rothman, J. C. (2003). *Social work practice across disability*. Boston: Allyn and Bacon.

Rothman, J., & Sagar, J. S. (1998). *Case Management: Intergrating Individual and*

Community Practice. Boston: Allyn & Bacon.

Saleebey, D. (2008). *The Strengths Perspective in Social Work Practice*. New York: Pearson.

Simon, B. (1994). *The Empowerment Tradition in American Social Work: A History*. New York: Columbia Univ. Press.

Smelser, N. J. (1962). *Theory of Collective Behavior*. New York: The Free Press.

Timberlake, E. M., Zajicek-Farber, M. L., & Sabatino, C. A. (2008). *Generalist Social Work Practice*. Boston: Pearson.

Woods, M. E., & Robinson, H. (1996). Psychosocial Theory and Social Work Treatment. In F. J. Turner (Ed.), *Social Work Treatment: Interlocking Theoretical Approaches* (p. 571). New York: Free Press.

찾아보기

인 명

내 용

저자 소개

■ 김동국

부산대학교 졸업
대구대학교 철학박사
부산대학교 사회복지학과 교수
dongkook@pusan.ac.kr

저서
社會福祉史
西洋社會福祉史論

역서
어린이에 대한 올바른 이해

논문
사회복지 현상에 대한 통합적 개념틀의 가능성 탐색
일원론을 중심으로 한 한국사회복지의 성격 탐색 외 다수

동양적 패러다임으로 쓴
장 애 인 복 지 론

2013년 1월 14일 1판 1쇄 인쇄
2013년 1월 21일 1판 1쇄 발행

지은이 • 김동국
펴낸이 • 김진환
펴낸곳 • (주) 학지사
121-837 서울시 마포구 서교동 352-29 마인드월드빌딩 5층
대표전화 • 02-330-5114 팩스 • 02-324-2345
등록번호 • 제313-2006-000265호

홈페이지 • http://www.hakjisa.co.kr
커뮤니티 • http://cafe.naver.com/hakjisa

ISBN 978-89-6330-987-3 93330

정가 18,000원